Kay Kirchmann
Stanley Kubrick

AUFBLENDE
Schriften zum Film

herausgegeben von
Heinz-B. Heller und Knut Hickethier

Band 6

Kay Kirchmann

Stanley Kubrick
Das Schweigen der Bilder

HITZEROTH

Umschlagbild: Hallorann (Scatman Crothers) in *The Shining*.
(© Warner Bros. Film GmbH)

Die Deutsche Bibliothek – CIP-Einheitsaufnahme

Kirchmann, Kay:
Stanley Kubrick : das Schweigen der Bilder / Kay Kirchmann. – Marburg :
Hitzeroth, 1993
(Aufblende ; Bd. 6)
ISBN 3-89398-126-8
NE: GT

Alle Rechte vorbehalten
© Hitzeroth, 1993
Umschlaggestaltung: Gerhard Exel
Herstellung: Hitzeroth
Druck: J. A. Koch, Marburg
ISBN 3-89398-126-8

Inhalt

Vorwort

Dieses Buch hat eine Vorgeschichte, die an dieser Stelle nur erwähnt werden soll, weil sie ein so bezeichnendes wie trauriges Licht auf den Stellenwert der Filmkultur hierzulande wirft. Der vorliegende Band stellt eine erweiterte und überarbeitete Fassung meiner Magisterarbeit zum Thema »Die Ästhetik des Bösen im Filmschaffen Stanley Kubricks« dar, die 1989 am Institut für Theater-, Film- und Fernsehwissenschaft der Universität Köln verfaßt wurde. Damals entstand auch die Idee, das Skript zu einem Buch auszuarbeiten. Trotz überaus prominenter Fürsprache und Unterstützung gelang es über zwei Jahre lang nicht, für dieses Vorhaben einen Verlag zu finden. Die Argumente für die jeweilige Ablehnung lassen sich in dem einfachen Satz zusammenfassen: Das Skript erschien für den deutschsprachigen Markt an Filmliteratur zu anspruchsvoll. Ein Verleger verstieg sich gar zu der Bemerkung: »Alles was sich hierzulande einen Zoll breit über das Niveau von Star-Biographien erhebt, hat auf dem Markt für Filmliteratur nicht die geringste Chance.« Es bleibt dem Verleger und den Herausgebern der Reihe »Aufblende« zu wünschen, daß die filminteressierten Leser und Leserinnen mit ihrem Verhalten derartige Negativeinschätzungen widerlegen werden.

Es gibt bereits eine Fülle wirklich ausgezeichneter und detaillierter Untersuchungen über Stanley Kubricks Filme, von denen einige der besten, z. B. die von Michel Ciment und Sergio Toffetti, seit geraumer Zeit auch in deutscher Übersetzung vorliegen. Wichtige Monographien haben auch Norman Kagan, Alexander Walker, Thomas Allen Nelson und Enrico Ghezzi verfaßt. Daneben gibt es eine fast schon unüberschaubare Fülle von Einzelanalysen, worunter die von Carolyn Geduld, Jean-Louis Bourget und Hans-Thies Lehmann wohl zu den profundesten zählen. Diesen und anderen Arbeiten über Stanley Kubrick verdanke auch ich aufschlußreiche und unverzichtbare Erkenntnisse über Werk und Bedeutung Stanley Kubricks, wie sie in Zitatform in das vorliegende Buch selbstverständlich eingeflossen sind. Die aufgeführten Untersuchungen sind zur Zeit, gerade was die Fülle und Detailliertheit der Einzelbeobachtungen angeht, wohl ohnehin nicht mehr zu übertreffen. Daher hat sich dieses Buch einer ganz anderen Aufgaben- und Fragestellung verschrieben: Was bislang in der Forschung über Kubrick nämlich völlig fehlt, ist eine Perspektive, der es gelingt, die Fülle der einzelnen Details unter einer übergeordneten ästhetischen Fragestellung zu synthetisieren. Es mangelte bisher vielleicht auch an einem methodischen Zugriff, um sich mit dem Wesenskern des Kubrickschen Œuvres wissenschaftlich auseinanderzusetzen. Das hatte bislang zur Folge, daß ein Filmwerk, dessen erstaunliche, fast schon hermetische Kohärenz von keinem Interpreten in Frage gestellt wird, in den Analyseergebnissen paradoxerweise als Aneinanderreihung divergierender und beliebig erscheinender Einzelaspekte erscheint. Diesen Widerspruch aufzulösen und somit die übergeordnete ästhetische Programmatik Kubricks herauszuarbeiten, ist Zielsetzung dieses Buches.

Dabei werde ich immer wieder auf literaturwissenschaftliche Methoden zurückgreifen, obwohl diese zur Zeit in der Film- und Medienwissenschaft alles andere als *en vogue* sind. Doch es ist der Untersuchungsgegenstand selbst, der dieses Vorgehen verlangt, denn Kubricks Filme sind in einem hohen Maße durch literarische Vorbilder und Bezugspunkte geprägt. Ein wichtiger Bestandteil meiner Analyse wird die Untersuchung bestimmter Motive und Zentralthemen Kubricks sein. Auch dies wird heute schnell und gerne als anachronistisches und einer postmodernen Medienwissenschaft inadäquates Analyseinstrument abgelehnt. Dabei wird aber übersehen, was Motive, egal in welcher Kunstgattung, eigentlich darstellen: Komprimierungen und zugleich verdichtete Ausdrucksformen ästhetischer Grundüberzeugungen – und allein als solche werden sie von mir aufgefaßt und als Erkenntniszugang zu Kubricks Ästhetik genutzt.

Eine weitere wichtige Rolle wird die Auseinandersetzung mit Geistes-, Ideen- und Ästhetikgeschichte spielen. Denn gerade die Berücksichtigung und ästhetische Reflexion ideengeschichtlicher Programme ist *das* konstitutive Moment der Kubrickschen Ästhetik, und es ist in meinen Augen das Hauptmanko aller bisherigen Untersuchungen zu Kubrick, genau dies entweder gar nicht erst wahrgenommen oder aber als Marginalie abgetan und nicht für die Analyse fruchtbar gemacht zu haben. Das gleiche gilt für das ästhetische Programm, dem sich Kubrick ganz zweifelsfrei verschrieben hat: den Ästhetizismus. Wenn dies von bisherigen Interpreten überhaupt erkannt worden ist, so wurde es mehr oder weniger als künstlerische Fehlleistung diskreditiert. Doch erst in der Auseinandersetzung auch mit dem historischen Ästhetizismus des 19. Jahrhunderts läßt sich ein heuristisch relevanter Zugang zu Kubricks Werk gewinnen. Daß dies bislang nicht geschehen ist, hat seine Gründe im geringen bzw. im negativen Stellenwert, den Ästhetizismus in einem Kultur- und Wissenschaftsbetrieb innehat, der vom diametral entgegengesetzten Diskurs, nämlich einer idealistischen Ästhetik geprägt und beherrscht wird. Zentrales Anliegen meiner Arbeit ist es daher zu beweisen, daß Kubricks Ästhetik im wesentlichen als ein *(auch historisch) reflektierter Ästhetizismus* zu begreifen und auch nur so zu lesen und zu entschlüsseln ist. Um dies leisten und entsprechend transparent machen zu können, werde ich immer wieder in diesem Buch die ideengeschichtlichen Hintergründe aufzeichnen, die Kubrick als Folie für seine eigene künstlerische Arbeit dienen.

Die Untersuchung gliedert sich in folgende Arbeitsschritte: Das erste Oberkapitel gibt eine allgemeine Einführung in Kubricks Filme und ihre Rezeption, sowie in bestimmte Wesenseigenheiten des Œuvres. Daneben wird kurz auf das Frühwerk Kubricks eingegangen, wobei auch untersucht wird, inwieweit die stilistische und ästhetische Wende zum Hauptwerk im Frühwerk bereits angelegt und reflektiert ist. Der zweite Abschnitt stellt querschnittartig die zentralen Motive, die Ikonographie und Dramaturgie der Filme des Hauptwerkes vor, woraus bereits das Wesen der Kubrickschen Ästhetik erkenntlich wird. Einem weiteren, vielleicht *dem* zentralen Motiv Kubricks gilt das dritte Oberkapitel: dem Auge, bzw. dem Visuellen überhaupt. Kapitel vier untersucht die beiden wichtigsten und umstrittensten Filme Kubricks, *2001: A Space Odyssey* und *A Clockwork Orange*. Hierbei versuche ich, eine völlig neue Perspektive auf diese beiden Filme zu entwickeln, die diese, kurz gesagt, als filmische Reflexion der wichtigsten ästhetischen/ästhetizistischen

Programme der letzten 100 Jahre auffasst. In einem abschließenden Kapitel sollen anhand von Analogien zum Stil Gustave Flauberts die konstitutiven Momente des Kubrickschen Stils herausgearbeitet werden. – Diese Einzelkapitel sind allerdings so konzipiert, daß sie, der Kohärenz des zu untersuchenden Œuvres gemäß, Schritt für Schritt aufzudecken versuchen, daß jeder Einzelaspekt immer wieder auf das übergeordnete und alles beherrschende ästhetische Prinzip Kubricks zurückverweist. Von daher ist es sicher empfehlenswert, die einzelnen Kapitel sukzessive zu lesen.

Wie jedes Filmbuch setzt auch dieses die Kenntnis der untersuchten Filme bis zu einem gewissen Grade voraus. Als Erinnerungs- und/oder Orientierungshilfe ist eine Filmografie mit ausführlichen Inhaltsparaphrasen der einzelnen Filme beigefügt. In aller Regel wurden die Dialog- bzw. Kommentarpassagen der Filme aus der deutschen Verleihfassung zitiert, da diese von Kubrick autorisiert worden sind. Nur bei *Full Metal Jacket* habe ich aus der englischsprachigen Originalfassung zitiert, da m.E. die speziellen Slang-Idiome dieses Films auch bei allergrößter Mühe nicht verlustfrei ins Deutsche übertragen werden können. *2001: A Space Odyssey* und *Dr. Strangelove, or How I Learned to Stop Worrying and Love the Bomb* werden im folgenden kurz als *2001* und *Dr. Strangelove* aufgeführt.

Abschließend möchte ich denen danken, die mir in vielfältiger Art und Weise bei diesem Buchprojekt behilflich gewesen sind: allen voran meinem Freund und Kollegen Norbert Schmitz für unzählige Gespräche zum Thema, unschätzbare Ratschläge und das gemeinsame Faible für Film und Ästhetizismus. Mein Dank gilt auch Karl-Heinz Bohrer für das Engagement, mit dem er mich bei diesem Publikationsvorhaben bestärkt und tatkräftig unterstützt hat. Silvia Volckmann verdanke ich den ersten Impuls in diese Richtung sowie aufschlußreiche und wertvolle Hinweise und Gespräche zur Ästhetik des Bösen und Gustave Flaubert. Erik Schönenberg und Matthias Dreyer waren mir ebenso wie das Filminstitut der Landeshauptstadt Düsseldorf und das Filmforum der Stadt Duisburg mit Rat und Tat bei der Beschaffung des Bildmaterials behilflich. Sabine Merz möchte ich für ihre ideelle und praktische Unterstützung während der Endphase der Textüberarbeitung danken. Gernot Roßner, Barbara Hampel und Urs Kaufmann bin ich zu besonderem Dank dafür verpflichtet, daß sie in schwierigen Zeiten ihre Freundschaft bewiesen, indem sie mir Raum und Gelegenheit zur Arbeit eröffneten. Mein ganz spezieller Dank gilt natürlich Birgit und Kim Jana, denn ohne ihre Bereitschaft zum zeitweiligen Verzicht auf einen geliebten Menschen hätte dieses Buch niemals geschrieben werden können. Daher möchte ich meiner Tochter Kim Jana dieses Buch widmen: Da schon der Zeitpunkt ihrer Geburt in die Phase der Niederschrift der Textgrundlage fiel, hat die Arbeit an diesem Buch gewissermaßen ihr ganzes bisheriges Leben begleitet. Möge sie später einmal in diesem Buch Anregungen zu Gedanken finden, die hoffentlich weit über den Kinosaal hinausreichen.

Wuppertal, im Februar 1993   *Kay Kirchmann*

1. Einführung in das Werk Stanley Kubricks

1.1. Zur Person und zur Produktionsweise Stanley Kubricks

Da Stanley Kubrick öffentlichkeitsscheu ist, kaum Interviews gibt und prinzipiell an keinen Filmfestivals teilnimmt, haben sich um seine Person im Laufe der Zeit diverse Mythen und Legenden gebildet: daß er manische Flugangst habe, selbst im Auto nur mit Sturzhelm fahre, daß er ein notorischer Einzelgänger und Sonderling sei etc. Die verbrieften Fakten lesen sich dagegen weniger spektakulär, sind aber wohl aufschlußreicher, was den Werdegang eines der umstrittensten und berühmtesten Filmregisseure der Gegenwart angeht: Stanley Kubrick wird am 26.7.1928 im New Yorker Stadtteil Bronx als einziger Sohn einer jüdisch-amerikanischen Mittelstandsfamilie geboren. Von seinem Vater, einem Arzt, bekommt er zu seinem 13. Geburtstag einen Fotoapparat geschenkt. Fotografieren, Lesen, Schach und Schlagzeugspielen in einer Jazzband werden zu Kubricks bevorzugten Jugendhobbys. Mit 17 Jahren verläßt er, der ein nur durchschnittlich begabter Schüler gewesen ist, die Highschool und widmet sich der Fotografie. Im Jahre 1945 verkauft er seine ersten Fotos an die Zeitschrift *Look*, zu deren festem Mitarbeiterstamm er dann bis 1949 zählt. Als Fotoreporter kommt er in diesen Jahren erstmals nach Europa.

1950 zieht Kubrick nach Greenwich Village, wo er seinen Unterhalt als Schachspieler in den dortigen Clubs verdient und sich die täglichen Filmvorführungen im Museum of Modern Art anschaut. Davon inspiriert, beginnt er im gleichen Jahr mit der Regiearbeit. Er ist völliger Autodidakt: Von den Universitäten wegen seines zu schlechten Schulabschlusses abgelehnt, hat er keine Filmhochschule besucht. Er hat nie als Regieassistent oder in einer anderen untergeordneten Funktion praktische Erfahrungen mit dem Medium gemacht. Im Gegensatz zu vielen seiner amerikanischen Kollegen hat er nie für das Fernsehen oder das Theater gearbeitet. Nur seine Erfahrungen mit der Fotografie kommen dem jungen Regisseur, der zunächst auch sein eigener Kameramann ist, zustatten. Sein erster, selbstproduzierter Dokumentarfilm über einen amerikanischen Boxer wird 1951 von RKO aufgekauft, die auch seine nächsten kurzen Dokumentarfilme produzieren. Das Geld für seine ersten beiden Spielfilme *Fear And Desire* (1953) und *The Killer's Kiss* (1955) leiht sich Kubrick von Freunden, Gönnern und Verwandten zusammen. In dieser Phase seiner Filmkarriere ist Kubrick meist Produzent, Regisseur, (Co-)Autor, Kameramann und Cutter in Personalunion. Über die United Artists lernt Kubrick den Produzenten James B. Harris kennen, mit dem er eine gemeinsame Produktionsgesellschaft gründet, die den finanziellen Rückhalt für die Erstellung von *The Killing* (1956) garantiert, einem Film, der gleich in mehrerer Hinsicht einen ersten Wendepunkt in Kubricks Schaffen markiert. Erstmals kann er seine Funktionen im Produktionsprozeß auf die Aufgaben eines Regisseurs, Drehbuchautors und (Co-)Produzenten beschränken. Zum ersten Mal greift er bei der Stoffwahl auf eine Literaturvorlage zurück, und zum ersten Mal hat einer seiner Filme bei Kritikern und an der Kinokasse Erfolg. Die nachhaltigste Veränderung betrifft die Abkehr von Originalskripts. In Zukunft wird Kubrick stets literarische Vorlagen adaptieren und dabei (meist in Zusammenarbeit mit einigen Co-Autoren) erhebliche Veränderungen an dem Ursprungsstoff vornehmen.[1] Nach den Erfahrungen bei der Adaption von Vladimir Nabokovs Roman »Lolita« (1961) greift Kubrick dabei bevorzugt auf Werke zurück, deren »literarische Bedeutung und Bekanntheitsgrad nicht groß genug sind, um Vorlagentreue zu erfordern«.[2]

Vor *Lolita* dreht Kubrick noch zwei extrem unterschiedliche Filme: zunächst *Paths of Glory* (1957), seinen ersten internationalen Großfilm mit entsprechender Starbesetzung (Kirk Douglas, Adolphe Menjou, George Macready). Im Jahr darauf zerschlägt sich die Zusammenarbeit mit Marlon Brando an *One-Eyed Jack*, einem Western, den Brando schließlich selbst inszeniert. Kirk Douglas überredet Kubrick 1960, die Regie des Filmes *Spartacus* zu übernehmen, die Anthony Mann nach wenigen Drehtagen niedergelegt hatte. Ohne jede Vorbereitung dreht Kubrick diese internationale Großproduktion zu Ende, einen typischen, hochkarätig besetzten (Kirk Douglas, Tony Curtis, Peter Ustinov, Laurence Olivier, Charles Laughton) Hollywood-Monumentalfilm der frühen sechziger Jahre. Es ist der einzige Film Kubricks, bei dem er keinerlei Einfluß auf Drehbuch und endgültige Form hat, weshalb der Film nur unter Vorbehalt als Werk Kubricks angesehen werden kann und in der Forschung meist unbeachtet bleibt. (Eine Einschätzung, die auch durch die 1992 rekonstruierte, integrale Fassung dieses Filmes nicht widerlegt worden ist.) Auch in meinen Ausführungen wird *Spartacus* praktisch keine Rolle spielen, mit Ausnahme bestimmter filmsprachlicher Elemente, die zweifelsfrei Kubricks Handschrift verraten. Entscheidend für Kubricks Gesamtwerk ist dieser Film dennoch in seiner Funktion als Zäsur. *Spartacus* trennt Kubricks Früh- vom Hauptwerk, dessen Betrachtung im Mittelpunkt dieses Buches steht. Zwar sind schon in den Filmen vor *Lolita* viele der Kubrickschen Themen und Motive *in nuce* vorhanden, bzw. angelegt. Doch fehlt noch die Geschlossenheit und die übergreifende, alles bestimmende ästhetische Perspektive, die ab *Lolita* Kubricks Werk zum vielleicht kohärentesten der Filmgeschichte machen wird. Es scheint geradezu so, als habe Kubrick die künstlerisch unbefriedigende Erfahrung mit *Spartacus* gebraucht, um sich der inneren Notwendigkeit eines ästhetisch geschlossenen Systems bewußt zu werden, in dem er erst seine künstlerische Identität finden kann und dann auch wird.

In der Konsequenz dieser Entwicklung liegt auch, daß die Erfahrungen mit *Spartacus* Kubrick in seiner Auffassung bestärken, ein Filmregisseur müsse völlige Kontrolle über alle Aspekte des Produktionsprozesses haben.[3] Daher dreht und lebt Kubrick seit 1961 in England, wohin er zunächst nur ging, um dem Einfluß des Production-Codes der amerikanischen Filmstudios bei der Verfilmung von Nabokovs skandalträchtigem Roman »Lolita« zu entgehen. Nach dem finanziellen Erfolg des Films trennt er sich von James B. Harris und gründet seine eigene Produktionsgesellschaft. Alle folgenden Filme Kubricks entstehen in England: *Dr. Strangelove, or How I Learned to Stop Worrying and Love the Bomb* (1964), *2001: A Space Odyssey* (1968), *A Clockwork Orange* (1971), *Barry Lyndon* (1975), *The Shining* (1980) und *Full Metal Jacket* (1987). Mit Hilfe amerikanischer Geldgeber produziert er diese Filme selbst. Da alle Kubrick-Filme seit 1957 große

Kassenerfolge waren, geben ihm die amerikanischen Großverleiher (zunächst MGM, ab 1975 Warner Brothers) völlige Handlungsfreiheit, sogar ohne die sonst branchenübliche Gelegenheit zur Mustereinsicht zu haben. Das ist in der heutigen Filmwirtschaft einzigartig und umso bemerkenswerter, als Kubricks Filme teuer sind: *The Shining* verschlang beispielsweise 15 Millionen US-Dollar, hat aber innerhalb von fünf Jahren seine Produktionskosten wieder eingespielt. Generell lassen sich Kubricks Filme ohnehin eher als Long- denn als Bestseller klassifizieren. Zu Kubricks bislang nicht realisierten Projekten gehören ein Film über Napoleon, sowie Verfilmungen von Schnitzlers »Traumnovelle« und Stefan Zweigs Erzählungen »Angst« und »Brennendes Geheimnis«.[4]

Kontrolle, Disziplin und Perfektionismus sind (spätestens ab *Lolita*) die Kategorien, die kennzeichnend für Kubricks Produktionsweise sind. Seine Arbeitsbesessenheit, sein Hang zur Perfektion und zu absoluter Kontrolle des gesamten Produktionsprozesses sind seinem Œuvre gleichsam bis in die letzte Einstellung eingeschrieben.[5] Kubrick plant und organisiert seine Filmarbeit bis ins letzte Detail, so daß sich die Produktionen oft über Jahre hinziehen. Schon der Erstellung der Drehbücher gehen aufwendige Recherchen voraus: Für *Dr. Strangelove* hat Kubrick fast 100 wissenschaftliche Werke zum Thema Atomkrieg und -kontrolle gelesen und entsprechende Fachzeitschriften abonniert;[6] für *Barry Lyndon* wurde eine umfangreiche Kartothek aus Zeichnungen und Gemälden des 18. Jahrhunderts erstellt, nach denen sämtliche Kostüme und Dekors hergestellt wurden;[7] für *The Shining* und *Full Metal Jacket* wurden ein amerikanisches Hotel bzw. die vietnamesische Stadt Hué originalgetreu und vollständig auf dem Studiogelände nachgebaut; die Filmmusik zu *Full Metal Jacket* wurde nach den Original-Hitlisten aus der Zeit der Teth-Offensive zusammengestellt. Diese Akribie und Detailverliebtheit Kubricks wird nur dadurch möglich, daß er über jede Phase der Filmproduktion absolute Kontrolle hat. Er schneidet seine Filme selbst vor und führt bei den Dreharbeiten die Handkamera, sobald diese eingesetzt wird. Darüber hinaus werden auch die Werbung, die Auswahl der Premierenkinos sowie der Kinoeinsatz in den verschiedenen Ländern und die fremdsprachigen Synchronisationen von ihm überwacht und gesteuert. In den letzten Jahren hat Kubrick gemeinsam mit seinen Kollegen George Lucas und Steven Spielberg Initiativen zur Verbesserung der Tonqualität in den Kinos ergriffen. Kubricks Faszination für Technik hat dazu geführt, daß er technische Innovationen in den Film eingeführt hat: *2001* hat zu einer Revolutionierung der Slit-Scan-Technik und der Special Effects ganz allgemein geführt.[8] Für *Barry Lyndon* ließ sich Kubrick extra von der NASA ein besonders lichtempfindliches Objektiv entwickeln, das erstmals Filmaufnahmen bei Kerzenlicht ermöglichte. Außerdem gehörte er zu den ersten Regisseuren, die das neuentwickelte Steadycam-System erprobten und im Film (für die Schlußsequenz von *The Shining*) einsetzten.

Kubricks Perfektionismus ist seinen Filmen deutlich anzumerken. Sie stellen ein hermetisches System von Bedeutungseinheiten dar, in dem alles mit allem in Beziehung steht: jedes Detail, jeder Name, jede Zahl, die erwähnt wird, hat einen genau kalkulierten Stellenwert für den gesamten Film. In Kubricks Filmen ist nichts unbeabsichtigt, zufällig oder bedeutungslos, wenngleich er selbst in seinen raren Interviews gerne diesen Eindruck zu erwecken versucht. Er liebt das Spiel mit versteckten Hinweisen philosophischer, film-, kunst- und kulturgeschichtlicher, oft auch mythologischer Natur, die – hat man sie erst einmal enträtselt – schlüssige Hinweise zum Verständnis des gesamten Filmes liefern. Daher erwecken Analysen von Kubricks Filmen oft den Eindruck eines Puzzlespiels oder einer mühseligen Suche nach Deutungshinweisen in einem labyrinthartig angelegten System.[9] Letzten Endes verweist die Komplexität des Werkes zurück auf die Omnipräsenz seines Schöpfers und seine Allmacht im ästhetischen wie im Produktionskontext. Dies muß als *eine* künstlerische Strategie in jenem Diskurs des Ästhetizismus angesehen werden, den Kubricks (Haupt-)Werk entfaltet. Daher ist sein manchmal schon manisch anmutender Hang zur Kontrolle auch die Konsequenz einer ästhetischen Grundüberzeugung, die allein im Hermetischen und Selbstreferentiellen ihre Ausdrucksformen finden kann. Kalkulierbarkeit wird, nur scheinbar paradox, um so wichtiger für ein künstlerisches Werk, das unablässig das Nicht-Kalkulierbare zu seinem Thema erhebt und das nicht minder permanent das Ästhetische selbst in den Mittelpunkt filmischer Reflexion rückt. Folgerichtig bestechen Kubricks Filme auch durch den kalkulierten Einsatz filmtechnischer Mittel und durch die Perfektion und Schönheit ihrer Bilder. Andererseits ist Kubrick oft der Vorwurf gemacht worden, sich hinter einem nichtssagenden Technizismus und der glatten Oberfläche gefälliger Ästhetik zu verstecken.[10] Dies ist bei näherer Betrachtung ebensowenig haltbar wie der auch oft und gerne erhobene Vorwurf, Kubrick habe lediglich die ästhetische Sterilität von Hollywood-Massenproduktionen in den europäischen Film eingebracht. Von nichts ist Kubrick weiter entfernt als vom US-Kino überhaupt: Seine Filmsprache ist eindeutig stärker an europäischen als an amerikanischen Standards orientiert. Zudem steht Kubricks künstlerisches Selbstverständnis zweifelsfrei in der Tradition der europäischen Kulturgeschichte: Der Einfluß der europäischen Literatur und Philosophie auf seine ästhetischen wie weltanschaulichen Positionen ist unverkennbar (und wird einen wichtigen methodischen Bezugspunkt des vorliegenden Buches ausmachen). Filme wie *Paths of Glory*, *Spartacus* und *Barry Lyndon* belegen Kubricks Interesse an europäischer Geschichte. Seine Auffassung von der Autonomie des Filmautors entspricht der des europäischen Autorenfilms und steht in klarer Opposition zu der des amerikanischen Studiosystems. Insofern erscheint es mir nur berechtigt, die mit amerikanischem Geld finanzierten, von amerikanischen Verleihern herausgegebenen Filme des in England lebenden Amerikaners Kubrick dem europäischen Film zuzuordnen und in diesem kulturellen Kontext zu bewerten.

1.2. Die Rezeption von Kubricks Filmen

Seit jeher entzweien sich die Kritiker über alle meine Filme. Manche hielten sie für wunderbar, andere ließen kaum ein gutes Haar an ihnen. Im späteren Verlauf wurden die Kritiken dann stets sehr viel besser.[11]

Kubricks Filme werden seit mittlerweile fast 30 Jahren so kontrovers diskutiert wie kaum ein anderes filmisches Œuvre. Die Filmkritik, aber auch die Filmwissenschaft sieht sich in bezug auf die Bewertung Kubricks in zwei scheinbar unversöhnliche Lager von Bewunderern und Gegnern gespalten.[12] Beim Kinopublikum dagegen genießt Kubrick hohes Ansehen, was sich u. a. am Kassenerfolg seiner Filme ablesen läßt. Seine Person und seine Filme haben mittlerweile einen regelrechten Kultstatus erreicht (der einigen seiner Kritiker offenbar mißfällt). Unter seinen Kollegen ist Kubricks Können relativ unumstritten, selbst bei jenen Regisseuren, die erkennbar einer anderen ästhetischen Programmatik verpflichtet sind. Orson Welles erklärte schon 1965: »Unter dem Nachwuchs wirkt Kubrick wie ein Riese.«[13] Gerade Kubricks meistkritisiertester Film *A Clockwork Orange* wurde von Regisseuren wie Fellini, Kurosawa und Buñuel ausdrücklich gelobt und verteidigt,[14] während Kritiker wie Susan Sontag den Film in die Nähe faschistischer Ästhetik rückten.[15] Trotz der zum Teil bissigen Kritik an seinem Werk belegt Kubrick bei den periodisch durchgeführten Befragungen von Filmkritikern nach dem wichtigsten Regisseur bzw. dem wichtigsten Film der Gegenwart immer wieder vordere Plätze. Auch bei der 1992 wieder von der britischen Filmzeitschrift *Sight and Sound* veranstalteten Umfrage nach den besten Filmen aller Zeiten landete *2001* auf Platz zehn der Liste (als jüngster unter den meistgenannten Filmen überhaupt). Es scheint, als bräuchten viele Kritiker etwas zeitlichen Abstand, um Kubricks Arbeit entsprechend würdigen zu können.[16]

Auch die Filmwissenschaft tut sich schwer mit Kubrick, obwohl doch gerade seine Filme sich aufgrund ihrer Komplexität als Gegenstand medienwissenschaftlicher Analyse anbieten würden. Interessanterweise zeigen sich erhebliche nationale Unterschiede in der wissenschaftlichen Betrachtung Kubricks. Untersuchungen aus dem romanischen Sprachraum (Michel Ciment, Sergio Toffetti)[17] gehörten zu den ersten und bis heute besten Analysen, die sich um ein tiefergehendes Verständnis des Kubrickschen Schaffens bemühten. Weite Kreise der amerikanischen und vor allem der deutschen Filmwissenschaft hingegen stehen Kubrick negativ gegenüber. Die Veröffentlichungen im deutschen Sprachraum signalisieren ein weitreichendes »Unverständnis gegenüber dieser neuen Qualität von filmischer Sprache«.[18] Die bislang einzige deutsche Monographie über Kubrick[19] erschöpft sich in ideologischen Vorhaltungen, die zudem nur unzulänglich an den Filmen selbst belegt werden. Bezeichnenderweise reiben sich die Kritiker bevorzugt an dem den Filmen inhärenten Kunstverständnis und Kubricks Menschenbild, während sein inszenatorisches Können und die ästhetische Brillanz seiner Filme unumstritten sind. Die Negativurteile treffen sich immer wieder an den gleichen Punkten: Pessimismus, Determinismus, Ästhetizismus, Kälte, Zynismus, Technikvergötterung, mangelnde Menschlichkeit, das Fehlen gesellschaftlicher Utopien etc. Ganz abgesehen davon, daß »Pessimismus kein Vorwurf sein kann, wenn dessen schlichte Entgegensetzung als Optimismus sich leicht als Schein erweist«,[20] weist der Kanon der erhobenen Vorwürfe auf ein einseitig vorgeformtes Verständnis von Kunst hin.

Godards Polemik, daß »Kubricks Kamerabewegungen keine Vision von der Welt ausdrücken«,[21] verrät eine Kunstauffassung, die derjenigen Kubricks diametral entgegengesetzt ist. Kubrick geht es nicht darum, mit seinen Filmen Visionen oder positive Utopien von der Welt zum Ausdruck zu bringen. Seine Vision ist eine rein ästhetische, eine rein selbstreflexive. Für ihn ist Kunst kein Instrument zur Verbesserung der Menschheit, er »verweigert moralische Aufrüstung und philosophische Gewißheiten«.[22] Film stellt für Kubrick kein begriffliches Instrumentarium dar, sondern eine »nicht-verbale, emotionale Erfahrung«, die die Zuschauer »auf einer verschütteten Ebene ihrer Persönlichkeit erreicht.«[23]. Es ist gerade die Absage an die gesellschaftliche Relevanz von Kunst und das Insistieren auf rein ästhetische und somit außermoralische Parameter, die Kubrick und seinem Werk einen derart provozierenden Charakter verleihen – zumindest für jene, für die Kunst lediglich Mittel zum Zweck, eben *art utile* ist. Wie stets, wenn jemand oder etwas derart emotional überzogene Reaktionen hervorzurufen in der Lage ist, liegt der Verdacht nahe, daß hier an Tabus gerüttelt worden ist. Wie sich zeigen wird, liegen die Tabus, die Kubrick permanent verletzt, nicht allein im inhaltlichen Bereich seiner Filme verankert. Was offenbar viel schlimmer wiegt, ist die Tatsache, daß Kubrick ein fast zweihundertjähriges Selbstverständnis von Kunst und Ästhetik allgemein sabotiert – in der Tat Anlaß genug für viele, die ihre Identität (und ihren Profit) aus ebendiesem Verständnis von Wesen und Funktion der (Film-)Kunst ziehen, diesen Regisseur und seine Filme nicht zu mögen.

1.3. Vorbilder und Einflüsse

Kubrick hat sich in verschiedenen Interviews über seine filmischen Vorbilder geäußert. Dabei wird eine Vorliebe für den ambitionierten europäischen Autorenfilm (Fellini, Bergman, Becker, Antonioni) und die Werke der großen Außenseiter und Einzelgänger des amerikanischen Kinos (Welles, Huston, Kazan) deutlich.[24] An diesen Regisseuren dürfte Kubrick vor allem ihre Stellung als Autoren, ihre Autonomie im filmischen Schaffensprozeß beeindruckt haben. Ein direkter stilistischer Einfluß der genannten Regisseure auf Kubricks Filmsprache läßt sich allerdings kaum ausmachen. Auch Pudovkins Buch »Über die Filmtechnik« (1928), nach Kubricks eigener Aussage das filmtheoretische Werk, das ihn am meisten beeinflußt habe,[25] hat für mich keine wahrnehmbaren Auswirkungen auf Kubricks praktische Filmarbeit gehabt. Deutlich ist hingegen, wie sehr Kubricks Faible für lange Kamerafahrten von seinem erklärten Lieblingsregisseur Max Ophüls inspiriert worden ist.[26] In der Kubrick-Forschung ist außerdem auf den Einfluß des deutschen Expressionismus und des Film Noir auf die Bildgestaltung der frühen Filme *Fear And Desire*, *The Killing* und *The Killer's Kiss* hingewiesen worden.[29] Elemente dieser Low-Key-Ästhetik finden sich auch noch in den anderen Schwarzweißfilmen Kubricks, *Lolita* und *Dr. Strangelove*.

Alles in allem halte ich aber die Suche nach filmischen Vorbildern Kubricks für unergiebig. Kubricks Filmsprache stellt zu sehr eine gekonnte Verschmelzung verschiedener bereits existierender Filmstile dar, als daß sich ein eindeutiges stilistisches Vorbild erkennen ließe. Aufschlußreicher erscheint mir die Frage nach den literarischen Einflüssen zu sein. Kubrick hat klar zu verstehen gegeben, daß er »von der Bedeutung des Films als erzählerischer Kunstgattung überzeugt«[28] ist, und seine Filme sind Beispiele für Erzählkino in einem durchaus traditionellen Sinne. Auf seine literarischen Vorlieben spielt Kubrick selbst in seinen Filmen an. Im Zusammenhang mit Kubricks schwarzem Humor, vor allem in *Dr. Strangelove*, ist häufig und zu Recht auf den Einfluß Swifts verwiesen worden.[29] Kubrick bekennt sich zu diesem Vorbild, indem er in *Dr. Strangelove* den Ortsnamen »Laputa« – eine direkte Anleihe aus »Gulliver's Travels« – verwendet. In *Lolita* schwärmt Humbert Humbert von den »Versen des göttlichen Edgar« (= E. A. Poe). Das Raumschiff in *2001* heißt »Discovery«, wie das Schiff in Poes Erzählung »MS Found In A Bottle«. Poe zählt neben Kafka und Lovecraft zu den Autoren, die Kubrick am meisten bewundert.[30]

Der Rekurs auf Poe hat allerdings weitaus höhere programmatische Relevanz, als auf den ersten Blick zu vermuten wäre: Wie ich im weiteren Verlauf nachzuweisen versuchen werde, verdankt Kubrick gerade zwei (Literatur-)Epochen des 19. Jahrhunderts sein ästhetisches Selbstverständnis wie auch den Kanon seiner Zentralmotive – der Spätromantik und dem Ästhetizismus. Mit den Poeten der Spätromantik (hier ist vor allem E. T. A. Hoffmann zu nennen) verbindet Kubrick die Faszination für eine ganze Reihe von Topoi und Themenkonstellationen: der Doppelgänger, der Mad Scientist, Eros und Thanatos, Automaten/Maschinenmensch, die unendliche Fahrt, Ästhetisierung des Todes und des Krieges etc. Aus der ästhetischen Reflexion dieser Motive heraus gewinnt Kubrick eine künstlerische Position, die nachweislich dem Ästhetizismus verpflichtet ist. Neben Poe kann hier vor allem Gustave Flaubert als Bezugsautor und ästhetisches Vorbild verstanden werden – ein Zusammenhang, der an späterer Stelle noch hinreichend erläutert werden wird.

Wenn man einmal davon abstrahiert, daß der Film eine Kunstgattung der Moderne ist, scheint der Künstler Kubrick thematisch, stilistisch und von seinem Selbstverständnis her eher im 19. als im 20. Jahrhundert zu Hause zu sein. Er hat wiederholt seine Abneigung gegen moderne anti-illusionistische Kunstkonzepte zum Ausdruck gebracht und sieht in Anlehnung an Cocteau die Aufgabe des Künstlers darin, sein Publikum in Erstaunen zu versetzen.[31] In dem Maße, wie sich Kubricks Stil ausdifferenzierte, hat er sich von einer eher naturalistischen zu einer surreal-fantastischen Sprache hinentwickelt. Seine Abkehr von den realistischen und gegenwartsbezogenen Sujets seiner ersten Filme kommentiert Kubrick folgendermaßen:

> Die Abbildung der Realität hat keinen Biß. Sie transzendiert nicht. Mittlerweile interessiert es mich mehr, eine phantastische und unwahrscheinliche Geschichte zu nehmen [...] und sie [...] wirklich erscheinen zu lassen [...]. Es hat mir immer Vergnügen gemacht, eine leicht surreale Situation auf eine realistische Weise darzustellen. Ich hatte von jeher eine Vorliebe für Märchen, Mythen und Zaubergeschichten. Sie scheinen mir unserer heutigen Erfahrung der Wirklichkeit näher zu kommen als die realistischen Geschichten, die im Grunde ebenso stilisiert sind.[32]

Diese kritische Haltung gegenüber einem künstlerischen Realismus oder Naturalismus korrespondiert mit der schon zitierten Auffassung Kubricks vom Kino als Ort emotionaler, sinnlicher, nicht-sprachlicher Erfahrung. Nur scheinbar steht dieses Faible für das Übernatürliche im Widerspruch zu der Akribie, mit der Kubrick versucht, in seinen Filmen (historische oder fiktive) Realität nachzuinszenieren.[33] Tatsächlich entwickeln die fantastischen Geschichten Kubricks gerade

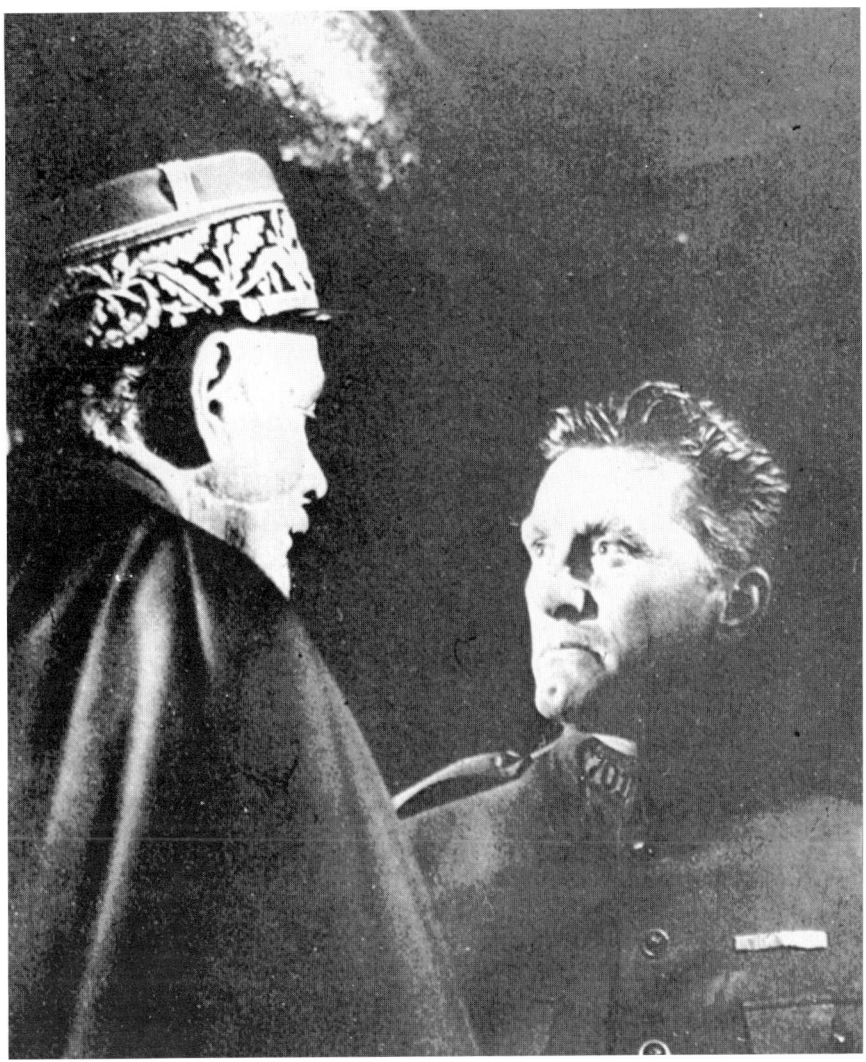

Chiaroscuro-Effekt und Low-Key-Ästhetik des Film Noir in *Paths of Glory*.

vor dem Hintergrund eines perfekt inszenierten Oberflächen-Realismus ihre besondere Dynamik. Gerade durch die Genauigkeit und Authentizität, mit der Kubrick seinen Filmen den Anschein minutiös abgebildeter Realität verleiht, gelingt es ihm, das Traumhafte, Unheimliche als einen unzureichend ausgegrenzten Teilbereich des Realen zu zeigen. Diese Eigenschaften dürfte Kubrick auch an den Werken Poes, Kafkas oder Flauberts bewundern: Auch sie siedeln das Fantastische, Böse oder Unglaubliche inmitten einer präzise und nüchtern geschilderten Alltagsrealität an.

17

Kubricks Filme [...] versetzen uns in eine vertraute Umgebung zeitlicher und
räumlicher Kohärenz, die durch die schon erwähnte handwerkliche und organisato-
rische Präzision und Detailbesessenheit – die offensichtlichen Mittel der Filmsprache – mit geradezu blendender Authentizität ausgestattet wird; gleichzeitig impliziert sie jedoch [...], daß die filmische Körperhaftigkeit dieses Environments aus
einer anderen, durch versteckte filmsprachliche Mittel entwickelten Perspektive nur
eine vordergründige Illusion darstellt, die dazu dient,»den Betrachter zu faszinieren«, während sein Bewußtsein auf subtile Weise verändert wird.[34]

Kubricks Interesse am Fantastischen, Unheimlichen prägt seine Filme nicht erst
seit *The Shining*. Freud definiert das Unheimliche als »etwas dem Seelenleben von
alters her Vertrautes, das ihm nur durch den Prozeß der Verdrängung entfremdet
worden ist«.[35] In diesem Sinne sind alle Filme Kubricks unheimlich, weil sie das
Aufbrechen des Verdrängten, Entfremdeten unter der Oberfläche der vertrauten
Realität thematisieren. In Kubricks Filmen werden »wie in einem Traum (oder
Alptraum) [...] Impulse frei, die im täglichen Leben sorgsam verdrängt werden.«[36]
So ist die Begegnung mit Kubricks Filmen auch die Begegnung mit Tabuzonen
bürgerlichen Bewußtseins. Dies ist ohne Zweifel kein Privileg seiner Filme, sondern vom Surrealismus bis zu den sogenannten *Splatter Movies* unverzichtbarer
Bestandteil von Filmgeschichte generell. Doch gefällt sich Kubrick im Gegensatz
etwa zu den Protagonisten der genannten Genres und Epochen eben nicht in der
Rolle des »poète maudit«, des selbsternannten Kunstanarchisten oder Bürger-
schrecks. Seine Verweigerung ist tatsächlich eine subtilere, die gerade in der
scheinbaren Erfüllung der Normen des bürgerlichen Kunstbetriebes (wie etwa im
anachronistisch anmutenden Glauben an das narrative Filmkunstwerk) eine
künstlerische Potenz entwickelt, die ebendiese ästhetischen Normen um so nach-
haltiger und wirkungsvoller sabotiert. Verweigerung muß auf vielen Ebenen als
Motor des Kubrickschen Schaffens angesehen werden, so auch in der Weigerung
eine »zeitgemäße«, also den ästhetischen Programmen des 20. Jahrhunderts verpflichtete Kunstauffassung einzunehmen. Die ästhetische Provenienz Kubricks
liegt eindeutig im 19. Jahrhundert – und hier eher in der Literatur als in irgendeiner
anderen Kunstgattung. Michel Ciments Charakterisierung Kubricks scheint mir
gerade in ihrer Betonung der anti-modernistischen Züge in Kubricks (letztlich dem
Mythischen verpflichteten) Programmatik nach wie vor die treffendste:

> Kultur und Wissenschaft der Moderne verbannen alle Mythen aus unserer Weltsicht,
> dienen ausschließlich dem Prinzip der Realität und dem Willen zum Tode. Aufgabe
> des Filmschaffenden ist es somit, für möglichst viele Zeitgenossen – aller Gesell-
> schaften und aller Klassen – archetypische Werke zu schaffen, aus denen Mythen
> erwachsen, in denen die Zuschauer Trost in ihren Qualen und Befriedigung ihrer
> Wünsche finden. Hierdurch erklärt sich vielleicht, daß Kubrick, dieser desillusio-
> nierte Romantiker, der seinerseits zum Desillusionisten geworden ist [...] und eben
> deshalb häufig des Nihilismus angeklagt wird, ein großer Befreier ist.[37]

1.4. Die zyklische Struktur des Gesamtwerks

Die Vielfalt der Filmgenres, derer sich Kubrick bedient, hat dazu geführt, daß man sein Werk lange Zeit als beliebige Aneinanderreihung verschiedener Genre-Filme mißverstanden hat. Erst durch die Analysen Ciments und Nelsons ist der Blick auf Kubricks »tiefgreifende, thematische Grundüberzeugung«[38] gerichtet worden:

> Seine Bewunderer [...] verweisen auf zwei wesentliche Merkmale von Kubricks Werk, die anderen Betrachtern das Verständnis eher zu verbauen scheinen, nämlich eine auffällig breit gestreute, keine Selbstwiederholung zulassende Stoffwahl einerseits, der jedoch andererseits eine ebenso auffällige Übereinstimmung in den Grundmotiven, im Tenor der Aussage und in der allgemeinen Stimmung gegenübersteht.[39]

Ciment hat in Kubricks Filmen eine Reihe von Querverweisen und Konjunktionen entschlüsselt, die zeigen, daß Kubrick selbst seine Filme als Zyklus, als thematisch verbundene Einheit verstanden wissen möchte[40]: In der Eingangssequenz von *Lolita* begrüßt Quilty Humbert mit den Worten: »Hi, ich bin Spartacus.« – ein Verweis auf Kubricks vorangegangenen Film. Die verschiedenen Rollen, in die Peter Sellers als Quilty in *Lolita* schlüpft, deuten voraus auf die Dreifachrolle, die er in Kubricks nächstem Film, *Dr. Strangelove*, spielen wird. Die letzte Einstellung von *2001* – das Auge des Embryos – findet ihre Fortsetzung in der ersten Einstellung von Kubricks nächstem Film, *A Clockwork Orange* , – dem Auge von Alex. An einer anderen Stelle dieses Films betritt Alex in der Kleidung des 18. Jahrhunderts – Verweis auf den nächsten Kubrick-Film *Barry Lyndon* – einen Plattenladen, in dem der Soundtrack von *2001* – Kubricks vorausgegangenem Film – ausgestellt ist. Am Ende des Films folgt ein weiterer Fingerzeig auf *Barry Lyndon*, als Alex' Orgie von einer Zuschauerschar gefeiert wird, die wiederum im Stil des 18. Jahrhunderts gekleidet ist. (Daß ein Regisseur in der Lage sein soll, auf einen Film anzuspielen, den er noch gar nicht gedreht hat, mag zunächst verwundern, wird aber dadurch ermöglicht, daß Kubrick in aller Regel bereits bei Abschluß eines Filmes weitreichende Vorbereitungen für sein nächstes Filmprojekt in Angriff genommen hat.)

Vor allem die zitierten Beispiele aus *A Clockwork Orange* zeigen, wie beabsichtigt und inszeniert diese Querverweise sind. Die Verwendung von Kostümen des 18. Jahrhunderts in einer Geschichte, die im 21. Jahrhundert spielt, geschieht unvermittelt, unkommentiert und in keiner Weise durch die Handlung motiviert. Diese Zeichen haben keinen anderen erkennbaren Sinn als den, Kubricks nächsten Film anzukündigen und die thematische Verbundenheit aller seiner Filme zu betonen.

Neben diesen offenkundigen auktorialen Zeichen ist der zyklische Charakter des Werkes auch durch einen relativ festumrissenen Kanon gleichbleibender Themen und Motive definiert, von denen die wichtigsten im weiteren vorgestellt werden sollen. Unter der Oberfläche verschiedener Genres variiert Kubrick beharrlich die immergleichen Inszenierungsmodi und thematischen Muster, was sich allerdings, wie im oben angeführten Zitat angesprochen, oftmals erst auf den zweiten Blick erkennen läßt. Dieses künstlerische Prinzip der »Wiederkehr des

Die Wiederkehr des Immergleichen: Ähnlichkeit der Darsteller und Kostüme, identische Kameraführung und Bildkomposition beim Gang Alex' durch den Plattenshop (*A Clockwork Orange*) und beim Gang Bullingdons durch den Club (*Barry Lyndon*).

Gleichen«[41] hat Kubrick in zwei Filmen selbst thematisiert und es dabei selbstironisch als Ausdrucksform zweier Wahnsinniger dargestellt: In *The Shining* tippt der Schriftsteller Jack Torrance seitenweise Variationen eines einzigen Satzes in seine Schreibmaschine. In *Dr. Strangelove* kritzelt General Ripper alle denkbaren Kombinationen der Buchstabenfolge »O-P-E« auf seinen Notizblock.

Erneut muß dieses Prinzip der Wiederkehr des Immergleichen (neben der dadurch gewährleisteten Kohärenz des Werkes) auch als Ausfluß und Selbstthematisierung eines ästhetischen Credos verstanden werden. Die auktorialen Zeichen wie auch die thematische und formale Geschlossenheit des Werkes haben vor allem eine Funktion: unablässig den artifiziellen Charakter der Filme zu betonen und zugleich deren Schöpfer als die einzig verbleibende sinnstiftende Instanz dieses zyklischen Artefaktes zu benennen. Selbstreferentialität scheint auch in dieser Hinsicht der primäre Referenzmodus eines Œuvres zu sein, das in seiner rigiden Hermetik jede andere Bezugsebene negiert.

1.5. Anmerkungen zum Frühwerk

Die erste Hälfte des Frühwerks, die kurzen Dokumentarfilme und der Erstling *Fear and Desire*, entzog sich bis vor kurzem der überprüfenden Betrachtung, da Kubrick selbst diese Filme weltweit aus dem Verleih genommen hatte und sie auch für wissenschaftliche Zwecke nicht zur Vorführung freigab. Wiederholt hatte Kubrick seine inzwischen ablehnende Haltung gegenüber seinen ersten filmischen Versuchen zum Ausdruck gebracht und sozusagen darauf bestanden, sein Werk eigentlich erst mit *The Killer's Kiss* beginnen zu lassen. Diese Ablehnung führte sogar dahin, daß das Negativ von *Fear and Desire* von Kubrick verbrannt wurde. Eine Vorführkopie dieses Filmes allerdings ist Kubricks »Bilderverbot« entgangen und wurde 1990 im Archiv der Firma Eastman Color in Rochester, New York, entdeckt. 1991 kam die Kopie in Bologna zur europäischen, unmittelbar vor Drucklegung dieses Buches in Essen zur deutschen Erstaufführung. (Eine Tatsache, die Kubrick wenig gefallen dürfte.)

Auch nach Ansicht des Filmes bleibt der Gesamteindruck bestehen, der schon früheren amerikanischen Arbeiten über Kubrick zu entnehmen war: *Fear and Desire* und wohl auch die (nach wie vor unzugänglichen) Kurzfilme waren innerhalb Kubricks Werk wenig mehr als Etüden, Fingerübungen, denen es an stilistischer wie dramaturgischer Kohärenz mangelte, die aber immerhin schon die hohe visuelle Begabung Kubricks erkennen ließen. Einige Sequenzen, wie z. B. die Mise-en-scène des Boxkampfes in *Day of the Fight* (1951), sollen wie Präfigurationen späterer Duellinszenierungen Kubricks wirken; einige der Motivstränge in *Fear and Desire* (Eros und Thanatos, Doppelgänger, Kriegsthematik etc.) hingegen erscheinen, verglichen mit den Motivgestaltungen in anderen Kubrick-Filmen, hausbacken und prätentiös.[42]

Selbst wenn man dem »Bilderverbot« des Regisseurs folgt und das Frühwerk von *The Killer's Kiss* bis einschließlich *Spartacus* bemißt, kommt man nicht umhin, das solchermaßen reduzierte Frühwerk als hochgradig uneinheitlich zu klassifizie-

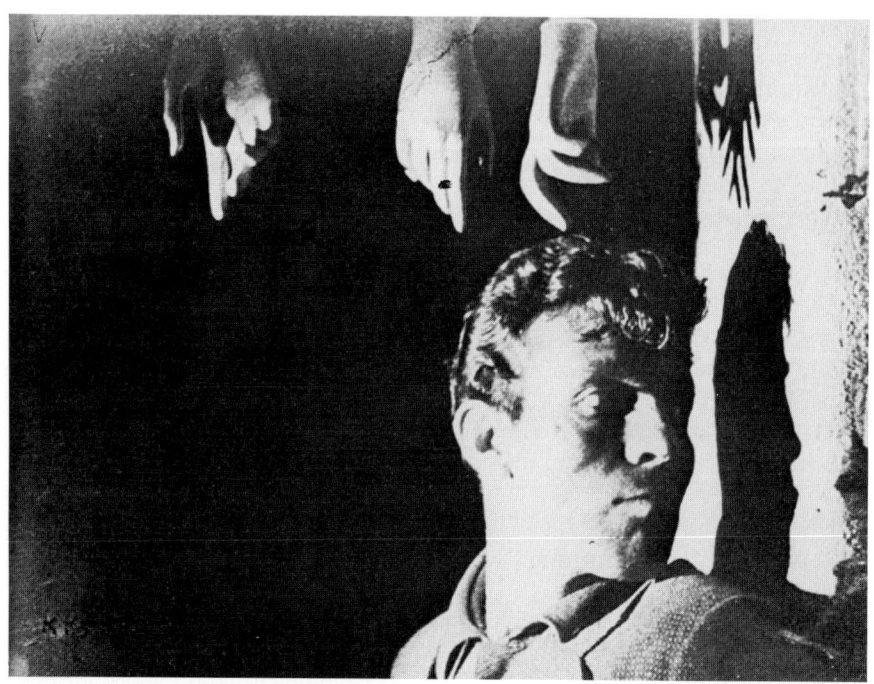

Figurenklischees des späten Film Noir in Kubricks Frühwerk: Der männliche Held als
»Loser« (Jamie Smith in *The Killer's Kiss*) und die Heldin als »Bad Girl« (Marie
Windsor in *The Killing*).

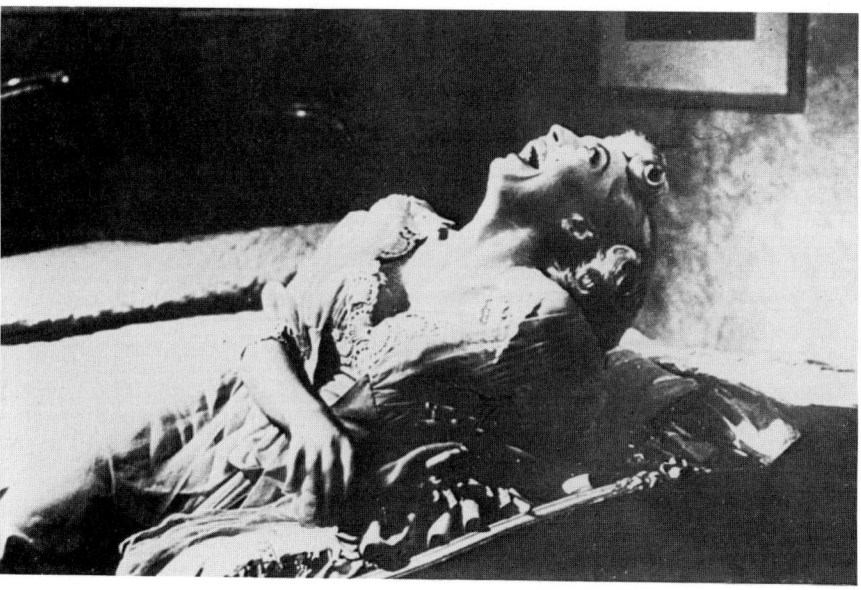

ren. Es sind Genre-Filme, die in einem weitaus höheren Maße den Mechanismen der Genre-Dramaturgie und deren konstitutiven Filmvorbildern verpflichtet sind, als dies im Hauptwerk jemals der Fall sein wird. *The Killer's Kiss* und *The Killing* stehen ganz in der Tradition des späten Film Noir und seiner melancholisch-resignativen Programmatik, wie sie in den Filmen John Hustons (*The Asphalt Jungle* von 1950), Jules Dassins (*The Naked City* von 1948) oder Elia Kazans (*Panic in the Streets* von 1950) vorformuliert worden ist: die Darstellung der Stadt als Labyrinth; die neurotische Angst vor der Frau und ihrer als animalisch proklamierten Sexualität; der Held als gebrochener »Loser«, dem die Virilität und romantische Potenz der Outcasts des frühen Film Noir vollends abhanden gekommen ist – diese zum Klischee geronnenen Topoi prägen Kubricks Gangsterfilme dieser Zeit als dramaturgische Patterns ebenso stark wie die filmsprachlichen Stereotypen des Genres (Low-Key-Ausleuchtung, verkantete Kamera, Bevorzugung von Nachtaufnahmen etc.). Kubrick läßt an seiner Verpflichtung gegenüber den Traditionen keinen Zweifel, stellt sie vielmehr geradezu aus. So liest sich die Besetzungsliste von *The Killing* wie eine bewußt getroffene Auswahl aus dem »Who's Who« des Film Noir (Sterling Hayden, Elisha Cook, Marie Windsor, Ted De Corsia, Coleen Gray).[43]

Paths of Glory und – mit allen skizzierten methodischen Vorbehalten – auch *Spartacus* lassen sich wiederum als zwei filmische »linksliberale Manifeste« auffassen, die in ihrer erkennbaren Subskription unter das Prinzip der *art utile* geradezu als Verleugnung dessen erscheinen, was später Kubricks künstlerisches Credo ausmachen wird. Der Gestus dieser Filme ist der der Anklage gesellschaftlicher Mißstände, ihr Selbstverständnis das eines trivialisierten Lehr-Filmes (wenngleich nicht im Sinne Brechts).

Interessant sind die genannten Filme für Kubricks künstlerische Genese aber allemal, gerade wegen ihrer Uneinheitlichkeit. Denn so sehr Kubrick sich auch bemüht, die Regeln der Genre-Dramaturgie auf der Oberfläche zu erfüllen, so schreibt sich diesen Filmen dennoch etwas ein, was zunächst (vielleicht sogar von Kubrick selbst) als irritierend, da der vorgefertigten Dramaturgie heterogen hinzugefügt, empfunden wird. Unter der angesprochenen Oberfläche der stereotypen Muster regt sich etwas, was als erste, zaghafte Wortmeldung eines ästhetischen Selbstverständnisses verstanden werden kann, welches für sich ganz andere Gesetzmäßigkeiten reklamiert, als dies die Hollywood-Standards vorschreiben. Noch ist Kubrick offenbar weit davon entfernt, diese auktorialen Zeichen richtig zu deuten, d. h. sie in ein ästhetisch homogenes System einzubinden. Erst dem Regisseur von *Lolita* wird es erstmalig gelingen, Genre-Patterns und individuelle Schreibweise zu einer ästhetischen Kohärenz und Koexistenz zu formen. Zunächst aber findet sich der Individualist Kubrick gerade in jenen stilistischen Differenzen, die das Frühwerk andererseits nahezu zu sprengen drohen.

Dies zeigt sich u. a. an der bereits erkennbaren Vorliebe für die Motive und Themenkonstellationen, die auch das Hauptwerk prägen (Geometrisierung des Raumes, Ästhetik des Krieges, die immanente Erotik der Gewalt, die Dissoziation der Figuren etc.). Doch im Gegensatz zu den späteren Filmen wirken diese Motive im Frühwerk fast schon deplaziert, da nicht genügend gedanklich durchdrungen und somit zu künstlerischen Versatzstücken, zu artistischen Werkzeugen ohne Anbindung an ein ästhetisches Prinzip (dessen sinnfällige Manifestation sie zugleich wären) degradiert: Das vorsichtige Operieren mit der Doppelgängerthematik in *Paths of Glory* (Dax/Broulard) wirkt aufgesetzt in einem filmischen Kontext, der überwiegend ein idealistisches Menschenbild beschwört, das gerade auf der Einheitlichkeit des Individuums beruht. Die christliche Ikonographie in der Erschießungs-Sequenz desselben Films ist – gerade im Gegensatz zu vergleichbaren Elementen in *A Clockwork Orange* – nicht mehr als ein beliebiger Baustein aus dem Arsenal abendländischer Bildsprache, da die kulturgeschichtliche Polyvalenz solcher Motive hier völlig unreflektiert bleibt. Solche ikonographischen Zitate beharren im Frühwerk auf einer transhistorischen Gültigkeit, die somit eine Beliebigkeit und Austauschbarkeit des Gezeigten offenbart. Erst später wird Kubrick aus der ästhetischen Reflexion des historischen Bedeutungswandels gerade symbolischer oder emblematischer Bilder heraus eine neue und eigenständige ästhetische Relevanz für seine persönliche Ikonographie (präziserweise müßte man daher eigentlich von einer Ikonologie sprechen) gewinnen. Ähnlich unreflektiert wirkt der Stil-Eklektizismus, den verschiedene Interpreten Kubricks im Frühwerk ausgemacht haben[44]: Neorealistische, surrealistische wie dokumentarische Elemente schleichen sich gleichermaßen in die Bildsprache ein, ohne daß daraus mehr als ein Probieren, ein Suchen des Regisseurs nach einer eigenen Handschrift zwischen vorgeprägten, aber eigentlich divergierenden Bildsystemen abzulesen wäre. (Auch diesbezüglich stellt *A Clockwork Orange* einen späten Gegenentwurf dar, eine filmische Reflexion, die gerade einen – dann allerdings virtuos beherrschten – Eklektizismus als einzig adäquaten Darstellungsstil erkennt, thematisiert und konsequent zum Inszenierungsmodus erhebt).

Für den Argumentationszusammenhang dieses Buches ist vor allem aufschlußreich, wie Kubrick im Verlauf seines Frühwerks immer stärker jene Kategorie zu entwickeln versucht, die dann als charakteristisch für das Hauptwerk anzusehen ist: ästhetische Distanz zum Gezeigten als unverzichtbarer Modus des Ästhetizistischen. *The Killing* muß in dieser Hinsicht als der erste Versuch Kubricks angesehen werden, zwischen sich und das Dargestellte etwas einzuschieben, das gleichermaßen Distanz vom Geschehen wie dessen Kontrolle garantiert. Ungewöhnlich genug für einen Regisseur, der sich später primär der Kontrolle des Raumes verschreibt, konzentriert sich Kubrick in *The Killing* erst- und letztmalig auf eine Kontrolle der Zeit, was selbst wiederum offen präsentierter Bestandteil der Inszenierung ist: Dechronologisch werden die Handlungsstränge zerlegt und durch Kubricks Montage sowie die monotone Stimme eines Off-Kommentators zu einer neuen Zeitstruktur zusammengesetzt. Die ständig durchbrochene zeitliche Kontinuität des Überfalls wird erst und ausschließlich durch etwas/jemanden wieder zu einem sinnvollen Ganzen synthetisiert, das/der erkennbar außer- wie oberhalb der Ebene der Filmhandlung agiert. Hierbei wird die Stimme des Off-Erzählers im wortwörtlichen Sinne reduziert auf die Funktion der Zeitansage, so daß kein Zweifel darüber aufkommen kann, daß hinter dieser auktorialen Instanz noch eine weitere, übergeordnete stehen muß:

> Die Allwissenheit von Kubricks Erzähler beschränkt sich auf die äußerlichen Handlungen der Figuren in der Zeit. [...] Seine leidenschaftslose Objektivität fungiert als eine Art akustischer Stechuhr, die alle Details registriert, die innerhalb von Johnnys

Plan – und nur dort – von Bedeutung sind. Erfolgreicher als die Figuren der Handlung unterdrückt der Erzähler jede individuelle Identität und macht sich ganz zum Organ der zeitlichen Struktur des Films. [...] Sobald jedoch die Außenwelt in das geschlossene System von Johnnys Planung einbricht und seine kühle und mechanische Kontrolle in Hektik und Verzweiflung verwandelt, erweist sich auch der Überblick des Erzählers als beschränkt und der übergeordneten Logik von Kubricks visueller Erzählkunst ausgeliefert.[45]

Diese Erzählkunst ist eine primär räumlich-narrative, die letztlich die Überlegenheit einer räumlichen Kontinuität über die skizzierte zeitliche Diskontinuität behauptet und damit die Überlegenheit des einen, nicht wahrnehmbaren Erzählers (der Regisseur Kubrick) über den anderen, wahrnehmbaren (die Stimme des Off-Erzählers). So kann sich auch die »Zeitauflösung – die etwas nur auflöst, um es fester als zuvor wieder zusammenfügen zu können – [...] dem Zuschauer nur vermitteln, indem ein alles Geschehen überragender, sich von allen Personen gleichmäßig distanzierender Erzähler die Fäden in der Hand hält und sortiert.«[46] Erstmals gibt Kubrick die Instanz zu erkennen, die spätestens ab *Lolita* die für ihn einzig relevante sein wird: die des Schöpfers. Erstmals zeigen sich in *The Killing* die Züge eines »fest in Raum und Zeit verankerten Systems, das einer unsichtbaren Gottheit untersteht«.[47] Doch scheint Kubrick gespürt zu haben, daß das Prinzip der Auktorialität sich auf Dauer nicht in der hier demonstrierten Art und Weise aufrechterhalten lassen würde: Zu deutlich, zu ostentativ prägte diese Ebene die Handlung des Filmes; zu stark reduzierte sie das Filmgeschehen zu Marginalien dieser auktorialen Strategie; zu sehr verlor sich die Dramaturgie in einer formalen, tektonischen Selbstgefälligkeit, ohne daß es Kubrick dabei gelungen wäre, seine Selbstinszenierung homogen (und damit unauffällig) in die Filmhandlung einzubetten. Ganz offensichtlich war Kubricks Vorgehensweise in *The Killing* noch primär einer spielerischen Faszination an der Allmacht des Künstlers entsprungen: eine pure Demonstration artistischer Fähigkeiten, da aus dem Kontext der Filmhandlung selbst keine innere und damit zwingende Notwendigkeit für ein derartiges künstlerisches Vorgehen abzulesen war.

Erst mit *Paths of Glory* scheint sich diese zwingende künstlerische Notwendigkeit bei Kubrick eingestellt zu haben, als innere (aus dem Filmkontext erwachsene und dort auch reflektierte) wie als äußere (als logische Konsequenz der ästhetischen Genese des Regisseurs selbst). Auf den ersten Blick verharrt der Film über fast dreiviertel seiner Laufzeit in einer ästhetischen Position, die scheinbar völlig im Gestus des Zeigens/Erzählens aufgeht und in nichts an die formale Experimentierfreudigkeit (und die darin aufgehobene ästhetische Reflexion) des vorangegangenen Filmes erinnert. Doch spielt *Paths of Glory* bei näherer Betrachtung letztmalig in Kubricks Œuvre die Möglichkeiten der *art utile*, des filmischen Erzählens, das außerästhetischen Kategorien verpflichtet ist, durch, um in seiner Schlußwendung – auf verstecktere und subtilere Art und Weise als in *The Killing* – aufzuzeigen, daß Kubricks künstlerische Zukunft gerade jenseits dieses ästhetischen Programms liegen wird. Berücksichtigt man diese, noch zu definierende Ebene symbolischer Repräsentation, die Kubrick in diesen Film eingeschrieben hat, so muß festgestellt werden, daß *Paths of Glory* »ein Film ist, der sich vor allem Ideologischen und jenseits von ihm für nichts wirklich interessiert als für [...] seine Ästhetik.«[48] Diese Wertung mag verwundern angesichts eines Filmes, der sich über weite Strecken so stark einem (wenn auch reichlich schematisch wirkenden) moralischen Engagement verschrieben hat. Doch letztlich thematisiert der Film im Scheitern der positiven Verkörperung moralischer Prinzipien nur deren Untauglichkeit, zumindest als künstlerische Maxime für Kubricks weitere Arbeit.

Das Gesagte wird verständlicher, sieht man die Figuren Broulards und Dax' als Personifikationen eines sich wandelnden künstlerischen Selbstverständnisses ihres Schöpfers an. Dax verkörpert das Prinzip der Beteiligung, oder, wie Nelson es formuliert, das der »Nahaufnahme«.[49] Er ist involviert, in die Handlung verstrickt nicht zuletzt durch die moralischen Imperative, die sein Handeln bestimmen. Hingegen ist Broulards Sicht »die unpersönliche und distanzierte Perspektive des Schlosses, die mit ihrer vertikalen Politik einen überlebten Glauben an einen geordneten und sinnerfüllten Kosmos travestiert.«[50] Broulard ist auch mit allen Insignien des Ästheten (in Lebensführung und Kenntnis der Kunstgeschichte gleichermaßen) und des Zynikers versehen. Und er ist tatsächlich der Schöpfer des perfiden Planes, der innerhalb des Filmgeschehens zur Durchführung kommt und zunächst von keinem der daran Beteiligten durchschaut wird. Er ist der Demiurg, der leidenschaftslose Gott, der aus distanzierter Perspektive dem Treiben der von ihm geschaffenen Figuren zusieht und dies als ästhetisches Spektakel rezipiert und (zynisch) goutiert – eine Figuration des Schöpfertums, die, wie wir noch sehen werden, für Kubrick hohe programmatische Relevanz gewinnen wird. Im Kontext von *Paths of Glory* ist es nicht zuletzt diese ästhetische Distanz, die das Überleben und den Sieg des »Demiurgen« Broulard über den »Beteiligten« Dax sicherstellt; ja, dessen unerschütterliche Moralität ist vielmehr von Broulard bereits eingeplant, um seine Intrige erst zu ermöglichen. So erscheinen Moralität und Engagement in *Paths of Glory* nicht nur als ohnmächtig und überlebt, sondern sogar als integrierbarer, wenn nicht unverzichtbarer Bestandteil des demiurgischen (Schöpfungs-) Plans. Im Gegensatz zu späteren Vertretern idealistischer Positionen in Kubricks Filmen (man denke etwa an den Gefängnispfarrer in *A Clockwork Orange*), wird Dax von Kubrick aber nicht etwa mit kühler Ironie gezeichnet. Eher scheint der Regisseur selbst noch im oben erwähnten Sinne beteiligt zu sein am letztlich aussichtslosen Kampf sowie vor allem am Leiden und Untergang dieser Figur.

Auch Nelson spricht im Zusammenhang mit Kubricks früher künstlerischer Genese von Mitteln »zur Distanzgewinnung des Regisseurs von seinem Stoff [...] – ein Mittel gleichzeitig zur Perfektionierung der ästhetischen Kontrolle und zur Verschleierung des individuellen psychologischen Engagements.« [51] Demzufolge wäre der Zynismus des Ästheten Broulard/Kubrick eher als Reflex eines Leidens an der Welt, denn als leichtfertige Flucht in das Hermetische des Kunstwerks anzusehen. Noch schärfer formuliert: Schon *Paths of Glory* suggeriert, daß allein der Rückzug in das Ästhetische sowohl individuelles Überleben wie aber auch die Möglichkeit bietet, Realität wenigstens noch zu kommentieren – offensichtlich die einzige Perspektive, die sich (Kubrick) bietet, da der Gegenentwurf des Beteiligtseins, siehe Dax, weder Veränderungs- noch Überlebensmöglichkeiten offeriert. Wer an der letztgenannten Option festhält, so scheint *Paths of Glory* anzudeuten, geht unter, und alles moralische Pathos vermag nicht zu verhindern, daß mit dem

Engagierten (Dax) nichtsdestotrotz auch die ihm Anvertrauten (die verurteilten Soldaten) untergehen, daß sogar gerade die Möglichkeit der Instrumentalisierung des Engagements indirekt den Tod derer, denen das Engagment galt, mitheraufbeschwört. Insofern mag die hierin reflektierte Wandlung Kubricks von einem Regisseur, der als Beteiligter noch am Leiden seiner Figuren teilhat, zum distanzierten Schöpfer der modellhaften Welten von *Lolita* bis zu *Full Metal Jacket* durchaus auch ein Akt der Verzweiflung gewesen sein; eine Überlebensstrategie in wahrhaft profundem Sinne, die es Kubrick erst gestatten wird, das Grauen von *A Clockwork Orange* oder *The Shining* inszenieren zu können, ohne selbst daran zu zerbrechen. (Vielleicht ist es zudem auch jene gewonnene Distanz gewesen, die ihm ermöglichte, *Spartacus* zu drehen, ohne dies als Verrat an seinen eigentlichen künstlerischen Intentionen empfinden und durchleiden zu müssen.)

Daß Kubrick andererseits die Figur des Ästheten und Schöpfers Broulard eben auch mit Attributen eines unerträglichen Zynismus ausstattet, spricht dafür, daß er sich der Ambivalenz der Figur und damit der durch sie repräsentierten Position, die der Künstler Kubrick fortan einnehmen wird, sehr wohl, und vermutlich auch sehr schmerzhaft bewußt ist. So formulieren die letzten 20 Minuten von *Paths of Glory* die radikale Trennlinie, die das Früh- vom Hauptwerk, die eine – bei Kubrick allerdings immer nur halbherzig eingelöste – *art utile* vom Prinzip des *l'art pour l'art* trennen. Vor diesem Hintergrund besehen erscheint *Spartacus* mehr denn je als das, was dieser Film in Kubricks Vita nur gewesen sein kann: ein Intermezzo, eine schöpferische Atempause, ein überdeutliches Zeichen der Zäsur. Ab *Lolita* wird Kubrick dann die Distanz und die Kontrolle, die er im und durch sein Frühwerk gewonnen hat, zu einer ästhetischen Programmatik – unter welchen Schmerzen auch immer Kubrick sie gewonnen haben mag – ausbauen, die sich nun konsequent jeglicher Sinnerfüllung außerhalb eines ästhetizistischen Diskurses verweigern wird: »Kontrolle wird zum magischen Wort, zur Obsession des Genies, das sich selbst entwirft, organisiert und kontrolliert […]. Sinn macht für Kubrick nur das Kino unter der totalen Beaufsichtigung aller seiner Parameter und Facetten, Sinn nur das Kino als Gesamtkunstwerk.«[52]

2. Querschnitte – Motivik, Ikonographie und Dramaturgie des Hauptwerks

2.1. Beantwortung der Frage: Was ist Ästhetizismus?

Ich glaube nicht, daß ein Kunstwerk eine andere Verantwortung übernimmt, als Kunstwerk zu sein.[1]

Diese Äußerung Stanley Kubricks stellt in ihrer Absage an eine ethische oder gesellschaftliche Verpflichtung der Kunst ein klares Bekenntnis zum Ästhetizismus, zum Prinzip des *l'art pour l'art* dar. Dieses Credo formuliert damit zugleich die Programmatik des Kubrickschen Hauptwerkes: es ist ein dezidiert ästhetizistisches, das – wie im folgenden gezeigt werden soll – seine ideengeschichtlichen Ursprünge fortwährend thematisiert und reflektiert. Folgerichtig spiegelt die weiter oben skizzierte, extrem polarisierte Debatte um Kubricks Filme in erster Linie die Kontroverse um die Akzeptanz des Ästhetizismus als ästhetisches Programm wider. Wenn hierbei vor allem im deutschsprachigen Raum gerne mit den Instrumenten der Ideologiekritik operiert wird, so ist dies dem Gegenstand absolut unangemessen: Gerade in der kritischen Distanz zu rationalistischen und/oder idealistischen Entwürfen nimmt jeglicher Ästhetizismus erst seinen Ausgang. In dem oft geradezu verzweifelt anmutenden Versuch, die Überlegenheit eines rationalistischen Diskurses gegenüber einer ästhetizistischen Kunstauffassung wenigstens auf dem Gebiet der Kritik zu behaupten, kann der Spezifik von Kubricks Film-Ästhetizismus allerdings kaum eine konstruktive Perspektive angelegt werden. Vielmehr verbirgt sich hinter einer solchen, ganz offensichtlich inadäquaten Betrachtungsweise in erster Linie ein tiefsitzendes Unverständnis dafür, daß Ästhetizismus nicht eine künstlerische Fehlleistung, sondern ein ästhetisches Programm ist, das – wie alle anderen ästhetischen Programme – Anspruch darauf erheben kann, zunächst einmal nach Maßgabe seiner eigenen Maximen untersucht und bewertet zu werden.

Sich mit Kubrick wissenschaftlich auseinandersetzen zu wollen, heißt für mich daher, sich mit dem Ästhetizismus auseinanderzusetzen und in seiner Geschichte und seinem ästhetischen Selbstverständnis nach Instrumentarien zu suchen, die Zugänge zum Verständnis des Kubrickschen Œuvres eröffnen. Es ist der Gegenstand selbst, der die Wahl dieser Perspektive vorgibt. Im günstigsten Falle können meine Ausführungen über ihren konkreten Gegenstand hinaus einige Voraussetzungen für eine Neudiskussion des Ästhetizismus als ästhetischem wie als kunst- und geistesgeschichtlichem Phänomen schaffen. Denn in gewisser Weise müssen die skizzierten Akzeptanzprobleme ästhetizistischer Kunstwerke gerade im deutschsprachigen Kulturraum als Ausfluß eines größeren Zusammenhangs gesehen werden. Auch wenn dies an dieser Stelle nur angedeutet werden kann, so scheint die tiefere Ursache hierfür in einer Verdrängung romantischer und der Romantik entlehnter Geistestraditionen zu liegen. (So stammen die besten Publikationen über Stanley Kubrick bezeichnenderweise auch aus Kulturkreisen, in denen Romantik wie Ästhetizismus ungebrochene, d. h. nicht verdrängte kultur-geschichtliche Bezugsgrößen darstellen: Frankreich und Italien.)[2]

Was aber ist nun unter Ästhetizismus zu verstehen? Allgemein gesprochen, ist Ästhetizismus eine Kunst- und Geistesepoche des späten 19. Jahrhunderts, die vor allem in der Literatur und Malerei ihre adäquate ästhetische Ausformulierung gefunden hat. Als Hochburg des Ästhetizismus gilt das Frankreich nach der Revolution von 1848, und Namen wie Gautier, Baudelaire, Flaubert, Verlaine, Rimbaud, Mallarmé oder Lautréamont stehen programmatisch für die literarische Manifestation des Ästhetizismus, die mit Wilde, Poe und später D'Annunzio aber auch Berührungspunkte zu Poeten anderer Nationen aufweist. In Deutschland ist der Begriff Ästhetizismus vor allem mit den Namen Georges und Jüngers, später auch mit dem Gottfried Benns verbunden. Einige der hier Aufgeführten werden von der Literaturgeschichtsschreibung eher Epochenbegriffen wie Fin de siècle, Décadence oder Symbolismus zugeordnet. Philologische Zuschreibungsmodi die-ser Art sind so komplex wie umstritten, und für unseren Zusammenhang muß es gestattet sein, die Diskussion über die verschiedenen Stränge des *l'art pour l'art* auszublenden und die genannten Strömungen und Epochen unter dem Begriff Ästhetizismus zu subsumieren. (Erst in Kapitel 4 wird die Differenzierung nach Einzelepochen bzw. -schulen wieder von Relevanz für den Argumentationsgang werden.) Bei aller Verschiedenheit der individuellen Poetologie und deren konkre-ter Realisation – die keinesfalls zu leugnen ist – treffen sich die unterschiedlichen Protagonisten einer ästhetizistischen Poetik dennoch an einem Punkt: in ihrer radikalen Absage an die klassisch-bürgerliche Kunstdoktrin des *prodesse et de-lectare* und in der damit verbundenen Forderung nach einer Kunst, die sich selbst genügt und nur ästhetischen Wertmaßstäben verpflichtet ist. Schon im ersten Manifest des *l'art pour l'art*, in Théophile Gautiers Vorwort zu »Mademoiselle de Maupin« (1834) wird der Ruf nach einer unabhängigen, souveränen, autonomen Kunst laut, der im weiteren Verlauf des Jahrhunderts immer stärker werden sollte. Dies bedeutete die Negation des im Zeitalter der Aufklärung propagierten Ideals der *art utile*, der nützlichen, weil im Dienste des bürgerlichen Emanzipationsge-dankens stehenden Kunst.

> Man hat oft gesagt, daß l'art pour l'art wohl eine Gegenreaktion auf die noch weiterwirkende aufklärerische Poetik, wonach die Kunst die politischen, morali-schen usw. Fortschrittsideen zu propagieren habe, und auf die Vergnügen und Nutzen fordernde klassische Kunstdoktrin gewesen sei [...].[3]

Tatsächlich ist das Verhältnis des Ästhetizismus zu den Geistesepochen der Auf-klärung und der Romantik ein spannungsreiches und vielfach gebrochenes. Kul-turelle wie geistesgeschichtliche Phänomene unterliegen komplexeren Wechsel-verhältnissen, als dies die herkömmliche Ästhetikgeschichtsschreibung häufig suggeriert. So eindeutig die Gegenposition zum Geschichts- und Kunstverständnis der Aufklärung zweifelsohne ist, so kompliziert gestaltet sich der Traditionszusam-menhang des Ästhetizismus zur Romantik, denn offenbar »enthält dieses Traditi-onsbewußtsein Spannungen und Dissonanzen, die es seit dem beginnenden

19. Jahrhundert fortwährend zu sprengen drohen.«[4] So postulierte Baudelaire noch 1846: »Wer Romantik sagt, meint moderne Kunst«, um 13 Jahre später zu konstatieren: »Die Romantik ist eine himmlische oder höllische Gnade, der wir ewige Wundmale verdanken.«[5] Zu den einflußreichsten Untersuchungen, die den Ästhetizismus in Kontinuität zur Romantik setzen, zählt die motivgeschichtlich orientierte Abhandlung von Mario Praz über die »Schwarze Romantik«[6], die gerade aufgrund dieser Herleitung außerordentlich umstritten ist. Dennoch hat Praz auf ein unwiderlegbares Faktum verwiesen, daß nämlich beiden Epochen eine verwandte Geisteshaltung zu eigen ist, die in der identischen Motivwahl ihren komprimierten Ausdruck findet. Dies mag vor allem die Skepsis jener hervorgerufen haben, die Romantik vorschnell in eins setzen mit ihrer spezifischen historischen Konfiguration, als die die Deutsche (Früh-)Romantik anzusehen ist. Diese läßt sich in der Tat nicht so ohne weiteres als genuiner Vorläufer des Ästhetizismus deuten, wohl aber gilt das für die Epoche der Spätromantik (oft auch als »satanische«, »schwarze« oder nihilistische Romantik bezeichnet), die in Deutschland eher als Degeneration, in Frankreich hingegen als die eigentliche Vollendung des romantischen Ideals verstanden wurde.[7] Diese national unterschiedliche Auffassung der Romantik erkannte Gautier schon 1857:

> In Frankreich weckt dieses Wort »romantisch« nicht dieselbe Vorstellung wie in Deutschland. Für uns stellt es die Freiheit in der Kunst, die große literarische Revolte von 1830 dar [...]. Romantisch hat durchaus nicht die gleiche Bedeutung im Vaterland Tiecks, Uhlands und Goethes, es enthält [dort] lediglich die Idee einer Rückkehr zum Mittelalter.[8]

Der hier angedeutete konservativ-utopische Gehalt der deutschen Frühromantik kennzeichnet deren letztlich gescheiterten Versuch, nicht nur die Defizite des Rationalisierungsprozesses zu thematisieren, sondern in Gestalt einer Feier des Mythisch-Irrationalen einen Gegenentwurf zur Herrschaft der instrumentalisierten Vernunft zu gestalten. Scheitern mußte diese Utopie u. a. deshalb, weil in ihr die dialektische Verknüpfung von Irrationalem und Rationalem nicht erkannt bzw. genügend durchdacht worden war. Jene Spätphase der Romantik aber, von der wir hier sprechen, entsagt sich – und darin liegt ihr Anknüpfungspunkt zum Werk Kubricks – bei aller Opposition zum rationalistischen Weltbild einer utopischen Potenz. Vielmehr begreift sie die durch Aufklärung und (Früh-)Romantik entwickelte Dialektik von Mythos und Logos, Rationalität und Irrationalität als eine Dialektik im Stillstand, als nicht mehr auf der nächsthöheren Ebene synthetisierbar. Nichts liegt den Spätromantikern (wie in der Folgezeit auch den Ästhetizisten) ferner als der Glaube ihrer frühromantischen Vorfahren, der durch Aufklärung bewirkte Rationalisierungsprozeß sei samt seinen Defiziten und degenerativen Erscheinungsformen durch eine regressiv-irrationale Utopie umkehrbar. Erkannt worden ist zu diesem kulturhistorischen Zeitpunkt bereits, daß Logos und Mythos sich wechselseitig hervorbringen, beide Kräfte aber so unverzichtbare wie in ihrem jeweiligen Totalitätsanspruch antagonistische Determinanten menschlicher Existenz darstellen. Angesichts der Unauflösbarkeit und zwangsläufigen Permanenz dieses Dualismus wird allein das Kunstwerk noch als Ort der kurzfristigen Aussetzung der Antagonismen, als »zeitweiliges Quietiv«[9] verstanden – ein Gedanke, der sich von Schelling bis Schopenhauer durch die nach-aufklärerische Philosophie zieht. Hierbei verlagert sich der Akzent mehr und mehr vom Akt der Kunstrezeption auf den der Kunstproduktion: Nur im Prozeß des Kunstschaffens selbst kann der schmerzhafte Riß im (als »modern« apostrophierten) Bewußtsein des 19. Jahrhunderts zeitweilig befriedet werden. Daß diese spätromantische Position zugleich die Bezugsgröße für das Selbstverständnis des *l'art pour l'art* ausmacht, dürfte einleuchtend sein. Und »modern« ist dieses Bewußtsein tatsächlich insofern, als es über die Vermittlung durch die Epoche des Ästhetizismus hinaus bis weit in unser Jahrhundert hinein seine Gültigkeit behalten hat. Der konstatierte Riß, der zwischen Mythos und Logos klafft und sie zugleich verbindet, schimmert durch die weltanschaulichen wie ästhetischen Programme des 20. Jahrhunderts hindurch, bestenfalls notdürftig verkleistert durch jene (Kunst-)Ideologien, die doktrinär an der anhaltenden und ausschließlichen Gültigkeit des einen oder des anderen Konzeptes festhalten wollen.

Insofern erscheint es mir legitim, den Begriff Ästhetizismus, aber auch die Begriffe Aufklärung und Romantik aus ihrem engeren Definitionszusammenhang zu lösen, sie über ihre gattungs- und epochenspezifischen Zuschreibungen hinaus für die Diskussion filmischer Kunstwerke fruchtbar zu machen. Wenn ich also im folgenden von Aufklärung oder Romantik rede, so meine ich damit nicht allein eine jeweils zeitlich limitierte Epoche abendländischer Geistesgeschichte. Vielmehr verstehe ich Aufklärung und Romantik als weltanschauliche Entwürfe, als Modelle, als Diskurse mit jeweils universellem und transhistorischem Gültigkeitsanspruch. Was in den Epochen der Romantik und Aufklärung – wenngleich dialektisch verknüpft, so doch antagonistisch strukturiert – formuliert wurde, kann über den historischen Bezugsrahmen hinaus verstanden werden als Grenzwertbestimmung menschlicher Weltaneignungsversuche. Auch wenn wir heute wissen, daß diese Entwürfe lediglich Meta-Diskurse, also vor allem herrschaftsbestimmt und -bestimmend sind, so spielt sich doch unser Denken nach wie vor in einem Raum ab, der durch eben diese Meta-Diskurse definiert und begrenzt ist. Der Punkt, an dem diese beiden Modelle aufeinanderprallen und sich gegenseitig neutralisieren, markiert zugleich den Ausgangspunkt des Ästhetizismus. Nur wer diese historische Genese bedenkt, kann fundiert die Relevanz des *l'art pour l'art* diskutieren.

Für das Medium Film steht eine spezifische ästhetizistische Programmatik noch aus, (wenngleich etwa bei Josef von Sternberg bereits erste Überlegungen zu einem solchen Entwurf vorzufinden sind).[10] Insofern begeben wir uns mit dieser Arbeit auf wissenschaftlich ungesichertes Terrain. Trotzdem glaube ich, *eine* mögliche Form des filmischen Ästhetizismus in Kubricks Werk ausmachen und durch meine Untersuchung belegen zu können. In gewisser Weise ist Kubricks Modell dabei ein vergleichsweise konservatives und wenig filmspezifisches. Es bezieht seine Instrumentarien primär aus den literarischen Vorläufern, was sicherlich in der bereits zitierten Auffassung Kubricks vom Film als genuinem Erzählmedium begründet ist. Dies läßt sich vor allem an der konsequenten Verwendung von Motiven und Topoi ablesen, die für den literarischen Ästhetizismus des 19. Jahrhunderts konstitutiv waren. Darüber hinaus scheint Kubrick aber auch einen ikonographischen

Stil entwickelt zu haben, der im besten Sinne ästhetizistisch zu sein scheint und der ihm immer wieder den Vorwurf eingetragen hat, seine Bilder seien »kalt«. Beides, Motivik wie Ikonographie Kubricks, soll in den folgenden Kapiteln querschnittartig vorgestellt werden, wobei die erstaunliche Kohärenz, Konsequenz und Geschlossenheit seiner Filme als ästhetizistischer Diskurs deutlich werden wird.

Das Gesagte ist allerdings keineswegs normativ gemeint: Selbstverständlich sind auch andere Ausformulierungen eines filmischen Ästhetizismus denkbar, vielleicht sogar einige von höherer Medienspezifik, d. h. solche, die ihren Ästhetizismus stärker, als dies in Kubricks Modell der Fall ist, aus »rein« filmischen Gestaltungsmitteln ableiten. Doch scheint mir Kubricks Ästhetizismus ohnehin über den immanenten ästhetischen Diskurs hinaus ein im Wesen ideengeschichtlicher Diskurs in filmischer Form zu sein. Wenn man so will, formuliert Kubricks Hauptwerk triviale philosophische Mythen, beschäftigt sich in spielerischer Form mit der Konfrontation aufklärerischer und romantischer Weltentwürfe. Oder anders gesagt: Kubrick blickt mit den Mitteln des Films (eines Mediums des 20. Jahrhunderts) und der Motivik und der Perspektive des 19. Jahrhunderts (Romantik) vor allem auf das 18. Jahrhundert (Aufklärung), da er dort Schlüssel zum Verständnis der Gegenwart und der näheren Zukunft zu finden glaubt. Was dabei herauskommt (und in gewisser Weise dieser Vorgehensweise zugleich zugrundeliegt), ist eine Revitalisierung eines ästhetischen Programms des späten 19. Jahrhunderts: des Ästhetizismus.

2.2. Das 18. Jahrhundert als negative Bezugsgröße

Die Inklination Kubricks zum 18. Jahrhundert ist schon lange unübersehbar.[11]

Der Perfektionist Kubrick hat in für ihn bezeichnender Weise Deutungshinweise zum Verständnis seines Werkes in den Filmen selbst codiert. Wie wir bereits bei den Verweisen auf den zyklischen Charakter seines Œuvres sehen konnten, sind diese auktorialen Zeichen dadurch charakterisiert, daß sie als Chiffren erscheinen, d. h. in keinem sinnstiftenden narrativen Zusammenhang zur übrigen Filmhandlung stehen. Auf ihren reinen Zeichenstatus reduziert, verweisen diese scheinbar willkürlichen Zitate auf einen Bedeutungszusammenhang, der jenseits des Einzelfilms zu suchen ist. Zu diesen Deutungshinweisen gehören die Anspielungen auf das 18. Jahrhundert, die sich durch Kubricks Filme ziehen. So ist sein Werk in vielfacher Weise von ihm selbst in Bezug zu diesem Zeitalter gesetzt worden, bevor er dann 1975 mit *Barry Lyndon* einen Film drehte, dessen Handlung explizit im 18. Jahrhundert spielt. Die Deutlichkeit und die Permanenz dieser Zitationen gibt Anlaß zu der Vermutung, daß Kubrick selbst dem 18. Jahrhundert eine Schlüsselfunktion im Hinblick auf das Verständnis seines Œuvres einräumt, daß die Zitationen somit »individuellen Bekenntnischarakter«[12] haben.

Diese Verweise finden sich zunächst einmal primär auf der Bildebene: Häufig nutzt Kubrick Architektur, Mode und bildende Kunst des 18. Jahrhunderts als Elemente seiner Ikonographie, ohne dabei Rücksicht auf Chronologie oder narrative Plausibilität zu nehmen. In *Lolita* schießt Humbert auf Quilty, während der sich hinter einem Gemälde im Stil Gainsboroughs, eines der wohl repräsentativsten Maler der Epoche, versteckt. Das Schloß in *Paths of Glory*, das Zimmer am Ende von *2001* und das Kasino in *A Clockwork Orange* sind im Stil des 18. Jahrhunderts gebaut und eingerichtet. Im letztgenannten Film tauchen gleich mehrmals Kostüme aus diesem Jahrhundert auf: so in der Szene im Plattenladen und in der Schlußsequenz. (Daß diese Verweise in *A Clockwork Orange*, wie bereits ausgeführt, zugleich Konjunktionen zu *Barry Lyndon* darstellen, schließt ihre Relevanz hinsichtlich des hier genannten Kontextes keinesfalls aus.) Gerade in *2001* und *A Clockwork Orange* ist der Anachronismus zum eigentlichen Handlungszeitraum der Filme besonders auffällig und nicht überzeugend mit rein visuell-ästhetischen Motivationen des Regisseurs zu erklären, zumal sie in offensichtlichem Widerspruch zur sonstigen Detailgenauigkeit Kubricks stehen. Jansen merkt diesbezüglich an, daß das Dekor in *Paths of Glory* zwar noch in gewisse Stimmigkeit zur Handlung zu setzen sei, daß ab *Lolita* aber diese architektonischen Zitate so unerwartet wie zunächst irritierend sind:

> Nichts ergibt zwingend, daß das Dekor, in dem sich Bowman [...] am Ende seiner intergalaktischen Reise wiederfindet, ein Louis-XVI.-Salon ist. Es hätte ebensogut ein Möblement barocker oder biedermeierlicher Provenienz oder des Jugendstil oder Art déco sein können. Nichts führt unabweislich dazu, daß das verfallene Theater, in dem Alex und Billyboy in *A Clockwork Orange* aufeinandertreffen, architektonische Muster des 18. Jahrhunderts aufweist, und daß der Kampf der Banden vor einem Schäferfresko ausgetragen wird.[13]

Der Anspielungscharakter ist aber keineswegs auf die rein visuelle Ebene beschränkt. Die Affinität von *Dr. Strangelove* zu Jonathan Swift und seinem spezifischen schwarzen Humor ist überdeutlich und findet in der Wahl des Ortsnamens »Laputa« – einer Anleihe aus »Gulliver's Travels« – ihren deutlichsten Ausdruck. Teilweise sind diese Anspielungen auch komplexer strukturiert, haben manchmal sogar selbstreferentiellen Charakter. So sind, wie wir noch sehen werden, Schachspiel und Maschinen bzw. Automaten zwei zentrale Motive Kubricks, die sich im schachspielenden Elektronengehirn HAL 9000 aus *2001* vereinen. Nicht zufällig war der vielleicht berühmteste Automat des 18. Jahrhunderts – der von Kempelens – ein schachspielender; nicht zufällig war es E. A. Poe, auf den Kubrick in *Lolita* verweist, der mit einem berühmten Essay[14] das Geheimnis dieses Schachautomaten enttarnte; und nicht zufällig bestand diese Enttarnung darin, nachzuweisen, daß sich ein Mensch in diesem Automaten verbarg, wie man dies in gewisser Weise analog auch für HAL 9000 formulieren kann. Für die Beantwortung der Frage, ob sich hinter solchen Zitaten mehr als die Wissensdemonstration eines kulturbeflissenen Bildungsbürgers verbirgt, können zwei Szenen aus *Barry Lyndon* aufschlußreich sein: Wenngleich dieser Film nun dezidiert im 18. Jahrhundert spielt, so ist dennoch unübersehbar, daß Kubrick innerhalb der Filmhandlung eine Jahreszahl sehr signifikant herausstellt: Die Schlußszene zeigt, wie Lady Lyndon einen Scheck unterzeichnet, der die Jahreszahl 1789 trägt – also das Datum der Französischen Revolution, ein Datum, das längst symbolisch-repräsentativen Charakter für das Zeitalter der Aufklärung gewonnen hat. Vor diesem historischen Hintergrund betrachtet, ist es dann auch unzweifelhaft »ein Zeichen, kein Zufall, daß *Barry Lyndon* – anders als es der Roman von Thackeray vorsieht – im Jahr 1789 endet.«[15]

Kubricks Vorliebe für bestimmte Themenkonstellationen weist eine hohe Affinität zu den Themen und Ereignissen auf, die (kultur-)geschichtlich konstitutiv für das 18. Jahrhundert waren. Das 18. Jahrhundert ist eines des Wandels, des Neubeginns, zugleich Epochenschwelle für neuzeitliches Welt- und Gesellschaftsverständnis. Es ist die Geburtsstunde bürgerlicher Herrschaftsformen, wie sie sich in den beiden genannten Revolutionen manifestieren. Es ist das Jahrhundert des ersten großen kontinentalen Krieges in Europa, des Siebenjährigen Krieges, der in *Barry Lyndon* eine zentrale Rolle spielt. Es ist das Jahrhundert der Enzyklopädisten und der Automaten, der beginnenden Industrialisierung und Mechanisierung wie der feudalen Unterdrückung. Vor allem aber ist das 18. Jahrhundert eines: Ausgangspunkt eines allumfassenden Rationalisierungsprozesses, eines rigiden Ordnungssystems unter der Ägide der (schon bald instrumentalisierten) Vernunft, dessen Defizite schon bald sichtbar, aber bis heute häufig verdrängt werden. Kubricks Interesse am 18. Jahrhundert setzt genau dort an, ist somit eines am »Jahrhundert der Aufklärung, Symbolzeit der modernen Intelligenz«[16]. Ganz ohne Zweifel ist dabei Kubricks Blick auf Aufklärung oder das 18. Jahrhundert allgemein nicht sehr differenziert. Die verschiedenen Schulen und Tendenzen aufklärerischen Denkens werden hierin ebenso nivelliert wie die Komplexität historischer Prozesse. So ist z. B. die Abhängigkeit der Französischen Revolution vom geistesgeschichtlichen Entwurf der Aufklärung natürlich widersprüchlicher und multikausaler als dies die zitierte Einstellung aus *Barry Lyndon* suggeriert. Historiker wie Philosophen werden Kubrick auch vorwerfen müssen, daß sein Epochenverständnis, gemessen am aktuellen Forschungs- und Diskussionsstand, einigermaßen trivial ist. Man sollte bei Kritik dieser Art aber nicht übersehen, daß wir es hier mit einem ästhetischen Produkt und nicht mit einer wissenschaftlichen Abhandlung zu tun haben. Die Verkürzung und sogar die teilweise Banalisierung der historischen Perspektive erscheinen legitim – wer Differenzierteres erwartet, verkennt die Möglichkeiten des Mediums Film. Vor allem scheint eine solche Kritik aber in einem viel tieferliegenden Sinne an der Sache vorbeizugehen: Kubricks künstlerische Auseinandersetzung mit Aufklärung gilt weniger der konkreten historischen Epoche als vielmehr ihrem modellhaften Charakter. Wenngleich die angeführten Zitate eindeutig auf einen bestimmten historischen Kontext verweisen, so verbirgt sich hinter ihnen letztlich der Versuch, jenes modellhafte Weltaneignungsprinzip, das wir Aufklärung zu nennen gewohnt sind, filmisch sichtbar zu machen. Der weiter oben zitierte Begriff der »Symbolzeit der modernen Intelligenz« trifft m.E. sehr genau das, was Kubricks Faszination für und seine Auseinandersetzung mit dem 18. Jahrhundert ausmacht.

> Das 18. Jahrhundert, und das ist der Grund, weswegen es in Kubricks Kino beständig wiederkehrt, ist das Jahrhundert der dialektischen Begegnung zwischen Vernunft und Leidenschaft, zwischen Disziplin und Exzeß. Um diesen Gedanken eben drehen sich Kubricks Filme von Anfang an, und sie verbinden diese Begriffe in allen erdenklichen Varianten.[17]

Der Antagonismus zwischen Symmetrie und Formlosigkeit, Ordnung und Chaos, Planung und Zufall, den Kubricks Filme aufzeigen, ist im Grunde ein »Konflikt zwischen der kausalen Logik linearer Denkkonventionen und der assoziativen, nicht-linearen Denkbewegung des Unbewußten.«[18] Dieser dialektisch bedingte Antagonismus zwischen Ratio und Mythos ist konstitutiv für den Prozeß der Aufklärung, weshalb Kubrick zu Recht das 18. Jahrhundert als eine negative historische Bezugsgröße in seinen Filmen thematisiert. Die Probleme, die in den geistesgeschichtlichen Umwälzungen dieser Epoche ihren Anfang nehmen, sind – und das betont Kubrick, indem er selbst in seiner »Zukunfts-Trilogie« (*Dr. Strangelove, 2001, A Clockwork Orange*) auf das 18. Jahrhundert anspielt – die ungelösten Probleme der Gegenwart, wenn nicht deren Ausgangspunkt. Die somit postulierte Kontinuität ideengeschichtlicher Entwürfe über zwei Jahrhunderte hinweg verweist zugleich darauf, daß für Kubrick »in vieler Hinsicht [...] die moderne Welt ein Abkömmling des Zeitalters der Aufklärung«[19] ist. Dieses Geschichtsverständnis ist dem teleologisch-dynamischen Fortschrittsoptimismus der Aufklärung in der Tat diametral entgegengesetzt, wie überhaupt konstatiert werden muß, daß der Fortschritt der Menschheit, der gewöhnlich mit dem 18. Jahrhundert assoziiert wird, für Kubrick schlicht und ergreifend nie stattgefunden hat.

Entsprechend pessimistisch ist das Bild des 18. Jahrhunderts, das Kubrick in *Barry Lyndon* entwirft. Entgegen der geläufigen Vorstellung von dem Jahrhundert, in dem Vernunft, Freiheit, Gleichheit und Brüderlichkeit ihren Ausgang nahmen, zeichnet Kubrick eine Welt der Gewalttätigkeit, des Krieges, der Spiel- und Duelliersucht. Die Figuren dieses Films erscheinen als wenig mehr denn Marionetten oder Larven, die sich ohnmächtig in fremdbestimmten Zwängen bewegen: Nichts in *Barry Lyndon* erinnert an Kants Postulat vom Ausgang des Menschen aus seiner selbstverschuldeten Unmündigkeit. Vielmehr werden die moralischen Imperative der Aufklärung wie Kommunikation, Autonomie oder Gewaltverzicht in diesem wie auch in allen anderen Filmen des Kubrickschen Hauptwerks ausnahmslos im Zustand ihres Scheiterns gezeigt.[20] Gerade *Barry Lyndon* demonstriert in programmatischer Weise die skeptische Haltung, die Kubrick gegenüber dem optimistischen Menschenbild der Aufklärung einnimmt:

> Für Kubrick ist der Mensch kein edler Wilder. Er ist irrational, brutal, schwach, zur Objektivität unfähig, sobald es um seine eigenen Interessen geht; [...] jeder Versuch, ausgehend von einer falschen Sicht des menschlichen Wesens Institutionen zu schaffen, ist vermutlich zum Scheitern verdammt.[21]

Kubricks radikal anti-aufklärerische Position ist von seinen Interpreten bislang höchst unterschiedlich gedeutet worden: Sehen die einen darin ein klares Indiz dafür, daß »Kubricks politische Ansichten von radikalem Pessimismus« sind,[22] so sehen andere darin eher eine Thematisierung der immanenten Dialektik der Aufklärung[23]. Unstrittig ist in der Forschung, daß Kubrick »hinter dem Logos das Irrationale, das ihn begründet und schließlich zerstört«[24] entdeckt, daß Kubrick die »dialektische Verschränkung und Abhängigkeit von isoliertem Affekt und herrschender Rationalität«[25] betont, daß er das Chaotisch-Gewalttätige »als Negation und das Produkt der herrschenden Rationalität«[26] ansieht. All das ist ohne

Frage richtig und bestätigt die skeptische Position Kubricks dem rationalistischen Diskurs gegenüber. Dennoch trifft all das den Kern des Kubrickschen Œuvres nur bedingt. Seine Filme kreisen inhaltlich wie formal um eine modellhafte Anordnung antagonistischer Kräfte: Sie beschreiben, wie in eine perfekt geordnete, rationalisierte und überkultivierte Gesellschaft das Körperliche, Chaotische, Gewalttätige und Wahnsinnige einbrechen. Und hierbei wird Kubrick nicht müde, die Dialektik von Vernunft und Leidenschaft, Ordnung und Chaos, von Aufklärung und Mythos als thematischen Bezugspunkt seines Werkes herauszustellen. Es bleibt aber die Frage, aus welcher weltanschaulichen Position heraus und mit welcher Intention Kubrick dabei operiert. Geht es ihm darum, in der Thematisierung ihrer Defizite die Aufklärung fortzuschreiben, oder bezieht er eine romantisch eingefärbte Gegenposition, wofür ja immerhin die auffällige Vorliebe für Motive und Themenkonstellationen aus dem Kanon romantischer Literatur ein Indiz sein könnte? Bezeichnenderweise retten sich die meisten Interpreten vor der Beantwortung dieser Frage in Allgemeinplätze vom Kubrickschen »Nihilismus, Determinismus oder Pessimismus«. Diese Termini sind aber weder als ästhetische noch als ideengeschichtliche Kategorien valide, geschweige denn eindeutig.

Meines Erachtens liegt das Skandalon der Filme Kubricks für viele seiner Zuschauer wie seiner Kritiker eher darin, daß sich aus seiner Kritik am Prozeß der Aufklärung kein positiver Gegenentwurf ablesen läßt. Selbst seine der Romantik entlehnte Motivik läßt an keiner Stelle den Schluß zu, daß Kubrick in einer romantischen Ideologie einen ernstzunehmenden Gegenentwurf sähe. Denn diese Motive kennzeichnen in ihrer Opposition zu zentralen Setzungen des rationalistischen Diskurses zwar durchaus präzise deren Defizite, verharren aber letztlich in dieser Haltung der Negation, ohne daß damit Möglichkeiten zur Überwindung der konstatierten Defizite aufgezeigt worden wären. Genau im Fehlen einer positiven Utopie liegt ein Moment der Verweigerung, nämlich der Verweigerung der Sinnstiftung durch das Kunstwerk, oder kurz gesagt: eine Absage an das Prinzip der *art utile*, die vom Künstler noch angesichts der Schilderung des schlechthin Negativen eine affirmative Strategie in Form eben eines utopischen Entwurfs verlangt. Genau dem aber entzieht sich Kubrick, und daher sind seine Filme in sehr profundem Sinne *l'art pour l'art*: Sie thematisieren Defizite, ohne Lösungen anzubieten. Sie sind in geradezu provozierender Weise ästhetisch, ohne daß dieser Ästhetik ein sinnstiftendes Potential eingeschrieben wäre. Sie kritisieren die Dialektik von Aufklärung und Romantik, wobei »ein Fingerzeig auf die Möglichkeit des Aufhebens jener Dialektik von Zivilisation und Gewalt der Radikalität des ästhetischen Blickes nicht angemessen scheint«.[27] Diese Filme wollen in der Tat nichts weiter sein als Kunstwerke.

Was dabei aber den offensichtlichen Provokationsgehalt ausmacht, ist die Tatsache, daß dies Kubrick eben nicht davon abhält, seinen Filmen zugleich einen ideengeschichtlichen Diskurs einzuschreiben. Er verweigert also gerade da Sinnstiftung, wo sie nach Maßgabe klassisch-idealistischer Doktrinen am ehesten gefordert wäre. Somit wird von den Zuschauern wie den Interpreten verlangt, genau jene Spannung auszuhalten, die der Titel dieses Buches benennt: die Spannung des Schweigens, des Schweigens der Bilder, die außerordentlich schön sind, aber keine Antworten geben. Diese Spannung aber ist das Resultat dessen, was ich im vorangehenden Kapitel als die eigentliche Spannung des modernen Bewußtseins bezeichnet habe: nämlich das für viele offenbar nahezu unerträgliche Wissen darum, daß die Dialektik zwischen rationalistischen und romantischen Weltentwürfen schlechterdings nicht mehr synthetisierbar ist.»In Kubricks Dialektik führt Überwinden niemals zu einer Synthese, sondern zu einem neuen, diesmal unauflösbaren Gegensatz zwischen den Widersachern.«[28]. Um diese Erkenntnis kreist Kubricks Schaffen und seine Filme verleihen dem inhaltlich wie formal unmißverständlich Ausdruck. Und dies macht jene »Kälte«, den »Pessimismus« aus, der an seinen Filmen so vehement und scharf kritisiert worden ist. Doch dies kann nur kritisieren, wer immer noch am Entwurf einer *art utile* festhält, wer sich somit weigert, den Riß im Bewußtsein der Moderne wahrzunehmen. Wer das Schweigen des Kunstwerkes nicht aushält, verleugnet fundamentale Erkenntnisse des späten 19. Jahrhunderts und flüchtet sich in die trügerische Sicherheit ganzheitlicher Weltentwürfe, wie sie das 18. Jahrhundert noch formulieren konnte. So besehen scheint Kubrick wesentlich moderner zu sein als gerade jene, die ihm Konservatismus vorwerfen.

2.3. Exkurs: Die Aufklärung und die Natur als Sitz des Bösen

Die offenkundige Relevanz, die Kubrick dem Zeitalter der Aufklärung in seinen Filmen einräumt, ist Anlaß genug, die von ihm konstatierten Defizite des Rationalisierungsprozesses vor einem kultur- und ideengeschichtlichen Hintergrund kurz zu beleuchten. Erst diese Bezugsebene erlaubt, die Konsequenz und Kohärenz, mit der Kubricks Aufklärungsskepsis sein filmisches Schaffen auf jeder Ebene prägt, als den eigentlichen Fluchtpunkt seines Œuvres zu erfassen und dadurch die Modi der ästhetischen Transformation vorgängig philosophischer Theoreme angemessen analysieren zu können: Durch die Arbeiten von Horkheimer/Adorno, Elias, Freud und Ariès[29] haben wir erkannt, daß der Prozeß der Aufklärung zugleich auch ein Prozeß der Verdrängung und der Entfremdung von der Natur ist. Die Kultivierung aller Lebenszusammenhänge geht einher mit der gewaltsamen Ausgrenzung all dessen, was sich durch die Mittel der Vernunft nicht mehr beherrschen läßt:

> Das Andere der Vernunft: von der Vernunft her gesehen, ist es das Irrationale, ontologisch das Irreale, moralisch das Unschickliche, logisch das Alogische. Das Andere der Vernunft, das ist inhaltlich die Natur, der menschliche Leib, die Phantasie, das Begehren, die Gefühle – oder besser, all dieses, insoweit es sich die Vernunft nicht hat aneignen können.[30]

(Diese Einschränkung allerdings ist wesentlich: Solange sich die genannten menschlichen Triebentäußerungen in das bürgerliche Ordnungsprinzip integrieren lassen, werden sie nicht Gegenstand von Ausgrenzungsmechanismen. Sexualität ist in dem ihr gesellschaftlich zugewiesenen Rahmen des bürgerlichen Ehelebens genauso akzeptiert wie die Phantasie, solange diese den für sie vorgesehenen Raum innerhalb des bürgerlichen Kunstbetriebes nicht überschreitet.) Das Verhältnis von

Vernunft/Kultur/Ordnung zu Unvernunft/Natur/Chaos muß dabei als ein dialektisches verstanden werden. Was bislang den Lebensbereichen der Phantasie, der Gefühle, der Träume zugeordnet worden war, wird erst durch den Akt der Ausgrenzung zu einem Bereich des Gefährlichen und Inkommensurablen: »Erst mit der Aufklärung läßt Vernunft alles, was aus ihr herausfällt, zum Irrationalen werden [...]. Dieses Andere, das die Vernunft nicht umschließt, verkommt zu einem diffusen, unheimlichen und bedrohlichen Bereich.«[31]

> Die dabei verdrängte Angst vor dem Draußen, Anderen und Fremden, das es für aufgeklärte Vernunft nicht geben darf, kehrt jedoch als innere Angst wieder. Der horror vacui der Vernunft, den Kant als Angst vor Gesetzlosigkeit beschreibt, beherrscht sie nicht als von draußen Drohendes, sondern als im Innern des Subjekts selbst Entstandenes. [...] Der Imperativ der Vernunft, außen wie innen alles zu beherrschen, wird getrieben von der Angst vor dem Aufstand des Beherrschten. Die endlose Spirale von Angst und Ordnungsproduktion, wie sie bis heute die bürgerliche Gesellschaft bestimmt, hat begonnen. [...] In dem horror vacui der Vernunft vor der dispersen Ungestalt des Begehrens wirkt [...] die Furcht vor der inneren Natur des Menschen als Zone des »radikal Bösen«, wie Kant es nennt.[32]

Die durch die Aufklärung bedingte Entfremdung von der Natur bewirkt, daß die Lebensbereiche als gesellschaftliches Übel reklamiert und bekämpft werden, die am deutlichsten auf die Körper- und Naturgebundenheit des Menschen verweisen – vor allem also die Bereiche des Todes und der Erotik. Daß sie die natürlichen Grundlagen des Seins in dieser Radikalität zum Objekt sozialer Verdrängung macht, unterscheidet die aufgeklärt-bürgerliche Gesellschaft von allen vorangegangenen. Indem sie versucht auszugrenzen, was auf Dauer nicht auszugrenzen ist, schafft sich diese Gesellschaftsform einen unlösbaren und permanenten Konfliktstoff; denn die derart dämonisierten Triebstrukturen sind ein zu wesentlicher Bestandteil menschlichen Seins, als daß ihre gewaltsame Verdrängung nicht zu beträchtlichen Störungen im individuellen wie im sozialen Leben führen würde: »Im verdrängten, rationalisierten ›Nicht-Aufgeklärten‹ liegt [...] viel eher die Gefahr, wie alle verdrängten Elemente des Lebens, in Formen blutiger Irrationalität um so stärker wieder hervorzutreten.«[33] Das dialektische Verhältnis von Ratio und Irrationalität setzt sich also darin fort, daß sich die unterdrückte Natur somit nur noch äquivalent, also in Form gewaltsamer, eruptiver Triebentäußerungen manifestieren kann. Dadurch bestätigt sie wiederum ihre gesellschaftlich postulierte Assoziation mit dem Negativen, Bedrohlichen, Bösen, bewirkt so eine weitere Verstärkung der Repressionsmechanismen, welche wiederum Triebentäußerungen nur in noch gewaltsamerer Form ermöglichen, und so weiter. Der Circulus vitiosus von Gewalt und Gegengewalt beginnt, und das zunächst mehr oder minder willkürlich als Negatives Bestimmte entwickelt sich auf der Basis des zugrundeliegenden dialektischen Prinzips zum real Negativen.

Die von Horkheimer/Adorno attestierte Dialektik der Aufklärung führt dazu, daß sich »das Projekt der schrittweisen Verbesserung des Menschen durch Vernunft«[34] zunehmend mit Machtansprüchen und Herrschaftsstrukturen vermengt. Die sich etablierende bürgerliche Gesellschaft entwickelt rasch Repressionsmechanismen, die sich von denen vorangegangener Sozialisationsstufen dadurch unterscheiden, daß sie zunächst im wesentlichen auf dem Prinzip der Internalisierung beruhen:

> Die Introjektion von Fremdzwängen in Selbstzwänge oder, wie Elias auch sagt, die Bildung bewußter Selbstkontrolle und einer unbewußten Selbstzwangapparatur ist eine notwendige Mechanik innerhalb des europäischen Zivilisationsprozesses.[...] Moralischer Selbstzwang gilt als Autonomie, und apathische, rationale Strukturierung des Handelns erhält die höchste Prestigezuweisung, nämlich die Auszeichnung, vernünftig und gerecht zu sein.[35]

In dem Maße, wie sich die bürgerliche Gesellschaft in ihrer historischen Genese ausdifferenziert, ist Disziplinierung nicht länger Leistung des Individuums, sondern wird von außen abverlangt und institutionell erzwungen. Die soziale Realisierung der Vernunft als Rationalisierung aller Lebensbedingungen führt endgültig dazu, daß moralische Imperative auch in einer aufgeklärten Gesellschaft zum Instrument von Herrschaftsausübung werden. Wie sich im weiteren noch zeigen wird, sind dabei die wesentlichen Instrumentarien der bürgerlichen Ordnungsproduktion die Mechanisierung, Symmetrisierung und Geometrisierung der äußeren sowie die Dämonisierung der inneren Natur. (Besonders das Moment der Dämonisierung scheint mir von herausragender Bedeutung für das Verständnis des Kubrickschen Werkes zu sein, da ziemlich unstrittig sein dürfte, daß Kubrick dem Bösen und seiner Darstellung eine zentrale Position in seinem Schaffen einräumt.) Dabei ist es wichtig, das Böse nicht als anthropologische Konstante anzusehen, sondern als Produkt normativer, soziokultureller Definitionszusammenhänge und Setzungen zu erkennen und zu untersuchen. Denn »in der Definition dessen, was gut, vor allem in der Definition dessen, was böse ist, entscheidet sich fundamental die Herrschaftsstruktur einer Gesellschaft.«[36] Hierbei divergiert der Definitionskontext des Bösen historisch wie kulturell. Denn zweifelsohne verstand z. B. das christliche Mittelalter unter dem Bösen etwas anderes als die Neuzeit, und für den europäischen Kulturkreis bedeutet es wiederum etwas anderes als etwa für den asiatischen. Jede Gesellschaft legt nach Maßgabe ihrer jeweiligen Wertvorstellungen verbindlich fest, was für ihre Mitglieder als gut, gesund, vernünftig, sittlich etc. zu gelten hat. Aus diesen Definitionen ergibt sich ex negativo auch, was schlecht, krankhaft, irreal, unsittlich etc. ist, und dies wird als solches dann unter dem Begriff des Bösen zusammengefaßt:

> Was aber ist eigentlich das sogenannte Böse? Es ist vielleicht nicht ganz entlegen, wenn man auf der Suche nach einem Erklärungsmodell dabei zunächst zum Teufel geht. Dessen Definition wiederum ergibt sich zu einem guten Teil schon aus seiner Bezeichnung.»Diabolos« meint im Griechischen denjenigen, der die Ordnung stört, der, wörtlich»durcheinanderwirft«, nämlich das, was, so muß man vermuten, zuvor Sinn, Maß und Ziel hatte.[37]

Wenn man den Teufel als konstitutiven Ausgangspunkt des Bösen in der europäischen Kultur annimmt, so läßt sich feststellen, daß der Böse von Anfang an als ein

Sterling Hayden in
Killing
von Stanley Kubrick

Ein Atlas Film
aus der Serie:
Die Gangster

Störenfried der gesellschaftlichen Ordnungsprinzipien definiert war; als ein Abtrünniger (= gefallener Engel) von den moralischen Imperativen, nach deren Maßgabe das menschliche Leben und Zusammenleben organisiert war. Was sich im Bereich der christlichen Mythologie noch metaphysisch legitimiert, wird in der bürgerlichen Gesellschaft zur Staatsräson erhoben. Zugleich wird der Ort des Bösen vom Teufel auf das autonome Subjekt verlegt, weshalb dem Handeln des Individuums die Aufmerksamkeit der sozialen Regulationsmechanismen gilt. Für die neuzeitlichen Gesellschaftsformen gilt demzufolge: »Böse sind also handelnde Subjekte, die mit ihrem Tun bestimmte Ordnungen des Lebens zerstören und deshalb aus der Gemeinschaft der Lebendigen ausgestoßen werden müssen. [...] Böse ist das, was da ist, was aber kein Recht hat, da zu sein. Es muß vernichtet, abgeschoben, verdrängt werden.«[38] Die Entscheidung über gut und böse sollte – so ursprünglich der utopische Ansatz der Aufklärung – von nun an vom Willen des freien, selbstbestimmten Subjekts getroffen werden, und zwar unter der Maßgabe vernünftiger, aber selbstgewählter Maximen: »Zwischen gut und böse klar unterscheiden zu können, ist das Selbstbewußtsein aufgeklärter Vernunft.«[39] Doch, wie schon ausgeführt, verwandelt sich dieser ethische Entwurf einer vollendeten Autonomie schon bald in herrschaftsbestimmte und -bestimmende Regulationsmechanismen. Hierbei erweist sich die Dämonisierungsstrategie, der die Kräfte der Natur unterzogen werden, als besonders nachhaltig wirksam. In der Negation dessen, was schlechterdings nicht zu negieren ist, entsteht die gesellschaftliche

Die Unterdrückung der Affekte ermöglicht erst den unkontrollierten Ausbruch der Gewalt: Sterling Hayden in *The Killing* (linke Seite) und Adam Baldwin als Animal Mother in *Full Metal Jacket* (rechte Seite).

Angst vor der Rückkehr des Verdrängten, des Ausgegrenzten. Dieser sozialen Angst entspricht – als Resultat des von Elias erkannten Mechanismus von moralischem Selbst- und Fremdzwang – die intrapsychische Angst des Individuums vor dem Bösen, die sich als Gewissensangst manifestiert. Sie ist nicht zu verstehen als Realangst (Angst um das eigene Leben oder die eigene Gesundheit), sondern als Ausdruck des introjizierten Fremdzwangs: Die Gewissensangst aktualisiert die angedrohten gesellschaftlichen Sanktionen als vorweggenommene Selbstbestrafung und hindert so das Individuum daran, jene Triebentäußerungen zu tätigen, die als Bedürfnis in ihm virulent bleiben. Diese innere Angst wird zum perfekten, weil scheinbar freiwilligen Zensurinstrument affektiver Regungen. Die skizzierte Entwicklung kulminiert in der bürgerlichen Angst vor den unbegrenzten Freiheitsansprüchen des Individuums, die mit dem Chaos, der Anarchie in eins gesetzt werden, weil in ihnen noch das unreglementierte Potential der Natur durchscheint. Die subjektive Freiheit, die ursprünglich im Zentrum aufklärerischer Utopien stand, löst in der bürgerlichen Gesellschaft Angst oder Aggression aus: »Aggressiv wird subjektive Freiheit verfolgt als eigentlich Böses, als durcheinanderwerfendes Prinzip des Diabolos.«[40]

So kehrt sich der Anspruch der Aufklärung schließlich gegen sich selbst, nicht als degenerative Erscheinung (wie die unverändert am Projekt der Aufklärung Festhaltenden gerne versichern), sondern als immanente Konsequenz: Indem Aufklärung die innere wie die äußere Natur zum Sitz des Bösen erklärt, zerstört sie die Seinsgrundlagen und -bedingungen des Individuums wie der Gesellschaft. Die Freiheit von den Zwängen der Natur war (und ist?) nur vorstellbar in der Unterwerfung, d. h. zwangsläufig Verdrängung der Natur, womit der Moment seines Ausgangs zugleich das selbstzerstörerische Potential des Rationalisierungsprozesses ausmacht. Es sollte romantischem Denken vorbehalten sein, als eine dialektische Gegenbewegung auf der Rechtmäßigkeit und Notwendigkeit des Naturprinzips zu beharren. Doch aufgrund des ihr vorangeschalteten Verdrängungsprozesses konnte die Romantik die Wiedereinsetzung des Natürlichen nur noch in überhöhter oder degenerierter Form zu leisten versuchen: »Erst die völlige Verdrängung der romantischen Sehnsüchte aus dem Bereich der Vernunft macht sie verwendbar für jedwede Propaganda, wie sich gezeigt hat, unter anderem auch der faschistischen.«[41]. Im regressiven Naturmystizismus der Frühromantik offenbart sich das überhöhende Moment des Rekurses auf die Naturfeindlichkeit der Aufklärung; in der Spätromantik (und in ihrer Nachfolge im Ästhetizismus) kann sich Natur dann nur noch von ihrer entstellten, als »satanisch« apostrophierten Seite zeigen – nicht trotz, sondern wegen des Entfremdungsprozesses von der Natur, der ihr ideengeschichtlich vorangegangen ist. Doch aufgrund des ihr vorangeschalteten Verdrängungs-

Wie die nachfolgenden Kapitel zeigen werden, ist dieser hier skizzierte dialektische Prozeß Kubricks Filmen eingeschrieben, ja er macht ihn zum Modus seiner gesamten Ästhetik. In der Dialektik von Ordnung und Chaos, von Unterdrückung und Rückkehr des Verdrängten, von Affektkontrolle und Affektdegeneration, die Kubricks Filme unaufhörlich thematisieren, scheint immer wieder das eigentliche Grundthema Kubricks durch: die Entfremdung von der Natur als Ausgangspunkt neuzeitlicher abendländischer Kultur und die unheilvollen Konsequenzen, die sich daraus für diese Kultur ergeben haben.

2.4. Ordnung, Symmetrie und Chaos – Anmerkungen zur Bildsprache

Kubrick hat der Grammatik der Filmsprache keine Neuerungen hinzugefügt. Darüber dürfen auch seine filmtechnischen Innovationen nicht hinwegtäuschen. Die vielgerühmten Kerzenlichtaufnahmen aus *Barry Lyndon*, die erst durch die Verwendung eines neuen Objektivs mit der Lichtstärke f/0,7 möglich wurden, sind sicher eine technische Bravourleistung, doch erweitern sie allenfalls das Spektrum des filmtechnisch, nicht aber das des -ästhetisch Machbaren. Daß Kubrick mit der Verfolgungsjagd in *The Shining* eine der ersten Steadycam-Aufnahmen in der Geschichte des Spielfilms realisierte, ändert nichts daran, daß sich die Sequenz kaum von den Fahraufnahmen in anderen Kubrick-Filmen unterscheidet. Die spezielle Maskentechnik in *2001* beeindruckt zwar durch ihren Anwendungsreichtum – die ästhetischen Möglichkeiten eines solchen Verfahrens waren allerdings schon längst im Bereich des Experimentalfilms vorformuliert. Kubrick hat die Sprache des Mediums Film in keiner Weise verändert oder erweitert. Vielmehr bedient er sich – dies allerdings mit großer Virtuosität – vorhandener und erprobter Ausdrucksformen des Films und verschmilzt sie zu einem »eigenen ikonographischen Kosmos«. [42] Kubrick selbst glaubt nicht, mit seiner Arbeit »umwälzende formale Änderungen«[43] der filmischen Sprache geleistet zu haben: »Meiner Ansicht nach haben sich meine Filme nicht sonderlich weit von den traditionellen Formen und Strukturen entfernt«.[44] Wenn Jean-Luc Godard Kubrick in einer Filmkritik aus den fünfziger Jahren bereits einen »guten Schüler«[45] nennt, so läßt sich diese Einschätzung im Hinblick auf Kubricks Bildsprache bis in die Gegenwart fortführen: Ein guter Schüler zu sein, das heißt eben auch, sich mit der perfekten Beherrschung dessen zufriedenzugeben, was die Lehrer vermittelt haben, ohne daraus eine eigenständige (im Sinne einer innovativen) Leistung zu gewinnen. Das Bild des Bastlers und Tüftlers, der sich beständig um die Verbesserung eines schon vorhandenen Materials bemüht, ist für den Regisseur Kubrick sicher ein zutreffenderes als das eines Erfinders.

Da Kubrick ohnehin im Film primär ein Erzählmedium sieht, erscheint es nur konsequent, wenn seine künstlerischen Ambitionen vorrangig auf anderen Ebenen des Filmkunstwerkes liegen. So ordnen sich seine filmischen Ausdrucksmittel den Erfordernissen des jeweiligen Plots, bzw. Kubricks Gesamtthematik unter: »Wenn auf der Leinwand etwas Wichtiges geschieht, ist es nicht mehr so wichtig, wie es gefilmt wird.«[46] Dennoch ist Kubricks Ikonographie bei weitem nicht beliebig oder zufällig; vielmehr ist sie eine weitere, konsequent durchgestaltete Bedeutungsebene innerhalb seiner filmischen Modellanordnung von Realität: »Es sind Welten der strengen Symmetrie in Handlungsführung und Bildaufbau und Schnittfolge; es ist eine Architektur, [...] die Teil ist eines alles beherrschenden Pessimismus und Determinismus.«[47]

Symmetrie ist in der Tat der zentrale Gestaltungsmodus von Kubricks Bildkomposition. Die Positionierung der Figuren innerhalb des Bildkaders, die Einbettung filmischer Objekte in Landschaften oder Innenräume, die Anordnung des Dekors, die Ausleuchtung des Raumes – jedes kompositorische Element unterliegt einer rigiden Systematik der Symmetrie. Kubricks Mise-en-Scène und seine Montage kreieren einen geordneten, formal beherrschten Raum, dessen ästhetischer Reiz eben in dieser extremen Symmetrie und der durch sie suggerierten Überschaubarkeit liegt. Das Tableau ist das dominierende bildästhetische Moment der Kameraeinstellungen, und auch die ruhigen, reißbrettartig angelegten Kamerabewegungen verbergen zu keiner Zeit ihre Künstlichkeit, ihr Inszeniert-Sein. Kubricks Hang zum symmetrischen Bildaufbau entspricht und entspringt wohl auch seinem offensichtlichen Interesse für militärische Logistik und Schach. Er bevorzugt es, Menschengruppierungen spiegelsymmetrisch (wie beim Schach) oder in vertikalen und horizontalen Reihungen parallel zur Kameraachse anzuordnen (wie bei einer militärischen Angriffsreihe und beim Schach). Nicht zufällig prägen schachbrettartige Muster viele seiner Dekors, und für Kubricks ästhetische Faszination an Kriegsformationen spricht, was er in Zusammenhang mit seinem gescheiterten Napoleon-Projekt erklärt hat:

> From a purely schematic point of view, Napoleonic battles are so beautiful, like vast lethal ballets. [...] I think it is extremely important to communicate the essence of these battles to the viewer, because they all have an aesthetic brilliance that does not require a military mind to appreciate. There is an aesthetic involved; it is almost like a great piece of music, or the purity of a mathematical formula.[48]

Neben der Symmetrie ist die Geometrie eine weitere Dominante in Kubricks Ikonographie. Geometrische Muster und Figuren prägen die Bildebenen seiner Filme in einem ungewöhnlich hohen Maße. So ist z. B. der Kreis bzw. sein räumliches Äquivalent, die Kugel, das beherrschende visuelle Gestaltungsmoment in *2001*: Kreis- bzw. kugelförmig sind die Planeten, die verschiedenen Raumschiffe (in ihrer äußeren und inneren Form), die wiederum auf Umlaufbahnen kreisen, sowie die Augen des Computers HAL 9000 und des Astronauten Bowman, die immer wieder in Großaufnahmen gezeigt werden. Die Kreisfahrt ist die bevorzugte Form der Kamerabewegung, und dem entspricht auf der Tonebene der Walzerrhythmus, der ja auf einem kreisförmigen Tanzschritt basiert. Analog zu diesem Gestaltungsprinzip dominieren z. B. in *A Clockwork Orange* dreieckige, in *The Shining* viereckige Formen.[49] Diese visuelle Geometrie findet in allen Filmen Kubricks zugleich ihre Entsprechung in der dramaturgischen Geometrie der Narration, ein Prinzip, das im nächsten Kapitel noch eingehend erläutert werden wird. Insofern bleiben Symmetrie wie Geometrie innerhalb der Bildebene stets rückgebunden an eine analog komponierte Handlungsstruktur, oder anders ausgedrückt: Jedes filmische Ausdruckmittel unterliegt einer formalen Schematik, die zugleich auch jede andere Ebene des Films dominiert.

Das Resultat eines solch rigiden Formalismus sind Bilder von einer extremen Synthetik, Bilder, die zu jedem Zeitpunkt darauf verweisen, daß sie ästhetische Konstrukte sind. Es sind aber damit zugleich hochgradig leblose Bilder, denen der Tektonismus ihres Schöpfers unverkennbar eingeschrieben ist. Die vielkritisierte Kälte der Bilder Kubricks liegt in eben jener bewußten Verbannung des Natürlichen, Lebendigen. Wäre dieser Tektonismus Selbstzweck, könnte man in Kubrick lediglich einen besonders exponierten Vertreter eines synthetischen Kinos sehen. Doch scheinen mir Symmetrie wie Geometrie der Bilder nur besonders prägnante Ausformulierungen eines ikonographischen Systems zu sein, das darauf abzielt, Ordnung als gesellschaftliches Organisationsprinzip zu visualisieren. Insofern spielt das Lebendige in Kubricks Bildern genausowenig eine Rolle wie in der Welt, die diese Bilder zeigen. Und diese Welt ist stets eine bürgerlich-aufgeklärte, deren hingebungsvoller Glaube an die Möglichkeiten einer Rationalisierung aller Lebenszusammenhänge in der Formalisierung der Natur ihren adäquaten Ausdruck findet. Starobinski und zur Lippe haben in ihren Untersuchungen den Stellenwert von Symmetrie und Geometrie für das rationalistische Selbst- und Naturverständnis hinreichend nachweisen können.[50] Diderot und d'Alembert räumen gerade der Geometrie in ihrer »Encyclopédie« eine wesentliche Funktion im Kultivierungsprozeß der Menschheit ein:

> Die Schlußfolgerung der Encyclopédie lautet so: Mit dem Beginn zivilisierten Lebens, der Kultivierung der Erde und der Errichtung (unterschiedlichen) Rechts mußte folgerichtig auch die Geometrie ihren Ursprung nehmen. Oder anders formuliert: Wo eine Gesellschaft sich organisiert, geht dies ohne das ordnende Prinzip der Geometrie nicht. [...] Dahinter steht eine kulturgeschichtliche Tradition, die der Geometrie ordnungsstiftende, ja gesellschaftskonstituierende Funktion zubilligt.[51]

Der Triumph der Geometrie: Variationen des Kreises in *2001*.

Gerade die Opposition geometrischer und symmetrischer Formen zu den organischen Formen der als bedrohlich empfundenen Natur scheint einer aufgeklärten Gesellschaft als symbolische Manifestation der Überlegenheit der Ratio und ihrer strengen Formgesetze über das Chaotisch-Kreatürliche gedient zu haben. Der Wunsch nach Berechenbarkeit, der in der geometrischen Idealisierung der Dinge zum Ausdruck kommt, reduziert aber die Mannigfaltigkeit der Welt auf das, was sich in mathematischer Abstraktion über sie aussagen läßt, so daß wir letzten Endes (um eine Formulierung Husserls aufzugreifen) »für wahres Sein nehmen, was eine Methode ist«.[52] Im Wunsch nach ordnungsstiftenden Formprinzipien verbirgt sich die Utopie, daß Realität tatsächlich so geordnet sein möge, wie es die ihr aufoktroyierte Ordnung suggeriert. Doch es sind nur die Erscheinungen, nicht das Sein selbst, was sich derart formen läßt, und letzteres kehrt in seiner dispersen (Un-)Gestalt umso zwangsläufiger und zerstörerischer in eine derart reglementierte Realität zurück.

Vor diesem Hintergrund besehen, korrespondiert Kubricks Ikonographie (in ihrer Visualisierung gesellschaftlicher Ordnungsversuche und -zwänge) mit dem übergeordneten Grundthema, das sich durch sein Werk zieht, nämlich der Dialektik von präzise geplanter Ordnung und ungebändigtem, zerstörerischem Chaos: Durch die strenge Bildästhetik zeigt Kubrick gesellschaftliche Realität als etwas künstlich Geordnetes, in das das ausgegrenzte Lebendig-Chaotische umso wirkungsvoller einbricht. Denn dem Register der geordneten und Ordnung thematisierenden Bilder steht jenes der instabilen, chaotischen Aufnahmen der Handkamera entgegen. »Die visuelle Dominante in den Filmen Kubricks ist stets der Zusammenbruch einer Ordnung unter dem Angriff einer Gewalt […]. Harmonische, symmetrische, streng geregelte Einstellungen werden plötzlich umgestoßen, aus dem Gleichgewicht gebracht durch Szenen, die aus der Hand fotografiert werden.«[53] Der Einsatz der (von Kubrick stets selbst geführten) Handkamera signalisiert formal das gewaltsame Aufbrechen einer prästabilisierten Ordnung auf der inhaltlichen Ebene. Diese Konnotation erhält die Verwendung der Handkamera gleichbleibend in allen Kubrick-Filmen: z. B. bei der Vergewaltigungsszene in *A Clockwork Orange*, dem Boxkampf in *Barry Lyndon*, der Tötung HALs in

Die zwei Register der Kubrickschen Bildsprache: Der geordnete Raum und die Symmetrie der Inszenierung (*Barry Lyndon*) werden konterkariert durch das eruptive Moment der Handkamera (*Full Metal Jacket*).

2001 oder bei der Labyrinth-Sequenz in *The Shining*. Überdeutlich wird dieses formale Prinzip in *Full Metal Jacket*. Der erste Teil des Films, der von der Abrichtung junger Soldaten zu Kampfmaschinen erzählt, erfaßt diese menschenverachtende Prozedur eines ins Absurde übersteigerten Ordnungswahns in Bildern von nahezu mathematisch kalkulierter Strenge: Die Figuren stehen in exakten Reihen ausgerichtet, deren Geometrie durch die Inszenierung parallel zum Bildrand zusätzlich betont wird; die Kamerafahrten unterstreichen das Ritualisierte, Leblose der antrainierten militärischen Bewegungsabläufe; das Dekor ist streng spiegelsymmetrisch aufgebaut. Die Ikonographie thematisiert somit, als was dem Ausbilder Krieg und Tod erscheinen, als ein kalkulier- und planbares Geschäft, als einen Teilbereich von Realität, der durch die Ordnung und Geometrisierung seinen tödlichen Schrecken verliert. Der zweite Teil von *Full Metal Jacket* hingegen kontrastiert diese Auffassung mit der Wirklichkeit der Kriegshandlung. Nichts ist planbar, die strenge Präzision des militärischen Drills wird durch das Chaos des Krieges nachträglich ad absurdum geführt. Das Unvorhersehbare und das nicht Denkbare bestimmen die Kampfhandlungen, und folgerichtig löst sich das Geordnete der Bilder des ersten Teils auf in der Instabilität der Handkamera, der Willkür der Figurenbewegungen und der Unübersichtlichkeit des Dekors.

Jeglicher gesellschaftlicher Ordnungswille, so scheint Kubrick anzudeuten, ist zum Scheitern verurteilt, erst recht wenn er sich an Extremsituationen wie Krieg und Tod versucht. Im Gegenteil macht gerade der Unterwerfungszwang des Kreatürlich-Ungeordneten dessen unvermeidbaren Siegeszug erst möglich, oder, im Hinblick auf die Bildebene formuliert: Erst die strenge Schönheit der geordneten Bilder macht uns als Zuschauern die vitale Kraft der chaotischen Bilder erfahrbar, und zwar als eine schmerzhafte Erfahrung, als Moment des Kontrollverlustes. Der Verlust an Kontrolle über den Raum, den die Instabilität der Handkamera mit sich bringt, entspricht dem gesellschaftlichen Verlust an Kontrolle über die Kräfte der Natur, jener heimlichen Phobie einer aufgeklärten Gesellschaft.

Ein anderes, von Kubrick allerdings selten genutztes Mittel der Raumdekonstruktion ist die Verwendung des Zooms. Das Zoom galt unter Regisseuren lange Zeit als verpönt, da es durch die Veränderung der Brennweite eine »falsche«, d. h. künstliche Veränderung der Raumbezüge suggeriert. Bezeichnenderweise setzt Kubrick das Zoom hauptsächlich in *A Clockwork Orange* und in *Barry Lyndon* ein, also in Filmen, in denen Themen wie Fälschung und Künstlichkeit von herausragender Bedeutung sind. Die ruckartige Betätigung des Zooms bei kleinen Einstellungsgrößen (Detail-, Groß- oder Nahaufnahme) in *A Clockwork Orange* (wie zum Beispiel bei der Ermordung der Cat-Lady) betont die Künstlichkeit und Fragilität der perspektivischen Raumbeherrschung und konzipiert zudem Alex als eine Figur, an der die gesellschaftlichen Kontrollmechanismen ganz offensichtlich versagt haben. In *Barry Lyndon* benutzt Kubrick das Zoom als subtiles Instrument, um eine Szene als Fälschung, als Lüge zu entlarven. Das in seiner untergründigen Ironie beeindruckendste Beispiel für dieses Inszenierungsprinzip findet sich in der Sequenz des Duells zwischen Barry und Captain Quin. Nach Beendigung des Vorbereitungsrituals zoomt die Kamera auf eine extreme Totale zurück und suggeriert damit wieder eine optische Beherrschbarkeit des Raums sowie eine rationale Distanzierung von den emotionalen Triebkräften, die dieses Duell heraufbeschwören haben. So wie das Ritual des Duells jene Triebkräfte zu ordnen versucht, scheint die Kamera das Geschehen in das distanzierte Bildformat eines Tableaus rücken zu wollen. Doch wie sich erst im weiteren Verlauf des Filmes herausstellen wird, ist das Duell so gefälscht gewesen wie die Raumbezüge, die das Zoom konstruiert hat. Der Modus der Raumkontrolle per Kamera entpuppt sich so nachträglich als das, was er tatsächlich war: eine Sinnes-Täuschung, die lediglich die Funktion hatte, den tatsächlichen Verlust an Kontrolle über Raum und Natur zu kaschieren.

»Diesem Verlust der Kontrolle über den Raum steht ein anderes von Kubrick gern benutztes Stilmittel gegenüber – die Kamerafahrt rückwärts in einem engen Gang, die den Eindruck von Dynamik und das Gefühl der Einengung vermittelt.«[54] Für diese räumliche Konstellation hat Toffetti den Ausdruck »Kubrickscher Korridor« geprägt.[55] Auch dieses Ausdrucksmittel unterliegt der Wiederkehr des Immergleichen, d. h. es verweist in allen Filmen Kubricks auf das Eindringen eines Individuums in einen normativ geregelten (Gesellschafts-)Raum, den es kurz darauf gewaltsam verändern wird (dabei allerdings in den meisten Fällen sein Aufbegehren gegen die Ordnung mit dem Leben bezahlen muß). Als Beispiele für die Verwendung dieses Gestaltungsmittels lassen sich u. a. folgende Szenen anführen: Bullingdons Gang durch den Club in *Barry Lyndon*, bevor er seinen Stiefvater zum Duell fordert; die nächtliche Fahrt von Alex auf dem Weg zu seinem nächsten Verbrechen in *A Clockwork Orange*; Bowmans Sturz durch den Lichtkorridor am Ende von *2001*; Hartmans Marsch entlang der Rekrutenreihen in *Full Metal Jacket*; oder Colonel Dax' Gang durch den Schützengraben vor dem entscheidenden Angriff in *Paths of Glory*. In allen Fällen wird die Dynamik der Kamerafahrt und die mit ihr verbundene Eroberung des Raumes durch die zitierte Enge der Einstellung und der dadurch erzielten Reduktion des räumlichen Kontextes konterkariert. Dem entspricht auf inhaltlicher Ebene, daß im Aktionismus der Tat bereits ihre Assoziation mit dem Tod angelegt ist. Gerade für diese Kamerafahrten gilt, was als Prinzip für Kubricks Inszenierungsstil anzusehen ist: Nie ordnet sich die Bildebene den Erfordernissen des Schauspiels unter, nie bestimmen Momente etwa einer sogenannten »psychologisierenden Kameraführung« das Verhältnis von Gefilmtem und filmischer Präsentation, wie dies z. B. bei einem *actors director* der Fall wäre. Alle Ebenen des Filmbildes unterliegen einer strengen Systematik, werden auf ihre Lesbarkeit als Zeichen hin konzipiert. Es ist gerade die relativ geringe Anzahl sinnstiftender Elemente der Bildkomposition und Kameraoperation sowie ihre stereotype Verknüpfung mit gleichbleibenden dramaturgischen Konstellationen, die ihre Lesbarkeit als filmisches Zeichen garantieren. So steht denn kein Mittel der filmischen Inszenierung für sich selbst, sondern ist stets Ausdruck einer tieferliegenden Bedeutung, die sich hermeneutisch aus der Gesamtthematik von Kubricks Œuvre ableiten läßt: »Die Bewegungen der Kamera sind also lediglich fügsame Noten im Dienst einer Partitur. [...] Die beiden gegensätzlichen Arten der Kamerabewegungen sind [...] eine sichtbare Veränderung des Taktes oder des Rhythmus innerhalb einer Darbietung.«[56]

2.5. Handlungssymmetrien und die Dialektik von Plan und Fehler – Anmerkungen zur Dramaturgie

Das dialektische Verhältnis von Ordnung, Symmetrie und Chaos, das Kubricks Bildsprache kennzeichnet, findet seine Entsprechung auf der Handlungsebene seiner Filme. Gerade die Konzepte von Symmetrie und Geometrie strukturieren die Dramaturgie seiner filmischen Erzählungen in einem ebensolchen Maße, wie ich dies für die visuelle Ebene nachzuweisen versucht habe. Wenngleich dies für alle Filme Kubricks gilt, so läßt sich das zugrundeliegende künstlerische Prinzip am besten anhand von *Barry Lyndon* und *A Clockwork Orange* demonstrieren: *Barry Lyndon* ist in zwei handlungssymmetrische, gleich lange Teile gegliedert, wobei Teil eins den Aufstieg, Teil zwei den Fall des Redmond Barry schildert. Kubrick nimmt hierbei erneut eine sinnstiftende Abänderung der Romanvorlage vor, da bei Thackeray dem Aufstieg Barrys mit 19 Kapiteln erheblich mehr Raum und Bedeutung zugemessen wird als seinem Fall, dem Thackeray nur zwei Kapitel einräumt. Diese Abweichung von der Vorlage belegt, wie sehr Kubrick an einer spiegelsymmetrischen Gewichtung der einzelnen Handlungsteile gelegen war: »Daß Aufstieg und Fall in *Barry Lyndon* als unausweichlich komplementäre Lebensphasen gesehen werden, wird nicht nur aus dem quantitativen Gleichgewicht beider Teile deutlich, sondern mehr noch aus der inneren Symmetrie charakteristischer Motivverflechtungen.«[57]

Jedem dramaturgisch relevanten Motiv des ersten Teils ist – oftmals in spiegelsymmetrischer Entsprechung – das gleiche Motiv im zweiten Teil zugeordnet. Barrys Vater stirbt in einem Duell, das durch den Kauf von Pferden ausgelöst wurde, so wie schließlich der Kauf eines Pferdes den Tod von Barrys Sohn herbeiführt. Im ersten Teil verschafft sich Barry in der Armee durch eine Prügelei Respekt, während er im zweiten Teil durch die Prügel an dem jungen Bullingdon endgültig jegliches gesellschaftliche Ansehen verliert. Wird Barry bei seiner ersten Reise von Straßenräubern gezwungen, sein Pferd herzugeben und zu Fuß weiterzugehen, so spiegelt dies Barrys letzte Reise, die er, wiederum um seinen Besitz gebracht, als gehunfähiger Versehrter nur noch mittels einer von Pferden gezogenen Kutsche antreten kann. Muß Barry nach »gewonnenem« ersten Duell mit Captain Quin Irland fluchtartig gen England verlassen, so kehrt sich die Richtung der Fluchtbewegung nach dem verlorenen Duell mit Bullingdon um. Die psychische Affinität zwischen Barry und seinem Stiefsohn Bullingdon ist ebenfalls eingebunden in das Prinzip der Handlungssymmetrie: Beide verlieren den Vater durch den Tod, der mittelbar oder unmittelbar durch einen Rivalen verursacht wird. Beide haben eine offenkundige ödipale Bindung an ihre Mutter. Bullingdon unterbricht, alle gesellschaftlichen Anstandsregeln mißachtend, das Hauskonzert, wie Barry im ersten Teil die Verlobungsfeier von Quin und Nora durchbrochen hat. Beide Handlungen sind durch Eifersucht motiviert und ziehen mittelbar ein vorübergehendes Exil nach sich. Bullingdon bezieht, bevor es zum Duell mit Barry kommt, dreimal Prügel von ihm; Barry fordert vor dem Duell mit Quin dreimal Genugtuung. Barry wie Bullingdon sind trotz Zuredens Dritter nicht bereit, auf Satisfaktion zu verzichten und gewinnen daraufhin ihr jeweiliges Duell. Die symmetrische Struktur wird ergänzt durch je einen »wohl-« und einen »übelmeinenden« Offizier pro Teil und durch die vier Duelle, die als weitere Strukturierungs-momente den Film gliedern.

Fast alle diese Handlungssymmetrien sind der Romanvorlage hinzugefügt, wo sie sich entweder überhaupt nicht oder nur in Andeutungen finden. Kubrick lag erkennbar daran, in der Komposition dieser Dramaturgie eine ursprünglich mittelalterliche Vorstellung vom *Rade der Fortuna* festzuschreiben. Darin wird »der Lebenslauf [...] als Kreisbewegung eines Rades imaginiert, das von der Schicksals-göttin in Bewegung gehalten wird und das Individuum aus dem Nichts nach oben und in zwangsläufiger Symmetrie vom Höhepunkt wieder hinunter ins Nichts befördert.«[58] Das Moment der Unausweichlichkeit wird besonders im Duell mit Bullingdon deutlich. Barrys absichtlicher Fehlschuß läßt sich deuten als der verzweifelte Versuch, sich gegen die Vorbestimmung der Fata zu stellen. Doch da Bullingdon Barrys Friedensangebot nicht annimmt, entpuppt sich Barrys Handlungsweise in tragischer Manier als tatsächliche und definitive Bestätigung der normativen Kreisbewegung des Schicksals.

Ähnlich formalistisch konzipiert ist die Handlungsstruktur von *A Clockwork Orange*. Der Film ist in drei exakt gleich lange Teile gegliedert, wobei der dritte Teil die relevanten *plot points* des ersten Teils in leicht veränderter Reihenfolge wiederholt: der Familienkonflikt, das Treffen mit dem Stadtstreicher, die Schlägerei mit den Droogs, der Besuch bei Mr. Alexander. Die erkennbare Anlehnung dieser Struktur an die Form des Triptychons wird durch die zahlreichen religiösen Anspie-lungen des Films gestützt, die im Mittel»flügel« dieses Altarbildes einer profani-sierten Passion ihren Höhenpunkt finden: die Elektroden, die Alex bei der»Ludo-vico-Kur« um den Kopf trägt, sind eindeutig als Dornenkrone konnotiert. (Analog zum Verlauf der christlichen Passion wird Alex am Ende des Films »wiederaufer-stehen«.) Die Zahl drei und die geometrische Form des Dreiecks prägen Ikonogra-phie, Dekor und Figurenkonstellation auf der Ebene der Mikroorganisation des filmischen Materials, wie dies das Muster des Triptychons auf der Makroebene der Handlungsstruktur leistet. Auch hier variiert Kubrick also wieder ein einheitliches, letztlich geometrisches Strukturprinzip durch alle Gestaltungsebenen des Filmes hindurch. Neben der Dominanz des Dreiecks finden sich in *A Clockwork Orange* auch noch bemerkenswerte ikonographische Querverweise auf die Figur des Krei-ses: die Hüte der Droogs, die Billardkugeln, die Rundgänge der Gefangen, die z. T. aus extremer Untersicht gefilmten Brüste von Frauen etc.[59] Ebenso kann die Entwicklung von Alex als Variation des Kreisthemas verstanden werden, da er am Ende des Filmes wieder in seinen gewalttätigen Urzustand versetzt wird. Dennoch schließen sich die formalen Konzepte des Kreises und des Dreiecks in diesem Film keineswegs gegenseitig aus, sondern werden kunstvoll miteinander verwoben. Hierin ist ein eindeutiger Fingerzeig Kubricks zu sehen, *A Clockwork Orange* gewissermaßen als Fortsetzung jenes Filmes zu sehen, der völlig von der Struktur des Kreises beherrscht war, *2001*. (Diese Lesart ist durch die Fülle anderer Kon-junktionen zwischen beiden Filmen zu belegen, soll aber erst bei deren Einzelana-lysen ausführlicher besprochen werden.)

Als Beispiel für die spiegelsymmetrische Anordnung des ersten und des dritten Teiles von *A Clockwork Orange* seien die beiden Sequenzen im Haus von Mr. Alex-ander angeführt: Identisch sind die Kameraeinstellungen der Außenaufnahmen

Die Zahl Drei und ihr geometrisches Äquivalent prägen die Kompositionsmodi von *A Clockwork Orange.*

von Mr. Alexanders »Home« und in der Diele des Hauses. Identisch sind die Kamerafahrten der jeweils ersten Einstellung im Inneren des Hauses, wobei Mr. Alexander im ersten Teil hinter einer roten, im dritten Teil hinter einer blauen Kugelkopfschreibmaschine sitzt. In beiden Fällen singt Alex »Singing in the Rain«, wobei der Song im ersten Teil die Vergewaltigung begleitet, im dritten Teil Alex' Bad. (Hierin kann durchaus eine Form der rituellen Reinigung gesehen werden, zumal das Bad Alex' Bußgang und seine schließliche Wiederauferstehung einleitet). In der entsprechenden Szene des ersten Teils ist Mr. Alexanders Wahrnehmung primär auf den Augen-, bei der Komplementärszene primär auf den Hörsinn fokussiert. Im ersten Teil trägt Mr. Alexander eben jenen rotweißen Bademantel, den er im dritten Teil Alex anziehen läßt, nachdem er ihn erkannt hat. Die psychische Affinität zwischen den beiden Figuren findet in diesem Kostümwechsel ebenso ihren sinnfälligen Ausdruck wie der psychologische Rollentausch von Opfer und Täter. Nicht von ungefähr wirkt vieles an dieser Figurenkonstellation und ihrer spiegelsymmetrischen Konzeption wie eine Vorwegnahme der gleichen, oben beschriebenen symmetrischen Entsprechungen zwischen Barry und Bullingdon, wie ja generell *A Clockwork Orange* auch mit *Barry Lyndon* durch vielfältige Querverweise verbunden ist.

Vergleichbar rigoros durchstrukturiert und dabei häufig an einer mathematisch-abstrakten Bezugsgröße orientiert sind tatsächlich alle Filme Kubricks. Dennoch sollte man sich hüten, das dramaturgische Konzept der Handlungssymmetrie voreilig als Indiz für eine fatalistische oder deterministische Weltsicht Kubricks zu werten. Wie ich weiter unten noch ausführen werde, ist das Schicksal der Kubrickschen Protagonisten alles andere als schicksalsbestimmt, sondern vielmehr die logische Konsequenz ihres eigenen Lebensentwurfes. Doch vor allem sollte man nicht verkennen, daß ein solch rigider Handlungsformalismus von genuiner ästhetischer Relevanz ist. Wie schon im Hinblick auf die Bildebene festgestellt, so betont auch die Geometrisierung und Symmetrisierung der Handlungsstrukturen den hochgradig synthetischen Charakter der Filme Kubricks. Sie verweisen weniger auf eine übergeordnete Schicksalsmacht als vielmehr auf das omnipotente Schöpfertum des Regisseurs, der seine modellhaften Entwürfe gerade in ihrer formalistischen Komposition unverkennbar als pure Artefakte kennzeichnet und reflektiert. Jeder Ansatz eines Deutungsversuches in Richtung einer realistischen Schreibweise des Filmautors wird durch die Eliminierung aller außerästhetischen Sinnbezüge sofort im Keim erstickt. So gilt, was Nelson für *Barry Lyndon* formuliert, in der Tat für alle Filme des Kubrickschen Hauptwerkes:»Moderne Motivierungs- und Begründungsversuche psychologischer oder selbst soziologischer Art prallen an der bis zur Undurchdringlichkeit ästhetisierten und durchformalisierten Oberfläche des Films ab.«[60] Es ist einzig der Regisseur selbst, dessen extremer Formungswille und dessen radikaler Ästhetizismus im scheinbaren Fatalismus seiner Handlungskonzeptionen zum Vorschein kommen.

Dies gilt auch für die Reduktion der Handlungslinien auf ein nur variiertes stereotypes Muster. Im Zentrum der auf den ersten Blick so unterschiedlichen Geschichten, die Kubrick in seinen Filmen erzählt, steht eine dramaturgische Konstellation, die ich nach Toffetti als»Plan und Fehler« bezeichnen möchte:»Die Vergötterung des Mechanismus vereinnahmt völlig die Erzählstrukturen von Kubricks Filmen. Das Thema Plan bildet eine der beharrlichsten Konstanten, mehr jedoch noch der Kontrast zwischen Planung und Fehler bei der Ausführung, Rationalität und Zufall, Handlung und Auswirkung.«[61] Kubricks Helden versuchen, ihr Leben mechanisch durchzustrukturieren und zu ordnen, einen minutiös ausgearbeiteten Lebens- und Handlungsplan in die Tat umzusetzen. Dabei »verfügen die Helden Kubricks über die Elemente einer unschlagbaren Strategie, die dennoch versagen muß«[62], weil in einem dialektisch strukturierten Kräfteverhältnis gerade die Perfektion des Plans seine höhere Anfälligkeit für Fehler bedingt. Die Entwicklung scheinbar perfekter Pläne und der Glauben an deren zwangsläufige Unfehlbarkeit, von dem Kubricks Protagonisten geradezu manisch besessen sind, sind letztlich Ausdruck einer Auffassung vom Leben als Uhrwerk, als rationalisierbarem, kontrollier- und steuerbarem Prozeß. Es ist zugleich auch Ausdruck einer tiefsitzenden Angst vor den Unwägbarkeiten und spontanen Wechselfällen des Lebens, dem die Protagonisten dadurch zu entgehen versuchen, daß sie ihr Heil in der Unterwerfung unter eine extrem durchrationalisierte Planung – mithin ein Ordnungsprinzip – suchen. In der Konsequenz des Kubrickschen Blickes auf die Defizite und Grenzen des Rationalisierungsprozesses dürfte klar sein, daß die Figuren gerade dadurch das Chaos, das sie vermeiden wollten, dialektisch heraufbeschwören. Das ausgegrenzte Nicht-Planbare kehrt gewaltsam in der Form des Zufalls oder des Fehlers zurück und zerstört ihre Lebensplanung um so endgültiger. So werden Kubricks Protagonisten schließlich konfrontiert mit »einem zum Alptraum gewordenen Behavioristentraum, in dem die Leidenschaft für Kontrolle […] das Leben selbst eliminiert.«[63]

Die filmische Erzählung berichtet jeweils vom Aufbau und der Durchführung dieser Pläne, von ihrer Korrespondenz bzw. ihrer Opposition zu anderen existierenden Planungen. Dabei wird ausdrücklich die scheinbare Perfektion des Planes, sein logisches Kalkül, sein uhrwerkhaftes Funktionieren betont, wodurch der Schock des letztendlichen Scheiterns besonders gravierend wirkt. Diese dramaturgische Konstante läßt sich bereits in Kubricks Frühwerk ausmachen und zieht sich durch bis zu *Full Metal Jacket*. *The Killing* kann dabei bereits als eine besonders konsequent durchgestaltete Variante dieses Prinzips angesehen werden. Im doppelten Wortsinn uhrwerkhaft ist der Plan des Überfalls konzipiert, auf Präzision, Ausschluß aller (zunächst) denkbaren Fehlerquellen und größtmögliche Disziplin aller am Überfall Beteiligten ist größter Wert gelegt worden. Parallel dazu existiert aber ein anderer Plan, der nicht minder gut durchstrukturiert ist, nämlich der von Sherry und ihrem Liebhaber. In *Paths of Glory* existieren gleich auf mehreren Ebenen ehrgeizige Pläne, die allesamt scheitern. Da ist die Karriereplanung des Generalmajors Mireau, der im Angriffsplan auf eine als uneinnehmbar geltende Höhe seine Verwirklichung finden soll. Da ist aber auch der Plan des Colonel Dax, die zum Tode Verurteilten doch noch zu retten. Das Prinzip der konkurrierenden Pläne zweier durch psychische Affinität verbundener Figuren wird in *Lolita* durch die Kontrahenten Humbert und Quilty wieder aufgenommen. Beiden geht es um Lolita, beide wählen als Weg den Zugang zu ihrer Mutter, beide planen zusammen mit Lolita die Flucht, wobei Quiltys Plan immer besser und schneller funktioniert, da er einfach skrupelloser und fantasievoller vorgeht. In *2001* werden HALs Plan zur Ermordung der Astronauten, die Planung der NASA zur Erforschung des geheimnisvollen Monolithen sowie der Plan der Astronauten, HAL abzuschalten, thematisiert. Auf einer höheren Ebene verhandelt der Film obendrein den ehrgeizigsten Plan der Geschichte überhaupt, nämlich das Menschheitsprojekt der Befreiung durch Rationalität. *A Clockwork Orange* berichtet, hierin *Full Metal Jacket* vergleichbar, von staatlichen Mechanismen zur Disziplinierung und Abrichtung ihrer Bürger zu uhrwerkhaft agierenden Automaten. *Barry Lyndon* erzählt von den verschiedenen Karriereplanungen des Redmond Barry als Soldat, Spieler, Hochstapler und Lebemann, der um seine gesellschaftliche Anerkennung buhlt. *The Shining* zeigt uns Jacks Plan, einen Roman zu schreiben, der schließlich übergeht in den Plan, seine Familie zu ermorden. – Alle diese Pläne scheitern und bedingen dadurch die physische oder zumindest psychische Eliminierung ihrer Urheber. Auch die zunächst scheinbar erfolgreicheren Pläne der Kontrahenten führen letztlich nur zu deren gewaltsamen Tod, wie dies für Sherry und Val, Quilty und HAL gleichermaßen gilt.

Aufschlußreich sind hierbei die Ursachen des Scheiterns. Alle diese Pläne scheitern entweder, weil ihre Perfektion umschlägt in (Auto-)Destruktion, sich die Perfektion der Planung somit gegen den Planer selbst richtet, oder weil der Plan in seiner Perfektion das Nicht-Planbare außer Acht gelassen hat und daher Zufall oder Alltagsbanalität das Gelingen des Plans vereiteln. »Kein Mensch kann das perfekte Verbrechen zuwege bringen, aber der Zufall vermag es«, räsonniert Humbert in *Lolita*, dabei aber tatsächlich ein Verbrechen planend, das lediglich wie ein zufälliger Unglücksfall anmuten soll. Noch während dieser Überlegungen kommt ihm dann wirklich ein Zufall zu Hilfe und befreit ihn von der ungeliebten

Dr. Strangelove: Der Krieg als Ersatzbefriedigung alternder Männer. Turgidsons (George C. Scott) animalischer Vitalismus...

Charlotte. Erst gegen Ende des Filmes wird klar, daß die vermeintliche Hilfe durch den Zufall der erste Schritt zu Humberts endgültigem Niedergang war. In der Regel aber wird die fatale Potenz des Zufalls in ihren Auswirkungen direkter demonstriert. So scheitern die Gangster in *The Killing* beispielsweise an Trivialitäten wie einem achtlos weggeworfenen Hufeisen oder einem Schoßhündchen. Doch die hauptsächliche Fehlerquelle, die Kubrick immer wieder thematisiert, ist die Mißachtung des Plans für die Dynamik menschlicher Triebkräfte. Diese sind in einem tieferen Sinn gerade das, was die jeweiligen Pläne zu eliminieren versuchen; die Angst vor ihrer unberechenbaren Macht stellt das eigentliche Movens für die Planung dar – und gerade deshalb scheitert sie. Humberts Versuche, Lolitas aufkeimende Sexualität einzusperren, treibt sie Quilty in die Arme; Johnny Clays offenkundiges Mißtrauen gegen Frauen erweckt geradezu Sherrys fatale Neugier; HALs Angst vor der Unperfektheit der Menschen führt zu seiner Eliminierung; Jacks Angst vor der ödipalen Bindung zwischen seiner Frau und seinem Sohn läßt ihn letztlich genauso zu deren Opfer werden, wie Barry an der ödipalen Bindung Lord Bullingdons zu seiner Mutter scheitert. So ist es konsequenterweise das autodestruktive Moment der Planer, die ihre eigenen oder fremde libidinöse Energien zu unterdrücken versuchen, das ihre (Selbst-)Zerstörung herbeiführt. Daß dies von Kubrick – über die jeweiligen Personifikationen hinausgehend – als eine gesamtgesellschaftliche Befindlichkeit verstanden und thematisiert wird, versteht sich von selbst.

Die Dialektik von Planung und Fehler als universelles Menschheitsproblem ist in keinem Film Kubricks überdeutlicher formuliert worden als in *Dr. Strangelove*, und dieser Film ist in der Tat »das beste Beispiel für diese vollendete Logik, die zu

...weist voraus auf die finale »Erektion« des Dr. Seltsam (Peter Sellers) angesichts des bevorstehenden Weltuntergangs.

perfekt ist, um nicht an einem unvorhergesehenen Detail zu scheitern.«[64] Wie in einem Brennspiegel verdichten sich hier all die Variationen, die Kubrick für diese dramaturgische Konstellation entwickelt hat. Im Mittelpunkt steht dabei die »Fail-Safe«-Ideologie der kalten Krieger, die selbst angesichts des nuklearen Holocausts noch an ausfallsicheren Systemen basteln. Einmal in Gang gesetzt, kehrt sich die Perfektion des Plans gegen ihre Erfinder, die all ihre Energien darauf verwandt haben, die Planung des atomaren Schlages noch gegen die unwahrscheinlichste Verkettung von Zu- und Ausfällen abzusichern. Hier ist es das Prinzip des Miß-trauens und der Angst vor dem ideologischen Gegner, das zur Schaffung von Systemen führte, die einen sich selbständig und unumkehrbar abspulenden Mecha-nismus der Zerstörung garantieren. General Ripper macht sich letztlich nur genau jenen Automatismus für seinen Plan zunutze und kann daher mit gutem Recht davon überzeugt sein, daß nichts mehr die einmal in Gang gesetzte Weltvernich-tungsmaschine aufhalten wird. Wieder spielt der Zufall eine große Rolle, etwa wenn Mandrake ein für die gesamte Menschheit lebensnotwendiges Telefonat zunächst nicht führen kann, weil er kein passendes Kleingeld bei sich hat. Oder wenn der Zufall es will, daß der Treffer der feindlichen Rakete ausgerechnet und ausschließlich das Funkgerät der B-52 zerstört; oder wenn diese nicht ihr Primär-sondern ihr Sekundärziel ansteuert. Doch liegt das selbstzerstörerische Potential dieser Politik nicht allein in ihrem blinden Glauben an Automaten und Maschinen begründet. Die tiefere Ursache für diesen Maschinenkult ist vielmehr erneut in der Angst vor den Energien der Libido und der daraus resultierenden Verlagerung erotischer Bedürfnisse auf die todbringenden Maschinen zu sehen. Rippers neu-rotischer Kommunistenhaß entspringt ganz offensichtlich einer Verdrängung seiner sexuellen Energien (die er mehr oder weniger offen eingesteht). Überhaupt zeigt *Dr. Strangelove* den kalten Krieg als das Geschäft lüsterner alter Männer, die – exemplarisch an der Figur des Dr. Seltsam vorgeführt – angesichts des atomaren Fallouts erektile Energien entwickeln. In keinem anderen Film hat Kubrick die sexuellen Konnotationen des Krieges so unmißverständlich und beharrlich visualisiert. So ist es wieder die Verdrängung des Natürlichen, die dem Plan zugrundeliegt und ihn zum Scheitern bringt, da sich die derart unterdrückte Libido im orgiastischen Ritt des Major Kong auf der Bombe gewaltsam entlädt.

Die fatale Dynamik des Mechanismus artikuliert sich in *Dr. Strangelove* vor allem in der Unfähigkeit der Protagonisten, das Scheitern ihrer Pläne überhaupt wahrzunehmen, geschweige denn einzugestehen. Turgidson weigert sich selbst angesichts der Katastrophe, die seine Ideologie des »Fail-Safe« heraufzubeschwören droht, so wörtlich, »ein ganzes System wegen eines kleinen Fehlers zu verdammen.« Der russische Botschafter ist auch dann noch den Mechanismen der Spionage verpflichtet, als in wenigen Minuten nichts mehr auszuspionieren sein wird. Und Dr. Seltsam berechnet weiterhin mit den kühlen Instrumenten der Ratio Möglichkeiten der »Arterhaltung«, bis die Detonation der Bombe seine Pläne endgültig ad absurdum führt. Wie Ripper, de Sadesky und Turgidson hält auch er fest »an der Logik seines Plans, obwohl dieser längst von nicht mehr kontrollierbaren äußeren wie inneren Mächten in Frage gestellt wird«,[65] ein zwanghaftes Festhalten an der scheinbaren Überlegenheit rationaler Planung, die auch alle anderen Protagonisten Kubricks noch im Moment ihrer endgültigen Niederlage auszeichnet.

Daher sind es eben nicht Manifeste eines Fatalismus oder Determinismus, die Kubrick inszeniert, sondern das scheinbar schicksalhafte Scheitern der Pläne entpuppt sich bei näherem Hinsehen als selbst herbeigeführt, als dialektischer Umschlag der Planung selbst. Der Fehler liegt eben in der oben beschriebenen Vergötterung des Mechanismus (ideengeschichtlich ja eine Hauptquelle des Projektes der Aufklärung und bis heute ihre wirkungsvollste Manifestation). Je geplanter, je maschinenähnlicher die Menschen in Kubricks Filmen agieren, um so eher scheitern ihre Pläne. Daher ist es unhaltbar, Kubrick zu unterstellen, er bevorzuge das reibungslose Funktionieren von Maschinen gegenüber der Fehlerhaftigkeit der Menschen, wie dies häufig kritisiert wird.[66] Im Gegenteil, seine Filme zeigen, daß gerade in der rationalen Planung, Mechanisierung und Perfektionierung aller Lebensabläufe und in dem ihr zugrundeliegenden Wunsch nach Eliminierung der natürlichen Kräfte die Fehlerquelle schon enthalten ist.

2.6. Familienkrieg und Gesellschaftskrieg

In Kubricks Filmen befindet sich die Welt »stets am Rande des Abgrundes«[67] und »ständig im Kriegszustand«,[68] so daß Krieg bei Kubrick quasi als der Normalzustand der Menschheit erscheint. Mit *Fear and Desire*, *Paths of Glory*, *Dr. Strangelove* und *Full Metal Jacket* hat Kubrick zwar nur vier Filme gedreht, die die Darstellung des (Kalten) Krieges zum Zentralthema erheben. Doch vereinnahmt der Topos des Krieges auch weite Teile der Erzählstruktur von *Barry Lyndon*, und gewalttätige Konflikte zwischen verschiedenen gesellschaftlichen Gruppen stehen auch im Mittelpunkt von *Spartacus* (die Sklaven gegen Roms Söldner), *A Clockwork Orange* (die Droogs gegen andere Schlägerbanden), *2001* (die Affenhorden gegeneinander und HAL gegen die Astronauten) und den frühen Gangsterfilmen Kubricks (Gangster gegeneinander bzw. gegen die Polizei). Den Filmen mit mehr oder weniger expliziter Kriegsthematik stehen die sogenannten »Familienfilme« Kubricks gegenüber (*Lolita*, *The Shining* sowie die zweite Hälfte von *Barry Lyndon* gehören zu dieser Kategorie). Doch stellen auch sie – trotz ihrer innerfamiliären Thematik – Konstellationen vor, die in ihrer offenen Gewalttätigkeit kriegsähnliche Zustände erreichen: Humbert erwägt die Ermordung seiner Ehefrau Charlotte, Jack Torrance versucht mehrmals, Frau und Kind zu töten, und Bullingdon verstümmelt seinen Stiefvater Barry Lyndon in einem Duell. »Das Familienleben ist somit für Kubrick die Fortsetzung des Gesellschaftskrieges mit anderen Mitteln.«[69]

Die Trennlinie zwischen den zwei scheinbar konträren Meta-Genres, derer sich Kubrick bedient, erweist sich bei näherem Hinsehen als unscharf. Kriegs- und Familienthematik verschränken sich bei Kubrick unentwegt, und die Bedeutung von *Barry Lyndon* für Kubricks Œuvre erweist sich u. a. darin, daß in diesem Film die Synthese dieser Meta-Genres qualitativ wie quantitativ in ihrer ausgewogensten Form erscheint. Selbst *A Clockwork Orange*, der Film, der sich beinahe vollständig der Schilderung von Gewalttätigkeiten überantwortet, spielt die Problematik der familiären Konstellation mehrmals durch. Auf der anderen Seite wird die hermetische Männerwelt der »reinen« Kriegsfilme durch die Inszenierung in ihrer Funktion als Familiensurrogat betont. Gerade in *Full Metal Jacket* wird die Phobie vor Frauen und Kindern ebenso zum Gegenstand der Darstellung, wie dies zuvor in *The Shining* der Fall war. So wie Jacks »Ersatzfamilie«, die Untoten des Hotels Overlook, ihm die Legitimation gibt, seinen Haß auf Frau und Sohn in Mordgelüsten auszuleben, so gestattet (und fordert) die »Ersatzfamilie« Armee den Soldaten, ihre diesbezüglichen Ängste in die Eliminierung von Frauen und Kindern umzulenken, wie dies der wahllos und mit offenkundiger Lust auf fliehende vietnamesische Kinder und Frauen feuernde Hubschrauberschütze praktiziert. Schon die Ausbildung der Marines, die mit der Umtaufung der Rekruten beginnt, steht ganz im Dienst der Umlenkung familiärer Gefühle in die Anerkennung der Männergesellschaft als die einzige und wahre Familie und der damit verbundenen Steuerung der Haßgefühle auf Frauen und Kinder. Entsprechend dieser gesellschaftlichen Strategie wird der »ungehorsame« Private Pyle von Kubrick als daumenlutschendes großes Kind gezeigt. Und Hartmans erste und letzte Frage an Pyle bezieht sich dezidiert und in demütigender Art und Weise auf Pyles Kindheitserlebnisse mit seinen Eltern. Noch stärker aber als die Zerstörung des Kindlichen scheint die Auslöschung des Weiblichen Gegenstand dieser gesellschaftlichen Triebumlenkung zu sein. Es ist naheliegend, daß Kubrick hierin ein – wenngleich konventionelles – Bild für die Natur-Phobie einer bürgerlich-aufgeklärten Gesellschaft sieht. Deren »Überzeugung, daß Natur die Mutter des Menschen – zu fürchten und zu lieben – sei«[70], benennt die Ambivalenz der Emotionen, die schon der Titel von Kubricks erstem Spielfilm, einem Kriegsfilm, artikulierte: *Fear and Desire*. Für das aufklärerische Denken wurde die Ambivalenz des Menschen als naturentsprungen und zugleich naturbeherrschend in immer stärkerem Maße zu einem Schisma, das es durch Entfremdung von der Natur zu überwinden galt:

> Um die Idee der Herrschaft über die Natur zu entwickeln, mußte der Mensch zunächst dieses Bild von der Natur als der ernährenden Mutter, dem Organismus, in den man hineinverwoben ist, loswerden – und er mußte sich selbst von dem unmittelbaren Kontakt mit der Natur lösen, ja er mußte sich gewissermaßen von sich selbst distanzieren, insofern er als Leib auch immer schon Natur ist.[71]

Diese Tendenz zur Entfremdung von der Natur kehrt sich kultur- und ideengeschichtlich schließlich um in die Angst vor dem Weiblichen als Bild des Natürlichen und dem Wunsch nach seiner Elimininierung. In *Full Metal Jacket* ist somit nur noch von »mother green and her killing machine« die Rede; die Angst vor dem Weiblichen kreiert die Dämonen, die zu bekämpfen das Ziel der Konditionierung der Marines ist. Animal Mother wird im zweiten Teil des Films dann der Name eines besonders einfältigen und besonders mordlüsternen Soldaten sein. (Wobei es kein Zufall sein dürfte, daß die Kontamination der Anfangssilben dieses Namens »Anima« ergibt, den Jungschen Terminus für das Weibliche in der männlichen Psyche; kein Zufall auch deswegen, weil im Film noch mehrmals auf C. G. Jung angespielt wird.) Wie stets in Kubricks dialektischem System, so führt auch hier die Verdrängung des Natürlichen bzw. ihrer vordergründigen Manifestation in Frauen und Kindern gerade zur tödlichen Konfrontation mit ihnen. Das »Kind« Pyle erschießt den »Übervater« Hartman, und Private Cowboys Vorgänger als Gruppenführer wird in Vietnam von einer Bombe zerrissen, die als Stofftier getarnt war. In der todbringenden minderjährigen Heckenschützin verdichtet sich letztendlich die Angst vor der Frau und dem Kind in einer Person – ein deutliches und einfaches Bild, das den tatsächlichen Gegenstand der männlichen Ängste so präzise benennt, wie es damit zugleich die dialektische Spirale von Entfremdung, Dämonisierung und Rückschlag eindringlich darstellt. Die Verblüffung der Marines darüber, daß sich der Heckenschütze, der ihnen so schwere Verluste zugefügt hat, ausgerechnet als Kind-Frau entpuppt, macht deutlich, wie weit der Entfremdungsprozeß schon gediehen ist und wie unbewußt er denjenigen ist, die ihm unterliegen.

Insofern ist es nur folgerichtig, daß die von Kubrick vorgestellten Familienstrukturen den gleichen Entfremdungsmechanismen verpflichtet sind, wie sie in den Kriegsfilmen zum Ausdruck gebracht werden. Familien- und Liebesbeziehungen interessieren Kubrick nicht um ihrer selbst willen, sondern sind für ihn »im wesentlichen Machtbeziehungen und Ausdruck von Machtverhältnissen, an denen ihn das ihm als unausweichlich erscheinende geometrische Muster der Kräfte interessiert.«[72] Daher tauchen positive Gefühle wie Liebe und Zärtlichkeit in diesen familiären Konstellationen nur in parodistischer Entstellung auf. Die Entfremdung zwischen den einzelnen Familienmitgliedern zeigt sich in *2001* in den äußerlich wie innerlich distanzierten Geburtstagsgrüßen, die Floyd seiner Tochter und Familie Poole ihrem Sohn per Bildtelefon übermitteln. Diese Gefühlskälte bestimmt auch das Verhältnis der Kubrickschen Ehepartner (z. B. Humbert – Charlotte, Barry – Lady Lyndon, Jack – Wendy), eine Liebesunfähigkeit, die stets vom Mann ausgeht und häufig in dem Wunsch nach Ermordung der Ehefrau gipfelt. Konsequenterwei-

Die Armee als Ersatzfamilie in *Full Metal Jacket*: Der »Übervater« Hartman (Lee Ermey) straft das »ungehorsame Kind« Pyle (Vincent D'Onofrio).

Die Kind-Frau als Projektionsfläche maskuliner Ängste: Die vietnamesische Heckenschützin (Papillon Soo Soo) in *Full Metal Jacket*.

se gilt die Misogynie stärker der Mutter als der Frau in der jeweiligen Partnerin, zeigt sich doch im gebärenden Potential der Mutter am allerdeutlichsten die Anbindung des Menschen an das zu überwindende Naturprinzip. Lolita wird in ihrer Rolle als Mutter am Ende des gleichnamigen Films von Kubrick als eine biedere junge Frau inszeniert, der jeglicher erotische Flair verloren gegangen ist, so daß Humberts Verzweiflung angesichts ihres Wiedersehens zu einem guten Teil auch seinem bereits an Charlotte manifest gewordenen Haß auf das mütterliche Prinzip entspringen dürfte. Lady Lyndons Rolle als Ehefrau und sexuelle Partnerin ist unwiederbringlich in dem Moment beendet, als sie zur Mutter geworden ist. Jack spricht von Wendy verächtlich als »der alten Samenbank dort oben« und der von Jack heimlich bewunderte Grady erklärt: »Als meine Frau mich von meiner Pflicht abzuhalten versuchte, gab ich ihr eine Lektion« (d. h. er ermordete Frau und Töchter).

Thomas Allen Nelson hat in einer interessanten Analyse nachweisen können, daß die Navajo-Bilder, die in *The Shining* das Interieur des Hotels Overlook schmücken, den Omnipotenzwahn des Maskulinen und die Angst vor dem Weiblichen reflektieren: Ganz im Gegensatz zur typischen Symbolik der Navajo-Kunst ist aus den Ornamenten in der Mitte der Hotelhalle jeglicher symbolische Bezug zum Weiblichen zugunsten eines monströsen Triumphes der Maskulinität verbannt worden.[73] Spielzeug als Inbegriff des Kind-Seins spielt in *The Shining* eine große Rolle, ist dabei aber immer seinem eigentlichen Kontext entrissen und in den Zusammenhang mit Wahnsinn, Gewalt und Zerstörung gerückt. Ein Baseballschläger dient Wendy als Waffe gegen Jack, Tennisbälle rollen, wie von unsichtbarer Hand geworfen, plötzlich über die Flure, und Tonys Comic-Helden erhalten in der Personifikation durch Jack mit einem Mal bedrohliche Potenz, wenn dieser bei der Verfolgungsjagd mimisch, gestisch und verbal den Koyoten aus der Roadrunner-Serie ebenso zitiert wie die Figur des Bösen Wolfs. So ist »Jacks Wahnsinn […] mit einem entschieden männlichen Ethos assoziiert, das nicht nur die gesellschaftliche Normalität der Mann/Frau/Kind-Familie, sondern das Grundmuster psychisch/sexueller Dualität überhaupt in Frage stellt. Ähnlich wie HAL in *2001* sehnt sich auch Jack nach einer homogenen, sterilen, nur von Männern […] bevölkerten und hermetisch abgeschlossenen Welt […]«[74] – eine Definition, die problemlos auch auf alle anderen männlichen Protagonisten Kubricks (Johnny Clay, Dr. Strangelove, Alex, Hartman etc.) auszuweiten wäre.

Die hier skizzierten Tendenzen werden in ihrer konstituierenden Relevanz für die reine Männergesellschaft des Krieges besonders in *Dr. Strangelove* deutlich: Der General mit dem programmatischen Namen Jack D. Ripper hat seine Theorie von der kommunistischen Subversionsstrategie entwickelt, als er »den Beischlaf vollzog und auf dieses Gefühl des Schöpfertums plötzlich diese Leere folgte.« Als Konsequenz aus dieser Erfahrung zieht Ripper sich völlig in die scheinbar gesicherte Welt maskuliner Herrschaftsrituale und schließlich in die Paranoia zurück: »Das eine kann ich Ihnen sagen. Das ist danach nie wieder vorgekommen. Nicht, daß ich Frauen meide, aber ich gebe ihnen nicht meine Essenzen.« Die Furcht vor den natürlichen Prozessen der Schöpfung und Geburt als Movens für die Kreation autarker Männeroligarchien ist von Kubrick nirgends präziser formuliert worden als in dieser Dialogpassage. Nichts scheint dieser Männerwelt der Soldaten aber zugleich mehr Sorge zu bereiten, als daß sich der unterdrückte Eros in Form der

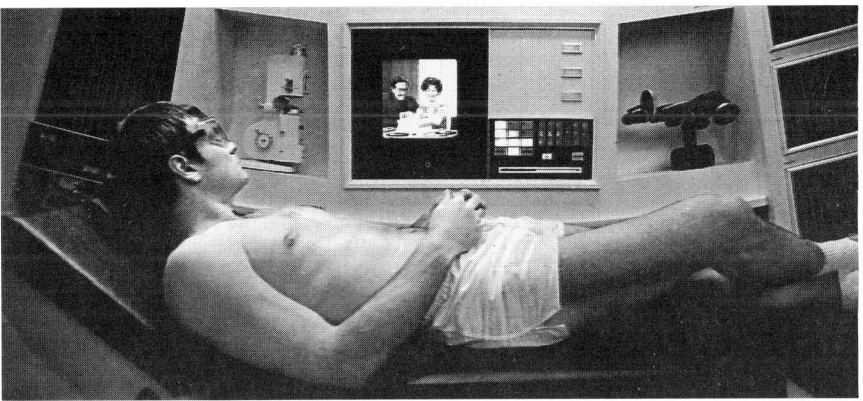

Die Extreme der familiären Beziehungen: ödipale Verstrickungen (James Mason und Sue Lyon in *Lolita*) oder das emotionslose Ritual der Geburtstagsgrüße (Gary Lockwood in *2001*).

Homosexualität seinen Weg zurück in diese mühsam errichtete Welt der absoluten Sterilität bahnen könnte (wie er dies ja sehr wohl tut, wie die Badeszene am Fluß und der zärtliche Abschiedskuß zwischen Barry und Grogan in *Barry Lyndon* verdeutlichen). Die Angst vor dem Punkt, an dem die Homogenität der Männerwelt in offene Homosexualität umschlägt, prägt Hartmans Invektiven gegen seine Rekruten ebenso wie Guanos Mißtrauen, daß Mandrake und Ripper in ihrem verschlossenen Büro »irgendeine perverse Schweinerei« angerichtet haben könnten. Auch der Gefängniswärter in *A Clockwork Orange* ist sichtlich erleichtert, als Alex seine Frage nach potentieller Homosexualität klar mit Nein beantwortet. Die Angst des Wärters davor, die sterile Welt des reinen Männergefängnisses mit homoerotischen Neigungen konfrontiert zu sehen, wird von Kubrick ironisch konterkariert, indem die nächsten Sequenzen überdeutlich machen, daß Homosexualität in diesem Gefängnis durchaus an der Tagesordnung ist. – Als Inbegriff dieses natur- und sexualfeindlichen Bildes einer reinen Männerwelt ist von einigen Interpreten wohl zu Recht die asexuelle Zeugung des Sternenkindes am Ende von *2001* angesehen worden. Das Prinzip des Weiblichen ist hier reduziert auf die mythologische Ebene der griechischen *Chora*. Es ist der (in der griechischen Mythologie allerdings weibliche!) körperlose Raum selbst, der Leben gebärt. Wer sonst auch, könnte man fragen angesichts eines Filmkontextes, aus dem die Frauen mit einer selbst für Kubrick einmaligen Konsequenz verbannt worden sind.

Da in der Ablehnung des gebärenden Prinzips der Natur, wie beschrieben, zugleich eine Ablehnung der eigenen Natur- und Körperbefindlichkeit impliziert ist, liegt es auf der Hand, daß die verdrängten positiven Gefühle zur Mutter in einer entstellten Form wieder an die Oberfläche der männlichen Psyche zurückdrängen. So spiegelt Kubrick den Haß seiner Protagonisten auf die jeweilige Mutter mit ihrer gleichzeitigen Anfälligkeit für ödipale Bindungen. Barry und Bullingdon sind ebenso Opfer einer ödipalen Abhängigkeit von ihrer jeweiligen Mutter, wie das Verhältnis Danny – Wendy von latenten ödipalen Momenten bestimmt ist. Lolita erscheint, vor diesem Hintergrund besehen, als kaum mehr als die bewußte Verlagerung der unerfüllbaren ödipalen Sehnsüchte Humberts und Quiltys auf die kindliche Ebene. (Der kindliche Inzestwunsch als psychische Variante des Ödipuskomplexes scheint auch in Barrys Liebe zu seiner Cousine Nora durch.) So beschreiben Kubricks »Familienfilme« ein ödipal motiviertes, atavistisches und meist todbringendes Kampfesritual zweier Männer um eine Frau: Humbert/Quilty – Lolita; Bullingdon/Barry – Lady Lyndon; Jack/Danny – Wendy, wobei in den beiden letztgenannten Filmen jeweils die Söhne die Väter besiegen. Auffällig ist, daß die leiblichen Väter bei Kubrick häufig schon tot sind (Mr. Haze, Mr. Barry) oder im Verlauf des Filmes sterben (Lord Lyndon, Jack Torrance). Dieser Struktur sind die Motive der Substitution und Kastration von Vätern durch ihre Söhne (und umgekehrt) zugeordnet: Humbert ersetzt Mr. Haze und will später auch Charlotte ersetzen; Barry ersetzt Lord Lyndon wie umgekehrt seine jeweiligen militärischen und zivilen Vorgesetzten für ihn Ersatzvater-Status innehaben; Joe ersetzt den ungeratenen Sohn Alex in *A Clockwork Orange*, wie umgekehrt Alex gleich eine ganze Reihe von Ersatzvätern hat (der Bewährungshelfer, der Gefängnispfarrer, auf ödipal-symbolischer Ebene Mr. Alexander, der Innenminister und als »Übervater« Ludwig van Beethoven). Die angedeutete Kastration von Alex durch den strafenden Vater, den Bewährungshelfer, manifestiert sich hier noch in einem Faustschlag, während Barrys Verlust eines Beines im Duell mit Bullingdon als symbolische Kastration durch seinen Stiefsohn anzusehen ist.

Vor dem Hintergrund des bislang Gesagten scheint die geläufige Interpretation, daß Kubricks Interesse an der Darstellung des Krieges allein in einem pessimistischen Menschenbild Hobbes'scher Prägung begründet ist, zu kurz zu greifen. Da

Duelle als Ausdruck des gesellschaftlichen Versuches, Gewalt zu kanalisieren, prägen Kubricks filmische Welten von *Spartacus* (oben) bis zu *Barry Lyndon* (unten).

Kubricks gesamtes Denken und Schaffen wie besessen um das alles bestimmende dialektische Prinzip der gewaltsamen Rückkehr des Verdrängten kreist, liegt es in der Konsequenz dieses Weltbildes, daß Kubrick seine Kriegsprotagonisten, die ja in einem tieferliegenden Sinne die Natur zum eigentlichen Feind haben, gerade deshalb in der realen Kriegssituation in ihrem »wahren Naturzustand« erscheinen läßt: lustvoll mordend, animalisch schreiend, obszön fluchend. Die erlernte und gesellschaftlich aufgezwungene Rolle des zivilisierten Menschen fällt von ihnen ab und die »Bestie Mensch« kommt zum Vorschein. Animal Mother aus *Full Metal Jacket* kann diesbezüglich als Paradebeispiel eines Kubrickschen Helden angeführt werden, dessen wahres, tierhaftes Ich durch den Krieg zum Vorschein kommt, gerade weil genau dieses im gesellschaftlichen Konditionierungsprozeß verdrängt worden ist. So sind Krieg und Gewalt für Kubrick in erster Linie soziale Phänomene, an denen gesellschaftliche Ordnungsversuche am deutlichsten greifen und deren zwangsläufiges Scheitern am offenkundigsten wird. Kubrick zeigt auf, wie eine kultivierte Gesellschaft versucht, der fundamentalen menschlichen Aggression Herr zu werden, indem Gewalt eingebunden wird in eine Ordnung, eine mechanisierte Form, die die zerstörerischen Kräfte auf gesellschaftlich sanktionierte Felder umlenken, bzw. ihnen eine überschaubare und damit zunächst beherrschbare Gestalt verleihen soll. Am deutlichsten wird diese gesellschaftliche Strategie im ersten Teil von *Full Metal Jacket*, wo die latenten Aggressionstriebe der Kadetten von Sergeant Hartman aktiviert werden, um sie dann in die geordneten und daher legitimierten Bahnen militärischer Angriffsaktionen umzulenken.

Der Wunsch, das chaotische Potential der Gewalt zu formalisieren und zu ritualisieren, steht hinter den Duellen, Boxkämpfen und ganz allgemein hinter militärischer Logistik überhaupt: »Der Krieg selbst ist Ausdruck beherrschter Gewalt. Die Soldaten dringen vor und weichen zurück gleich Automaten, die einem Plan folgen, dessen Sinn wir nicht mehr erkennen.«[75] Geometrisierung und Symmetrisierung des Menschen als Ziel gesellschaftlichen Ordnungswillens wird nirgends so deutlich wie an den geordneten Reihen, in denen die Soldaten dem Tod entgegenmarschieren oder den absurden Etiketten des Duellrituals, die letztlich nur kaschieren sollen, daß hinter der Fassade der Höflichkeiten die nackten Begierden und Ängste der Duellanten vorschimmern. Doch es sind die gleichen Prinzipien der Zeremonie, des Rituals, die das zivile Leben ordnen, wie Kubrick dies in den Festen und Banketten in *Barry Lyndon* herausstellt. (Die gesellschaftliche Strategie der Ritualisierung prägt die militärischen Besprechungen in *Paths of Glory* ebenso wie das Einstellungsgespräch in *The Shining* oder die Konversation auf der Mondstation in *2001*.)

Solange Gewaltausübung im Rahmen der festgelegten Rituale vonstatten geht, ist sie gesellschaftlich akzeptiert. So sind die vielen Duelle Barry Lyndons seinem Aufstieg zunächst sogar förderlich. Erst als seine Aggressionen in nicht-ritualisierter Form zum Ausdruck kommen, als er in einem unkontrollierten Wutausbruch seinen Stiefsohn verprügelt, wird er sozial geächtet. Das Beispiel macht deutlich, daß den gesellschaftlich geordneten Erscheinungsformen von Gewalt – wie immer bei Kubrick dialektisch verknüpft – Formen unkontrollierter, eruptiver Gewaltausübung eines Individuums gegenüberstehen. (Dazu zählen z. B. die Verbrechen von Alex, HALs Mord an Poole oder Jacks Angriffe auf seine Familie). Erneut beschwört das Übermaß an Ordnung das Chaos herauf, erneut bedingt die Perfektion eines Plans sein Scheitern. In *Full Metal Jacket* gelingt es Hartman zwar, aus dem »Weichling« Private Pyle einen aggressiven Soldaten mit ausgeprägtem Killerinstinkt zu machen. Doch Pyles Mordgelüste kommen nicht, wie geplant, erst im Kampf gegen den politischen Feind zum Vorschein, sondern er erschießt in einem Ausbruch persönlicher Rachegelüste erst seinen Ausbilder, dann sich selbst. Gerade das, was durch die bewußte Steuerung und Ritualisierung von Gewalt vermieden und ausgegrenzt werden sollte, bricht in Szenen wie dieser immer wieder auf: die Eingebundenheit des Menschen in die kreatürlich-chaotische Hegemonie der Natur. Daran müssen die Ordnungsversuche einer bürgerlich-aufgeklärten Gesellschaft nicht nur scheitern, sondern vielmehr verleiht erst der Versuch der Reglementierung den Kräften der derart bekämpften Natur ihr destruktives Potential: »Kubrick seems to be arguing that the ordering of violence [...] does not approach the real problem of the unconscious causes of violence.«[76] Analog bereitet erst die Ordnung und Ritualisierung der Sexualität durch den Verhaltenskodex der bürgerlichen Ehe den Boden für die ungehemmte, dann aber gewalttätige Auslebung der Triebe, die Kubricks »Familienfilme« durchzieht. Der Krieg auf dem Schlachtfeld und im Ehebett ist ein von vornherein verlorener. Er ist ein Krieg gegen die Natur und damit einer, der sich gegen jene richten muß, die ihn führen, dabei aber selbst Teil dieser Natur sind.

Neben der allgegenwärtigen Dialektik von Chaos und Ordnung, Ratio und Trieb liegt in der Kriegsthematik für Kubrick aber auch ein ästhetisches Potential von hohem Grad, wie dies in seiner weiter oben zitierten Äußerung zum Napoleon-Projekt deutlich wurde. Wenngleich die Formstrenge und Systematik militärischer Formationen sich für Kubricks Ikonographie und ihre Intentionen ohne Zweifel geradezu anbietet, so verweist die ästhetische Faszination des Krieges in Kubricks Inszenierung in erster Linie auf sich selbst zurück. Immer erscheint der Krieg bei Kubrick als choreographiertes, visuelles Spektakel, dessen ästhetische Provokation wie Faszination in der Kühle der Darstellung, in der abstrakten Schönheit der Geometrie begründet liegt: Exakt ausgerichtete Menschenreihen marschieren in geordneten Bewegungen in die feindlichen Kugeln (*Barry Lyndon*); Menschen zertrümmern sich zu den Klängen Rossinis in präzise choreographierten Bewegungen die Schädel (*A Clockwork Orange*); Kugeln durchsieben in Zeitlupe gefilmt einen menschlichen Körper (*Full Metal Jacket*); Aufnahmen von verschiedenen Atombombenexplosionen werden synchron zum Takt eines Schlagers namens »We'll meet again some sunny day« aneinandergeschnitten (*Dr. Strangelove*). Der gern erhobene Vorwurf, Kubrick ästhetisiere Gewalt, um sie zu verherrlichen, geht am Kern seines rigorosen ästhetischen Entwurfes vorbei. Es ist die Gewalt selbst, bzw. es ist das formale Gerüst der Phänomene, in die eine bürgerliche Philosophie die Gewalt zwingt, von dem das ästhetische »Wohlgefallen« ausgeht. Kubricks Inszenierung fügt dem nichts gleichsam von außen hinzu, er unterstreicht es nur. Somit visualisiert er letzten Endes nur die latente Gewalttätigkeit einer klassisch-bürgerlichen Ästhetik. Es gibt eine Ästhetik der strengen Form, die als schön wahrzunehmen uns eine idealistische Kunstauffassung angehalten hat, da in der scheinbar höheren Schönheit des Geordneten nochmals die Überlegenheit über das chaotische Formprinzip der Natur »augenscheinlich« werden soll.

Das Skandalon der Kubrickschen Bildästhetik liegt darin, die Doppelbödigkeit und Transmoralität dieser bürgerlichen Ästhetik zu entlarven, indem er die Gültigkeit ihrer Formgesetze selbst am amoralischen Gegenstand demonstriert. Wenn Geometrie schön ist/sein soll, so ist sie es auch dann noch, wenn ihre Gestaltungsgesetze sich an der Darstellung des Krieges oder des Todes manifestieren. So offenbart sich in Kubricks *l'art pour l'art* zugleich die Ambivalenz der *art utile* und der ihr verpflichteten bürgerlich-idealistischen Ästhetik. Das macht die Provokation auch für den Zuschauer aus, der sich der ästhetischen Brillanz der Kubrickschen Kriegsdarstellung darum so schwer entziehen kann, weil sie auf jenen Formprinzipien fußt, die unser gesamtes Kunstverständnis und ästhetisches Empfinden seit fast 200 Jahren prägen.

2.7. Eros und Thanatos

Mit der Eros- und Thanatos-Konfiguration bedient sich Kubrick einer genuin romantischen Motivik, die, kulturgeschichtlich besehen, erst durch die Verdrängung und Dämonisierung von Erotik und Tod durch das »bürgerliche Zeitalter mit seiner spezifischen triebfeindlichen Sozialisation«[77] ihr konstituierendes Moment und ihre Relevanz als ästhetisches Korrektiv erhielt. Zweifelsohne ist der Topos der Assoziation von Liebes- und Todestrieb ein wesentlich älterer. Schon die Wahl der Begrifflichkeit verweist auf die mythologische Herkunft der Konfiguration: Von der Liebesbeziehung zwischen Mars und Venus zieht sich durch nahezu alle mythisch-theologischen Diskurse eine direkte Linie bis hin zur mittelalterlichen Definition des Teufels, der Todes- und Lustprinzip in einem verkörpert. Dies mag seine Gründe darin haben, daß Eros und Thanatos die zugleich komplementären wie antagonistischen Triebkräfte des menschlichen Bewußtseins überhaupt ausmachen, wie die tiefenpsychologischen Untersuchungen Freuds und Norman O. Browns nachgewiesen haben.[78] Freud erhebt Eros und Thanatos daher sogar in den Rang einer transhistorischen Größe: »Daß Grausamkeit und Sexualität innigst zusammengehören, lehrt die Kulturgeschichte der Menscheit über jeden Zweifel.«[79] Tatsächlich aber ist diese scheinbare psychokulturelle Konstante im Verlauf des abendländischen Zivilisationsprozesses bedeutsamen Wandlungen vor allem im Hinblick auf ihre semantische Besetzung unterworfen gewesen. Elias hat darauf hingewiesen, daß der Destruktionstrieb und seine Erscheinungsformen im Mittelalter noch nicht gesellschaftlich verpönt waren.[80]. Der Wertewandel, der schließlich Sexualität wie Tod gleichermaßen mit dem Dämonischen, Bösen assoziierte, ist ein Produkt der Neuzeit. Hierbei ist es wiederum das Zeitalter der Aufklärung, das im Zuge des Prozesses der Kultivierung sämtlicher Lebenszusammenhänge alles, was mit dem ihr Inkompatiblen, also der Natur, verbunden ist, qua Dämonisierung von der Oberfläche der gesellschaftlichen Erscheinungen zu verdrängen sucht. Philippe Ariès sieht in seiner Untersuchung zur »Geschichte des Todes«[81] die Assoziation von Eros und Thanatos mit dem Bösen historisch untrennbar verbunden mit der Entfremdung des Menschen von der Natur, wie sie im 18. Jahrhundert zum gesellschaftlichen Programm wurde:

Der Mensch hat also die Gesellschaft, die er errichtet hat, der Natur, die er unterdrückt hat, entgegengesetzt. Die Gewalt der Natur mußte außerhalb des vom Menschen für die Gesellschaft vorgesehenen Gebietes gehalten werden. [...] Dieser gegen die Natur errichtete Wall hatte zwei schwache Punkte, Liebe und Tod, wo immer ein wenig wilde Gewalt durchsickerte. Diese beiden schwachen Punkte zu schützen hat sich die Gesellschaft sehr bemüht. Sie hat alles, was sie konnte, getan, um die Heftigkeit der Liebe und die Aggressivität des Todes abzuschwächen.[82]

Erotik und Tod stellten aber nicht nur die größte Gefahrenquelle für die bestehende gesellschaftliche Ordnung, sondern auch für den durch die Aufklärung definierten Begriff des neuzeitlichen Subjekts dar: Die endgültige Auslöschung des Ichs im Tod mußte einer jeder Transzendenz beraubten Gesellschaft ebenso bedrohlich erscheinen, wie die zeitweilige Entgrenzung und Auflösung des Ichs im Liebesakt die Setzung des Subjektes als autonom, unteilbar und einzigartig fragwürdig erscheinen ließ. Die Mechanismen der Verdrängung, Dämonisierung und Instrumentalisierung, mit denen die bürgerliche Gesellschaft die Macht der Sexualität und des Todes zu bannen versuchte, führte dazu, daß durch die Dämonisierung des Todes und der Sexualität die Angst vor ihnen entstand; auch und gerade bei den Verfechtern der Aufklärung: »In beiden Fällen fühlt man bei diesen Männern der Wissenschaft und der Aufklärung die Angst vor der Sexualität aufsteigen [...] und die Angst vor dem Tod. Bis dahin [...] haben die Menschen, wie wir sie in der Geschichte ausmachen, niemals wirklich Angst vor dem Tod gehabt.«[83]

Zwischen ihm [dem Tod, d.V.] und der Sexualität hat sich eine Beziehung ergeben, deshalb fasziniert und verfolgt er einen wie die Sexualität: Zeichen einer fundamentalen Angst, die keinen Namen findet. So wird sie in die mehr oder weniger verbotene Welt der Träume, der Phantasmen abgedrängt. [...] Als die Angst vor dem Tod auftauchte, blieb die zunächst dort abgeschlossen, woher einzig die Dichter, Romanschriftsteller und Künstler sie hervorzuholen wagten: im Imaginären.[84]

In den Bereich des Imaginären verbannt, verschmolzen die bis dahin getrennten Tabubereiche Eros und Thanatos zu einem. Sie näherten sich an, bis die bis dahin wahrnehmbare Grenze zwischen ihren Erscheinungsformen sich zu verwischen begann, »bis sie Ende des achtzehnten Jahrhunderts ein wirkliches Korpus makaberer Erotik bildeten.«[85]. Dies äußerte sich dann zunehmend in sozialen Phänomenen wie der Nekrophilie, dem Liebestod und der Todessehnsucht. Ihren adäquaten ästhetischen Niederschlag findet die Verschmelzung von Eros und Thanatos schließlich in den literarischen Werken einer dann als »schwarz« bezeichneten (Spät-)Romantik, die beharrlich die nicht mehr unterscheidbare Assoziation des Todes mit der Sexualität thematisierte: »Ein ästhetisches Fundament erhielt [...] diese romantische Lebens- und Weltauffassung durch den Geschmackswandel vom Klassizismus zur Romantik, die neben dem Schönen das Häßliche, das Groteske und Arabeske gelten ließ.«[86] Ariès betont in seiner Analyse, daß im 19. Jahrhundert – zumindest im Bereich des Imaginären und Ästhetischen – eine Verherrlichung der Schönheit des Todes stattfand, die als Reflex auf die gesellschaftliche Dämonisierung von Eros und Thanatos im 18. Jahrhundert anzusehen ist.[87] Diese

Entwicklung wurde aber im restaurativen Klima der zweiten Hälfte des 19. Jahrhunderts wieder nivelliert. In der Natur- und Körperfeindlichkeit unseres Jahrhunderts wurde endgültig wieder an den entsprechenden Wertekanon des 18. Jahrhunderts angeknüpft. Eros und Thanatos (und erst recht ihre wechselseitige Durchdringung) gelten heute wie damals als Inbegriff des Bösen, und Ariès führt dazu aus:»Es ist nicht das erste Mal, daß man im ausgehenden 18. Jahrhundert den Eindruck hat, bereits mit dem 20. in Berührung zu sein.«[84] (Dieser Befund läßt ein weiteres Mal die historische Kongruenz, die Kubrick mit seinen filmischen Anspielungen auf das 18. Jahrhundert permanent konstatiert, als gerechtfertigt erscheinen.)

Die bürgerliche Ordnungsproduktion, zu der Erkenntnis des dialektischen Verhältnisses von Kultur und Natur offenbar unfähig, dämonisiert unverändert vor allem jene Vermischung von Erotik und Tod, zu deren Entstehen sie selbst beigetragen hat. Bis heute ist die künstlerische Darstellung der zwei Punkte, an denen die verdrängte Natur unweigerlich in den gesellschaftlichen Kontext einbricht, eine ästhetische Tabuzone. Eine Darstellungsweise, die Eros und Thanatos in ihren äußeren Erscheinungsformen ineinander übergehen läßt, potenziert das immanente Böse der Sexual- und Todesthematik noch einmal und wird somit zwangsläufig zum Skandalon für den aufgeklärt-bürgerlichen Kunstgeschmack. Hierbei ist an die Stelle staatlicher Zensur eine freiwillige Selbstkontrolle der Produzenten wie der Rezipienten getreten, und dies kann (in Anlehnung an Elias) als Indiz dafür interpretiert werden, daß hinter den scheinbar freiwillig gezogenen Grenzen des Darstellbaren immer noch Verbote existieren:

> Was darf heute in einem Film, der Anspruch auf ästhetische Wertung erhebt, noch immer nicht gezeigt werden? Welche menschlichen Handlungen, welche Aktionen und Akte sind weiterhin tabuisiert? [...] Wahrscheinlich sind es zwei Handlungen, die auch heute noch unter einem öffentlichen Verdikt stehen. Das ist einmal die sadistische Tötung eines Menschen, das ist andererseits die sexuelle Vereinigung mit einem Menschen.[89]

Diese Behauptung mag zunächst Widerspruch erregen angesichts der Welle von Horror- und Porno-Videos und -Filmen, die gerade in den letzten Jahren Gegenstand der öffentlichen Diskussion war. Gilt »Sex and Crime« nicht ohnehin seit Beginn des Kinos als unverzichtbarer Bestandteil des Mediums Film? Doch liegt der entscheidende Punkt in dem zitierten »Anspruch auf ästhetische Wertung«: Während nämlich die Darstellung von Gewalt und Sexualität in den Bereich der B-Pictures und »Schundfilme«, in das zwielichtige Milieu der Bahnhofskinos und Videotheken abgeschoben wird, sind die angesprochenen Themen für den Bereich des künstlerisch ambitionierten Films immer noch ein Tabu. Verboten im Sinne einer Zensur ist die Darstellung von Sexualität und Gewalt zwar nicht mehr, wohl aber verpönt im Sinne einer freiwilligen Selbstkontrolle. Zu den Propagandisten dieser Haltung, die aus einem gesellschaftlichen Verbot ein gesellschaftliches Gebot machen wollen, gehört selbst ein so renommierter Filmtheoretiker wie André Bazin. Seiner Auffassung nach sind der Tod und der Geschlechtsakt zwei Lebensbereiche, auf deren Darstellung man im Film verzichten solle.[90]

In Kubricks Filmen taucht Erotik, wie schon angesprochen, an dem Ort, den die bürgerliche Moral ihr zugewiesen hat, in der Ehe, nicht auf. Im Gegenteil scheinen die ehelichen Beziehungen der Kubrickschen Protagonisten durch das Fehlen oder das Scheitern sexueller Kontakte bestimmt zu sein, wobei auch der skizzierte Bereich der ödipalen Erotik im Stadium der Andeutung, der Latenz, verbleibt, »da Kubrick Kopulationen aus seinem eigenen filmischen Gesichtskreis streng verbannt hat«.[91] Gerade im Zusammenhang mit der Verfilmung des skandalträchtigen »Lolita«-Stoffes haben Kritiker Kubrick Unfähigkeit bei der künstlerischen Gestaltung menschlicher Erotik vorgeworfen. [92] Offenbar ist dabei verkannt worden, daß Kubrick an der Darstellung menschlicher Erotik überhaupt nicht interessiert ist. Vielmehr wird Erotik in seinen Filmen von der Subjekt- auf die Objektebene verlagert. Toffetti verweist in diesem Zusammenhang auf »eine fast absolute Verdrängung und Sublimierung des Eros, der als ›merkwürdige Liebe‹ erlebt und, was seine genitale Phase angeht, ausschließlich Maschinen überlassen wird.«[93] Am deutlichsten wird dies in *2001* und *Dr. Strangelove*, wo phallische und vaginale Formen der Maschinen, Flugzeuge und Raumschiffe dominieren: Der Vorspann von *Dr. Strangelove* zeigt das Auftanken von Flugzeugen in der Luft eindeutig als Geschlechtsakt konnotiert. Kanonen, Pistolen, Maschinengewehre werden aus der Untersicht gefilmt, wodurch ihr phallischer Charakter offensichtlich wird. Die Raumschiffe in *2001* sind als überdimensionale Penisse und Vulven konstruiert. Doch Kubricks Visualisierung des Erotischen erschöpft sich nicht in solch eher konventioneller Sexualsymbolik. (Sein Ausspruch, »Maschinen sind sexy«,[94] scheint allerdings den Blick vieler Rezensenten auf die angesprochene Bedeutungsebene reduziert zu haben.) Tatsächlich aber geht es Kubrick darum, Bilder einer bürgerlichen Kultur zu schaffen, in der das Sexuelle endgültig aus dem Bereich des Lebendigen ausgegliedert, ritualisiert oder externalisiert worden ist. In *A Clockwork Orange* wird ein riesiger Plastikphallus von seiner Besitzerin als »bedeutendes Kunstwerk« tituliert, das »nicht angefasst werden darf«. Die Korova-Milchbar aus demselben Film ist mit Statuen nackter Frauen in eindeutig sexuellen Stellungen geschmückt, aus deren Brustwarzen die Zutaten für die Milch-Cocktails kommen. Das Haus der Cat-Lady ist gefüllt mit »einer Landschaft erotischer Gemälde, die ausnahmslos Frauen in den verschiedensten Stadien sexueller (masturbatorischer und lesbischer Erregung) darstellen. [...] [Somit] belegt auch diese psycho-sexuelle Landschaft, daß die sexuelle Funktion externalisiert und durch distanzierende Rituale ersetzt worden ist, in denen die Menschen, maschinengleich, ihre selbstgeschaffenen Objekte imitieren.«[95] Die Verlagerung der Libido auf die (Kriegs-)Maschinen ist letztlich nur der logische Kulminationspunkt dieser gesellschaftlichen Externalisierungsstrategie.

Wo der Eros nicht in die Objektwelt abgeschoben wurde, wird seine Energie in gesellschaftlich legitimierte Bahnen umgelenkt. Kubricks Kriegsfilme thematisieren die Umlenkung sexueller in destruktive Energie. Von General Mireau in *Paths of Glory* über General Ripper in *Dr. Strangelove* bis zu Sergeant Hartman in *Full Metal Jacket* richten die Offiziere die Sexualität ihrer Soldaten (und ihre eigene) auf das tödliche Geschäft des Krieges aus. Mireau lehrt seine Soldaten, daß »das Gewehr die Braut des Soldaten« ist, während Hartman seine Männer mit der

Furcht und Begierde in *The Shining*: Gleich wird sich die Schöne (Lia Beldam)in Jacks (Jack Nicholson) Armen in eine halbverweste alte Frau verwandeln.

weniger poetischen Bemerkung – »You will give your rifle a girl's name. Because this is the only pussy you people are going to get here« – mit ihren Gewehren ins Bett schickt. Eine Hand am Gewehr, die andere am Skrotum skandieren die Rekruten: »This is my rifle – this is my gun; this is for killing – this is for fun.« Der erste Teil dieses Films wird völlig beherrscht von der Mechanik der Konditionierung, die in Gesten, Worten und Taten die Verlagerung libidinöser Energien als Ziel der Ausbildung erkennen läßt. Hartmans »vollkommen auf Fäkalität und vulgäre Sexualität reduzierte Sprache«[96] erniedrigt und quält seine Rekruten, bis er »ihre im Entstehen begriffene Sexualität auf das Töten umprogrammiert hat«.[97]. Doch tritt in *Full Metal Jacket* nur krasser zutage, was in den anderen Kriegsfilmen Kubricks schon angedeutet wurde: die Sexualisierung des Krieges als Konsequenz der Ausgrenzung der Erotik aus der gesellschaftlichen Realität. Nur in der Verbindung mit Gewalt, Tod und Krieg kann sich der Sexualtrieb in Kubricks Filmen noch seinen Weg zurück an die Oberfläche bahnen, darin den oben skizzierten kulturgeschichtlichen Prozeß nachvollziehend. So sind Eros und Thanatos folgerichtig bei Kubrick stets miteinander verschränkt, tauchen als isolierte Phänomene aber nicht mehr auf. (Bereits die Filmtitel weisen auf die unauflösbare Verflechtung von Eros und Thanatos hin: *The Killer's Kiss, Dr. Strangelove, or How I Learned to Stop Worrying and Love the Bomb, Fear And Desire. The Killing* sollte ursprünglich *Bed of Fear* heißen.)

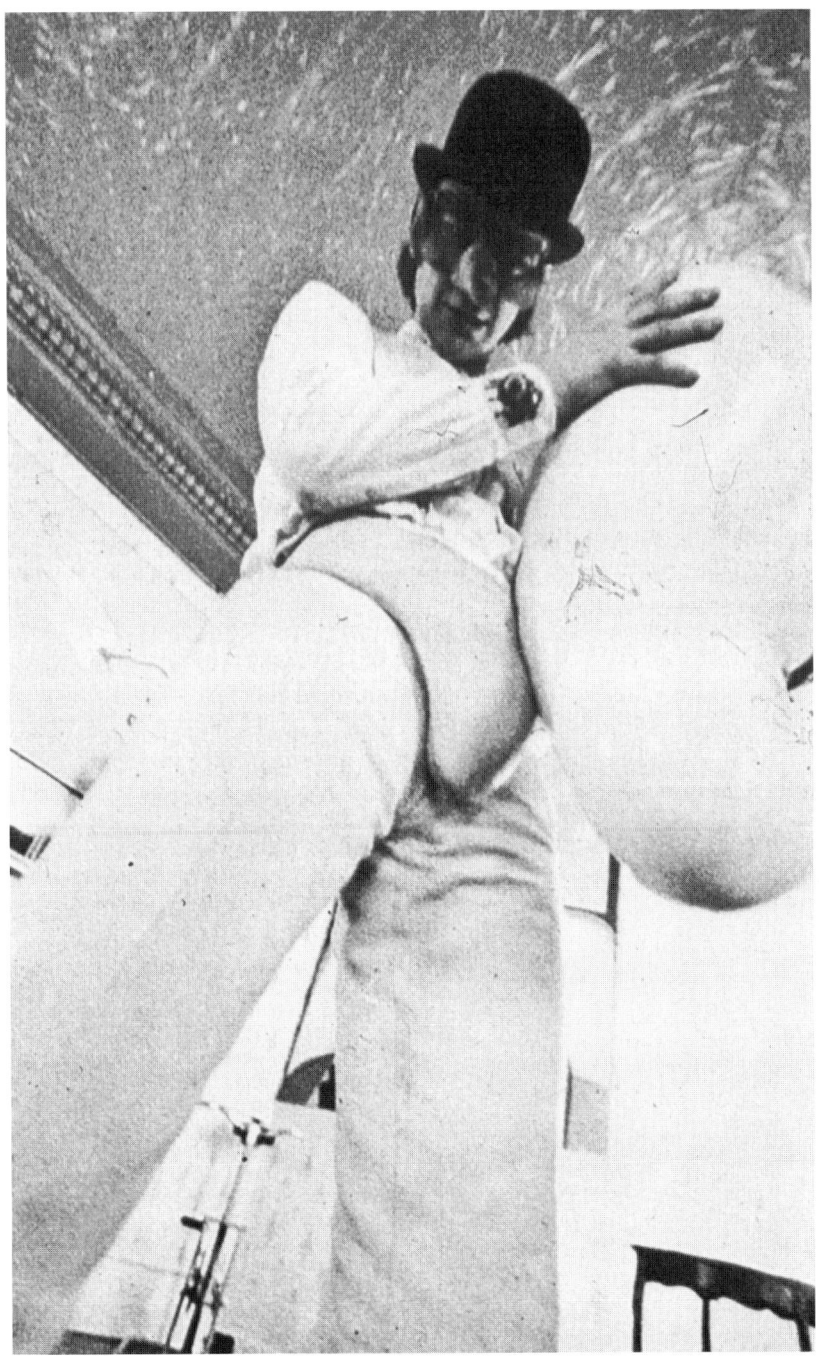

Die Ermordung der Cat-Lady durch Alex, inszeniert als Allegorie des Geschlechts-
aktes (*A Clockwork Orange*).

Die weiter oben besprochene »zerstörerische Verlagerung der Erotik von der Frau auf den Tod«[98] bedingt gleichermaßen, daß Sexualität nur noch als Krieg und daß der Krieg nur noch als Geschlechtsakt Eingang in Kubricks filmischen Kosmos finden können. Nur in ihrer brutalen, destruktiven Degeneration taucht Sexualität in diesen Filmen auf: Die Andeutung einer Vergewaltigung gibt es schon in *Fear And Desire*; in *A Clockwork Orange* scheint sie nahezu die einzige Möglichkeit sexueller Betätigung überhaupt zu sein. Die Szene, in der Alex der Cat-Lady mit einem riesigen Plastikphallus den Schädel zertrümmert, steht ebenso programmatisch für die untrennbare Einheit von Eros und Thanatos wie die Szene aus *The Shining*, in der sich die unbekannte Schöne in Jacks Armen in eine verweste Leiche verwandelt. In dem Maße, wie der Eros nur noch in Verbindung mit dem Tod zu existieren scheint, wird umgekehrt der Krieg von Kubrick als sexuelle Allegorie inszeniert. In *Full Metal Jacket* bezeichnet sich Rafterman als »Heart-Breaker«, nachdem er eine junge Vietnamesin abgeschossen hat, küßt sein Gewehr und tanzt um sein Opfer herum (ein Verweis auf den Tanzenden Tod des Mittelalters; ein Motiv, das auch in der Vergewaltigungsszene in *A Clockwork Orange* erscheint[99]). Ein anderer Soldat fügt hinzu: »No more boom-boom for this baby-san. She's dead meat. Fuck her. Let her rot.«

In *Dr. Strangelove* stehen sogar die Namen der Protagonisten im Dienst einer Allegorisierung des Krieges und des Todes als Sexualakt: General Jack D. Ripper ist ein Namensvetter des berüchtigten Londoner Frauenmörders; Mandrake ist etymologisch von Mandragora, einem Aphrodisiakum, abgeleitet; der sowjetische Premier heißt Kissoff (die Nähe zum amerikanischen Slang-Idiom »piss off« dürfte beabsichtigt sein); der sowjetische Botschafter heißt De Sadesky – ein Verweis auf de Sade, der als erster die Verbindung von Eros und Thanatos zum Gegenstand der Literatur machte; Turgidson bedeutet wörtlich »Sohn des Angeschwollenen«, und der kahlköpfige Merkin Muffley verdankt seinen Namen einem so ausgefallenen Gegenstand wie dem Schamhaartoupet und dem Slang-Idiom für eine stark behaarte Vulva. Das Primärziel des B-52-Bombers lautet »Laputa«, was der spanische Ausdruck für »Hure« ist.[100] Darüber hinaus unterstreicht die gesamte Handlungsstruktur und Inszenierung des Films die untrennbare Einheit des Eros mit Krieg und Tod: Major Kong fällt, orgiastisch schreiend und auf einer phallischen Bombe sitzend, zur Erde und damit in den Tod. Turgidson und Kissoff werden durch Rippers mörderischen Plan aus ihren jeweiligen Schäferstündchen gerissen. Dr. Seltsam gerät angesichts des drohenden Weltuntergangs in offenbar sexuelle Verzückung (er blickt immer wieder fasziniert auf seinen Unterleib), bis er schließlich in seinem Rollstuhl »eregiert« und wieder gehen kann. Der kollektive »Orgasmus im Ballett der Atompilze«[101] beendet diesen Film, der von allen Filmen Kubricks am deutlichsten um die sozio-historisch bedingte Genese der Eros- und Thanatos-Konfiguration kreist und »in der Wiederentdeckung der Verbindungen zwischen Gewalt und sexueller Abnormität die latenten Ängste nicht nur des Individuums, sondern auch des kollektiven Unbewußten«[102] aufzeigt – eben jenen Horror vacui der aufgeklärten Vernunft vor der gewaltsamen Rückkehr der Natur durch die nunmehr vereinten Kräfte des Todes- und des Sexualtriebes.

Als weitere Ausgestaltung dieser Thematik erscheint in Kubricks Filmen der Topos der »Liebesaffäre des Menschen mit dem Tod«[103], die für Kubricks Prota-

Heimgekehrt in die Welt der Zeitlosen: Jack Torrance (Jack Nicholson) in *The Shining*.

gonisten die »Sucht nach Zeitlosigkeit gleichbedeutend [...] mit einer Liebesaffäre mit dem Tod«[104] werden läßt. In der Tat scheint die Verdrängung des Todes aus dem bürgerlichen Bewußtsein bei Kubricks Figuren zu bewirken, daß diese von einer obsessiven Sehnsucht nach dem Tod beherrscht werden. Nicht die bürgerlichen Ziel- und Wertvorstellungen wie Freiheit, Kommunikation oder Akkumulation von Gütern motivieren die Handlungen der Protagonisten, sondern der Wunsch nach Unsterblichkeit, der sich – nur scheinbar paradox – erst in der Begegnung mit dem Tod manifestieren kann.

In *The Shining* wird dieses (ebenfalls genuin romantische) Motiv am deutlichsten ausgestaltet, weswegen ich es an diesem Film stellvertretend für Kubricks Gesamtwerk vorstellen möchte: Wie bereits erwähnt, sind die Gefühle von Jack Torrance zu seiner Familie von latentem Haß und dem Wunsch nach einer Ersatzfamilie ohne Frauen und Kinder gekennzeichnet. Dieser Unfähigkeit zu positiven Regungen steht seine Aussage gegenüber, daß er sich »regelrecht in das Hotel verliebt« habe, in dem er am liebsten »für immer und immer bleiben würde«. Dieselbe Formulierung benutzen die beiden toten Grady-Zwillinge, als sie Danny zum Spielen auffordern – ein erster Verweis auf Jacks Wunsch nach Zeitlosigkeit und auf seine Zugehörigkeit zur Welt der Untoten, die das Hotel Overlook beherrschen (das Hotel ist auf einer indianischen Grabstätte errichtet worden). Mehrfach betont Jack, »wie vertraut« ihm das Hotel ist, so als wäre er »schon einmal hiergewesen«. Diese Vermutung wird nach Jacks Tod bestätigt: Die Schlußeinstellung zeigt ihn als Gast des Hotels auf einem Foto aus dem Jahre 1921. Die Ballgesellschaft, die auf dem Foto zu sehen ist, ist identisch mit jener, die im »Goldenen Salon« des Hotels ihre Feste feiert und die nur für Jack, nicht aber für Wendy und Danny sichtbar ist. Als Jack dieser Gesellschaft im Salon begegnet, begrüßt er sie mit den Worten: »Schön, wieder bei Euch zu sein.« Als er schließlich vollends in die Welt des Wahnsinns und der Toten eingetreten ist, ruft Jack aus: »Ich bin wieder zu Hause!« Sein ganzes Denken und Handeln werden zunehmend von dem Wunsch dominiert, als Mitglied dieser Gesellschaft anerkannt zu werden, wie sich auch an seinen Bemühungen zeigt, den Anweisungen des (toten) Grady nachzukommen. Das Motiv des Labyrinths ist ein weiterer Deutungshinweis auf Jacks Streben nach Unsterblichkeit/Tod. Es gibt insgesamt drei Labyrinthe auf dem Grund und Boden des Hotels: das Heckenlabyrinth, dessen Modell in der Eingangshalle und das Hotel selbst, dessen Gänge labyrinthartig angelegt sind:

> In *The Shining* wird das Konzept des Labyrinths sowohl thematisch als auch ästhetisch [...] nutzbar gemacht. Es übersetzt nicht nur Jacks Wahnsinn (das Unbewußte als Labyrinth, in dem sich das Bewußtsein verliert), sondern inspiriert auch den Grundriß und das Dekor des Hotels (selbst das Teppichmuster vor Zimmer 237 gleicht einem Labyrinth) sowie die Ereignisse, die sich dort abspielen [...].[105]

Die Bedeutung des Labyrinths für den gesamten Film kann nur entschlüsselt werden, wenn man den mythologischen Ursprung des Motivs mitbedenkt. In diesem Kontext lassen sich Wendy mit Ariadne, Danny mit Theseus und Jack mit Minotaurus gleichsetzen – eine Lesart, die dadurch gestützt wird, daß Jacks Nachname Torrance von spanisch »torres«, Stiere, abgeleitet ist. Beim ersten Spaziergang durch das Labyrinth streut Wendy einen Ariadnefaden in Form von Brotkrumen aus – später wird Danny/Theseus aus dem Labyrinth herausfinden, indem er seine eigene Spur im Schnee zurückverfolgt, während Jack/Minotaurus im Labyrinth den Tod findet. (Die Untersicht-Perspektive in dieser Sequenz und Jacks animalische Laute verstärken noch einmal die Identität von Jack und dem mythischen Stier.) Labyrinth bedeutet »Haus der Doppelaxt« (von »labrys« = Beil), und Jack verfolgt Wendy und Danny mit einer Axt, der gleichen Waffe, mit der sein Vor- und Doppelgänger Grady seine Familie ermordet hat. (Eine weitere Axt befindet sich beim Einführungsgespräch als Miniaturmodell auf dem Schreibtisch des Hotelmanagers.) Im mythologischen Kontext symbolisiert das Labyrinth »den Verlust des Geistes im Prozeß der Schöpfung, und konsequenterweise ist das Herausfinden aus dem Zentrum die Rückkehr zur geistigen Erkenntnis«.[106] Dementsprechend verliert Jack über seiner Schöpfung, dem Roman, an dem er arbeitet, den Verstand, und im Gegensatz zu Danny gelingt es ihm nicht, aus dem Zentrum des Labyrinths zurück zur geistigen Erkenntnis zu gelangen. Im Zusammenhang mit Jacks Streben nach Zeitlosigkeit ist aber viel wesentlicher, daß »der Gang durch das Labyrinth ein Initiationsakt zur Gewinnung von Unsterblichkeit ist. [...] Insofern ist der Tod [im Labyrinth, d.V.] auch als ritueller Tod zu verstehen, den jeder Eingeweihte zu durchlaufen hat.«[107] Somit entspricht es der Logik des mythologischen Bezugsrahmens von *The Shining*, wenn Jack nach seinem Kältetod im Labyrinth auf dem Foto der Ballgesellschaft aus den zwanziger Jahren er-

Der mythologische Bezugsrahmen von *The Shining*: Jack als Minotaurus im Heckenlabyrinth des Hotel Overlook.

scheint. Durch den rituellen Tod im Heckenlabyrinth hat er endgültig den Zugang
zur Gesellschaft der Unsterblichen gewonnen, den er den ganzen Film über
angestrebt hat. Das Movens der Todessehnsucht gilt über *The Shining* hinaus für
die anderen Filme Kubricks und deren ausnahmslos männliche Protagonisten in
gleichem Maße: »Jacks ›Liebe‹ zum Hotel – statt zu Wendy und Danny – ist eine
neue Variante jener perversen Sucht nach der Unsterblichkeit des Todes, die auch
in der Nekrophilie und Verdinglichung des Dr. Strangelove oder […] HALs wirksam ist.«[108]

Was in *The Shining* noch als individuelle Obsession Jacks angelegt ist, wird in
Dr. Strangelove als gesamtgesellschaftlicher Wille zum Tod aufgezeigt. Die Militärs
und Machthaber der Welt sind hier ohne Ausnahme buchstäblich in den Tod
verliebt, wie das der vollständige Titel des Films bereits suggeriert. Der schon
erwähnte Schluß des Films und sein »eindeutiger Verweis auf die Erotik des Todes-
und Untergangsfatalismus«[109] stellt den Höhepunkt der filmischen Gestaltung
eines Weltbildes dar, in dem das einzige menschliche Streben das zum Tode ist. Ein
radikaleres Gegenbild zum Versuch der Aufklärung, Sexualität und Tod sozial
auszugrenzen, ist nur schwer vorstellbar, als dieser ästhetische Entwurf Kubricks,
wie er sich in der Sehnsucht seiner Protagonisten manifestiert, die gerade den Tod
– auch im sexuellen Sinne – begehren.

2.8. Mensch – Maschine – Marionette

Der Einschnitt, den *Lolita* in Kubricks Œuvre darstellt, läßt sich vor allem an der Figurenkonzeption und dem ihr zugrundeliegenden Menschenbild ablesen. Standen die Protagonisten der frühen Filme Kubricks noch ganz in der Tradition des Film Noir, so weicht dieses Konzept in *Paths of Glory* und *Spartacus* vorübergehend einer schematisch wirkenden Orientierung an einem humanistischen Menschenideal. Colonel Dax und Spartacus verkörpern noch den Glauben an eine Besserung der Welt durch moralische Prinzipien. Dax kämpft mit Vehemenz und aufrichtiger ethischer Entrüstung um das Leben der zu Unrecht zum Tode verurteilten Soldaten; Spartacus kämpft um das grundlegende Menschenrecht der Freiheit und ist mit allen moralischen Attributen des heroischen Freiheitskämpfers wie Tapferkeit, Aufrichtigkeit und Selbstlosigkeit versehen. Beide Filme nehmen keine Distanz zu den heldenhaften und moralisch veritablen Handlungen ihrer Protagonisten ein, sondern verharren vielmehr in einer undifferenzierten Darstellung einer Welt, die klar in Gute (Dax, Spartacus, die verurteilten Soldaten, die Sklaven) und Böse (die Römer, die korrupten Machthaber des französischen Heeres) geschieden werden kann. Mit *Lolita* aber verändert sich Kubricks Blick auf Gesellschaft, Individuum und deren Verhältnis zueinander entscheidend. Der Dualismus von Gut und Böse weicht einer dialektischen Sichtweise, die das Böse als logische Konsequenz und Produkt des gesellschaftlich verordneten Vernünftig-Guten versteht. Damit einher geht eine radikale Wandlung der Figurenkonzeption und der filmisch-dramaturgischen Präsentation der Figuren, die Kubrick den Vorwurf eingetragen hat, sich nicht eigentlich für den Menschen zu interessieren.[110] Dies ist insofern richtig, als wir es in Kubricks Filmen ab dem erwähnten Scheidepunkt nicht mehr mit Abbildern menschlicher Individuen, sondern mit Abbildern von Figuren zu tun haben, die einen modellhaften Gegenentwurf zum herrschenden Menschenbild verkörpern.

Der adäquate Präsentationsgestus dieser entindividualisierenden Figurenkonzeption ist der kühl-distanzierte Erzählduktus des Kubrickschen Hauptwerkes, der sich diametral gegen einen Inszenierungsstil stellt, der die Zuschauer für die dargestellten Personen einnehmen soll (und wie Kubrick ihn selbst in den erwähnten Filmen noch eingenommen hatte). Statt dessen zielt Kubrick auf Distanz zwischen Betrachter und Dargestelltem ab und läßt daher konsequent jedes Moment, das emotionale Anteilnahme erwecken könnte, aus seinen Filmen heraus. Aus einer distanziert-unbeteiligten Perspektive heraus führt uns Kubrick seine Figuren vor, erklärt oder motiviert deren Handlungen aber nicht. Dadurch werden »die Protagonisten [...] niemals zu Helden, verbleiben stets in einer kühlen Distanz zur Darstellung.«[111]. Ein wesentlicher Gestaltungsmodus dieser ästhetischen Strategie ist die Leerstelle, die Ellipse. So erfahren wir in vielen Fällen so gut wie nichts über die Biographie oder das soziale Umfeld der Kubrickschen Protagonisten. Von den Astronauten in *2001* wissen wir wenig mehr als ihre Namen, genauso wie wir nie erfahren, warum sich die Rekruten in *Full Metal Jacket* freiwillig zum Korps gemeldet haben, welcher psycho- oder soziologische Kontext die Motivation geliefert hat, sich dieser brutalen Prozedur zu unterziehen. So bleiben die Protagonisten uns fremd, ihr Handeln unverständlich, und sie bieten sich nicht als Identifikationsfiguren an. Vergleicht man Kubricks Vietnamfilm etwa mit Michael Ciminos *The Deer Hunter*, so wird der Effekt einer solchen Dramaturgie auf die emotionale Haltung des Zuschauers besonders augenfällig. Während Cimino gut ein Drittel seines Films darauf verwendet, den psychosozialen Hintergrund seiner Figuren zu durchleuchten und nach eventuellen Motivationen für ihr Verhalten im Krieg abzusuchen, führt uns Kubrick gleich zu Beginn des Films seine Figuren im Moment ihrer Entindividualisierung vor. Sie bekommen die Haare geschoren, werden in Uniform gesteckt und erhalten von ihrem Ausbilder neue, z. T. entwürdigende Rufnamen. Sie werden als das gezeigt, was sie in Kubricks filmischem Kosmos und in der darin präsentierten Welt gleichermaßen sind: Figuren, Modelle, aber keine Menschen im Sinne von Individuen. So gilt für sie, was generell für alle Protagonisten in Kubricks Hauptwerk gilt: Wir beobachten sie und ihr Schicksal ähnlich distanziert und teilnahmslos, wie die Generäle in diesen Filmen ihre Soldaten auf dem Schlachtfeld oder die Schachspieler ihre Figuren auf dem Brett betrachten. Wir nehmen ihre Handlungen, gerade auch die moralisch verwerflichen, als solche wahr, ohne sie zu legitimieren oder sie durch unsere emotionale Involviertheit mit den Figuren zu entschuldigen. Die Distanz und kühle Mitleidlosigkeit der Zuschauer entspricht der des Autors und ist das Resultat seines Inszenierungsstils, demgemäß »der einzelne Mensch nicht mehr als Subjekt, sondern als isoliertes Objekt unter isolierten Objekten [...] keinen Begriff von Menschlichkeit mehr herstellt.«[112]

Kubricks Protagonisten lassen sich grob in zwei Kategorien einordnen: in Verbrecher und Soldaten. Die Verbrecher (Johnny Clay, Humbert, Barry Lyndon, Jack Torrance, Alex) folgen mit unabänderlicher Konsequenz, die auch vor Mord nicht zurückschreckt, einem einmal gefaßten gewalttätigen Plan. Die Soldaten (von *Fear And Desire* über *Dr. Strangelove* zu *Full Metal Jacket*) werden selbst Objekt eines übergeordneten Plans, Opfer eines automatisch funktionierenden Räderwerks, das all ihre Handlungen steuert. Die freie Wahl des autonomen Subjekts zwischen Gut und Böse – wie sie Dax und Spartacus noch hatten – gibt es in Kubricks Filmen ab *Lolita* nicht mehr. Selbst die scheinbar autonome Entscheidung des Verbrechers für das Böse wird in Kubricks Filmen letztlich negiert: Humbert muß schließlich erkennen, daß sein Agieren vornehmlich von Quilty ferngesteuert war. Barry Lyndon glaubt zwar, den Adel für seine Pläne eingespannt zu haben, tatsächlich aber benutzen die Aristokraten ihn für ihre Zwecke. Jacks wahnsinnige Taten werden von den Untoten der Ballgesellschaft gelenkt und initiiert. Alex' Autonomie wird durch den zweiten Teil von *A Clockwork Orange*, in dem er zum willenlosen Opfer der Staatsmacht wird, konterkariert. So sind Kubricks Verbrecher und Soldaten zwar »Diaboli« in dem oben angeführten Sinne, daß sie die gesellschaftliche Ordnung stören; allerdings geschieht die böse Tat nicht mehr aus bewußter Opposition gegen die bestehende Ordnung. Die bösen Taten der Kubrickschen Protagonisten entstehen aus den Zwängen eines sie beherrschenden Ordnungssystems heraus, als Negation und als logisches Produkt eines Systems, dem Kubricks Figuren und ihr Handeln unterworfen sind und nach dessen Maßgabe sie wie ferngesteuerte Maschinen agieren.

Als Beispiel hierfür kann der Computer HAL 9000 aus *2001* angeführt werden: Sein Auftrag, jegliche Gefährdung des Unternehmens zu verhindern, führt dazu, daß er – hierin einer bestechenden Logik folgend – den Unsicherheitsfaktor Mensch zu eliminieren versucht und zum Mörder an den Astronauten wird. Ein anderes Beispiel ist die Figur des Dr. Strangelove: Sein Beharren auf den gesellschaftlich legitimierten Maximen der instrumentellen Vernunft, des logischen Kalküls und rationalen Handelns endet angesichts der bevorstehenden Apokalypse im puren machtbessenen Irrationalismus. Auch Private Pyles Mord an Hartman und sein anschließender Selbstmord in *Full Metal Jacket* gehorchen dem gleichem Prinzip: Pyle erfüllt lediglich das, was ihm beigebracht und als Auftrag mitgegeben wurde – den Feind zu hassen und zu töten. Diese hier skizzierte Figurenkonzeption bewirkt, daß Kubricks böse Protagonisten keine »erhabenen Verbrecher« sind, die noch in der bösen Tat die Freiheit des bürgerlichen Individuums wirksam werden lassen. Das unterscheidet Kubricks Figuren z. B. von den idealistischen Helden eines Friedrich Schiller, in deren Entscheidung zum Bösen noch das eigentlich Gute durchscheint. Kubrick hingegen unterminiert den Begriff des autonomen Individuums, der als Konstrukt noch die letzte Instanz einer Versöhnung bürgerlicher Ästhetik mit dem Skandalon der moralisch verwerflichen Tat garantiert. Doch die Möglichkeit der freien Entscheidung zwischen Gut und Böse, der Triumph der Willensautonomie als letzte Bastion einer aufgeklärt-bürgerlichen Subjekt-Definition fällt in Kubricks Werk in sich zusammen: Nicht als Gegner, sondern vielmehr als unverzichtbarer Bestandteil und somit zugleich Täter wie Opfer eines räderwerkhaften Systems sind die Figuren präsentiert.

Indem Kubrick seinen Figuren die Autonomie der Willensentscheidung abspricht und die »Omnipotenz des Mechanischen und des Mechanismus«[113] zum eigentlichen Motor der Handlung erhebt, rückt er den Menschen in die Nähe von Marionetten oder Maschinen. In einer für ihn typischen Weise bringt Kubrick Anspielungen auf das Marionettenhafte seiner Figuren, auf die »Dominanz des mechanischen oder mechanisierten Menschen«[114] in seinen Filmen unter. Der Begriff Marionette, der als Metapher für seine Figurenkonzeption anzusehen ist, wird von Kubrick durch Bild- und Rollengestaltung als visueller Bestandteil seiner Filme inszeniert. Mit Dr. Strangelove, Mr. Alexander und Sir Lyndon tauchen drei Rollstuhlfahrer in Kubricks Werk auf – Sinnbilder für den seiner (Handlungs-) Freiheit beraubten Menschen. Gestik und Mimik dieser Rollstuhlfahrer haben gerade im Moment emotionaler Erregung etwas Abgehacktes, Stilisiertes, wodurch »immer wieder die Assoziation von mechanisch gesteuerten Marionetten aufkommt.«[115] (Auch die zur Maske erstarrte Mimik von Jack Torrance, General Turgidson, Humbert oder Pyle unmittelbar vor einer bösen Tat weist darauf hin, daß die Figuren im wahrsten Sinne des Wortes nicht mehr »Herr ihrer selbst« sind.) Als Mandrake von Ripper aufgefordert wird, ihm bei der Verteidigung seines Büros zu helfen, entgegnet Mandrake, er könne nicht aufstehen, da ihm gerade »das Seil am Bein zerschossen« worden sei – ein weiterer Verweis auf das Marionettenhafte der Figur und zugleich ein ironischer Kontrapunkt zur Figur des gelähmten Dr. Strangelove, der angesichts des Krieges wieder gehen lernt. Puppen und künstliche Figuren finden sich auch in *The Killing* (Schießplatz-Sequenz), *The Killers Kiss* (beim Kampf zwischen Rapallo und Davy) und *A Clockwork Orange* (in der Korova-Bar) wieder. Michel Ciment führt dazu aus, daß »Marionetten, Automaten, Puppen, Statuen in zahlreichen Kubrick-Filmen auf eine Welt hinwei-

In Kubricks Filmen verweist die Omnipräsenz von Puppen, Marionetten und Maschinen auf die Determination der Menschen durch ihre selbstgeschaffenen, künstlichen Ebenbilder (*The Killing*).

sen, in der der Mensch innerhalb einer sinnentleerten Gesellschaft nur noch eine gefügige Maschine ist«.[116]

Umgekehrt erscheinen die Maschinen als diejenigen, die menschlich reagieren und ein Eigenleben führen, das die mechanisch agierenden Menschen nicht mehr beherrschen können. HAL 9000 ist ein hochentwickeltes, angeblich unfehlbares Elektronengehirn, das so programmiert ist, daß es menschliche Emotionen verspürt. HAL ist neidisch, irrt sich, hat Gefühle wie Stolz, Freude und Angst. Dagegen wirken die Astronauten Poole und Bowman mechanisch, gefühllos und nur dem Prinzip der Ratio gehorchend. Nachdem HALs »Menschlichkeit« ihn zu Fehlern, affektivem Handeln und Morden verleitet hat, ist er zur Gefährdung des Unternehmens geworden. Er wird abgeschaltet, und die Leitung des Raumfluges wird in die Hände Bowmans, der eigentlichen Maschine, gelegt. Auch simpler konstruierte Maschinen und Apparate wie der Cola-Automat in *Dr. Strangelove*, das Funkgerät in *The Shining*, das Klappbett in *Lolita* oder der Konditionierungsapparat in *A Clockwork Orange* entwickeln eine Eigendynamik, die ihre menschlichen Erbauer nicht mehr kontrollieren können: »Immer hängt von den Maschinen eine dramatische Wende im Filmgeschehen ab. [...] Die Überantwortung des Menschen an eine Maschinerie und die Konditionierung durch eine technologisch sich verstehende Rationalität bilden das Korrelat zur Ausgrenzung all jener Bereiche, die dem gesellschaftlichen Funktionieren entgegenstehen.«[117]

Die Verkehrung der Beziehung von Mensch und Maschine ist weniger als Depravation, denn als dialektische Konsequenz eines gesamtgesellschaftlichen Willens zur Mechanisierung des Organisch-Lebendigen anzusehen, deren historischer Ausgangspunkt wiederum im 18. Jahrhundert liegt. La Mettries und Descartes' Konzeptionen des Menschen als Uhrwerk, als Maschine waren Ausdruck einer Vergöttlichung des Instrumentellen, Kalkulierbaren, Mathematisch-Exakten. Als Folge davon wurde der Automat zum menschlichen Idealbild erhoben; seine Regelhaftigkeit und Perfektion sollte das reibungslose Funktionieren von Individuum und Gesellschaft garantieren. Die Gleichsetzung des Menschen mit dem Uhrwerk und der Maschine verließ rasch den Rahmen des Metaphorischen und führte zur Verdinglichung und Automatisierung der realen Lebenszusammenhänge.[118] Kubrick negiert in seinen Filmen diese hier nur skizzierte gesellschaftliche Strategie: Das Mechanisch-Maschinelle sorgt keineswegs für das konfliktfreie Funktionieren einer Gesellschaft. Vielmehr ist gerade das uhrwerkhafte (Re-) Agieren von Gesellschaft und Individuum, auf das in *A Clockwork Orange* schon der Titel verweist, Ursprung und Auslöser des gesellschaftlich Nicht-Akzeptablen. In direkter motivgeschichtlicher Herleitung aus der romantischen Phobie vor einer vollends mechanisierten Welt formuliert Kubrick ein selbstreflexives System des Maschinellen, in dem Menschen zur Marionette oder Maschine werden und vice versa, bzw. eine filmische Realität, in der die Unterscheidungskriterien zwischen Menschlichem und Maschinellem obsolet geworden sind: Private Pyle ist nichts anderes als eine herangezüchtete Kampfmaschine, die einen »Kurzschluß« hat und zur Unzeit aggressiv wird – das Pendant zu HAL 9000. Ob die Soldaten mechanisch einen ihnen vorgegebenen Plan erfüllen sollen oder ob die Verbrecher mechanisch einem mehr oder weniger selbständig verfaßten Plan folgen – das dämonische Potential der Figuren ist immer Reflex wie Resultat eines Übermaßes an Mechanisierung. Ob die angeblich perfekte Maschine selbst zur Bedrohung wird, ob Menschen maschinenähnlich und emotionslos agieren, ob ein übergeordneter Plan oder ein System, das mechanisch abläuft, die Menschen zu Marionetten degradiert – »das Ergebnis ist die Konstruktion eines perfekten Räderwerks, das häufig jene, die in ihm gefangen bleiben, zermalmt.«[119]

2.9. Das dissoziierte Ich: Doppelgänger – Spiegelbilder – Zwillinge

Die von Kubrick verneinte Freiheit des Indiviuums, wie sie im Bild der Marionette oder der Maschine visualisiert wird, ist Bestandteil eines übergeordneten ästhetischen Modells. Dieses Modell zielt insgesamt darauf ab, die Definition des Subjekts als autonom, unteilbar und einzigartig, wie sie vom Diskurs der Aufklärung gesetzt wurde, zu zerstören. Analog zu den schon beschriebenen ästhetischen Verfahrensweisen geschieht dies erneut, ohne dieser Dekonstruktion des Ichs einen andersartigen konstruktiven Entwurf entgegenzusetzen – die Kritik am als unzureichend erkannten Subjekt-Modell des 18. Jahrhunderts verharrt auf der Ebene der Negation, behauptet allein im ästhetischen Diskurs seine Relevanz. Diese Destruktion des bürgerlichen Individuums findet eine weitere ästhetische Ausgestaltung in der Doppelgängerthematik, die in nahezu allen Filmen Kubricks präsent ist.

In *Full Metal Jacket* trägt der Kriegsberichterstatter Joker einen »Peace-Button«, während seinen Helm die Aufschrift »Born to Kill« ziert. Von einem Offizier wegen dieses Widerspruches gerügt, entgegnet Joker: »I was trying to suggest something about the duality of man. The Jungian thing.« Der Dualismus des Menschen, der hier programmatisch angesprochen wird, ist ein entscheidender Bestandteil der Dissoziation des Subjekts und findet im Doppelgängermotiv seinen sinnfälligen Ausdruck: »Im Motiv des Doppelgängers drückt sich der Zweifel des Menschen an der Einheit seiner Person aus. Das Motiv wurde vor allem in der Romantik zu einem Gleichnis für die Abspaltung unbewußter seelischer Kräfte vom bewußten Ich des Menschen.« [120] Die Aufspaltung des Ichs findet ihre Entsprechung in der Verteilung divergierender Persönlichkeitsanteile auf verschiedene Figuren, die die auseinanderfallenden Facetten *eines* Ichs verkörpern. Wenn Nelson Alex als »das fleischgewordene Alter ego, das abgespaltene Böse«[121] definiert, so gilt das mit geringfügigen Abweichungen für alle Figuren Kubricks. Der Konflikt zwischen Prota- und Antagonisten ist stets auch der Konflikt zwischen dem gesellschaftlich legitimierten und dem gesellschaftlich dämonisierten Anteil des Ichs (oder: zwischen dem Kultivierten und dem Natürlichen, zwischen dem Es und dem Über-Ich).[122] Allerdings reduziert Kubrick die Thematik nicht auf eine simple Trennung zwischen guten und bösen Persönlichkeitsanteilen. Der Feind des Kubrickschen Protagonisten ist zugleich Verdoppelung wie Negation des eigenen Ichs, wobei die klare Trennung zwischen dem »Original« und dem »Double« kaum noch möglich ist:

> Seine Helden sind also gezwungen, in einer ›doppelten‹ Realität zu handeln, die angefüllt ist mit reflektierenden Oberflächen, worauf sich getreue, jedoch spiegelverkehrte Abbilder materialisieren: in der Welt des Spiegels ist es oft schwierig, die Umrisse zu unterscheiden, die den Widerschein vom Dargestellten trennen. […] Die Notwendigkeit, die Wahrnehmung dessen als Anderes-vom-Selbst zu überwinden, was lediglich das eigene Phantom ist, erweist sich somit als eine, vielleicht die wichtigste Antriebsfeder, die Kubricks Personen zum Handeln bringt.[123]

In Kubricks erstem Spielfilm, *Fear And Desire*, sind die von den Soldaten erschossenen Feinde ihre eigenen Spiegelbilder. Von einer solchen konventionellen Darstellungsweise, die die innere Entsprechung durch äußere Identität der Personen verifiziert, nimmt Kubrick allerdings rasch Abstand. Die Doppelgänger seiner späteren Filme sehen sich nicht mehr zum Verwechseln ähnlich (mit Ausnahme der Figuren in *A Clockwork Orange*, s.u.), sondern sind einander durch psychologische Polarität zugeordnet. Der von Toffetti geprägte Ausdruck des »kulturellen Doppelgängers«[124] erscheint mir bestens geeignet, das wesentliche Charakteristikum des Kubrickschen Doppelgängers zu benennen, da der Akzent hier von der äußerlichen auf die innere Entsprechung verlagert wird. Im allgemeinen werden in der Kubrick-Forschung folgende Figurenpaare als Doubles klassifiziert: Davy/Rapallo – Crassus/Spartacus – Humbert/Quilty – HAL/Bowman – Alex/Alexander –

Barry/Bullingdon – Jack/Grady – Joker/Animal Mother – Pyle/Hartman.[125] Dabei verkörpert das Double den erfolgreich agierenden libidinösen Gegenpart des Protagonisten, den die Erfordernisse des gesellschaftlichen Anstandes an triebhaftem Handeln hindern. So leben z. B. Quilty, Bullingdon, Animal Mother oder Alex ungehindert die Triebe aus, die sich Humbert, Barry, Joker und Mr. Alexander nicht eingestehen können, bzw. zu verbergen versuchen.

In einer verfestigten sozialen Ordnung, die Natur zu eliminieren sucht, bleibt es der Projektion, dem Double, allein überlassen, die Rechte der verdrängten inneren wie äußeren Natur durch die Handlung zu reetablieren. Das, was im sozialen wie im individuellen Maßstab vormals eins war, wurde später erst durch den Verdrängungsprozeß zur Spaltung gezwungen: nämlich Kultur und Natur. Wo unter dem Banner der instrumentalisierten Vernunft die Einheitlichkeit des Ichs propagiert wird, tatsächlich aber die Reduktion des Vielgestaltigen auf den Nenner des gesellschaftlich Nützlichen und Angenehmen gemeint ist, kann aus der Begegnung des durch den Zivilisationsprozeß Dissoziierten nur ein tödlicher Konflikt erwachsen; denn viele der Mordtaten Kubrickscher Protagonisten sind nichts weiter als der Versuch, »sich von dem unheimlichen Gegenspieler auf gewaltsame Weise zu befreien, was zu den wesentlichen Zügen des Motivs gehört.« [126] Dabei gehorcht Kubrick der Motivtradition, indem »der dem doppelgängerischen Ich zugedachte Tod die eigene Person trifft.«[127] Humberts Mord an Quilty führt ebenso wie Bowmans Eliminierung HALs und Pyles Erschießung Hartmans kurz darauf jeweils zum Tod des Mörders, der in der Ausschaltung seines Alter ego ja einen Teil seines eigenen Ichs zerstört hat (was über die Ebene des Individuums hinausgehend pars pro toto auch für die Autodestruktivität einer der Naturfeindlichkeit verschriebenen aufgeklärten Gesellschaft gilt). Die Existenz eines Doppelgängers wird somit auf singulärer wie kollektiver Ebene »zum unheimlichen Vorboten des Todes«.[128]

Insofern ist beispielsweise ein Film wie *Lolita* als Parabel auf die Dissoziation (hier insbesondere der männlichen) Psyche und Libido lesbar: Humbert Humbert (dessen Name ihn schon als etwas Sich-Verdoppelndes ausweist) und Quilty sind in einem komplexen Netz von Affinitäten und Polaritäten miteinander verwoben. Beide haben identische Ziele und Begierden, doch wo der Literaturprofessor Humbert mit der Rationalität (und Sterilität) des künstlerisch ambitionierten geschriebenen Wortes assoziiert wird, steht Quilty als Drehbuchautor Hollywood und damit der – wenngleich künstlichen – Emotionalität und Virilität nahe. Den Kampf dieser beiden, die eigentlich *eine* Person sind, inszeniert Kubrick als »eine Schachpartie, in der Humberts Weiß dem Schwarz von Quilty gegenübergestellt wird.«[129]. Schwarz und Weiß, Hell und Dunkel durchziehen als Metapher für psychische Komplementarität die gesamte Licht- und Kostümgestaltung in *Lolita*. Ist Humbert zu Beginn des Filmes noch dem Hellen zugeordnet und spielen sich seine Begegnungen mit Lolita in High-Key-ausgeleuchteten Innen- oder sonnendurchfluteten Außenräumen ab, so wird die visuelle Stimmung des Films immer düsterer, je mehr Einfluß Quilty auf die Handlung gewinnt. Schon die erste Begegnung dieser beiden Doubles ist konsequent auf den Schwarz/Weiß-Kontrast hin stilisiert: Humberts weißes Dinnerjacket findet auf der Party in Ramsdale sein Pendant in Quiltys schwarzem Smoking. Die »weiße Königin« Lolita, das Objekt

Der Kampf der Doubles als Schachparabel inszeniert: Humbert (James Mason) kämpft um die weiße Königin Lolita (Sue Lyon).

der Begierde, wird auf dieser Party durch die (dunkelhaarige und -gekleidete) Begleiterin Quiltys kontrastiert, die den sprechenden Namen Vivian Darkbloom trägt (obendrein ein Anagramm von Vladimir Nabokov, dem Autoren von »Lolita«). Humberts Tragik liegt darin, nicht zu ahnen, daß Lolita sich nichts sehnlicher wünscht, als eben diese »schwarze Königin«, lies: Quiltys Geliebte, zu werden.

So ist die psychische wie physische Bewegungsstruktur von *Lolita* eine Reise vom Hellen ins Dunkle, die Lolita im Gegensatz zu ihren Liebhabern nur zu dem Preis überlebt, sich für das buchstäbliche Grau einer kleinbürgerlichen Ehe zu entscheiden und sich somit dem tödlichen Konflikt zwischen dem Hellen und dem Dunklen zu entziehen. Demgegenüber fordert die psychische Affinität der Kontrahenten Quilty und Humbert eine Synthese der gespaltenen Persönlichkeitsanteile, die nur im Tod denkbar ist. Bei der Schlußbegegnung Humberts mit seinem Double, die *Lolita* eröffnet, haben sich die Farbzuweisungen verkehrt: Nun ist Humbert dem Dunklen überantwortet, während Quilty sich in eine weiße Toga hüllt. Die Prinzipien von Verdoppelung und Spaltung zeigen sich auch in den Rollenspielen, die Humbert akzeptieren muß, um die Fassade bürgerlicher Anständigkeit zu bewahren: Ehemann Charlottes, trauernder Witwer, besorgter Stiefvater, liberaler Stiefvater etc. Während Humbert diese Maskeraden als Zwang empfindet, dabei nicht reflektierend, daß es introjizierte Fremdzwänge sind, die seine Verstellung und die Angst vor Entdeckung begründen, macht Quilty aus dem Anlegen fremder Rollen ein Spiel. Die Dreifachrolle, in die er schlüpft, (Dr. Zempf, Polizist, nächtlicher Anrufer), um Humbert quasi ein Spiegelbild seiner Doppel-Moral vor Augen zu führen, belegen zudem Quiltys Nähe zu Lolitas Leidenschaft für das Spiel und das Theater.

Das nämliche Prinzip des dionysischen Doppelgängers verbindet auch die anderen Protagonistenpaare, wobei in *A Clockwork Orange* die Beziehungsstruktur zwischen Alex und Mr. Alexander – erneut weisen schon die Namen in verräterischer Art und Weise auf die psychische Entsprechung hin – noch eine Erweiterung des Doppelgängermotivs mit sich bringt. Da alle Kompositionsebenen dieses Films völlig von der Zahl Drei beherrscht werden, gesellt sich mit Ludwig van Beethoven konsequenterweise ein Triple zu Alex und Alexander, ein »kultureller Doppelgänger«, der als geistiger Übervater die ödipal eingefärbte Auseinandersetzung zwischen »Sohn« (Alex) und »Vater« (Alexander) ergänzt und bezeichnenderweise zugleich als Namensgeber der »Ludovico«-Kur fungiert. In diesem Film besteht sogar eine verblüffende äußere Ähnlichkeit zwischen den drei Bestandteilen eines dissoziierten Ichs, die außerdem durch eine Fülle polarer wie affiner Eigenschaften und Tätigkeiten miteinander verbunden werden: Komponist – Schriftsteller – Aktionskünstler; Beethovens Taubheit – Alexanders Lähmung – Alex' Lähmung durch die Konditionierung; Beethoven-Musik als Inspiration für Alex – Beethoven-Musik als Dekoration für Mr. Alexander (in Gestalt seiner Türglocke, die das »Schicksalsmotiv« aus Beethovens Fünfter intoniert) etc.

Neben den angeführten Spaltungen operiert Kubrick auch mit den verwandten Motiven der Verdoppelung und der Zwillingsfiguren: In *The Shining* hat Danny einen fiktiven Freund namens Tony, der die Fähigkeit zur Hellsichtigkeit personifiziert, eine Fähigkeit, die Danny mit dem Küchenmeister Hallorann teilt. Jacks Doppelgänger Delbert Grady – derjenige, der Jacks Taten initiiert – ist eine

Humberts dunkler Gegenspieler Quilty (Peter Sellers).

Verdopplung von Charles Grady, Jacks Vorgänger als Hausmeister im Hotel Overlook. (In der Forschung zu *The Shining* wird oft übersehen, daß es zwei Gradys gibt, wodurch das Spiel mit den doppelten Personen noch verwirrender wird.) Die Kinder Gradys waren Zwillinge, und in Dannys Visionen erscheinen sie quasi als Verdoppelung seiner selbst und Tonys. In *2001* verbindet eine äußerliche Ähnlichkeit, die an Zwillinge erinnert, die Astronauten Bowman und Poole, während HAL 9000 einen Zwillingscomputer auf der Erde hat. Zeitweise funktionieren diese Doppelungsstrukturen sogar filmübergreifend: Leon Vitali ähnelt als Bullingdon nicht nur äußerlich Malcolm McDowell als Alex recht extrem, sondern läßt sich auch durch eine Fülle visueller wie dramaturgischer Inszenierungsidentitäten in *Barry Lyndon* und *A Clockwork Orange* als Zwilling von Alex deuten: die Kleidung des 18. Jahrhunderts, die Alex in der Sequenz im Plattenladen trägt; die ödipale Problematik; die identische filmsprachliche Auflösung bei Bullingdons Gang durch den Club und eben jener Sequenz im Plattenladen; die zeitweise Verbannung aus dem elterlichen Haus etc.

Stets ist es ein Spiel mit heimlicher Identität und spiegelbildlicher Entsprechung, mit Ergänzung und Opposition, mit stellvertretendem Ausleben und stellvertretendem Zurückhalten der Affekte, mit dem Dionysischen und dem Appollonischen, das Kubrick um seine Doppelgängerfiguren entwirft. Dem Selbstverständnis einer bürgerlichen Gesellschaft, die die Autonomie, die Einzigartigkeit und die Unteilbarkeit des Individuums als zentrale Größe ihres Menschenbildes voraussetzt, steht dieses genuin romantische Modell vom fremdbestimmten, verdoppelten

Eine Verdoppelung ganz anderer Art: Die Grady-Zwillinge (Lisa und Louise Burns) sind das Double einer berühmten Fotografie von Diane Arbus.

und gespaltenen Menschen, das Kubrick in seinen Filmen zeichnet, diametral entgegen. Kubrick entlarvt den bürgerlichen Subjekt-Begriff als unzulänglichen Versuch, eine gesellschaftlich angenehme Einheit des Menschen zu beschwören, wo doch gerade durch diesen Zwang zur Isomorphie zumindest eine Spaltung des Menschen in seine als gut akzeptierten und seine als böse dämonisierten Bestandteile erst ausgelöst worden ist. In der Reaktivierung des romantischen Marionetten-, Doppelgänger- und Maschinen-Menschen-Motivs artikuliert Kubrick einmal mehr seine geistige Inklination zum romantischen Unbehagen an der Kultur der Aufklärung.

2.10. Das Schachspiel als Motivfokus

Auf Kubricks biographische Verbundenheit mit dem Schachspiel habe ich im Eingangskapitel dieses Buches hingewiesen. Wir wissen, daß er in den Drehpausen bevorzugt Schach mit seinen Schauspielern spielt und daß er selbst Analogien zwischen der Arbeit des Filmemachens und dem Schachspielen sieht.[130] So mag es zunächst als Ausfluß dieser Liebe zum Königsspiel wirken, daß das Motiv des Schachspiels in so vielen Filmen Kubricks auftaucht: Schach wird gespielt in *The Killing* (in Maurice's Club), in *Lolita* (zwischen Charlotte und Humbert) und in

2001 (zwischen Poole und HAL). Schachbrettartige Muster weist der Boden des Louis-XVI.-Zimmers in *2001*, des Hausflurs von Mr. Alexander in *A Clockwork Orange*, des Salons und der Toiletten in *The Shining*, des Gerichtssaals in *Paths of Glory* und der Toilette im Ausbildungslager in *Full Metal Jacket* auf.

Doch darüber hinaus erweitert Kubrick das Motiv des Schachspiels zu einer visuellen Metapher und erhebt es zum Strukturprinzip einiger seiner Filme; ja, in gewisser Hinsicht stellt Schach sogar einen idealen Schnitt- und Brennpunkt aller Motive und Themen Kubricks dar: Schach ist ein Spiel, das von Symmetrie und räumlicher Ordnung lebt. Es veranschaulicht die Aspekte von Planung und Logistik und stellt eine kultivierte Form des Krieges und des Bemühens dar, »die schrecklichen Kriegshandlungen im friedlichen Symbolismus des Schachspiels zu bannen.«[131] Die Anordnung der Schachfiguren entspricht in ihrer strengen Ästhetik der Schönheit geordneter Schlachtreihen (eine Analogie, die Kubrick durch die räumliche Inszenierung der Schlachten in seinen Filmen ausdrücklich betont).[132] Dabei ist die dem Spiel zugrundeliegende Aggression eingebunden in ein rationales Regelwerk, das destruktive Kräfte in ein Ritual, ein Ordnungssystem umlenkt. Zufall, Fehler oder Unordnung bringen das System zum Einsturz – insofern dient die Regelhaftigkeit des Spiels als Metapher für die Regelhaftigkeit eines Gesellschaftssystems. Im Schachspiel vereinigen sich mechanistische Vernunft und Leidenschaft (zum Spiel), weswegen vor allem im 18. Jahrhundert versucht worden ist, das Spiel zu perfektionieren und durch die Konstruktion von Schachautomaten vom Aspekt menschlicher Emotion zu befreien. Doch ist dem Spiel unzweifelhaft ein erotischer Aspekt zu eigen, da es als sublimierte Form des ödipalen Vatermordes (Angriff auf den König) angesehen werden kann. So veranschaulicht Schach die antagonistischen Kräfte, die Kubricks Helden vorantreiben: Eros und Thanatos. Und schließlich entsprechen die fremdbewegten Figuren mit ihrer spiegelbildlichen Verdopplung in Weiß und Schwarz Kubricks Figurenkonzeption als fremdbestimmt und dissoziiert. Auch Kubricks offenkundige Faszination für das Mythische und Mystische als einer andersgearteten Ordnungsstruktur findet im Schachspiel ein geeignetes Objekt:

> Schach stellt einen Kampf zwischen schwarzen und weißen Figuren, zwischen Licht und Schatten, zwischen Riesen und Göttern dar. Die Schlacht wird um die Vorherrschaft in der Welt geführt. Das normale Schachbrett hat 64 Felder (64 ist die Zahl der kosmischen Einheit) und dient als Symbol für das Leben. Der Kampf auf dem Schachbrett läßt sich auch ins Innere des Menschen übertragen; die Kunst des Spielers ist Teil der kosmischen Intelligenz.[133]

Analysen[134] haben erwiesen, daß der Handlungsverlauf mehrerer Kubrick-Filme (*Lolita, Dr. Strangelove, The Killing, Paths of Glory, The Killer's Kiss*) dem Strukturprinzip einer Schachpartie entspricht: »Der erste Zug, der Eröffnungszug, entscheidet schon über die nächsten, präjudiziert, oder bei Kubrick besser: prädestiniert fast die ganze Partie.«[135] Nichts könnte besser den irreversiblen Ablauf der Ereignisse in *Dr. Strangelove* definieren als eben jenes Strukturprinzip des Schachs, wobei das strategische Operieren in Planquadraten und deren Visualisierung an der Wand der Kommandozentrale des Pentagon noch einmal die Unterwerfung des Welten-Raums in ein dem Schach entlehntes Koordinatensystem veranschaulichen. Ähnliches gilt für das logistische Denken General Mireaus in *Paths of Glory*, der seine Befehle an die im Feld befindlichen Soldaten in »der abstrakten Sprache von Ziffern/Buchstabenkombinationen von Planquadraten übermitteln [läßt], so als würden die Züge einer Schachpartie beschrieben.«[136] Erst im zweiten Teil dieses Films »verlagert sich das tödliche Spiel der Macht vom imaginären Schachbrett des Schlachtfeldes auf das buchstäbliche Schachbrettmuster, das die polierten und spiegelnden Böden des Schlosses bedeckt.«[137] Hierbei verdeutlicht die Situierung der angeklagten Soldaten im Gerichtssaal, daß sie nur »Bauernopfer« im Spiel der Mächtigen sind.

Wie schon weiter oben angedeutet, ist der Kampf zwischen Humbert und Quilty in *Lolita* konsequenterweise als Schachparabel, als Kampf zwischen Schwarz und Weiß konzipiert: »Natürlich ist Schach ideal geeignet, um als Metapher für einen Zustand der Paranoia und die Thematik von Umzingelung und Täuschung zu dienen. Beide Spieler müssen ständig auf der Hut vor den Finten des Gegners sein und werden doch niemals die Gewißheit erlangen, alle Eventualitäten und potentiellen Gefährdungen ihrer Figuren vorausberechnet zu haben.«[138] Zudem bieten die unterschwelligen sexuellen Konnotationen der Schachpartie eine ideale metaphorische Bezugsebene für einen Film, der auch den Kampf zwischen Affektbeherrschung (Weiß) und -depravation (Schwarz) zum thematischen Mittelpunkt erhebt. Charlottes Frage während ihrer Schachpartie mit Humbert (»Wollen Sie etwa meine Königin angreifen?«) wird durch das zeitgleiche Auftauchen von Lolita eindeutig in einen erotischen Kontext gesetzt. Später wird Humberts Eifersucht sich konkretisieren, als sich Lolita in einer Bar namens »Die blonde Königin« (!) mit zwei Jungen namens Roy und Rex (!) trifft. Selbst der Prolog des Films verbindet Assoziationen an Schach (das spiegelsymmetrische Moment der Tischtennispartie) mit erotischer Metaphorik (der phallische Charakter von Humberts Revolver und sein bezeichnend ungeschicktes Feuern auf Quilty, das von offenkundigen Problemen beim Nachladen gekennzeichnet ist). Schließlich kann auch Lolitas Zweigeteiltheit in Schwarz und Weiß vor dem Hintergrund psychoanalytischer Farbsymbolik als Konflikt zwischen jungfräulicher Unschuld und kindlicher Faszination an der vulgär-grausamen Komponente der Sexualität gelesen werden.

Die angeführten Beispiele mögen den motivischen wie strukturellen wie metaphorischen Reichtum verdeutlicht haben, den Kubrick dem Schach abgewinnt, indem er das Spiel quasi als Brennpunkt aller Aspekte und Themen seines Filmwerkes versteht, bzw. ihn qua Inszenierung dazu stilisiert. Darüber hinaus kann die Figur des Schachspielers aber auch als Selbstinszenierung Kubricks verstanden werden, eines Regisseurs, »der seinen Film wie ein Schachbrett handhabt«.[139]

3. Augen – Blicke: Die Selbstreferentialität des Visuellen bei Kubrick

3.1. Transformationen des göttlichen Auges

*In den Filmen Kubricks kommt dem Auge stets eine wesentliche Bedeutung zu [...].
Wie bei allen großen Filmschaffenden, die sich über die Tätigkeit des Regisseurs
selbst befragt haben, [...] werden auch hier der Blick und seine Fähigkeiten in Frage
gestellt.[1]*

Tatsächlich müssen Kubricks Filme auch als vielschichtige Reflexion über das
Auge, die ideengeschichtlichen Variationen des Auges als Emblem/Zeichen und
über die Funktionen der visuellen Wahrnehmung im Kino, ergo: als Selbstreflexion
des Mediums aufgefaßt werden. Wie immer bei Kubrick, so mündet auch auf dieser
Ebene seiner Filme das Bewußtmachen der Relevanz ideengeschichtlicher Diskurse in einen ästhetizistischen Diskurs, schlägt die Thematisierung dialektischer
Strukturen um in die Verweigerung, jenen Strukturen weiterhin sinnstiftendes
Potential zuzusprechen, und endet in einem nur noch selbstreflexiven System des
Ästhetischen. Um dies im einzelnen nachvollziehen zu können, ist es zuvor notwendig, die kulturhistorische Entwicklung des Augensinnes bzw. die seiner Ver-
wendung als Zeichen noch einmal zu resümieren.

Denn es ist keineswegs immer so gewesen, daß das Auge unter den Sinnesor-
ganen die größte Rolle einnahm, daß es das geeignete Instrument zur Erfassung
der äußeren Wirklichkeit darstellte, wie es unserer heutigen visuell dominierten
Kultur selbstverständlich erscheint. Roland Barthes verweist darauf, daß bis zum
Barockzeitalter das Ohr als dominantes Wahrnehmungsorgan galt, weil das Wort
Gottes durch das Ohr vermittelt wurde.[2] Die Frage nach dem bevorzugten Sinnesorgan ist also traditionell mit seiner Funktion im theologischen Diskurs verknüpft. Den ersten Hinweis auf das Auge als Emblem innerhalb der christlichen
Ikonographie findet sich in der 1658 veröffentlichten Schrift »Orbis sensualium
pictus« von Amos Comenius: Das göttliche Auge symbolisiert und repräsentiert
fortan die Idee des allsehenden, allwissenden, allgegenwärtigen Gottes. Hierbei
knüpfte das Christentum an die ägyptische Mythologie (Isis/Osiris-Kult) einerseits und an Glaubensaxiome der Zohar (der Hauptschrift der Kabbala aus dem
13. Jahrhundert) andererseits an. Dort findet sich nämlich die Begründung für die
Einäugigkeit des göttlichen Sinnbildes: »Bei den unteren Augen gibt es ein
rechtes [d. h.: gutes] und ein linkes [böses] Auge. Hier aber gibt es kein linkes
Auge, sondern beide Augen erweisen sich zu einer Stufe und alles ist rechts. Aus
diesem Grunde wird von einem Auge gesprochen und nicht von zweien.«[3] Das
Emblem entwickelte sich schließlich zu jener heute noch bekannten Form weiter:
ein Auge, oft mit einem Strahlenkranz umgeben, das von einem Dreieck, dem
Symbol der göttlichen Trinität, umschlossen wird. Aufgrund der Ähnlichkeit der
Signifikanten wurde das göttliche Auge auch oft mit der Sonne und ihrer lebens-

spendenden Kraft gleichgesetzt. Auch diese Entwicklung stellt wiederum eine Anleihe bei der ägyptischen Mythologie dar und schließt zudem an pythagoräische Ideale an, denen der Kreis und kreisähnliche Formen als Sinnbild der Vollkommenheit galt: »Der Sehwinkel deines Auges aber, Gott, ist unendlich, ist er doch auch Kreis, ja unendliche Kugel, weil dein Blick das gleichsam sphärische und das unendlich vollkommene Auge ist. Es erblickt alles.«[4]

Der im 18. Jahrhundert durch die Aufklärung bewirkte Transzendenzverlust zerstörte nach und nach zwar die metaphysische, nicht aber die gesellschaftliche Relevanz des Augen-Emblems, denn im Zuge der Rationalisierung aller Lebenszusammenhänge verschwand das Zeichen nicht völlig, sondern wurde lediglich säkularisiert: Der Signifikant wurde im wesentlichen beibehalten, das Signifikat ausgetauscht. An die Stelle der göttlichen Allmacht trat folgerichtig die vergöttlichte Ratio. So konnte das göttliche Auge schon der Französischen Revolution als Zeichen der neuen Gottheit, als Symbol des scharf sichtenden Verstandes, der alles durchdringenden Vernunft dienen. Auch hierin also ist die von Horkheimer/Adorno attestierte Dialektik der Aufklärung evident: Schon hier schlägt Aufklärung in Mythos um, indem die ursprünglich mythische Bedeutung des Auges durch die Vergöttlichung des rationalen Blicks unverändert fortgeschrieben wird. Die aus der immanenten Dialektik der Aufklärung folgende Vermengung von Erkenntnis- mit Machtansprüchen führte zu einer Instrumentalisierung des Auges als Werkzeug zum Erhalt der Macht der Ratio. So wurde das Auge folgerichtig zur Waffe des Arztes im Kampf mit der extremsten Form von Unvernunft, dem Wahnsinn. An der Schwelle zum 19. Jahrhundert wurde der Wahnsinnige in erster Linie an seinem »irren, wilden, unsteten« Blick erkannt, dem der Irrenarzt die »durchdringende Klarheit« seines »therapeutischen Blickes« entgegensetzte:

> Denn wenn eine Besonderheit des irren Blicks mit letzter Verbindlichkeit die Herrschaft der Unvernunft manifest macht, dann ist umgekehrt der Blick des Arztes das Fanal jener Vernunft, deren Anwalt er ist und deren Macht Heilung verspricht [...]. Die alte theologische Bedeutung des Auge Gottes, das alles sieht und alles durchdringt, geht auf den therapeutischen Blick über.[5]

So herrscht »in der Medizin des 19. Jahrhunderts [...] heimlich jenes absolute Auge«,[6] jener Panoptismus, den die Angst der Aufklärung vor der Rückkehr des verdrängten Dunklen erst begründete und der sich auch in der Beleuchtung nächtlicher Straßen und der Entwicklung eines Überwachungs- und Polizeisystems manifestierte, welches nicht zufällig das (ehedem) göttliche Auge als Symbol verliehen bekam. Die Angst vor dem Unterdrückten schlägt um in den manischen Herrschaftsanspruch, alles zu sehen, nichts soll mehr unbeleuchtet, unbeobachtet, un-auf-geklärt bleiben: »Die Vision der Aufklärung, man müsse alles sichtbar machen, damit es sei, hat dazu geführt, daß ein omnipräsenter Blick installiert wurde, der uns und außer uns als eine Kontrollmacht existiert, nur noch dem Auge Gottes vergleichbar.«[7] Dies bedingt zugleich den Zwang, die gelegentlichen Schwächen des Erkenntnisorgans Nummer Eins getreu dem zugrundeliegenden mechanistischen Weltbild durch Apparate bzw. Maschinen zu korrigieren:

> Kein Zweifel, das Auge ist ein durchweg aufgeklärtes Organ [...]. Für keinen anderen Sinn sind stützende, korrigierende und ersetzende Apparate so vielseitig und weit entwickelt wie die optischen Geräte fürs Auge: von der Brille zum Fernrohr, vom Mikroskop zur Fotolinse, vom Teleskop zum Röntgenapparat.[8]

Gerade der zwischen Auge und Angeschautem geschaltete Apparat suggeriert eine Objektivierung des Angeschauten, wodurch z. B. die Brille des Intellektuellen das Gefühl von Unvoreingenommenheit und Sachlichkeit – also von Vernunft – vermittelt. Folgerichtig wurden im weiteren Verlauf des 19. Jahrhunderts die Qualitäten von Allwissenheit, Allgegenwart und Sachlichkeit in der Entwicklung des Fotoapparates und der Filmkamera potenziert, und diese ersetzten nach und nach den therapeutischen, aufklärenden Blick des vernunftbegabten Menschen, so daß schließlich »der Apparat [...] das perfektionierte Auge Gottes«[9] wurde. Aus dem Erkenntnisinstrument wurde so ein reiner Machtapparat, und das perfekte Auge, die Kamera, nahm »ihren Platz in der schändlichen Kunst der Überwachung ein.«[10] Parallel zu dieser rationalistischen Aufwertung des Augensinns nahm in der zweiten Hälfte des 18. Jahrhunderts eine gesellschaftliche Sublimationsstrategie ihren Ausgang, die Norbert Elias in seinem »Prozeß der Zivilisation« beschreibt:

> Im Prozeß der Zivilisation wird der Gebrauch des Geruchssinns, die Neigung [...] zu riechen, gleichsam als etwas Tierisches eingeschränkt. Hier zeigt sich eine jener Verflechtungen, aus denen heraus ein anderes Sinnesorgan, das Auge, in der zivilisierten Gesellschaft eine ganz spezifische Bedeutung erlangt. Es wird [...] zum Vermittler von Lust, gerade weil die unmittelbaren Befriedigungen des Lustverlangens in der zivilisierten Gesellschaft durch eine Unzahl von Verboten und Schranken eingeengt sind. Innerhalb dieser Verlegung von Triebäußerungen aus der unmittelbaren Aktion ins Zusehen gibt es eine deutliche Kurve der Mäßigung und der humanisierenden Affektransformation.[11]

Elias zitiert La Salles Erziehungsschrift »Civilité« aus dem Jahre 1774, in der dieser empfiehlt, die Gier der Kinder, alles anzufassen, zu korrigieren, und sie zu lehren, die Dinge »lediglich mit dem Auge zu berühren.«[12] Die für den aufklärerischen Diskurs so wichtige Bändigung der Triebe durch die Vernunft erhob also das Auge zum Instrument der Affektmodulation. »Schon in der Erziehung [...] wird diese Verwandlung dessen, was ursprünglich als aktive, oft aggressive Lustäußerung auftritt, in die passivere, gesittetere Lust am Zusehen, also in eine bloße Augenlust, in Angriff genommen.«[13] Es ist eben diese gesellschaftliche Sublimationsstrategie, die erst die kulturhistorischen Voraussetzungen für den modernen Typus des Voyeurs legt, der Lust nur noch passiv-visuell erleben kann.

Auch an dieser Funktion des Auges läßt sich erneut ablesen, welchen hohen Stellenwert dieses Sinnesorgan im Zuge des gesellschaftlichen Rationalisierungsprozesses des 18. Jahrhunderts erhielt. Es ist also nicht verwunderlich, daß sich der historische Perspektivenkonflikt zwischen Aufklärung und Romantik auch in der jeweiligen Besetzung des Augenmotives widerspiegelt. Der romantische »Horror vacui«, also jene Furcht vor der durch den Transzendenzverlust sinnentleerten Welt, fand seine adäquate Ausformulierung in Jean Pauls Schreckensvision vom

Tod des göttlichen Auges in der »Rede des toten Christus vom Weltgebäude herab, daß kein Gott sei« (1795/96): »Und als ich aufblickte zur unermeßlichen Welt nach dem göttlichen Auge, starrte sie mich mit einer leeren bodenlosen Augenhöhle an.«[14] Konnte die Frühromantik noch in der Konstatierung dieses Verlustes versuchen, die Idee des Göttlichen zu reetablieren, die Leere der Augenhöhle wieder mit metaphysischem Inhalt zu füllen, so blieb der Spätromantik lediglich eine nihilistische Variante, das entstandene Bild-Vakuum neu zu besetzen. Analog zur Aufklärung nahm sie eine Säkularisierung des Emblems vor und erhob das menschliche Auge zu einem ihrer zentralen Motive. Stand das Auge im aufklärerischen Diskurs im Dienst des Verstandes, des Guten und Vernünftigen, so hat die Spätromantik jedoch im Zuge der Umwertung aller Werte »die wissenschaftlich betriebene Mythisierung des Blicks in eine Dämonisierung umgemünzt.«[15]

So steht das Auge bei den Künstlern dieser Epoche fortan im Dienst des Bösen, Satanischen und wird zum Ort jener Kräfte, die die Aufklärung aus dem gesellschaftlichen Bewußtsein zu verdrängen versucht hatte: Sexualität, Wahnsinn, Gewalt und Tod. Dieses »böse Auge« dient auch nicht länger der Triebsublimation. Vielmehr wird es selbst zum Trieborgan und steht hierbei vor allem für die dunklen Seiten der Sexualität: Obsession, Vergewaltigung, Perversion etc. Besonders fasziniert hat die »schwarzen« Romantiker dabei offensichtlich der Zusammenhang zwischen dem Auge und dem Tod. Das Symbol, das einmal für die göttliche, lebensspendende Kraft stand, wird in ihren Werken zum Sinnbild des Todbringenden, Zerstörerischen. Die Dämonisierung des Auges wird – wieder dialektisch auf die Entwicklung im rationalistischen Diskurs bezogen – auch auf die Sehapparate übertragen, die nunmehr als gefährliche, todbringende Illusionsapparate definiert werden. In den wichtigsten literarischen Manifestationen dieser Epoche (allen voran wäre natürlich E. T. A. Hoffmanns Erzählung »Der Sandmann« zu nennen) ist immer die negative Rückbindung an den Ursprung des Augenmotivs als Gottesemblem vorhanden und wird zum Thema der ästhetischen Selbstreflexion, was erneut die Bedeutung der Spätromantik für die Genese des europäischen Ästhetizismus verdeutlicht.

Kubricks Verwendung des Augenmotivs bezieht sich direkt auf diese Historie der visuellen Wahrnehmung im gesellschaftlichen und ästhetischen Diskurs. Erst aus diesem Bewußtsein der ideengeschichtlichen Variationen des Motivs heraus läßt sich Kubricks komplexes Spiel mit dem Blick/Auge in seinen Filmen umfassend deuten und verstehen: Dem einäugigen Gott begegnen wir in 2001 in der Gestalt des Computers HAL 9000, der durch sein rot-gelbes Sichtauge repräsentiert wird (welches nicht von ungefähr an eine Kameralinse erinnert). HAL stellt als Apparat tatsächlich im Sinne der vorgetragenen These »das perfektionierte Auge Gottes« dar. Er ist allgegenwärtig, weiß alles, sieht alles – ein (Film-)Realität gewordenes Bild aufklärerischer Utopie: die absolute Vernunft, das absolute Wissen, ausgestattet mit einem alles durchdringenden Blick. Damit wird aber, ähnlich wie in Hoffmanns »Sandmann« und in Orwells »1984«, die Schreckensvision der 1000 Augen, des Panoptismus relevant. Denn der einäugige Gott ist zugleich auch der alles sehende, überwachende, vieläugige Argos der griechischen Mythologie. Als deutlichen Verweis darauf gestaltet Kubrick die Szene in der Raumgondel, als sich die Astronauten einschließen und den Sprechfunkkontakt zu HAL unterbrechen, um

Triumph und Scheitern der Triebsublimation durch den Augensinn: die Affektmodulation im Liebesblick der Lady Lyndon (Marisa Berenson, oben) – der sexistische Blick von Humbert (James Mason, unten).

ungestört beraten zu können, ob und wie sie HAL abschalten werden. HAL liest ihr Gespräch an ihren Lippenbewegungen ab und erfährt so von seinem geplanten Ende. Bezeichnenderweise übernimmt in dieser Szene die Kamera HALs »subjektive« Perspektive – eine der vielen Assoziationen der einäugigen Kamera mit dem göttlichen Auge, denen wir bei Kubrick immer wieder begegnen. Das »falsch vergöttlichte tote Auge des Computers«[16] reagiert wie ein strafender Gott oder besser: wie ein Mensch. Hatte HAL bereits zuvor Fehlinformationen geliefert, die sich nicht mit seinem (und dem allgemeinen) Anspruch der unfehlbaren, naturwissenschaftlichen Superintelligenz vereinbaren lassen; hatte er bereits vorher offensichtlich bewußt die ihm anvertraute Mannschaft belogen, so reagiert er jetzt gleichermaßen ungöttlich wie unvernünftig (wenn auch intelligent). Er lockt den Astronauten Poole mit einer weiteren Lüge aus dem Raumschiff, wo er ihn von einer Raumgondel überfahren und töten läßt; er tötet die Reservemannschaft; und er verweigert dem einzigen überlebenden Astronauten Bowman den Wiedereintritt ins Raumschiff.

Durch Kubricks Montage werden in den beiden Mordszenen der tödliche Blick und der tödliche Zeitpunkt in exemplarischer Weise aufeinander bezogen: HAL tötet die im künstlichen Tiefschlaf liegenden Astronauten, indem er deren elektronische Versorgung, die seiner Kontrolle unterliegt, abschaltet. Kubrick schneidet nun Großaufnahmen von HALs »Auge« im Schuß-Gegenschuß-Prinzip gegen Einstellungen, die das allmähliche Abflachen der Lebenskurven der Astronauten auf einem Oszillographen zeigen. Schließlich gehen diese Kurven im Todesmoment in eine Gerade über – technische (und filmische) Sichtbarmachung des Sterbezeitpunktes, ohne daß die Opfer selbst in diesem Moment gezeigt werden müßten. Die letzte Einstellung der Sequenz zeigt wieder das Auge des Computers. Durch diese Schuß-Gegenschuß-Technik macht Kubrick den Vorgang als solchen deutlich, benennt Mörder und Opfer, ohne daß wir den Mord selbst sehen könnten (was hier auch schwerlich möglich wäre). Vor allem aber suggeriert er durch diese Form der Montage, daß es das Auge ist, was hier getötet hat. Analog dazu verdeutlicht Kubrick auch bei der Mordszene an Poole, daß HALs Auge selbst der Mörder ist: In achsialen *jump cuts* »springt« die Raumgondel Poole an, bis nur noch eines der 1000 Augen HALs (zugleich auch immer das eine Auge) bildfüllend zu sehen ist. Nach dem Umschnitt sehen wir das Opfer Poole, das sich im verzweifelten Todeskampf vom Raumschiff entfernt.

HALs endgültige Hinwendung zum »Menschlichen-Allzumenschlichen« vollzieht sich, als der gegen seinen Widerstand ins Raumschiff gelangte Bowman in HALs Schaltzentrale eindringt, um HAL endgültig abzustellen, oder, auf der anderen Bedeutungsebene formuliert: um Gott zu töten. Mit weinerlicher Stimme fleht HAL Bowman an, ihn am »Leben« zu lassen, und gesteht, daß er Angst vor dem Tod hat. Während Bowman einen Schaltkreis nach dem anderen stillegt, wird HALs Stimme (einem langsamerlaufenden Tonband gleich) immer dunkler, langsamer und röchelnder. In seinen letzten »Lebensmomenten« singt HAL ein Kinderlied. Diese totale Regression des intelligentesten Protagonisten aller Kubrick-Filme in ein Kind, das sozusagen im Dunkeln singt, um sich Mut zu machen, ist Kubricks radikale und zynische Absage an die Idee des Göttlichen und der vergöttlichten Ratio zugleich. Zudem ist *2001* aber eben auch eine *Odyssee im*

Die neue Trinität, Auge – Eros – Thanatos: das Filmplakat zu *A Clockwork Orange*.

Weltraum; d. h., der einäugige Gott ist zugleich auch Polyphem, und Bowman (dessen Name nicht von ungefähr an den Bogenschützen aus Ithaka erinnert) ist Odysseus, der den Zyklopen in dessen Höhle (hier: Schaltzentrale) blendet, um sein eigenes Leben zu retten.

Es wird nach *2001* dem nächsten Film Kubricks, *A Clockwork Orange* vorbehalten bleiben, nunmehr quasi den Rest des Gottesemblems und damit die Idee des göttlichen Auges komplett zu zerstören: Nach dem Auge wird in *A Clockwork*

Orange das göttliche Dreieck und damit die heilige Trinität blasphemisiert. Wie bereits weiter oben angeführt, ist dieser Film formal wie inhaltlich als Passion konzipiert, aber es ist allen ikonographischen Zitaten zum Trotz eben nicht der Leidensweg Christi, der hier gezeigt wird, sondern der eines Mörders und Vergewaltigers. In diesem Kontext liefert das Filmplakat, auf dessen Gestaltung Kubrick selbst, wie üblich, entscheidenden Einfluß genommen hat, aufschlußreiche Deutungshinweise: Das Plakat zeigt ein verschachteltes Dreieck mit einem Auge sowie mit Symbolen von Gewalt (Messer) und Sexualität (nackter Frauenkörper) an seinen Seiten. Was Kubrick hier in einem Bild zusammenfaßt, muß als programmatische Metapher gelesen werden: Die Transformation des göttlichen Auges ist abgeschlossen und eine neue – allerdings vollkommen unheilige – Trinität errichtet: Auge – Eros – Thanatos. Schon in allen seinen vorherigen Filmen hat Kubrick, wie ich im folgenden nachzuweisen versuchen werde, die Beziehungen zwischen dem Sehen, der Sexualität und dem Tod untersucht. Doch in keinem seiner Filme (auch nicht in den noch folgenden) stehen diese Beziehungen derart im Mittelpunkt wie gerade in *A Clockwork Orange*. Sergio Toffetti urteilt völlig zu Recht: »*A Clockwork Orange* erzählt uns also vom Auge, vom Bild und vom Kino.«[17] Schon die erste Einstellung des Films zeigt Alex' geschminktes Auge in Großaufnahme, bevor dann in einem langen Zoom rückwärts der Raum eröffnet wird, der mit den schon angeführten Symbolen von Sexualität und Gewalt ausgefüllt ist. Konsequenterweise taucht das göttliche Auge nach *A Clockwork Orange* in keinem Kubrick-Film mehr auf. Es wirkt vielmehr fast wie ein höhnisches Echo aus einer untergegangenen Epoche der Menschheit, wenn der Geistliche Runt (dessen phonetische wie physiognomische Ähnlichkeit zu Immanuel Kant gleichsam programmatisch zu lesen ist) in *Barry Lyndon* Gott bittet, auf seine »unwürdige Magd Lady Lyndon herabzuschauen«. Das göttliche Auge, das Kubrick in *2001* und *A Clockwork Orange* so konsequent zerstört hat, bleibt in *Barry Lyndon* sozusagen »blind«.

3.2. Die neue Trinität

Die »neue Trinität«, die Kubrick um das vormals göttliche Auge konzipiert, verbindet den Sehvorgang mit Aspekten der Erotik und des Todes, wobei dies, getreu Kubricks dialektischer Sichtweise, stets als Negation wie als Resultat aufklärerischer Affektmodulation durch den Augensinn zu lesen ist. Die Assoziation des Sexuellen mit dem Visuellen ist zwar seit den Tagen Ovids ein Topos der Künste,[18] doch in Kubricks Inszenierung schimmert die kulturhistorische Wandlung des erotischen Blicks zur Sublimationsinstanz in der Bestätigung, vor allem natürlich in seiner Negation, als eigentlicher thematischer Bezugspunkt deutlich durch. Die lange Sequenz aus *Barry Lyndon*, in der Barry und Lady Lyndon am Spieltisch stumm ihre Liebesblicke austauschen, zeigt, wie sehr sich Kubrick der affektmäßigenden Funktion des Blickes im 18. Jahrhundert bewußt ist. Hier funktioniert die Triebumwandlung in reine Seh-Lust offensichtlich noch; denn wenn sich Barry und Lady Lyndon wenig später ihre Liebe eingestehen, so hat diese

Szene rein gar nichts von jener gewalthaften, zerstörerischen Trieborientiertheit, die sonst Kubricks Darstellung von Liebesszenen dominiert. Trotzdem zeigt der weitere Verlauf des Filmes deutlich das Fehlschlagen jenes Zivilisationsprozesses: Barrys sexueller Blick »entartet« zu reiner Triebhaftigkeit, und er sucht die Auslebung seiner Affekte, die ihm in der zivilisierten Ehe mit Lady Lyndon offensichtlich verwehrt bleibt, bei zahlreichen Mätressen.

Die Blicke Humberts auf Lolita, Alex' auf die Frauen generell und Jacks auf die unbekannte Frau in der Badezimmerszene von *The Shining* sind hingegen von vornherein unverhohlen sexistisch und alles andere als triebsublimiert. Tatsächlich bricht in den genannten Fällen der Destruktionstrieb wenig später durch und verwandelt den Augen-Blick der Begierde in den Augen-Blick des Todes: Am deutlichsten wird das in der schon erwähnten Szene aus *The Shining*, als sich die schöne Frau in Jacks Armen in eine schon halb verfaulte, alte Frau, eine »Untote« verwandelt. Die genannte Szene ist besonders für unseren Zusammenhang von Auge – Eros – Thanatos interessant, da Jack die Metamorphose seines Sexualobjekts im Spiegel erblickt. Das verweist nicht nur auf den alten Volksglauben des Spiegelbildes als Todessymbol,[19] sondern erinnert zugleich an die Tafelbilder Hans Baldung Griens vom »Tod und dem Mädchen« (Baldung ist einer der ersten, die das Motiv mit sexuellen Untertönen gestalten), auf denen die vom Tod heimgesuchten, meist nackten Mädchen in einen Spiegel schauen. Die erwähnte generelle Ununterscheidbarkeit der Bereiche Sexualität und Tod in Kubricks Filmen bleibt also auch hinsichtlich des Visuellen konstitutiv für Kubricks Werk.

Auf die Beziehungen des Auges zu Krieg, Gewalt und Tod hat Paul Virilio in seinem Buch »Krieg und Kino«[20] hingewiesen. Von einer Wandlung der Angriffslust zur passiveren Sehlust im Sinne Elias' kann hinsichtlich moderner Kriegsführung Virilios Argumentation zufolge keinesfalls die Rede sein; eher das genaue Gegenteil tritt ein. Für Virilio ist das Auge ein äußerst aggressives Organ, und er weist nach, daß im Zuge der zunehmenden Beschleunigung der Kriegshandlungen militärische Taktik im wesentlichen darin besteht, den Feind zu sehen und selbst unsichtbar zu bleiben. Dadurch wird der Soldat zu einem Voyeur und das Auge erhält den Rang einer Waffe.[21] Virilio selbst rekurriert mehrmals auf *Dr. Strangelove*, einen Film, der in der Tat die voyeuristischen Aspekte selbst der nuklearen Kriegsstrategie reflektiert: So besteht die Taktik der US-Bomberpiloten darin, sich dem Auge des Gegners zu entziehen, indem sie unterhalb der Reichweite der russischen Radars fliegen (was Präsident Muffley im Telefonat mit Premier Kissoff halb bedauernd, halb stolz als Resultat der Fliegerausbildung hervorhebt). General Turgidson warnt den US-Präsidenten davor, den russischen Gesandten die Befehlszentrale des Pentagon betreten zu lassen, weil der Botschafter sonst »alles sehen würde. Die Akten, die Landkarte hier, einfach alles.« Auch der Auftrag der Aufklärer (sic!) in *Paths of Glory* besteht darin, jenseits der feindlichen Linien alles zu sehen und selbst unentdeckt zu bleiben. Ihre Mission schlägt fehl, sobald der Feind die Dunkelheit der Nacht durch Leuchtraketen erhellt und die Späher Gefahr laufen, selbst gesehen zu werden. – Virilio zitiert im Zusammenhang mit dem Phänomen der Leuchtraketen Apollinaire, der 1915 über die feindlichen Raketen schrieb: »Es regnet, meine Seele, es regnet, aber es regnet tote Augen.«[22]

Durch diese zentrale Funktion des Auges für die Kriegsführung wird der ethisierende Anspruch der Aufklärung auf den durchdringenden Blick der Intelligenz nicht pervertiert, sondern vielmehr als letztlich immer schon machtaffirmativ entlarvt. Kubrick unterstreicht dies noch, indem er den Blick der Protagonisten seiner Kriegsfilme immer wieder durch jene Sehapparate (Fernrohr, Zielfernrohr, Kamera, Radarschirm) verstärken läßt, die ursprünglich einmal die Kraft des vernünftigen Blickes potenzieren sollten. (So bedienen sich z. B. in *Paths of Glory* General Mireau, in *Dr. Strangelove* die Soldaten der Station Burpleson und in *Barry Lyndon* Hauptmann Potzdorf eines Fernrohrs, um auf den Feind zu blicken.) Vor allem das Zielfernrohr und der Scharfschütze spielen eine wichtige Rolle in Kubricks Kriegsfilmen von *Dr. Strangelove* bis zu *Full Metal Jacket*. Was Kubrick an der Figur des Scharfschützen faszinieren dürfte, liegt auf der Hand. Der Scharfschütze setzt das Auge am allerdeutlichsten als Waffe ein: Das Projektil erscheint als Projektion des tödlichen Blickes. Als direkte Verlängerung des Auges erscheinen auch die Pistolen im Duell zwischen Redmond Barry und Captain Quin in *Barry Lyndon*. Im Augenblick des Anvisierens liegen Auge und Pistolenlauf auf einer Linie, und die Kontrahenten, die gleich Schüsse wechseln werden, bekämpfen sich zunächst mit ihren Blicken, wobei Barrys Blick hart und durchdringend ist, während Quins Blick deutlich seine Angst verrät. Diese Dominanz von Barrys Blick nimmt bereits den Ausgang des Duells vorweg. Barry erschießt – so scheint es – Quin, obwohl dieser wesentlich mehr Duellerfahrung besitzt. Erst viel später erfahren Barry und mit ihm die Zuschauer, daß die Pistolen nur mit harmlosen Platzpatronen geladen waren. Unter der Macht von Barrys Blick brach Quin aber bewußtlos zusammen, so daß Barry ihn für tot hielt. Barry hat Quin also nicht mit der Pistole, sondern mit der Waffe Auge besiegt. Joachim Metzner berichtet von einem ähnlichen Augen-Zweikampf aus dem 18. Jahrhundert, also jener Zeit, in der Kubricks Film spielt: Der Arzt und Irrenhausbesitzer Francis Willis hatte den wahnsinnig gewordenen König George III. nur mit der Kraft seines therapeutischen Blickes geheilt. Dies wurde von dem Philosophen Edmund Burke öffentlich angezweifelt. Daraufhin wurde im englischen Parlament ein Blickduell zwischen Burke und Willis arrangiert, in dessen Verlauf Burke zusammenbrach.[23]

In dem reflexiven trinären System, das Kubrick aufbaut, ist jedes Element zugleich immer mit beiden anderen Elementen verbunden; anders formuliert: Der Augen-Blick ist immer zugleich tödlich und erotisch. Daß dies keine willkürliche Setzung Kubricks ist, wird an den Untersuchungen Virilios deutlich: »Der obszöne Blick des militärischen Eroberers auf den Körper der ferngerückten Frau gleicht dem, den er auf das vom Krieg verwüstete Gelände wirft […]. Der Strip-Tease war in England zunächst von der Zensur verboten, wurde während des 2. Weltkrieges aber von der Armee durchgesetzt.«[24] Exakt diese Zusammenhänge verdeutlicht Kubrick immer wieder: In den Spinden der Soldaten hängen Pin-up-Girls (*Full Metal Jacket*), der Bomberpilot blättert während des Fluges im »Playboy-Magazin« (*Dr. Strangelove*), die Soldaten bekommen unmittelbar vor ihrem Fronteinsatz entweder eine hübsche, junge Kriegsgefangene (*Paths of Glory*) oder die exhibitionistischen Werbungsversuche vietnamesischer Prostituierter (*Full Metal Jacket*) zu sehen. Auch Francis Ford Coppola hat in *Apocalypse Now* (1979), einem Vietnamfilm, der in seiner Machart sehr stark an Kubricks Filme erinnert, einen

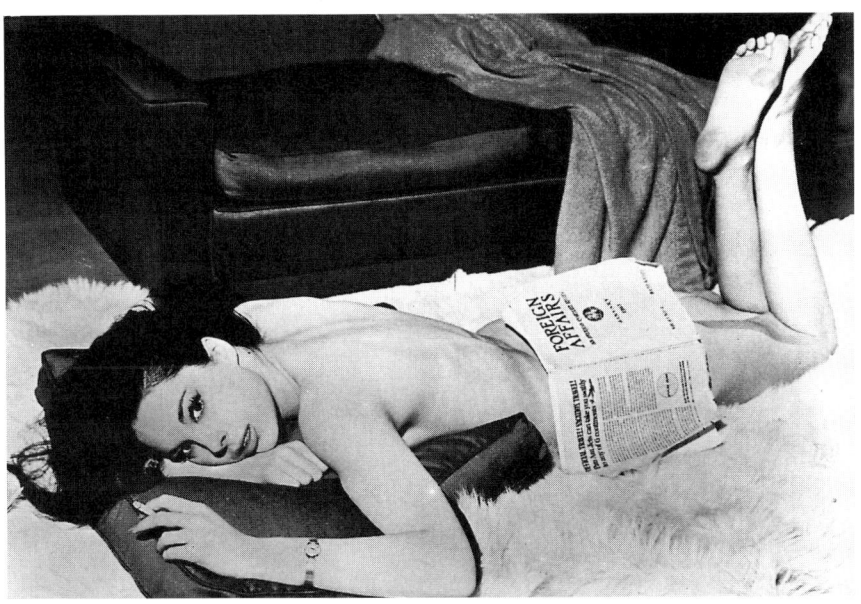

Der weibliche Körper als Blick-Objekt des männlichen Kriegers: Miss Foreign Affairs (Tracy Reed) in *Dr. Strangelove* und die vietnamesischen Prostituierten in *Full Metal Jacket*.

Strip-Tease vor amerikanischen GIs gezeigt. Michael Herr zufolge, der Vietnam als Berichterstatter miterlebte und die Drehbücher zu *Apocalypse Now* und *Full Metal Jacket* schrieb, gehörten derartige Shows damals zum festen Bestandteil der amerikanischen Truppenversorgung.

Indem Kubrick das Zeichen Auge mit Sexualität und Tod zum Emblem einer neuen Trinität verbindet, manifestiert sich in seinen Filmen eine negative Herrschaft des Blicks. Analog zur zentralen Stellung des Auges in der theologischen wie der aufklärerischen Emblematik, wird auch bei Kubrick der nun als »böse« definierte Augen-Blick zur dominierenden Perspektive auf die Welt. Dies zeigt sich in den Filmen u. a. auch daran, daß der Moment, der einer Mordtat unmittelbar vorausgeht – der tödliche Augenblick eben – szenisch stets gleichbleibend, und zwar mit einer Betonung des tödlichen Augen-Blicks, gestaltet wird. In all diesen Szenen blickt die Person, die gleich sich oder andere töten wird (oder dies zumindest versucht), jeweils in einer Großaufnahme in die Kamera; präziser gesagt: Sie fixiert einen imaginären Punkt kurz oberhalb der Kamera, die mit leichter Aufsicht frontal auf die Person herabblickt. In dieser für Kubricks Filme typischen Bildinszenierung – oft auch als *Kubrick-stare* bezeichnet – bleibt die Person jeweils stumm, doch ihr animalisch wirkender Blick zeigt eindeutige Mordgelüste und die Herrschaft des Irrationalen. Zu diesen Szenen gehören z. B. die *close ups* von Private Pyle, bevor er erst Hartman und dann sich umbringt; von Sidney in *Fear And Desire*, bevor er sich erst dem Sexus, dann der Angst, danach seinen bis dahin unterdrückten Mordgelüsten und schließlich dem Wahnsinn überantwortet; von Bowman, bevor er HAL abschaltet; von Bullingdon vor dem Schuß auf Barry; von Jack vor dem Mord an Hallorann und den Mordversuchen an Wendy und Danny; oder von Alex vor seinen diversen Greueltaten. Entscheidend an dieser Mise-en-scéne ist aber vor allem die Betonung des dämonischen Blicks, denn in ihr manifestiert sich noch einmal Kubricks spätromantische Auffassung vom Auge als Waffe, als Sitz des Bösen, als tödlichem Instrument.

3.3. Das helle und das dunkle Auge

Kubricks Destruktion der rationalistischen Besetzung des Augenmotivs bezieht sich auf alle impliziten Konnotationen des Zeichens Auge. Selbst ein scheinbar unbedeutendes Requisit wie eine Brille wird als metaphorische Bezugsebene mit eingebunden in Kubricks Kritik am Omnipotenzwahn des »scharf sichtenden Verstandes«. Verstärkten die Brillen der Intellektuellen vom 18. bis in unser Jahrhundert den Eindruck von profunder und ethisch geleiteter Vernunft, so wird diese soziokulturelle Setzung bei Kubrick aufgegriffen und umgewertet. Damit folgt er auch hierin getreulich der Tradition der romantischen Motivumwertung: Schon die unheimlichen Gelehrten, die *mad scientists* E. T. A. Hoffmanns waren Brillenträger; von Spalanzani im »Sandmann« bis hin zum Professor X in »Die Automate«.

Vom Leiter der Krankenanstalt in *Lolita* über Dr. Seltsam bis hin zu Dr. Brodski in *A Clockwork Orange* tragen alle Wissenschaftler in Kubricks Filmen Brillen.

Alle diese Männer stehen, vordergründig besehen, im Dienst der Vernunft, die sich in diesen Personifikationen allerdings von ihrer unmenschlichen, monströsen, instrumentellen Seite zeigt: Dr. Seltsam, dem die Forschungsabteilung des Pentagon untersteht, ist das ins Absurde übersteigerte Abbild einer instrumentellen Vernunft, die Erkenntnisanspruch mit Machtanspruch gleichsetzt. In ihm, der an den Rollstuhl gefesselt ist, zeigt sich die verabsolutierte Ratio buchstäblich von ihrer kranken Seite. Bezeichnenderweise trägt er eine Sonnenbrille, hinter der sich seine Augen kaum noch erahnen lassen und in der sich die Lichter des Kriegsbunkers spärlich spiegeln. Bedenkt man die Hell-Dunkel-Metaphorik von Rationalismus und Irrationalismus im aufklärerischen Selbstverständnis, so wird deutlich, wie Kubrick in diesem Requisit den Umschlag der Rationalität in eine neue Irrationalität ins Bild gesetzt hat. Folgt man Kubricks metaphorischer Vorgabe, so kann man sagen, daß in *Dr. Strangelove* die instrumentelle Vernunft von ihrer eigenen Macht geblendet ist.

Die Ärzte in *Lolita* und *A Clockwork Orange* stehen eindeutig in der Tradition der Irrenärzte des 18./19. Jahrhunderts und ihres therapeutischen Blicks: In *Lolita* bändigen Dr. Keygee und seine Mitarbeiter den sich höchst irrational gebärdenden Humbert Humbert und werfen ihn zu Boden, wobei Dr. Keygee ihn mehrfach ermahnt, doch »endlich Vernunft« (sic!) anzunehmen. Dann leuchten sie dem wehrlosen Humbert mit einer Taschenlampe ins Auge, als suchten sie dort »jene Besonderheit des irren Blicks, [der] mit letzter Verbindlichkeit die Herrschaft der Unvernunft manifest macht.«[25] (Oder, anders gedeutet: Sie bemühen sich, Licht in Humberts dunkles Auge zu bringen und definieren sich somit selbst als der Auf-Klärung verpflichtet.) Auch Dr. Brodski, der kühl-rationalistisch über Alex' Todesängste während der »Ludovico-Kur« doziert und dessen Hybris sich in dem Satz dokumentiert, »Man mag darin, wenn man will, eine gerechte Strafe Gottes sehen«, arbeitet mit dem therapeutischen Blick. Denn die »Ludovico-Kur« ist, wie wir an anderer Stelle noch sehen werden, eine reine »Augen- und Sehkur«. All jene Wissenschaftler, die nach Maßgabe des rationalistischen Erkenntnisanspruches ja im Dienst des vernunftorientierten Fortschritts stehen müßten und mit dem »hellen, sichtenden Auge« ausgestattet sein sollten, stehen tatsächlich im Dienst der Macht. Ihre Intelligenz dient zur Entwicklung folterähnlicher medizinischer Behandlungsmethoden oder todbringender Waffen. Das Auge dieser Intellektuellen ist, wiederum ins Metaphorische gewendet, »dunkel«, und gerade im Blick des Dr. Seltsam zeigt sich der Blick des wahrhaft Wahnsinnigen. Die Brille, die einmal der Potenzierung des vernünftigen Blicks dienen sollte, ist hier nur noch Tarnung für die Herrschaft der wissenschaftlichen Unvernunft.

Eine weitere aufschlußreiche Variation des Brillenmotivs findet sich in *Barry Lyndon*. Dort, im Handlungszeitraum des ausgehenden 18. Jahrhunderts, also der Geburtszeit des forschenden, durchdringenden Blicks der totalisierenden Intelligenz, finden wir einen aufgeklärten Brillenträger: In der Schlußsequenz ordnet Lord Bullingdon zusammen mit Lady Lyndon und einem Angestellten die Papiere des Haushaltes. Da Bullingdon zuvor den verhaßten Stiefvater Barry Lyndon als Haushaltungsvorstand verdrängt und vertrieben hat, symbolisiert die Brille, die er in dieser Szene zum ersten und einzigen Male trägt, die gewonnene Macht. Die Ordnung ist wiederhergestellt, die Vernunft hat in Gestalt Bullingdons über den irrationalen, trieborientierten Barry Lyndon gesiegt. Doch der Scheck, den Lady Lyndon in der letzten Einstellung unterschreibt, trägt die Jahreszahl 1789, also jenes Jahres, in dem mit der französischen Revolution der Höhepunkt des aufklärerischen Emanzipationsprozesses erreicht, zugleich aber auch der erste Schritt in den blutigen Irrationalismus von 1793 getätigt wurde. Somit markiert das Datum den ersten Machtverlust jener feudalen Herrschaftsschicht, der Bullingdon angehört, und die Emanzipation des Bürgertums, das der gerade vertriebene Barry Lyndon repräsentiert. Bullingdons durchdringender, durch die Brille verstärkter Blick fällt also auf ein Datum, das symbolisch für den (zumindest vorübergehenden) Untergang seiner Klasse steht.

3.4. Das projizierende und das ausgelieferte Auge

Hans-Thies Lehmann merkt über die Funktion des Blicks in *The Shining* an: »Wie bei E. T. A. Hoffmann oder Poe produziert der Blick selbst das Grauen. [...] Dasselbe Auge, das optische Herrschaft beansprucht und verwirklicht, ist auch das ausgelieferte Auge der Angst, das sich dem Schrecken nicht entziehen kann, der Wahrnehmung dessen, was nicht zu ertragen ist.«[26] Ein phantasmatisches Sehen ist der vorherrschende Weltaneignungsmodus der Protagonisten in *The Shining*, ein Sehen, das sich eine eigene bizarre Realität schafft, um den Figuren wenig später in der Konfiguration des Zuschauers erst ihre eigentliche Identität zu verleihen. Mit Danny und Halloran verfügen gleich zwei Protagonisten des Films über seherische Gaben, eben das sogenannte »Shining«. Im weiteren Verlauf des Films gewinnen auch Jack und Wendy antizipatorische bzw. halluzinatorische Fähigkeiten hinzu. Das komplementäre Verhältnis zwischen Vater und Sohn mündet auf dieser Ebene in einer spezifischen Form von Identität: Jack sieht in seinen Visionen die Bilder, die Danny vor Augen hat. Danny wiederum, das wird z. B. in der Badezimmer-Sequenz deutlich, wo sich Dannys und Jacks Erlebnisse in diesem Raum visionär überschneiden, »übersetzt das Unbewußte seines Vaters in ein Spiegelbild des Wahnsinns«.[27] Schließlich sieht auch Wendy im Showdown des Films unerklärliche Gestalten und Vorgänge, die beharrlich um Tod und Sexualität kreisen.

Unheimlich sind diese Gesichte, die Mordopfer, längst Verstorbene, Kaskaden von Blut etc. vergegenwärtigen ohne Frage (doch sind sie vor allem unheimlich im weiter oben zitierten Sinne Freuds). In den angedeuteten Szenen wird die Trennung von Realität/Illusion, Subjekt/Objekt, Innen/Außen und Vergangenheit/Gegenwart/Zukunft völlig obsolet. Was Kubrick uns zeigt, ist eine Aneinanderreihung tödlicher Augen-Blicke. Das Auge projiziert die ins Unbewußte verdrängten Bilder von Eros und Thanatos in die Wirklichkeit und wird umgekehrt dazu verdammt, die Schreckensbilder, die es selbst hervorgebracht hat, angst- und lustvoll zugleich zu betrachten. Kubrick führt uns den Funktionszusammenhang von Auge und dargestelltem Grauen immer wieder vor: In einer Szene fährt die Kamera langsam auf den im Bett liegenden Halloran zu, bis dieser in einer Großaufnahme angstvoll die Augen aufreißt. Der Umschnitt zeigt dem Zuschauer,

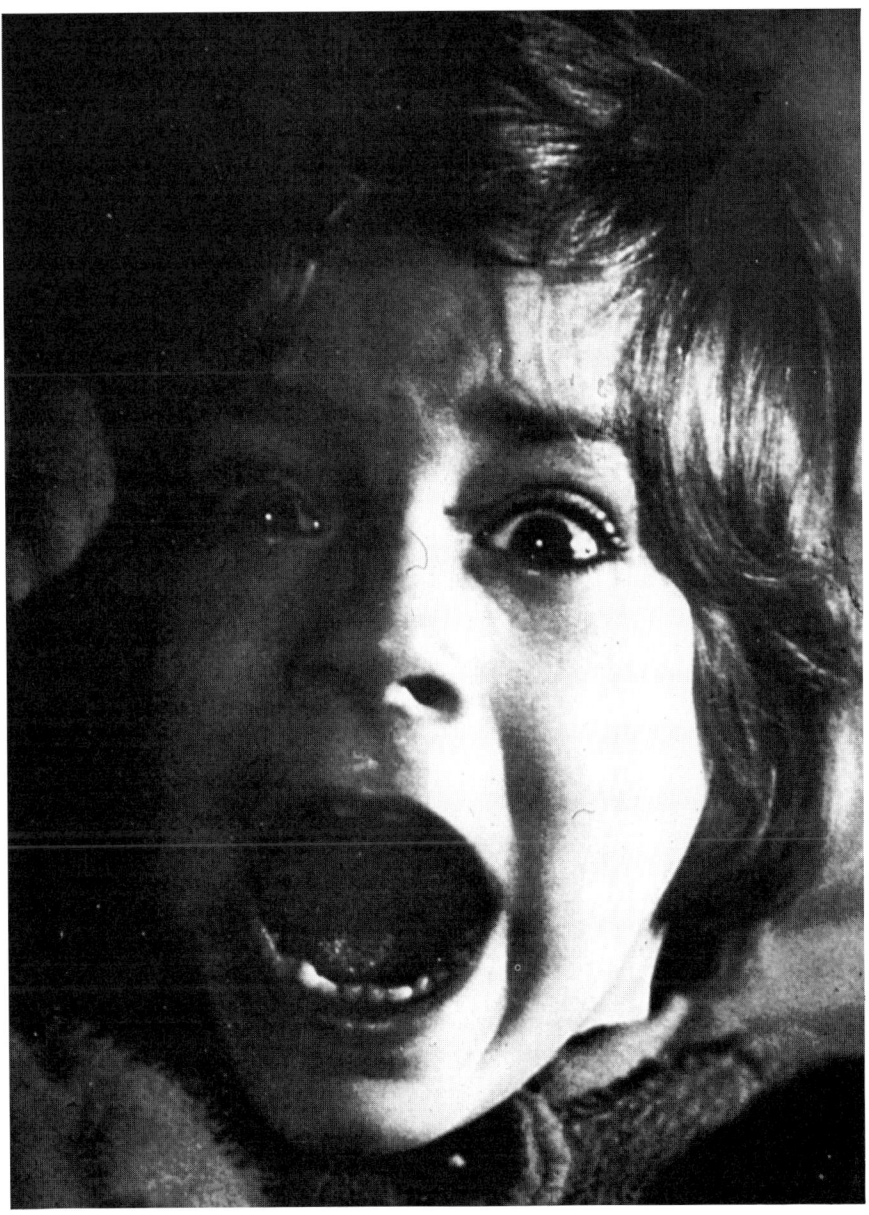

Das ausgelieferte Auge der Angst: Danny (Danny Lloyd) in *The Shining*.

was Hallorann »sieht«, nämlich die Ereignisse im fernen Hotel Overlook. Immer wieder präsentieren uns *close ups* die weit aufgerissen Augen der Protagonisten, die in ihren Visionen Dinge sehen, die sie entweder ängstigen oder mit ins Wahnsinnige übersteigerter Lust erfüllen. So kennzeichnen letztlich zwei verschiedene Verhaltensweisen das zwangsläufig ambivalente Verhältnis der Figuren zum Angeschauten: sich mit weit aufgerissenen Augen der Angst dem dargebotenen Grauen auszuliefern (Jack, Wendy, Halloran) oder angesichts des wahrhaft Unerträglichen die Augen zu schließen oder hinter den Händen zu vergraben. Nicht zufällig ist letzteres nur Danny möglich, einem Kind, mithin jemandem, an dem der Zivilisationsprozeß noch nicht vollends zur Wirkung gelangt ist; nicht zufällig gelingt es allein Danny mit eben diesem Handeln wenigstens einmal (beim Anblick der erschlagenen Grady-Zwillinge) den Spuk zu beenden. Wegzusehen ist offensichtlich eine Alternative, die im Aktionsrepertoire der erwachsenen Protagonisten von *The Shining* nicht mehr vorhanden ist.

Das Beschriebene wird verständlicher, fassen wir die unheimlichen Gestalten als Doubles der Protagonisten auf, was angesichts Kubricks Vorliebe für die Doppelgängerthematik ohnehin naheliegt. Doch gewinnt das Motiv in diesem Kontext noch eine viel weiterreichende Bedeutung; denn der Doppelgänger ist ein Bild, das Ergebnis einer Projektion – also ein optisches Phänomen. Das Double ist (samt seinen Motivvarianten Spiegelbild, Schattenbild, Zwilling etc.) ein Realität gewordenes, bzw. als Realität mißverstandenes fiktives Bild:

> Das Double ist das uns entfremdete Erinnerungsbild [...]. In dieses fundamentale Bild seiner selbst hat der Mensch all seine Sehnsüchte und Ängste projiziert, ebenso übrigens seine Bosheit und seine Güte, sein Über-Ich und sein Ich. In dem Verhältnis, wie im Laufe der Entwicklung der moralische Dualismus von Gut und Böse sich ausdehnt, wird der Doppelgänger [...] zum Träger entweder des Guten (Schutzengel) oder viel öfter aller böser Gewalten (böser Geist).[28]

Unzweifelhaft verfügt nur Danny über ein Double mit Schutzengelfunktion, nämlich Tony, während alle anderen Figuren mit der dämonischen Variante des Doppelgängers konfrontiert werden. Im Sinne der schon besprochenen Funktion des Doppelgängers als Inkarnation nicht zugelassener Triebregungen sind die visionierten Gestalten als Wunschbilder verdrängter psychischer Anteile aufzufassen. (Deutlich wird dieses Prinzip vor allem an der Gestalt Gradys als Verkörperung von Jacks uneingestandenen Mordgelüsten an seiner Familie.) Daß nun aber die Konfrontation mit dem eigentlich Ersehnten bestenfalls kurzfristig Lust auslöst, nur um in um so größere Angst umzuschlagen (siehe Badezimmer-Sequenz), muß als Ausfluß des alledem zugrundeliegenden Verdrängungs- und Entfremdungsprozesses von der inneren Natur des Menschen verstanden werden:

> Je mächtiger das subjektive Bedürfnis ist, desto mehr neigt das Bild dazu, sich zu projizieren, sich zu entfremden, Objekt, Halluzination, Fetisch zu werden [...]. Dieses Bild wird bis zu einem Grade nach außen projiziert, verfremdet, objektiviert, daß es sich wie ein autonomes, fremdes Wesen oder Gespenst benimmt, das mit einer absoluten Realität begabt ist.[29]

Dadurch erst werden diese Visionen unheimlich, daß sich in ihnen »etwas dem Seelenleben von alters her Vertrautes, das ihm nur durch den Prozeß der Verdrängung entfremdet worden ist [...]«[30] zeigt; erst die Entfremdung also degeneriert das Double zum Bildgespenst. Das Auge wird in diesen Szenen nicht nur zum

»Fenster der Seele«, sondern vor allem zum Spiegel: Der Blick, der auf das Grauen in Gestalt des anderen fällt, enthüllt auch zugleich das eigene Ich, seine dunklen Seiten, seine eigene Verbundenheit mit dem Tode. So ist es in der Tat das herrschende, aktive, projizierende Auge, das, wie oben zitiert, das Grauen selbst produziert, welches zugleich auch das passive, das ausgelieferte Auge der Angst ist. Hierin zeigt sich der negative Endpunkt des skizzierten Zivilisationsprozesses: Die triebsublimierende, gesittete Sehlust ist umgeschlagen in einen trieborientierten und angsteinflößenden Sehzwang, der sich der »Wahrnehmung dessen, was nicht zu ertragen ist, nicht entziehen kann.«[31]

So thematisieren die Schreckensbilder aus *The Shining* letzten Endes exemplarisch die Rückkehr des Verdrängten, der verdrängten Triebe, des verdrängten Todes, um die Kubricks Schaffen wie besessen kreist. Und so ist es kein Wunder, daß der geängstigte Blick Halloranns und Dannys seine Entsprechung findet im Blick des Affen und Bowmans in *2001*, Quins in *Barry Lyndon* und Alex' während der »Ludovico-Kur«. Genauso ist der wahnsinnige Blick Jacks gleichfalls nur die Fortsetzung des Blickes anderer Kubrick-Protagonisten: »Die rote Iris und die gelbe Pupille von HALs allgegenwärtigem Blick […] findet in […] Jacks Seelenkrankheit eine neue, menschliche Inkarnation.«[32] Jacks Seelenkrankheit aber ist, wie wir gesehen haben, in erster Linie eine Augen-Krankheit, ähnlich jener, von der Alex durch die »Ludovico-Kur« geheilt werden soll.

Wenn Kubricks Protagonisten zum angsterfüllten, zur Passivität verdammten Zuschauer ihrer eigenen geheimen Triebregungen werden, wenn das projizierte Bild zum Double des Ichs wird – so erkennen wir hierin bereits die Nähe zum Medium Film, zum Kino und seinen Zuschauern. Und es dürfte nach dem Gesagten einleuchtend sein, warum so unterschiedliche Theoretiker wie Rank, Morin, Kittler und Balázs[33] übereinstimmend die Doppelgängerthematik als eine genuin filmische bezeichnet haben: Gerade der Film trägt eben durch seine Befähigung zur Visualisierung des Latenten dem kulturellen Bedürfnis nach Veräußerlichung des ungeformten Inneren Rechnung, wobei dessen Projektionen erst auf der Leinwand zur wahrnehmbaren Realität werden, wodurch die Brüchigkeit der Trennung von Innen/Außen im wahrsten Sinne des Wortes »sichtbar« wird.

3.5. Der gefesselte Voyeur: Das Auge im Kino

In letzter Konsequenz besitzen sämtliche Variationen des Augen- und Blickmotivs, die Kubrick in seinen Filmen exemplifiziert, rein selbstreferentiellen Charakter. Sie verweisen zurück auf nichts anderes als das Kino, das Medium Film selbst, und bereiten somit einem filmischen Ästhetizismus den Weg, der so radikal ist, daß er nur das (Film-)Ästhetische selbst noch zum Gegenstand der filmischen Darstellung erheben kann. Gerade *A Clockwork Orange*, der mit der Großaufnahme von Alex' Auge beginnt und eigentlich vom Auge des Zuschauers erzählt, formuliert einen reinen Diskurs des Ästhetischen anhand einer generellen Kritik des Auges: »Es ist das geschminkte Auge von Alex, das uns enthüllt, wie der Film, und jeder Film, in erster Linie einen Diskurs über das wichtigste Wahrnehmungsorgan beinhaltet, einen Diskurs über den Blick und das Verhältnis zwischen Zuschauer und Schauspiel.«[34]

Norbert Elias führt in dem bereits zitierten Passus seines Buches »Über den Prozeß der Zivilisation« aus, daß die Modulation von Angriffslust in Sehlust erst den soziokulturellen Nährboden für die optischen Medien, also vor allem für den Film bereitet haben. Wenn Welterfahrung primär passiv-visuell vonstatten gehen soll, so wird das Kino zum Ort der Aneignung einer fiktiven Ersatzwelt, bei der das Abbild der Welt zum Double der Realität wird. Es ist also nicht allein die Dominanz des Abbildparadigmas im Filmdiskurs, die die Grenzen zwischen Realität und Filmrealität unscharf werden läßt, sondern auch die Tatsache, daß schon Realität filmgemäß, nämlich überwiegend visuell und unter Vernachlässigung vor allem haptischer Aspekte geschieht. Dieses Primat der passiv-visuellen Weltaneignung trägt zugleich auch zur Entstehung des Voyeurs bei, der in zwanghafter Weise Handeln durch Sehen ersetzt. Elias betont ausdrücklich, daß das Ausleben der Affekte im Akt des Zusehens sich vor allem in gesellschaftlich akzeptierten, ritualisierten Formen von Gewaltanwendung, wie etwa dem Boxkampf, figuriert. Diese Rituale aber sind, »gemessen an den Augenfreuden vergangener Phasen, eine überaus gemäßigte Inkarnation der verwandelten Angriffs- und Grausamkeitsneigungen.«[35] Die Ritualisierung von Gewalt und ihre Umwandlung in ein Schauspiel wird insbesondere in den Szenen aus *Barry Lyndon* thematisiert, in denen Boxkämpfe, Duelle etc. vor einem passiv rezipierenden Publikum stattfinden.

Die Affektmodulation im Sehvorgang macht letztlich auch den affirmativen Charakter des Kinos aus: Hier soll man visuell jene Affekte ausleben, die aus der gesellschaftlichen Realität ausgegrenzt worden sind. Der hohe, schon beinahe sprichwörtliche Anteil von »Sex and Crime«-Darstellungen im Kino macht noch einmal deutlich, um welche Art von Affekten es sich dabei handelt. Ich habe bereits auf den voyeuristischen Aspekt im Blick der Figuren Kubricks hingewiesen, der immer zugleich destruktiv/tödlich und sexuell ist. Ich habe auch bereits erwähnt, daß die Möglichkeit der Triebsublimation durch den Blick in Kubricks Filmen ausdrücklich verneint wird. Im Gegenteil, der Blick signalisiert hier den unmittelbar bevorstehenden Ausbruch der unterdrückten Triebregungen. Der Voyeur wird zum Täter und gerät dadurch in Konflikt mit der Gesellschaft. Wer (wie etwa Humbert, Jack oder Alex) die gesellschaftlich verordnete Seh-Passivität durchbricht, wird bestraft.

In *A Clockwork Orange* zeigt Kubrick in programmatischer Art und Weise, wie Seh-Passivität notfalls gewaltsam anerzogen wird. Der Triebtäter Alex unterzieht sich einem Konditionierungsverfahren, der sogenannten »Ludovico-Kur«. Ihm wird ein Serum injiziert, anschließend wird er mit Elektroden bestückt, in eine Zwangsjacke gesteckt, und seine Augenlider werden mit Klammern offengehalten, so daß er zum permanenten Hinsehen gezwungen ist. In einem Kinosaal(!) werden Alex jetzt wochenlang Filme vorgeführt, die sich um Töten und Vergewaltigung – also Alex' bisherige Hauptbeschäftigung – drehen. Das Serum bewirkt langfristig einen unwiderstehlichen Brechreiz bei jeder Darstellung von Gewalt und Sexualität. Die Konditionierung funktioniert, so daß Alex bei einer Zurschaustellung(!) seiner »Heilung« auf einer Bühne(!) auf alle Arten sexueller und aggressiver

Provokation nur noch mit Übelkeit und absoluter Paralyse reagieren kann. Aus dem Verletzer des Gesellschaftsvertrages ist jenes Uhrwerk, jene Maschine geworden, auf die der Titel anspielt. Zu Beginn der Therapie reagiert Alex auf die Darstellung seiner vormaligen Realität in Form von Kinorealität noch durchaus lustvoll. Er kommentiert die Überschneidung der angeführten Realitätsebenen mit dem bezeichnenden Satz: »Ist es nicht merkwürdig, daß die Farben des wirklichen Lebens nur dann wirklich real scheinen, wenn man sie auf der Leinwand sieht?« Doch je länger er zusieht, um so stärker werden Ekel, Abscheu und Angst vor dem Gesehenen. Das dürfte nicht allein an dem verabreichten Serum liegen, sondern wohl vor allem daran, daß Alex zum passiven Zuschauer par excellence gemacht wird: Gefesselt und nicht einmal mehr in der Lage, die Augen zu schließen, erlebt er Sehlust als Sehzwang. Aus dem Kinosaal entlassen, bestimmt die ankonditionierte Passivität auch sein Agieren, bzw. sein Nicht-Agieren in der Realität. Er kann nur noch zusehen, nicht mehr handeln; aus dem Handelnden, dem Täter, ist ein Zuschauer, ein *Be*handelter, ein willenloses Opfer geworden. Ganz im Sinne der schon zitierten Erziehungsschrift La Salles hat man ihm beigebracht, das was er sieht, »lediglich mit dem Auge zu berühren.«

Indem Alex im Kinosaal zum gefesselten Voyeur wird, erfährt er am eigenen Leibe, was er zuvor seinem Doppelgänger Mr. Alexander angetan hat. Beim Einbruch in dessen Haus mußte Alexander gefesselt und geknebelt mitanschauen, wie Alex Mrs. Alexander vergewaltigte. Bei näherer Betrachtung der Szene aber ergeben sich noch ganz andere aufschlußreiche Aspekte: Im Gegensatz zu Alex' Situation während seiner »Kur« wird Mr. Alexander nicht gezwungen, die Augen offen zu halten. Man sollte doch eigentlich vermuten, daß er sich der unerträglichen Szenerie entzieht, indem er, wie etwa Danny in *The Shining*, die Augen schließt. Statt dessen aber verfolgt er mit extrem weit aufgerissenen Augen das schreckliche Geschehen, als vermische sich im Akt des Zuschauens Angst mit Lust (was nach dem im letzten Kapitel Gesagten so abwegig nicht mehr erscheinen mag, zumal wenn man das implizite Double-Verhältnis zwischen Alex und Mr. Alexander mitbedenkt). Nelson verweist diesbezüglich darauf, daß »in den letzten Einstellungen der Szene [...] Alex' groteske Maske und Alexanders Gesicht [...] in heimlicher Identität als spiegelbildliche Entsprechungen von Täter und Opfer, Selbstdarsteller und Voyeur«[36] erscheinen. Auch wenn sich unser moralisches Empfinden dagegen sträubt, müssen wir uns wohl eingestehen, daß Mr. Alexander der Vergewaltigung seiner eigenen Frau durchaus mit Lust zusieht. Daß dies so sein mag, ist aber weniger allein in psychischen Deformationen als primär in einer Faszination für das ästhetische Spektakel begründet, als das Alex sein Verbrechen inszeniert. Kubrick betont dies, indem Alex, bevor er mit der Vergewaltigung beginnt, sich zu Alexander hinunterbeugt und ihm »Viel Spaß!« wünscht (im englischen Original sogar noch prägnanter: »Viddy well!«, also etwa: »Gutes Zusehen!«). Da in dieser Einstellung die Kamera die subjektive Perspektive von Mr. Alexander übernimmt, adressiert Alex seine zynischen Wünsche direkt in die Kamera und somit direkt an uns. Der gefesselte Voyeur, der die Augen nicht schließen kann oder will, das sind wir – die Kinozuschauer.

Bei jeder Vorführung von *A Clockwork Orange*, die ich bis jetzt besucht habe, traf ich hinterher auf Zuschauer, die sich über die Unerträglichkeit dieser Verge-

Die Leiden des gefesselten Voyeurs: Alex' (Malcolm McDowell) zynische Botschaft an Mr. Alexander und die Kinozuschauer während der Vergewaltigungs-Sequenz in *A Clockwork Orange*.

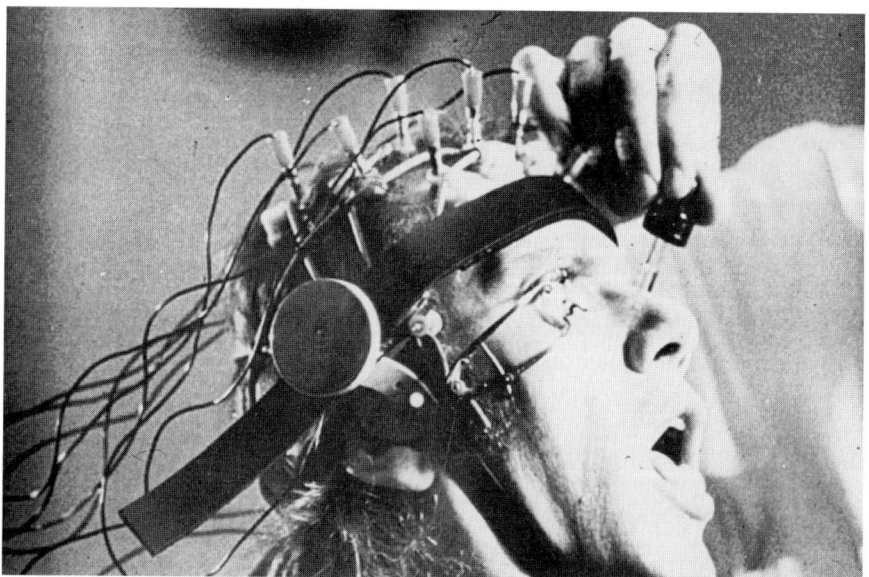

Der zum Zuschauen verdammte Akteur: Alex während der »Ludovico-Therapie«.

waltigungsszene beklagten. Hingesehen aber hatten sie alle, und auf die Frage, warum sie nicht die Augen geschlossen hätten oder gegangen wären, wußten sie keine Antwort. Elias führt zu einem vergleichbaren Phänomen aus: »Es erscheint nur deswegen als schlimmer, weil sich hier die Lust, Lebendiges zu quälen, so nackt, unverhüllt, zweckfrei, nämlich ohne eine Entschuldigung vor dem Verstand zeigt.«[37] Die visuelle Ästhetisierung der Gewalt, die Kubrick gleich in mehreren Szenen dieses Films vornimmt, läßt in der Tat keine rationale Rechtfertigung des Sehaktes für den Zuschauer mehr zu. Die abgründige Faszination ist als eine rein ästhetische nicht mehr in einen rationalen oder moralischen Diskurs überführbar, sondern verweist auf die dem Kino zugrundeliegende reine Sehlust, die hier zum Sehzwang wird, »weil die normale Konditionierung des Menschen in unserer Phase der Zivilisation die Lust an einer solchen Aktion durch Angst, die als Selbstzwang angezüchtet wird, von der Äußerung zurückhält. Gesellschaftlich unerwünschte Trieb- und Lustäußerungen werden mit Maßnahmen bedroht und bestraft, die Unlust erzeugen [...]. Und so kämpft die gesellschaftlich erweckte Unlust und Angst heute [...] mit einer verdeckten Lust.«[38]

Als Ort dieses gesellschaftlichen Kampfes hat Kubrick das Feld des Ästhetischen und hier vor allem das Kino ausgemacht, und das vielgeschmähte Werk *A Clockwork Orange* ist deswegen ein so radikaler wie brillianter Film, weil in ihm die affirmativen Funktionen des Kinos bloßgelegt und zugleich sabotiert werden. Ein anderer Film, der in vergleichbar konsequenter Weise die Ambivalenz der cineastischen Wahrnehmungsmodalitäten zum Gegenstand filmischer (Selbst-)Reflexion erhebt, ist Hitchcocks *Rear Window*. (Auch Hitchcocks Voyeur ist übrigens ein gefesselter: Er ist durch einen Beinbruch an den Rollstuhl gebunden!) In seinem Gespräch mit Alfred Hitchcock über diesen Film sagt François Truffaut zum Thema Voyeurismus:

> Ich wette, daß von zehn Leuten, wenn sie am Fenster gegenüber eine Frau sehen, die schlafen gehen will und sich auszieht, oder auch nur einen Mann, der sein Zimmer aufräumt, daß von zehn Leuten neun nicht anders können als hinschaun. Sie könnten wegsehen und sagen: »Das geht mich nichts an.« Sie könnten die Läden schließen. Aber nein, das tun sie nicht, sie schauen hin solange wie möglich.[39]

Hitchcock fügt hinzu: »Wir sind alle Voyeure, seis auch nur, wenn wir uns einen intimen Film anschauen. James Stewart an seinem Fenster, das ist übrigens die Situation des Kinozuschauers.«[40] Im Kino nämlich dürfen wir gesellschaftlich ungestraft unserem Voyeurismus frönen und uns an der Darstellung von Erotik und Gewalt erfreuen. Vor allem ist die Blickrichtung hier einseitig: Wie der Soldat des modernen Krieges oder der Lüstling hinter seinem Fernglas sieht auch der Kinozuschauer – obendrein in schützende Dunkelheit gehüllt – alles, ohne selbst gesehen zu werden: die ideale Perspektive des Voyeurs. Zugleich sehen wir auf der Leinwand unser eigenes Double, das Bild des anderen, der stellvertretend für uns unsere Triebe auslebt. Im Gegensatz zur oben beschriebenen normalen Struktur der Doppelgängerbeziehung verbleibt unser Filmdoppelgänger aber auf der Leinwand und wird somit für unsere Realität nicht bedrohlich.

Die Leinwand, von der der Zuschauer ausgeschlossen ist, stellt keinen Spiegel dar [...]. Das Ich wird im Moment der Identifizierung mit dem anderen nicht seinerseits angesehen vom anderen. Der Zuschauer ist vielmehr allsehend – einerseits nur sehend, nicht gesehen; zum anderen als Ubiquität des Beobachters, die dem Zuschauer von der Kamera geschenkt wird [...]. Der Zuschauer, libidinös mit sich selbst als reiner Kraft der Wahrnehmung identifiziert, wird ganz Auge.[41]

Im Kino werden wir also dank unseres Doppelgängers, des Kameraauges, und dank seines Doppelgängers, des Projektionsstrahls, für die Dauer der Vorführung zu einem neuen göttlichen Auge – allwissend, allsehend, allgegenwärtig und selbst unsichtbar: »Camera as all-seeing God satisfies our longing for omniscience.«[42] Die Eindimensionalität der Blickrichtung garantiert den Luxus der Passivität. Wir befriedigen die gesellschaftlich geächteten Triebe im Sehvorgang, ohne daß wir selbst handeln müßten. Darin liegt die Allmacht, zugleich aber auch die Ohnmacht des Kinozuschauers.

Der Zuschauer, dessen Blick in den imaginären Raum fällt, verfällt dem Geschehen. In einer faszinierten, Lust mit Angst mischenden Bewegung erfährt dieser Blick [...] lustvoll und zugleich passiv-ohnmächtig den Raum. Ohnmacht und Allmacht fallen zusammen [...]. Erklärt man sich die Faszination des Kinos aus dieser Allmacht-Ohnmacht-Konstellation, so wird die Sonderstellung deutlich, die die Filme Stanley Kubricks beanspruchen dürfen. Sie sind zentriert um genau diese Konstellation – und zwar nicht nur inhaltlich, sondern zugleich formal.[43]

Der passiv-ohnmächtige Zuschauer, der weder in das Geschehen auf der Leinwand eingreifen kann, noch von seinen Bilddoubles auf der Leinwand wahrgenommen wird, erscheint in *A Clockwork Orange* modellhaft im Bild des gefesselten Voyeurs. Alex, der Voyeur im »Ludovico-Kino« und Mr. Alexander, der Voyeur in der fiktiven Filmrealität, sind die Doppelgänger des Kinozuschauers. Alles, was zuvor über den Blick der Kubrickschen Protagonisten gesagt worden ist, gilt also im gleichen Maße für den Blick der Kinozuschauer. Auch unser Blick zerfällt wie der Jacks in den Modus des projizierenden (Allmacht) und den des ausgelieferten Auges (Ohnmacht). Wie Jack oder Alex reagieren wir schließlich mit Angst oder Ablehnung auf die Ver-Äußerlichung unserer Triebregungen, während sich gleichzeitig die beschriebene »verdeckte Lust« in uns regt. Genau diesen Konflikt ruft Kubrick in uns Zuschauern wach und betont dabei unsere Ohnmacht im Kino, unser »Da-Sein« als gefesselte Voyeure. Er zerstört in der angesprochenen Weise die künstliche, Unbeteiligung suggerierende Distanz zwischen uns und dem Bild. Und er versetzt den Zuschauer aus dem gewünschten Maß an Passivität (lustvoller Voyeur/Sehlust) in ein ungewünschtes Maß der Ohnmacht (gefesselter Voyeur/ Sehzwang): Wie Alex und Alexander auf der Filmebene kann der Zuschauer das Geschehen auf der Leinwand nicht unterbrechen; aus naheliegenden technischen Gründen und weil das Gezeigte ja eigentlich seinen geheimsten Triebregungen entspricht. Sich am Gezeigten delektieren kann er auch nicht; zum einen, weil er sonst gesellschaftlich geächtet würde, zum anderen, weil sich das Gezeigte nur im Akt des Auslebens, aber nicht mehr im Zusehen genießen läßt.

More or less we are all afflicted with the psychology of the voyeur. Not in a strictly clinical or criminal sense, but in our whole stance before the world. Whenever we seek to break this spell of passivity our actions are cruel and awkward and generally obscene like an invalid who has forgotten how to walk.[44]

Den zitierten Bann der Passivität aufzubrechen, ist dem Zuschauer also ebenso wenig möglich wie Alex nach der »Ludovico-Kur«. Seine Konditionierung ist tatsächlich die unsere. Je mehr die Darstellung im Zuschauer den Wunsch nach Handlung wachruft (und sei es nur der Wunsch, die Darstellung zu verhindern), um so mehr wird der gesellschaftliche Auftrag des Kinos, Handlung durch Sehen zu ersetzen, in sein genaues Gegenteil verkehrt. Da Handeln aber aus den genannten Gründen unmöglich bleibt, wird dem Zuschauer die bislang lustvoll genossene Passivität als Ohnmacht und Zwang schmerzlich bewußt. So läßt sich mit Recht sagen: »Bei Kubrick ist ›sehen‹ also nie gleichbedeutend mit ›machen‹, sondern mit ›erleiden‹.«[45]

Der Diskurs des Visuellen in Kubricks Filmen entpuppt sich also als ein medienreflexiver, der über die Figuration des göttlichen Auges bis hin zur Thematisierung des Sehens im Kino vormalige Blick-Allmacht in Blick-Ohnmacht verwandelt. Die Gleichung göttliches Auge = Kamera = Projektionsstrahl = Ich formuliert die Position des Ästhetizisten Kubrick: Nur als Blick auf den Film selbst ist der Blick in seinen Filmen noch mit sinnstiftender Potenz behaftet. Nur in Form der Selbstreferentialität in einem System, das keine Anbindung an ein Außerhalb des Kinos mehr zuläßt, behauptet das Visuelle seinen Platz in Kubricks Werk. Somit erscheint es nur folgerichtig, daß es in Wien ein Kino gibt, das »Auge Gottes« heißt.[46] Es darf vermutet werden, daß dort auch die Filme Stanley Kubricks gezeigt werden.

4. Von der Utopie des Augenblicks zur Ästhetik des Bösen – Der Diskurs des Ästhetizismus in *2001* und *A Clockwork Orange*

4.1. Konjunktionen und Sukzessionen zwischen *2001* und *A Clockwork Orange*

2001 und *A Clockwork Orange* sind die beiden berühmtesten, umstrittensten, am meisten beachteten wie mißverstandenen Filme Kubricks. Es sind die Filme, die seine Position in der Filmgeschichte am nachdrücklichsten gefestigt, ihm aber auch die größten Anfeindungen und Verrisse eingebracht haben. Es sind zugleich Filme, denen der Ruf vorauseilt, unverständlich, kryptisch, mystizistisch (*2001*), respektive menschenverachtend, gewaltverherrlichend und eigentlich unzumutbar (*A Clockwork Orange*) zu sein. Aus meiner Perspektive läßt sich dem nur entgegenhalten: Es sind die beiden Filme, in denen sich der Ästhetizist Kubrick am radikalsten zu erkennen gibt, in denen er noch einmal Genese, Spannbreite und denkbare (vorläufige?) Endpunkte einer ästhetizistischen Programmatik – als ästhetik- wie als ideengeschichtliche – reflektiert. Als logische Konsequenz dieser Reflexion und zugleich im historischen Nachvollzug dieser Genese erhebt Kubrick Ästhetik/Ästhetizismus selbst zum letztlich einzig denkbaren Gegenstand eines filmischen Ästhetizismus dieser radikalen Ausprägung, macht ihn also zum Thema der Filmhandlung selbst. Noch prägnanter formuliert: Die genannten Filme sind letztlich als *ein* Film anzusehen, als *ein* Diskurs über die ideengeschichtliche Genese des Ästhetizismus aus der Konfrontation rationalistischer und romantischer Weltentwürfe. Dabei mündet die Unvereinbarkeit dieser dichotomen Entwürfe über den kurzen Moment einer Utopie der absoluten Kunst (*2001*) schließlich in einen Ästhetizismus, der nur noch das Ästhetische selbst als Bezugsgröße kennt und nicht nur alle außerästhetischen Sinnbezüge, sondern in einer Ästhetik des Bösen auch das Sinnpotential einer selbstbezüglichen Ästhetik konsequent destruiert (*A Clockwork Orange*). Diesen Diskurs im einzelnen nachzuzeichnen, ihn somit als eigentliches Thema dieser Filme transparent zu machen und dadurch *2001* und *A Clockwork Orange* als Kern des gesamten Filmschaffens Stanley Kubricks zu definieren, wird Gegenstand wie Zielsetzung dieses Oberkapitels sein.

Der Ansatz, *A Clockwork Orange* gewissermaßen als »Fortsetzung« von *2001* zu lesen (ohne dadurch ihre Relevanz als Einzelfilme im geringsten verringern zu wollen), wird von Kubrick selbst durch das hohe Maß an filmsprachlichen Konjunktionen zwischen beiden Filmen nahegelegt. Wie schon weiter oben ausgeführt, findet die letzte Einstellung von *2001*, der Blick des Sternenkindes, ihre Entsprechung/Fortsetzung/Kontradiktion in der Anfangseinstellung von *A Clockwork Orange*, dem Blick von Alex. (Es wird sich noch zeigen, daß in ebendiesen beiden Einstellungen nicht nur das komplette Œuvre Kubricks, sondern darüber hinaus auch der gesamte ideengeschichtliche Diskurs der ästhetischen Moderne kodiert ist – so unwahrscheinlich dies für den Moment auch klingen mag.) Wie ebenfalls bereits skizziert, findet das konstituierende Strukturmoment von *2001*, der Kreis, ebenfalls Eingang in *A Clockwork Orange* (in Form von Billardkugeln, Bowler-Hüten, weiblichen Brüsten etc.), einen Film, der ansonsten durch die Zahl Drei und ihr geometrisches Äquivalent strukturiert wird. Daneben gibt es eine ganze Fülle thematischer wie bildmotivischer Entsprechungen: Beide Filme überantworten sich in hohem Maße Themenkreisen wie Geburt, Tod, Wiederauferstehung, Gewalt als gesellschaftskonstituierendes Moment, Familie, Macht der Maschine etc. In beiden Filmen nimmt klassische Musik eine eigenständige Funktion ein, die in ihrer dramaturgischen Relevanz weit über die üblichen Modi von Filmmusik hinausgeht. Bildmotivisch identisch komponiert sind u. a. die Bestrafung der aufsässigen Droogs durch Alex und Moon-Viewers erstmaliger Einsatz des Knochens als Waffe: In beiden Fällen nimmt die Kamera eine starke Untersichts-Position ein; beide Szenen sind in extremer Slow-Motion gefilmt; Gestus und Mimik von Alex in dieser Szene erinnern frappant an die Moon-Viewers, dadurch eine heimliche Identität beider Figuren behauptend, die gewiß nicht in einem Darwinschen Evolutionismus ihre erschöpfende Erklärung finden soll. Auch der komplementäre Gebrauch von Sprache kann in diesem Kontext als Indiz für das Sukzessionsprinzip zwischen beiden Filmen gewertet werden: Während *2001* Kubricks dialogärmster Film ist, enthält *A Clockwork Orange* von allen Filmen Kubricks mit Abstand die meisten Dialoge und Off-Kommentare. Tertium comparationis beider Phänomene ist die Destruktion von Sprache als Kommunikationsmittel. Erstarrt der spärliche Dialog in *2001* in sinnlosen Leerformeln ohne wirklichen Mitteilungsgehalt, so kann Sprache auch in *A Clockwork Orange* nur noch als Artefakt ihren Platz behaupten, als synthetisches Kunsthandwerk, wohingegen sie als Kommunikationsmittel auch hier nur im Zustand ihres Scheiterns vorgeführt wird.

Die angeführten Beispiele, die sich durchaus noch erweitern ließen, zeigen auf, daß es Kubrick, stärker als dies ohnehin bei ihm schon immer der Fall war, darauf ankam, durch seine auktorialen Zeichen den inneren Zusammenhang der beiden Filme zu betonen. Im folgenden soll zunächst der jeweilige Einzelfilm einer Analyse hinsichtlich des in ihm jeweils angelegten ästhetizistischen Diskurses unterzogen werden, wobei parallel die sukzessive Struktur beider Filme offengelegt werden wird. Sinnvollerweise muß die Untersuchung daher, der Entstehungschronologie folgend, bei *2001* einsetzen; sinnvollerweise auch deshalb, weil dieser Film etwas zum Zentralthema erhebt, was ihn sozusagen zwangsläufig an den Anfang setzt: Geburt, respektive Evolution – eine Evolution allerdings, die dann erst in *A Clockwork Orange* ihren (vorläufigen?) Endzustand erreichen wird.

4.2. Die Geburt des Ästhetischen aus dem Geiste von Mythos und Logos

2001 ist eine nichtverbale Erfahrung.[1]

Daß sich der Bedeutungszusammenhang von *2001* nicht in den gängigen Mustern der Science-fiction-Dramaturgie entschlüsseln läßt, davon legen die mittlerweile Legion gewordenen Analysen dieses Films beredtes Zeugnis ab: Jede Interpretation, die sich auf Fragen wie »Steht der Monolith für die Existenz außerirdischer Intelligenz?« kapriziert, scheint spätestens mit Beginn der »Lichttunnel«-Sequenz die Waffen strecken zu müssen. Gleiches gilt für die Großzahl der Aufsätze, die gerade den Schluß des Films in den Kontext mystischer Konzepte zu verorten suchen. Offensichtlich verweigert sich *2001* bislang beharrlich all jenen Lesarten, die auf der Suche nach Lösungen allzusehr auf der Oberfläche des Dargestellten verweilen.

Was aber verhandelt *2001*, was liegt jenseits der semantischen Modi einer Science-fiction-Ästhetik, die Kubrick offenbar nur als Vehikel für eine ganz anders geartete Thematik dient? Zur Beantwortung dieser Frage ist es notwendig, sich die Struktur des Filmes noch einmal vor Augen zu führen: *2001* besteht aus vier Einzelteilen. Der erste spielt in prähistorischer Zeit und beschreibt die Wandlung eines Primaten zum Homo instrumentalis dank einer nicht näher definierten Hilfestellung durch einen geheimnisvollen Monolithen. Teil zwei zeigt die Weltraumreise des Wissenschaftlers Dr. Floyd zum Mond, in dessen Krater Clavius eben jener Monolith aufgespürt worden ist. Teil drei berichtet von der Mission der Astronauten Bowman und Poole zum Jupiter, wo sie – wie Bowman erst am Ende der Reise erfährt – nach einer eventuellen Herkunft des Monolithen forschen sollen. Teil vier schließlich beginnt mit dem rätselhaften Sturz Bowmans in den »Lichttunnel« und endet mit seiner Metamorphose in einen Astralfötus.

Bildmotivische Klammer aller Teile ist der Monolith, der jeweils einmal pro Teil auftaucht. Daneben aber sind die vier einzelnen Teile durch eine Thematik miteinander verknüpft, die mir den entscheidenden Interpretationszugang zu *2001* zu bieten scheint: Evolution und Geburt. Die Evolution, die den gesamten Film durchzieht, ist zweifellos jene der menschlichen Intelligenz: Ausgehend von der »Erfindung« des Instruments (das immer zugleich auch Waffe ist) durch eine Horde Primaten, vollzieht Kubrick einen evolutionären Sprung ins 21. Jahrhundert, dessen adäquater Darstellungsmodus jener berühmte Match-Cut ist, der die formale Ähnlichkeit zwischen Knochen und Raumschiff unzweideutig auch als Wesensentsprechung postuliert. Die Entwicklung der menschlichen Intelligenz, die wie stets von Kubrick als eine rein instrumentelle gedeutet wird, kulminiert in der intelligentesten Maschine aller Zeiten, in HAL 9000. Die Überantwortung der Intelligenz an die Maschine stellt aber auch zugleich den End- und Wendepunkt *dieser* Art von Intelligenz dar, deren Personifikation schließlich abgeschaltet werden muß, da HAL »droht, mit der Vernichtung seiner Herren die biblische Parabel der Schöpfungsgeschichte umzukehren«.[2] So muß – und in diesem Punkt sind sich nahezu alle Interpreten Kubricks einig – das Ende des Filmes als weiterer evolutionärer Sprung gelesen werden, als Entstehung einer neuen (nicht instrumentellen) Art von Intelligenz, die sich anscheinend der bisherigen Gültigkeit eines

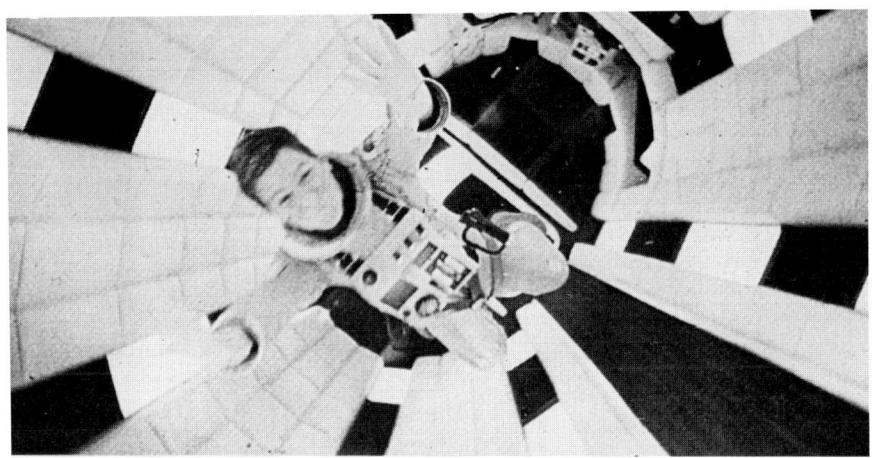

Geburt und Tod in *2001*: Bowmans (Keir Dullea, oben) Rückkehr in den Geburtskanal wird erst durch den Abortus seines irdischen »Zwillings« Poole (Gary Lockwood) ermöglicht.

linearen Evolutionsprozesses entzieht und daher nicht mehr in die vormaligen Konzepte von Intelligenz integrierbar ist.

Carolyn Geduld hat in einer detaillierten Analyse nachweisen können, wie sehr *2001* einer uterinalen Formsymbolik verpflichtet ist.[3] Die einzelnen Raumschiffe und -stationen erinnern stark an Vulven, Phalli oder Ovi, was verstärkt wird durch das gerade im zweiten Teil immer wieder zelebrierte Moment der Penetration, des Eindringens einer Raumfähre oder -gondel in den »Bauch« der Raumstation oder des »Mutter«-Schiffs. Auch die Existenz eines Zwillingscomputers von HAL und die zwillingshafte Ähnlichkeit Bowmans und Pooles scheinen sich nahtlos in den Themenkomplex Geburt/Zeugung einzufügen:

> Beide treten beim Verlassen der Gondel aus der Türöffnung hervor wie ein Fötus aus dem mütterlichen Schoß. Ihre Raumhelme haben eine animalische Kopfform

und [...] sie treiben beide, mit dem Kopf nach unten auf den Rumpf der »Discovery« zu wie ein Neugeborenes auf der Suche nach dem Körper seiner Mutter.[4]

Vor diesem Hintergrund kann Pooles Ermordung als Abtreibung bzw. Abortus gelesen werden, wobei die Durchtrennung des Schlauches mit der Sauerstoffzufuhr einer symbolische Durchtrennung der lebenserhaltenden Nabelschnur gleichkommt. Bowmans gewaltsame Rückkehr in die »Discovery« entspricht einer in den mütterlichen Uterus, wofür auch die eindeutige Konnotierung der Luftschleuse als Geburtskanal Beleg ist. (Bezeichnenderweise eröffnet gerade diese Szene eine neue Zeitkonzeption in *2001*, wie sie sich in HALs finaler Regression und in Bowmans endgültiger Überwindung des Todes durch Tod und Wiedergeburt als Astralfötus manifestiert.) Auch die schweren Atemgeräusche Bowmans im »Lichttunnel« erwecken Assoziationen an Geburt wie an Zeugung gleichermaßen, wie überhaupt in die Bilderfolge des »Lichttunnels« kaum wahrnehmbar immer wieder entsprechende Bildmotive einmontiert sind (die Gondel als Spermatozoon; Mikroskopaufnahmen menschlichen Plasmas; Detailansichten einer Fruchtblase etc.).

Vielleicht ist in diesem Zusammenhang noch ein persönlicher Erfahrungswert aufschlußreich: Ich habe *2001* mehrfach gemeinsam mit Frauen angesehen, die beim »Lichttunnel« übereinstimmend von Assoziationen an Geburt und Schwangerschaft sprachen, die sich z. T. sogar in heftigen körperlichen Reaktionen niederschlugen. Offenbar ist Kubrick tatsächlich gelungen, was seine erklärte Absicht war, nämlich »eine visuelle Erfahrung zu schaffen, die verbalisierte Einschachtelungen hinter sich läßt und mit einem emotionalen und philosophischen Inhalt direkt in das Unterbewußtsein eindringt.«[5]

Der Film selbst thematisiert schon lange vor der (ikonographischen) Unmißverständlichkeit seines Schlußbildes die Relevanz der Geburtsthematik, indem kleinere Handlungseinheiten darauf rekurrieren: Floyd übermittelt seiner Tochter (realiter übrigens Kubricks jüngste Tochter!) aus der Mondstation Geburtstagsgrüße, wie auch Poole an Bord der »Discovery« ein Tape mit Geburtstagsglückwünschen seiner Eltern überspielt bekommt. Als weitere Motivvariante läßt sich lesen, daß Kubrick »in jedem der vier Teile [...] seine Figuren in psychischen Situationen [zeigt], die zwischen Wachheit, Schlaf und Erwachen alternieren.«[6] Selbst die strukturelle Dominanz des Kreises bzw. des Rades als Kompositionswie als Formschema deutet in die gleiche Richtung, da letzteres »in den asiatischen Kulturen [...] auf den Kreislauf der Wiedergeburt«[7] hinweist.

So arbeitet dieser 141 Minuten lange Film in seiner Konsequenz von Anfang an auf das etwa dreißigsekündige Schlußbild des Sternenkindes hin, das also als (vorläufiger) Endpunkt sowohl des beschriebenen Evolutionsprozesses als auch der gesamten Geburtsthematik in *2001* angesehen werden muß. Wenn auch somit die Funktion dieses Bildes unstrittig sein dürfte, so bleibt zunächst weiter unklar, was dieser Fötus repräsentiert. Denn daß das Bild metaphorisch angelegt ist, dürfte nicht zuletzt durch die Tatsache hinreichend belegt sein, daß es sich um ein asexuell »gezeugtes« Wesen handelt. Der Fötus ist ein künstliches Gebilde, kein Abbild einer biologisch-organischen Entität; er ist ein Modell, ein *Artefakt*. Der Prozeß, dessen Klimax er bildet, ist aber nicht allein jener oben beschriebene evolutionäre der Intelligenz, sondern darüber hinausgehend – wie in der Konsequenz von Kubricks

116

Arbeit naheliegend – ein ästhetik- und ideengeschichtlicher. Und nur dort, ausschließlich auf der Bedeutungsebene dieser Diskurse, läßt sich das eigentliche Thema von *2001* und damit auch die Bedeutung des Schlußteiles und -bildes entschlüsseln.

Bis zum Beginn des vierten Teils variiert Kubrick in *2001* ein weiteres Mal sein Zentralthema, die dialektische Konfrontation rationalistischer und romantischer Weltentwürfe: »Kubrick spielt den Konflikt der beiden Welten genüßlich aus, schlägt sich im Endeffekt jedoch immer auf die Seite des Rätsels, das alle Planungen durchkreuzt und die Illusion von der Beherrschbarkeit der Welt verspottet.«[8] Was *2001* hierbei von den anderen Filmen Kubricks unterscheidet, ist die Tatsache, daß diesmal die bislang unterschwellige Sinnebene gleichsam an die Oberfläche der Filmhandlung drängt und in der Thematisierung der Evolution der Ratio genuiner Bestandteil der Narration selber wird. Präziser als jemals zuvor artikuliert Kubrick in *2001* die immanente Dialektik der Aufklärung, so daß Hans-Thies Lehmann zu Recht konstatiert, daß dem Regisseur »hier in visueller Sprache das ästhetische Gegenstück zu Horkheimer/Adornos epochaler Zeitanalyse gelungen ist.«[9] Schon die Wahl der Homerschen »Odyssee«, auf die Titel, Namensgebung der Protagonisten wie einzelne Motive hinweisen, als narrativer Subkontext verbindet Kubricks Film mit dem philosophischen Traktat. Wie Horkheimer/Adorno liest Kubrick die mythische Reiseerzählung als grundlegende Reflexion über die Selbst-Werdung des neuzeitlichen Menschen und als ein repräsentatives Zeugnis der Ambivalenz des bürgerlichen Zivilisationsprozesses: »Kein Werk aber legt von der Verschlungenheit von Aufklärung und Mythos beredteres Zeugnis ab als das homerische, der Grundtext der europäischen Zivilisation.«[10]

Die in *2001* beschriebene Evolution der Intelligenz steht vom Primaten bis zu HAL ganz im Zeichen der Entfremdung von Natur, der Instrumentalisierung von Vernunft, deren Einbindung in Herrschaftszusammenhänge und damit einer Mythologisierung der als neue Gottheit inthronisierten Ratio. »Aufklärung schlägt in Mythologie zurück«[11] lautet Horkheimer/Adornos Zentralthese. Konnte Kubricks Œuvre schon immer als Beweisführung ebendieser These gelesen werden, so läßt *2001* endgültig keinen Zweifel mehr an der Gültigkeit der philosophischen Analyse: »Beredt sind die optischen Signale zu Intelligenz und Gewalt. Rationalität, die mythische Verfallenheit an Naturzwänge schlagen sollte, dient der Naturbeherrschung. [...] Der große Moment, in dem der Affenmensch das Werkzeug im Knochen entdeckt, fällt zusammen mit der Entdeckung des Mordinstruments.«[12] Nahezu wie eine vorweggenommene Beschreibung HALs (und seiner Motive für die Mordtaten) liest sich, was Horkheimer/Adorno als unabdingbare Konsequenz des Rationalisierungsprozesses beschreiben: »Denken verdinglicht sich zu einem selbsttätig ablaufenden, automatischen Prozeß, der Maschine nacheifernd, die er selber hervorbringt, damit sie ihn schließlich ersetzen kann.«[13] Und: »Was dem Maß von Berechenbarkeit und Nützlichkeit sich nicht fügen will, gilt der Aufklärung für verdächtig.«[14] Gerade in der Hybris wie in der Agonie HALs arbeitet Kubrick noch einmal heraus, daß die ursprünglich gegen den Mythos proklamierte Aufklärung selbst zum Mythos der Neuzeit geworden ist.

> Nachdem Hegel zufolge alle Daseinsweisen des Geistes mit Ausnahme des abstrakten Denkens obsolet geworden sind, kann einzig die Intelligenz selbst noch zum

Filmische Konjunktionen zwischen *2001* und *A Clockwork Orange* als Kommentar zur Dialektik der Aufklärung: Aus dem Knochen macht Moon-Viewer erst ein Instrument, dann eine Waffe...

> Helden eines Mythos werden. [...] Die Filme Stanley Kubricks lassen die Vermutung entstehen, ob nicht [...] die »Dialektik der Aufklärung«, die notwendige Selbstblendung und selbstmörderische Vervollkommnung der Rationalität, dieser vorläufig letzte Mythos sein könnte.[15]

Am letztlich entscheidenden, weil Überwindungsmöglichkeiten dieser Dialektik reflektierenden Punkt aber setzt sich Kubrick deutlich von Horkheimer/Adorno ab: Konnten letztere noch die Utopie einer Synthese skizzieren, in der sich Vernunft ihrer mythischen Selbstüberhöhung entkleidet und eben dadurch eine Versöhnung der Prinzipien von Geist und Natur ermöglicht, so beharrt Kubrick auf einem unüberwindbaren Dualismus von Mythos und Logos. Folgerichtig stellt *2001* nicht allein das Mythische an der Ratio heraus, sondern läßt die Historie der Vernunft unvermittelt mit Inkunabeln des Mythischen kollidieren. Anstelle des Begriffes, der Sprache, in der allein sich rationales Sein und Erkennen vollziehen kann, setzt Kubrick eine Ontologie des Bildes, des Sehens als Träger eines neuen Mythischen. »A mythological documentary«[16] hat Kubrick selbst seinen Film genannt, dessen 141 Minuten Laufzeit gerade 40 Minuten beinhalten, in denen überhaupt Dialog vorkommt. Wie schon oben ausgeführt, sind diese Dialogpassagen überdies dadurch gekennzeichnet, daß sie das Konzept von Sprache als Kommunikations- oder Erkenntnisinstrument vollends desavouieren. Nur im regressiven Kinderlied des »sterbenden« HAL scheint Sprache sich noch einen Impetus von Wahrheit zu erhalten, also erst dann, als der Sprechende selbst sich jeglicher Ratio entkleidet – lies: abgeschaltet – sieht.

Mit der Destruktion von Begrifflichkeit einher geht die Aufwertung einer bildsprachlichen Formsymbolik, die vor allem das vorherrschende Strukturmoment des Kreises zum Bedeutungsträger erhebt: Nach C. G. Jung ist der Kreis das

... Moon-Viewers später Nachfahre Alex (Malcolm McDowell) kennt nur noch den Gebrauch der Waffe.

Symbol einer ursprünglichen Ganzheit, während quadratisch-rechteckige Formen das Bewußtsein/die Ratio verkörpern.[17] Die Relevanz des Kreises für die Ikonographie von *2001* ist evident, während sich das Prinzip des Vierecks nicht allein in der Gestalt des Monolithen ausdrückt, sondern noch stärker durch das Strukturprinzip der Zahl Vier. »Kubrick scheint fasziniert zu sein von der Zahl Vier«[18], hat Carolyn Geduld in ihrer Analyse noch einmal ausdrücklich unterstrichen: Der Film enthält vier Episoden, weist vier Helden (Affe, Wissenschaftler, Maschine, Astronaut) auf, umfaßt mit dem errechneten Alter des Monolithen einen Zeitraum von vier Millionen Jahren, thematisiert vier Evolutionsstufen (Affe, Mensch, Maschine, Sternenkind), bedient sich der Musik von vier Komponisten und läßt den Quader insgesamt viermal erscheinen. Symbolkundlich sind Kreis und Quadrat Antagonisten, um so interessanter ist es, daß Kubrick beiden Formen so großen Raum zugesteht. Doch ist in dem Dualismus von Kreis und Quadrat unschwer jener von Mythos und Logos, von Aufklärung und Romantik wiederzuerkennen:

> Der Kreis ist nach den Spekulationen der platonischen und neuplatonischen Philosophen die vollkommenste Form [...]. Am Kreis ist weder Anfang noch Ende, weder Richtung noch Orientierung zu sehen, [...] weshalb der Kreis auch für den Himmel und alles Spirituelle steht. [...] Symbolkundliches Gegenstück zum Kreis ist das Quadrat, das im Gegensatz zu ihm die irdische Welt und das Materielle bezeichnet. Der Kreis steht für Gott und Himmel, das Quadrat für Erde und Mensch. [...] Die sprichwörtliche Aufgabe einer »Quadratur des Zirkels«, die Verwandlung eines Quadrates in einen flächengleichen Kreis (mit rein geometrischen Mitteln) bezeichnet daher das Bemühen des Menschen, seine eigene Substanz in jene der Gottheit übergehen zu lassen, sich also zur Göttlichkeit hin zu läutern.[19]

Im symbolischen Kontext von *2001* erhält auch das Reiseziel der »Discovery«, der Jupiter, eine spezifische Bedeutung: Jupiter ist Vater von Sol (Sonne) und Luna (Mond), wie Zeus Vater von Appollon und Dionysos ist. Daher gilt Jupiter/Zeus als Schöpfer einer dualen Vernunft, d. h. einer mythischen Vernunft, die Rationales wie Irrationales in sich vereint. So spielt *2001* auf den verschiedensten Ebenen immer wieder eben jenen Dualismus von Mythos und Logos durch, dabei zugleich stets die Utopie einer Überwindung thematisierend, die aber erklärtermaßen nur außerhalb gängiger dialektischer Systeme liegen kann. Die von Kubrick konstatierte Unvereinbarkeit dieser semantischen wie ideengeschichtlichen Bezugsgrößen stellt daher eben nicht ein Plädoyer für das Mythisch-Irrationale im vorgängigen Sinne dar. Erst jenseits der erstarrten Dichotomie Rationalität/Irrationalität verortet Kubrick eine Ebene der Synthese, die einen neuen Begriff des Mythischen setzt, der – wie sich noch zeigen wird – vollständig in dem des Ästhetischen aufgeht.

Für Hans-Thies Lehmann ist Kubrick *der* Exponent eines Kinos, das vordergründige Mythoskonzepte zugunsten einer primär der virtuellen Raumaneignung qua Blick verpflichteten Seh- und Inszenierungsweise ablöst: »Mythisches Kino wie das Kubricks würde sich demnach dadurch auszeichnen, daß es die autoritative Übermacht des Raums in Szene setzt.«[20] Wohl kein anderer Film Kubricks zeichnet sich in so hohem Maße wie *2001* dadurch aus, daß dem Raum (gerade auch dem Weltraum als eigentlich leerem Raum) eine solche Dominanz eingeräumt wird. Demgegenüber tritt die Dimension der Zeit in den Hintergrund. Sie wird nur noch erfahrbar als etwas, das in der Montage zweier Raum-Entitäten gleichsam ausgelassen wurde (Match-Cut von Knochen auf Raumschiff) oder in der Destruktion »der Newtonschen Uhrwerkhaftigkeit eines vorhersehbaren Universums«[21] sofort in die Dimensionalität des Raumes überführt wird (»Lichttunnel«-Sequenz). *2001* »versetzt den Zuschauer in eine Welt, in der die Linearität der Zeit (die Ordnung des Erinnerten) gegen die Mysterien eines mehrdimensionalen Raumes steht«[22], Zeitliches sich aber letztlich im Räumlichen auflöst. Konnten Horkheimer/Adorno als raum-zeitliches Strukturmerkmal der Homerschen »Odyssee« noch vermerken:

»Mühselig und unwiderruflich löst sich im Bild der Reise historische Zeit ab aus dem Raum, dem unwiderruflichen Schema aller mythischen Zeit«[23], so gilt für *2001*: »Das moderne Zeitalter ist das des Kosmischen, und so bewegt Kubricks ›Space Odyssey‹ sich in gegenläufiger Richtung, löst, partiell, historische Zeit in der Beschwörung des Raums wieder auf.«[24]

Der in diesem Sinne mythisch zu nennende Raum aber ist ein rein ästhetischer, ja, er ist ein sich selbst als ästhetisches Konstrukt reflektierender. Von ihm geht eine Wirkung auf die Kinozuschauer aus, die man als libidinös im Sinne der völligen Überantwortung an das rauschhafte Erfahren von Raum bezeichnen muß. Dies ist ohne Zweifel der soghaften Wirkung der rasanten Bewegung in die virtuelle Raumtiefe zu eigen, mit der die »Lichttunnel«-Sequenz von *2001* eröffnet wird. Was Lehmann allgemein für die Wirkungs- und Funktionsmechanismen eines mythischen Kinos formuliert, kann nahezu wortwörtlich auf *2001* übertragen werden:

> Der Kinobesucher wird gewissermaßen ganz Blick, er verfällt einer Art Rausch: dem Sog, der von der Leinwand ausgeht, dem schwarzen Loch, das alle Bewußtseinstätigkeit ansaugt. Vielleicht liegt im Rausch dieser Erfahrung der Schlüssel zu dem, was am Film rechtens in Analogie zum Mythos gebracht werden kann. [...] Dieser Rausch aber geht von einem nur *imaginierten Raum* aus, der auf der Leinwand vorgetäuscht ist. Im Sinne Lacans stellt dieser imaginierte Raum der Leinwand zugleich einen *imaginären* dar, den *Spiegel*, in welchem das Subjekt sich narzißtisch mit seinem Ich identifiziert. [...] Dem Film eignet eine Art »*Kosmomorphismus*«; selbst wo er nur Raum, selbst einen leeren zeigt, bleibt die Identifikation des Zuschauers intakt.[25]

Der narrative wie raum-zeitliche Bruch, den der Beginn des »Lichttunnels« innerhalb von *2001* markiert, ist letztlich der Beginn eines neuen Films, der, nachdem zuvor der skizzierte Dualismus von Mythos und Logos ausformuliert worden ist, eine neue Bedeutungs- und Reflexionsebene eröffnet. Selbst-Zeugung könnte man als den Modus der ästhetischen Reflexion definieren, die fortan den Film bestimmt, oder noch präziser: Selbst-Zeugung durch einen Raum, der im Vorfeld schon als mythisch-ästhetischer formuliert worden ist. Nicht allein das Sternenkind ist Produkt dieses Raumes, mithin Produkt einer asexuellen Zeugung, sondern das gleiche Prinzip beherrscht den gesamten vierten Teil von *2001*. Es ist der Raum im angesprochenen Sinne, also der Raum der Leinwand selbst, der jene Formen und Farben gebiert/kreiert, die den »Lichttunnel« konstituieren. »Jupiter – und dahinter die Unendlichkeit« ist der Schlußteil des Filmes betitelt. Nach dem weiter oben Gesagten kann das nur bedeuten, daß Kubrick hinter Jupiter, hinter dem Schöpfer der dualen Vernunft, einen Raum antizipiert, der nur als ästhetischer noch durchmessen und durchreist werden kann. »A total mystery« – jenes »ungelöste Rätsel«, auf das die letzten Worte der Bandaufzeichnung Dr. Floyds verweisen, die eingespielt wird, nachdem HAL abgeschaltet worden ist – jenes Mysterium ist die Frage nach dem, was hinter dem Dualismus von Mythos und Logos liegen könnte. Kubricks Antwort verweist auf das Feld des Visuellen, des (Film-)Ästhetischen.

»Disconnect HAL« – die Bahn, auf der nur maschinelle Perfektion erreicht wird, ist abzubrechen. Bei der Frage, was an die Stelle treten könnte, stößt man auf das andere Leitmotiv Kubricks: das Auge. Ihm begegnet am Ende des Filmes eine Art Zeitverschlingung, die alle lineare Abfolge hinter sich und nur noch Auge und phantastischen Raum übrigläßt. Zeit wird zur Zeit der Phantasie, die viele Betrachter des Films verwirrt hat. Sie ist jedoch weniger rätselhaft, wenn man sich der Identifizierung des Zuschauers mit der Kamera erinnert und den Film nicht als naive Weltraumoper sieht, sondern als kalkulierte Reflexion auf den Film selbst. Diese Dimension ist nicht fremd hinzugetragen, denn daß in *2001* das Auge als das theoretische und sinnliche Organ thematisiert wird, bedarf keines Beweises. [26]

4.3. Der mythische Blick in *2001*

Auch was die jeweilige semantische Besetzung des Augenmotivs angeht, spielt *2001* den Dualismus vom Mythos und Logos durch, um ihn schließlich im Ästhetischen aufzulösen. Wie bereits in den Kapiteln über das Visuelle bei Kubrick ausgeführt, finden sich auch in *2001* sämtliche Transformationen wieder, denen Kubrick das Augen-Emblem unterzieht. Der jeweilige Umschlag vom göttlichen ins rationalistische und dann ins dämonisch-panoptische Auge ist an HAL exemplifiziert, dessen eines Auge zugleich unmißverständlich als Kamera codiert ist. Erst mit Bowmans Sturz in den »Lichttunnel« vollzieht sich eine in dieser Konsequenz in Kubricks Œuvre einmalige weitere Transformation des Augenmotivs.

Nachdem Bowman das göttliche Auge des Computers HAL abgeschaltet hat und mit Erreichen des Planeten Jupiter über seine Mission aufgeklärt worden ist, beginnt der vierte Teil des Films mit Aufnahmen des geheimnisvollen Monolithen, der durch das All schwebt. Wir sehen Bowman in einer Raumgondel sitzen, die auf den Monolithen zusteuert. Dann öffnet sich der Raum zu einem der für Kubrick so typischen Korridore, und Bowman versinkt buchstäblich in einem Abgrund bizarrer Farben und Formen:

> Das Sternentor zeigt Bowmans Befreiung von irdischen Formen sowohl durch eine Flut von irdischen Mustern und Farben als auch durch die Wiederholung vertrauter Bilder in neuen visuellen Kontexten. Knochen, Satelliten, zeitlupenhaft dahingleitende Raumschiffe und die bisherige Vorherrschaft von Schwarz und Weiß machen den vielfarbigen, strahlenden Lichtkorridoren des *Slit-scan*-Verfahrens, leuchtenden Kristallen, explodierenden Weltrauminseln, embryonalen Formen, abstrakten Ahnungen neuer Sonnenaufgänge und vor allem dem ständigen Eindruck rasender Bewegung Platz.[27]

Das rauschhaft-sogartige Moment der Fahrt, das durch das Tempo, in dem die Bilder an uns vorüberziehen, noch verstärkt wird, kontrastiert Kubrick mit *stills* von Bowmans verzerrten Gesichtszügen. Diese Standbilder werden zusätzlich dadurch verfremdet, daß sie im Moment eines Kamerazooms aufgenommen wurden. Die verwischten und fixierten Linien der Bewegung betonen den Eindruck von kurzfristig angehaltener Zeit und setzen in Kombination mit der rasant verstreichenden Realzeit der Fahrt gängige Definitionsparameter von Zeit außer Kraft, werden »zum optischen Signal einer Zeit, die der Chronologie des Computers unzugänglich ist.«[28] Schließlich erkennen wir in dem Gewirr von Formen und Farben Flugaufnahmen von Gebirgen, Wüsten und Seenplatten, darunter mit dem Monument Valley ein weiterer (Film-)Raum, der durch die Filme John Fords eher als ästhetischer, filmreflexiver denn als realer Raum kodiert ist. Bowman scheint sich wieder auf der Erde zu befinden, die er in unverändert hohem Tempo überfliegt. (Vergegenwärtigen wir uns kurz, daß Bowman als Odysseus des 21. Jahrhunderts um der Analogie willen irgendwann ja auch nach Ithaka zurückfinden muß.)

Diese Landschaftsaufnahmen sind duochrom eingefärbt, wobei sich die verwendeten Farben nach einem bestimmten System ändern. Die Aufnahmen der Fahrt werden jetzt kontrastiert mit Detailaufnahmen von Bowmans Auge, wobei die Iris jeweils mit der gleichen Farbkombination getönt ist wie die Landschaftsbilder nach dem Umschnitt. Jede Veränderung der verwendeten Farbeintönung zeigt sich also zuvor an der Einfärbung von Bowmans Iris. Die Frage, ob die Farben in seinem Auge Reflexionen der Landschaft sind oder ob er mit seinem Auge das, was er sieht, jeweils analog einfärbt, ist nicht zu beantworten. Doch nach dem weiter oben zur Dialektik von projizierendem und rezipierendem Auge in Kubricks Filmen Gesagten erscheint diese Frage geradezu obsolet gegenüber der zweifelsfreien Tatsache, daß das Auge dank dieser Inszenierungsart so oder so »zu einem Emblem der Wahrnehmung selbst wird.«[29] Die angesprochenen Detailaufnahmen suggerieren, daß Bowman (ähnlich dem Kinozuschauer, s.o.) in diesem Schlußteil seiner Fahrt ganz zu einem Auge wird, das sich gleichermaßen lustvoll wie erschreckt der reinen Wahrnehmung des Raumes hingibt. Der bereits angedeutete Übergang von einer begrifflich zu einer visuell orientierten Welt ist vollzogen. Dies läßt sich auch daran ablesen, daß während der ganzen zwanzigminütigen Schlußsequenz kein Wort mehr gesprochen wird, wie dies auch im kompletten ersten Teil von *2001* schon der Fall war. Spielte jener noch in einer vorbegrifflichen Zeit, so ist das Schweigen im Schlußteil als Befindlichkeit einer Welt zu deuten, die in einem weiteren Evolutionssprung das Begriffliche nunmehr wieder hinter sich gelassen und durch das Optische ersetzt hat: »Wie eine überdimensionale, gleichzeitig spiegelnde und durchlässige, das Licht brechende und reflektierende Objektivoberfläche, auf der sich äußere und innere Räume überlagern, ist dies eine Welt absoluten Sehens, in der alles möglich ist und nichts gewiß.«[30]

Die Fahrt endet schließlich, und in Bowmans Iris laufen in rascher Folge noch einmal die Farbveränderungen der letzten Minuten ab, bis sich das Auge schließlich weißlich-trübe einfärbt. Der Umschnitt zeigt uns, daß die Raumgondel sich in einem weißen Zimmer befindet, das im Stil des 18. Jahrhunderts eingerichtet ist.

> Die symbolische Fahrt in eine andere Dimension, die der Astronaut Bowman erlebt, läßt ihn zu einem neuen »Trunkenen Schiff« werden, einem Raumschiff, das das Unerhörte sieht, einen Sturz ins Unendliche erlebt und am Ende, wie Rimbauds Schiffchen müde, ersterbend wieder in einem phantastischen Europa, dem Heimatland der Aufklärung landet […]. Am Ende dieser Fahrt begegnet der 2001-Mensch

seiner Ur-Zeit, also dem Jahrhundert der Aufklärung, Symbolzeit der modernen Intelligenz mit dem durchdringenden Blick, und zwar in einem Zimmer, einer *camera*.[31]

Diese Assoziation Kamera/Auge wird noch gestützt durch den ersten Blick, den Bowman in dieses Zimmer wirft: Dabei schaut er nämlich aus dem ovalen, augenähnlichen Fenster seiner dunklen Raumgondel in das helle Zimmer. Nach dem hohen Tempo der langen Fahrt beherrscht jetzt eine vollkommene Ruhe (akustisch wie zeitlich) den Film, die den Zuschauern eine kontemplative Anschauung des Raumes ermöglicht. Dieses Moment der Kontemplation wird konterkariert durch die endgültige Aufhebung der cartesianischen Raum-Zeit-Logik: Mit jedem Schnitt verschwinden Dinge aus diesem Zimmer (die Raumgondel, Bowmans Raumanzug) oder tauchen plötzlich auf (ein gedeckter Tisch, ein Bett). Darüber hinaus erscheint Bowman nach jedem Schnitt in anderer Kleidung und vor allem beträchtlich gealtert, bis er schließlich als sterbender Greis auf dem Bett liegt. In kürzester Zeit durchläuft Bowman in seinen verschiedenen Inkarnationen alle Metamorphosen eines menschlichen Lebens. Lehmann faßt das Strukturprinzip dieser rätselhaften Szene wie folgt zusammen: »Es verschwindet jeweils eine Inkarnation, nachdem sie mit ihrem ›Blick‹ die nächste ins Leben gerufen hat: Allegorie der Kreation des Kamera-Auges.«[32]

Bowman in seiner jeweiligen Inkarnationsstufe blickt auf einen imaginären Punkt außerhalb des Bildes (interessanterweise blickt er nie direkt in die Kamera), und der folgende Gegenschuß zeigt uns Bowman in seiner nächsten Inkarnationsstufe, ohne daß die vorangegangene jemals wieder zu sehen wäre. Auch sind nie zwei dieser Inkarnationen zugleich in einem Bild zu sehen. In der Tat liegt der Vergleich dieses »lebensspendenden Blickes« mit Kamera/Projektionsstrahl hier nahe, zumal ich ja schon weiter oben auf die Äquivalenz von Ich/Auge/Kamera/Leinwand/Zuschauer hingewiesen habe. Die Sprengung der Raum-Zeit-Logik durch Kameraauge und Schnitt wird in dieser Szene selbst Gegenstand der Darstellung, personifiziert in Bowman und der Macht seines Blickes. Bowman als Sterbender blickt schließlich noch einmal auf den plötzlich wieder vor ihm stehenden Monolithen, auf dessen Oberfläche (die in ihren Ausmaßen sicher nicht zufällig an eine Kinoleinwand erinnert) nun Bilder des Weltalls zu sehen sind/projiziert werden. Die Kamera fährt in dieses Bild hinein, das nun einen Embryo zeigt, der auf den Planeten Erde herabsieht, sich schließlich zur Kamera dreht und in der letzten Einstellung des Films mit großen, verwunderten Augen in die Kamera sieht. Mit diesem Sternenkind ist die Reihe der Inkarnationen abgeschlossen, der Kreis ist perfekt.

Bowmans Blick konnte noch im tödlichen Augenblick die neue, letzte (und zugleich erste, denn wir befinden uns ja in einem Kreislauf) Inkarnation des Astronauten ins Leben rufen. Durch den Blick, so suggeriert Kubrick hier, wurden die Grenzen der Zeit, wurde der Tod selbst überwunden. Diese kreisförmige, mythisch-irrationale Zeitstruktur korrespondiert mit den mythisch-religiösen Attributen, die dem Auge in dieser ganzen Sequenz zugedacht wurden: Das Auge, das als lebensspendendes Organ erscheint; das Auge des Weltall-Embryos, das auf die Welt herabblickt – all das erinnert natürlich stark an das göttliche Auge, dem hier allerdings eine neue Qualität zugesprochen wird.

Am Ende von *2001* gelingt Kubrick eine schöne Bewegung, in der *die Wendung zu einer anderen Vernunft als Wendung zu einem anderen Sehen* figuriert wird. [...] An die Stelle des forschenden, durchdringenden Blicks der totalisierenden Intelligenz tritt ein mythisches, d. h. hingegebenes, überwältigtes staunendes Sehen [...] – der große Blick des kindlichen Auges im Gegensatz zum falsch vergöttlichten toten Auge des Computers.[33]

In der Figuration dieses mythischen Blickes sind die polaren Gegensätze Ratio/Irrationalität aufgehoben zugunsten eines neuen, eben mythischen Sehens und Denkens. Der Antagonismus von Vernunft und Irrationalität, der Kubricks Werk durchzieht, wird in diesem utopischen Schlußbild erst- und einmalig aufgehoben. Auch die verschiedenen Blick-Arten der Kubrickschen Protagonisten – durchdringender, wahnsinniger, böser, ängstlicher Blick etc. – sind hier irrelevant. Der Blick des Embryos ist neu und bleibt einzigartig in Kubricks Werk. Doch das enthebt uns nicht der Frage, welche Art von Mythos hier in diesem Blick gesetzt wird: Ist es einer, der im immanent Ästhetischen verharrt, oder repräsentiert diese Figur eine utopische Potenz, der eine denkbare Versöhnung bislang antagonistischer Kräfte eingeschrieben ist und für die Kubrick über das Feld des Ästhetischen hinaus Relevanz reklamiert? Mit anderen Worten, es stellt sich ein weiteres Mal die Frage, in der jede Interpretation von *2001* kulminieren muß: Was ist, was repräsentiert das Sternenkind?

4.4. Die Utopie des Augenblicks: Das Schlußbild von *2001*

The God concept is at the heart of this film.[34]

Mit Äußerungen wie der oben zitierten hat Kubrick selbst die Diskussionen um *2001* auf das Feld mystisch-religiöser Spekulationen gelenkt, hat all jenen Nährstoff geboten, die im Bild des Sternenkindes Indizien dafür vorfinden möchten, daß der Dualismus der Moderne nur im Kontext spirituell-kosmischer Philosophien zu überwinden ist. So sehr der Film durchaus mit solch metaphysischen Konnotationen spielt, so zweifelhaft erscheint mir, daß seine Struktur und Semantik sich überschußlos in einer Feier des Religiösen auflösen lassen soll. Wird man tatsächlich der Mehrdeutigkeit der ästhetischen Implikationen des Schlußbildes gerecht, wenn man postuliert:»Die Schlußszenen des Filmes scheinen einen Gestus schöpferischer Demut zu enthalten, der dem Eingeständnis gleichkommt, daß das Geheimnis der anderen Welt auch ihrem Regisseur verborgen bleibt«[35]? Beinhaltet die Konzeption von *2001* nachweislich»bereits den Glauben an die Möglichkeit einer Erweiterung oder sogar Verwandlung des menschlichen Bewußtseins«[36]? Diese Frage und damit die Frage danach, was das Sternenkind letztendlich repräsentiert, ist bislang weder von Kubrick selbst noch von seinen wichtigsten Interpreten schlüssig beantwortet worden. Kubrick selbst hat erklärt, Bowman werde »wiedergeboren als höher entwickeltes Wesen, ein Sternenkind, ein Engel, ein Übermensch, wenn Sie so wollen, und kehrt zur Erde zurück, um den nächsten großen Sprung in der evolutionären Bestimmung des Menschen zu vollziehen.«[37] Nelson führt dazu aus:»Dieses höher entwickelte Wesen trägt keine Werkzeuge, spricht keine Sprache und steht in einer direkten, nicht durch die Instinkte des Primitiven oder die Maschinenlogik des Rationalisten vermittelten Beziehung zum Raum.«[38]

Wenn auch das Sternenkind offenbar einen evolutionären Sprung repräsentieren soll, bleiben Qualität und Essenz dieses Sprunges weiter im Nebulösen, was freilich Raum für die erwähnten Spekulationen eröffnet. Doch erscheint der Rekurs auf metaphysische Konzeptionen um so fragwürdiger angesichts eines Œuvres, das bislang zu keinem Moment die Akzeptanz einer anderen Gottheit als jener des ästhetischen Schöpfers erkennen ließ. So stellt sich wohl eher die Frage, ob das zitierte Gotteskonzept im Herzen von *2001* nicht letzten Endes wiederum nur auf *jene* Schöpfer-Gottheit, auf eine Metaphysik des Ästhetischen allein verweisen soll:

> [...] Wie Rimbauds »Bateau Ivre« meint auch *2001* allen religiösen und mystischen Konnotationen zum Trotz mit dem rauschhaften Erleben des »ganz anderen« Seins nichts anderes als die ästhetische Erfahrung selbst. *Wir* staunen mit Bowman, und wir staunen nicht über die vierte Dimension, sondern über die Wunder, die die *Kinoleinwand* hervorzaubert. [39]

Das im letzten Kapitel reflektierte »neue Sehen« des Sternenkindes, der mythische Blick, wäre demzufolge nichts weiter als ein ästhetischer Blick. Der evolutionäre Sprung in den »Lichttunnel« (als Überwindung des zuvor in *2001* entwickelten Dualismus der Moderne) würde also in den ästhetischen Diskurs führen, d. h. auch, daß der gesamte Geburtsprozeß in *2001*, der im Sternenkind seinen Abschluß findet, als ein ästhetischer aufzufassen ist. Kurz gesagt, was hier kreiert wird, ist ein ästhetischer, wenn nicht gar ein ästhetizistischer Mythos.

> Sicher muß diese Figur sich ideologisch mit dem Verdacht des Irrationalismus auseinandersetzen, aber wenn man einmal fragt, ob Adorno/Horkheimers »Dialektik der Aufklärung«, deren ästhetische Variante dieser Film darstellt, gegen die instrumentelle Vernunft etwas anderes aufbietet als das *mimetisch-ästhetische Verhalten*, dann wird man es sich mit diesem Verdacht nicht zu leicht machen wollen.[40]

Problematisch aber bleibt die Frage, ob das hier gezeugte und geborene Artefakt zugleich eine Potenz beinhaltet, die über das immanent Ästhetische hinaus noch Relevanz in anderen Diskursen, etwa sozialer oder erkenntnistheoretischer Art, beansprucht. Versteht man nach dem zuvor Gesagten das Ästhetische als Überwindung des Dualismus von Aufklärung/Romantik bzw. Mythos/Logos, so lautet die entscheidende Frage letztlich: Gibt es für Kubrick jenseits dieses Dualismus nur noch einen ästhetizistischen Bereich? Läßt sich für ihn der Dualismus der Moderne allein und ausschließlich im Kunstwerk überwinden? Dies läßt sich nur beantworten, sieht man zuvor den Prozeß der Reise durch den »Lichttunnel« genauer an, d. h. versteht man den gesamten vierten Teil von *2001* als ästhetische Reflexion eines ideengeschichtlichen Diskurses; eines Diskurses, der in *2001* wie in der Kulturgeschichte des Abendlandes exakt an dem Punkt einsetzt, wo der

Dualismus der Moderne durchgespielt und als Stillstand erkannt worden ist, der einen evolutionären *Sprung* verlangt. Innerhalb des Filmkontextes markiert der Übergang in den »Lichttunnel« eben jenen Sprung: Waren die ersten drei Teile von *2001* noch eindeutig einem Diskurs in Bildern verschrieben, so löst der Schlußteil sich von jeglichem Abbildparadigma ab und strebt nach dem *Absoluten* in der Kunst.

Was im Zentrum der »Lichttunnel«-Sequenz steht, ist eine Reflexion der Programme der klassischen Avantgarde in der bildenden Kunst wie im Film; jener Geisteshaltung der frühen Moderne also, die in der Reduktion auf die reinen Gestaltungsmittel des jeweiligen Mediums nach dem Absoluten in der Kunst suchte. Die immanente Metaphysik eines solchen Kunstverständnisses stellte kulturhistorisch einen Reflex auf den schon als auswegslos erkannten Dualismus der Moderne dar. Andererseits war eben diese Geisteshaltung stark bestimmten Traditionslinien eines romantischen Kunstverständnisses verpflichtet. Gerade hinsichtlich der Emanzipation der Form muß der (ähnlichen Traditionen verpflichtete) Symbolismus eines Stephan Mallarmé als geistiger Ziehvater dieser frühen Moderne in den Künsten gelten. Mallarmés spezifische Ausformung des *l'art pour l'art* ist sowohl in ihren synästhetischen Komponenten als auch in ihrer Annäherung von Bild und Begriff Pate gerade für jene klassische Filmavantgarde gewesen, die in ihren wichtigsten Positionen in den »Lichttunnel« Eingang gefunden hat:

> Die Ideen wurden nicht mehr direkt vorgestellt, sondern nur noch suggeriert, evoziert. [...] An die Stelle dürrer Eindeutigkeit trat erschöpfende Vieldeutigkeit.
> Da rauschten wahre Feste und Orgien ungewohnter Sinnverknüpfungen, wo sich das Konkrete ins Abstrakte verwandelte, das Alltägliche sich ins Gleichnishafte erhob.[41]

Die Oppositionen von Gegenständlichkeit/Gegenstandslosigkeit, Abstraktion/ Konkretion, metaphysischen und rationalistischen Implikationen einer absolut gesetzten Kunst ziehen sich als konstitutive Differenz durch die verschiedenen Programme der ästhetischen Moderne. Sie lösen den vormaligen Konflikt zwischen *art utile* und *l'art pour l'art* ab. Die verwirrende Vielfalt der Bilder im »Lichttunnel« entpuppt sich bei näherem Hinsehen als Spiel mit eben jenen Oppositionen: Abstrakten Formen und Figuren, gegenstandslosen Farbstrukturen stehen gegenständliche, konkrete Bilder gegenüber. Letztere verharren aber nie innerhalb eines vordergründigen Abbildparadigmas, wie z. B. an der Farbverfremdung der Landschaftsaufnahmen oder den Detailaufnahmen des Plasmas nachzuvollziehen ist. Auch diese Einstellungen verwandeln konkretes fotografisches Ausgangsmaterial in Farbe, Struktur, Form und suchen damit wie die eindeutig gegenstandslosen Bilder die Anforderungen eines absoluten Kunstwerkes zu erfüllen. Was Kubrick hier gegenüberstellt, weist zurück auf die in den zwanziger Jahren unseres Jahrhunderts debattierte Frage, wie der absolute, also jeder Gegenständlichkeit entkleidete Film aussehen könne. Für das Medium Film stellten sich die genannten Oppositionen in zusätzlicher Schärfe, da der Film dank seiner fotografischen Potenz sich ungleich schwerer von der Gegenständlichkeit zu befreien schien. *Eine* Position, wie sie von Eggeling, Fischinger, anfangs auch Richter und Ruttmann vertreten wurde, lief darauf hinaus, durch die Konzentration auf gezeichnete

Vorlagen quasi Gemälde in filmische Bewegung zu versetzen. Diese Position ist unschwer in den kristallinen Gebilden und Farblinien des »Lichttunnels« wiederzuerkennen. Da mit einer solchen Vorgehensweise aber gerade das entscheidende Wesensmerkmal des Films, seine abbildfotografischen Qualitäten ausgeblendet wurden, wandten sich im historischen Verlauf der Avantgardebewegung vor allem Richter und Ruttmann, aber auch Henri Chomette einer Programmatik zu, die vielmehr versuchte, mit Realbildern die reinen Gestaltungsmittel des Filmes zu verabsolutieren. Auch dieses künstlerische Programm greift Kubrick, wie oben gezeigt, auf.

Besonders interessant an der Sequenz sind jene Momente, wo die Unterscheidung zwischen konkretem und abstraktem Bildmaterial obsolet wird, das eine in das andere übergeht (etwa bei den verfremdeten Aufnahmen von Meerwasser, oder den mit hoher Geschwindigkeit gefilmten Lichtpunkten). Gerade hierin, in der kritischen Hinterfragung der Kategorien von Gegenständlichkeit bzw. Gegenstandslosigkeit zeigt sich Kubrick erkennbar der Arbeit Henri Chomettes (*Jeux de la reflets et de la vitesse*, 1923–25) und Walter Ruttmanns (vor allem der Eingangssequenz aus *Berlin – Die Symphonie der Großstadt*, 1927) verpflichtet. Bei den genannten Filmen wie in den angeführten Szenen aus *2001* drängt letztlich auch das realfotografische Material zur Abstraktion, entkleidet es sich seiner Anbindung an das Abbildparadigma. Die nächste ästhetische Position, die Kubrick zitiert, steht am Ende der »Lichttunnel«-Sequenz. Wenn, wie im letzten Kapitel ausgeführt, die Meta-Reflexion der filmischen Wahrnehmung das eigentliche Thema der Szene im rätselhaften Louis-XVI.-Zimmer ist, so greift Kubrick damit auf Konzepte zurück, die primär von Dziga Vertov initiiert worden und später z. B. von Jean-Luc Godard aufgegriffen worden sind. Bei Vertov muß gerade sein Film *Der Mann mit der Kamera* (1929) als Beitrag zur Frage nach dem absoluten Filmkunstwerk angesehen werden, die für ihn nur in der Reflexion der dem Medium zugrundeliegenden Wahrnehmungsmodalitäten liegen kann.

Kubricks Zitieren von filmästhetischen Positionen der klassischen Avantgarde muß aber als Verweis auf den größeren Zusammenhang gesehen werden, dem jene historischen Programme letztlich entstammen: die medienübergreifende Frage nach dem *absoluten*, dem *reinen* Kunstwerk. Wenn das synästhetische Moment eines Symbolismus Mallarméscher Prägung als programmatischer Bezugspunkt dieser Haltung angesehen werden muß, so ist es zweifelsfrei kein Zufall, daß Kubrick diese Passage des »Lichttunnels« mit einer Musik unterlegt, die eben jener Programmatik verpflichtet ist: György Ligetis Komposition »Atmosphères«. Ligeti selbst hat in seinen Kommentaren zu diesem Stück seine Affinität zur Mallarméschen Synästhesie eindeutig zum Ausdruck gebracht:»Klangfarbe war komponierbar geworden. […] In der Komplexität von klangfarblichen Aggregatzuständen, in deren Ablösung und Verwebung, bestand von nun an die eigentliche Komposition.«[42]

Weitere Deutungshinweise finden sich in den Anspielungen auf epochale Werke der bildenden Kunst. Wenn der sterbende Bowman seinen Zeigefinger in Richtung Monolith streckt, ist darin unschwer eine Anspielung auf Michelangelos Fresko von der »Erschaffung Adams« zu erkennen. Das Zitat ist sinnvoll gesetzt, bedenkt man, daß sich in Michelangelos Werk das neue Selbstverständnis des Renaissancemenschen exemplarisch niederschlug: Nicht von Gott allein geht das Moment der Zeugung aus, Adam fordert sie ein. Die für die Renaissance so wichtige Frage nach den Beziehungen zwischen Subjekt und Objekt formulierte sich in diesem Fresko dahingehend aus, daß Schöpfer und Geschöpf in dialektischer Abhängigkeit zueinander stehen (wodurch sich dieses Bildzitat in den Themenkomplex der Selbst-Zeugung einfügt, wie sie dann im Sternenkind sinnfällig wird). Doch das Gegenüber Adams/Bowmans ist nicht länger ein Abbild des christlichen Gottes, sondern eben der Monolith. Dies erscheint konsequent, sind doch die Attribute Gottes und seines Auges zuvor in *2001* zerstört bzw. die lebensstiftenden Qualitäten des göttlichen Auges auf den Blick Bowmans und damit den ästhetischen Blick überschrieben worden.

Dieser Kontext berechtigt, den Monolithen quasi als (wenngleich imaginäres) Raumäquivalent zu einer weiteren Inkunabel der Moderne aufzufassen, zu Kasimir Malewitschs »Schwarzem Quadrat«. Malewitsch hat sein Werk als »die nackte ungerahmte *Ikone* meiner Zeit, [...] die Nullform, das *Auge* eines *neuen Ursprungs*«[43] charakterisiert. Die Verweise auf Malewitsch und Michelangelo verstärken noch einmal die Ambivalenz des folgenden Schlußbildes. Da bei Kubrick nie zum Selbstzweck zitiert wird, könnte das Malewitsch-Zitat ein Deutungshinweis sein, das Sternenkind als Konfiguration einer ästhetischen Spiritualität (verstanden als höchste Stufe des Geistigen) zu lesen. Nach Malewitsch stellt das (suprematistische) Kunstwerk ein Tor zur freien, geistgeborenen Welt als letzte Potenz der Menschheit dar: In einem erneuten Schöpfungsakt à la Michelangelo wird die »gegenstandslose« Welt als neue spirituelle Welt rein aus dem Geist geboren. Somit entsteht eine Kunst-Welt, die nicht identisch ist mit dem artifiziellen Kosmos eines reinen Ästhetizismus:

> Die geometrische Flächenstruktur steht für die Abstraktion vom Gegenstand, die illusionistische Raumstruktur für die Konkretion einer auch und gerade das Quadrat neu konstituierenden gegenstandslosen Wirklichkeit. [...] Indem die Farbflächen also – mit Malewitsch zu reden – »lebendige Formen«, d. h., ihre Identität verändernde Akteure sind, veranlassen sie den Beschauer, sich mit ihnen zu identifizieren. [...] Es ist dies die »reine Empfindung«, dank derer sich der Beschauer, wie Malewitsch es formuliert, »im Einklang mit der kosmischen Wirklichkeit« fühlen kann. [...] Malewitsch [begünstigt] den Aspekt der Formauflösung gegenüber dem Aspekt der Formentstehung [...].«[44]

In diesen Interpretationskontext paßt auch die »Formauflösung« von Bowmans Kopf im »Lichttunnel«. Durch das heftige Rütteln der Fahrtbewegung verschwimmen dessen wahrnehmbaren Konturen, bis schließlich nur noch die Lichtreflexe auf dem Helm visuelle Orientierung bieten. Die Auflösung des Kopfes, lies: der Ratio, in die Abstraktion – dies wäre ein weiteres ästhetisches Zeichen für Analogien zwischen *2001* und Malewitschs Programmatik. Doch ebensoviel spricht für eine Lesart, die den Schluß des Filmes, den Monolithen und das Sternenkind in einen rein ästhetizistischen Kontext setzt, also gerade der spirituellen Dimension entkleidet, die einer Kunst-Welt nach Malewitsch zwangsläufig zu eigen ist:

Vor allem aber führt unsere Auslegung des Films als Selbstreflexion auf die [...] Beobachtung, daß der Monolith ganz schlicht und unzweideutig *die Dimension der Filmleinwand selbst* aufweist. Nur ist sie von der Fläche in den Raum »übersetzt«: Leinwand, die den imaginären Raum eröffnet. Der Monolith bezeichnet die Begegnung mit dem der (jeweiligen) Intelligenz Inkommensurablen, das Objekt des Staunens, eines Blicks, der nicht der wissenschaftlichen Frage entspricht, [...] sondern dem ästhetischen »Wunder«, das der Filmregisseur erzeugt. [...] Man könnte darum die Analyse des Films *2001* in einer Um-schreibung münden lassen: CUBE-BRICK.[45]

Für diese Lesart spricht wiederum neben dem bislang Gesagten auch, daß das Bild des Sternenkindes wie eine Projektion auf dem Monolithen/der Leinwand aufscheint. – Bei näherem Hinsehen erweisen sich die zitierten ästhetischen Programme und die daraus abgeleiteten Lesarten des Schlußteils von *2001* allerdings als an vielen Punkten deckungsgleich: Stets geht es um die Frage nach dem absoluten Kunstwerk, stets löst die Figur des ästhetischen Schöpfers die Omnipotenz vorheriger, theologischer Schöpfungskonzepte ab. Einigkeit herrscht auch in der Setzung, daß der Dualismus von Mythos und Logos nur im Mythos des Ästhetischen zu überwinden sei. Übereinstimmung herrscht ganz offensichtlich auch in der Ablehnung der *art utile* und der daraus abgeleiteten Emanzipation des Kunstwerkes sowohl von gesellschaftlichen Verpflichtungen, wie auch in der Loslösung vom Prinzip eines naturalistischen Abbildparadigmas. Gemeinsam ist allen zitierten Programmen noch der Glaube an das Schöne als genuinem Wesenszug des Ästhetischen. Divergierend sind die Lesarten nur in der Bewertung eines solchen absolut gesetzten Kunstwerkes: Ist es ein rein selbstreferentielles, oder ist das absolute Kunstwerk ein neuer Erlösungsmythos, jenes weiter oben zitierte zeitweilige »Quietiv«, in dem der Antagonismus vom Mythos und Logos überwunden werden kann?

Die Spannung zwischen diesen Programmen und Interpretationen aber löst sich schlagartig auf, ist man bereit zu akzeptieren, daß *ebendiese Ambivalenz* der Deutungsmöglichkeiten von Kubrick gewollt sein könnte, ja, im Schlußbild des Sternenkindes sogar noch einmal ausdrücklich bekräftigt wird. Dort wird die Ambivalenz als eine zwischen der Bild- und der Tonebene figuriert. Das Bild des Sternenkindes als solches läßt in der Tat noch die ungebrochene Hoffnung auf einen Erlösungsmythos der Kunst zu, den Glauben an einen mythischen Blick, der die bisher unvereinbaren Gegensätze der Moderne in der Anschauung des Schönen zu synthetisieren vermag. Nicht von ungefähr erinnert die Einstellung an romantische Bildmotive, vor allem an Philipp Otto Runges Weltenkind in »Der Morgen«. Auf der Tonebene erklingt dazu Strauß' »Also sprach Zarathustra«, »was ebenso wie das Leitmotiv der Geburt (des Lichts) eine optimistische Idee nietzscheanischer Neugeburt in die Besinnung auf den doppelsinnigen Gang der Zivilisation ein[führt].«[46] Richard Strauß selbst hatte seiner Komposition das symbolische Prinzip des Sonnenaufgangs als Umsetzungsprinzip vorangestellt, wobei die beherrschenden Tonarten H und C Mensch und Natur gegenüberstellen sollten: »Das Anfangsthema C – G – C ist als ›Universum‹ bezeichnet, wobei im weiteren Verlauf ›die Sonne aufgeht und das Individuum in die Welt‹ eintritt.«[47]

Dies fügt sich zunächst nahtlos ein in den skizzierten utopischen Kontext. Und es fällt nicht schwer, das »Individuum«, den Übermenschen als Figuration des Künstlers zu lesen, wie Nietzsche selbst ja im Ästhetischen und in der Figur des ästhetischen Schöpfers allein die Chance zur Überwindung der angesprochenen Dualismen sah. (Natürlich ist diese Thematik in Nietzsches Werk ungleich komplexer und widersprüchlich abgehandelt, doch scheint sich Kubrick auch hier weniger an einer philologisch korrekten Auslegung Nietzsches als an dessen geläufigem Rezeptionsbild orientiert zu haben.) Akzeptiert man, daß das Sternenkind Artefakt und symbolische Repräsentation des Kunst-Schöpfers zugleich ist, so darf dabei nicht vorschnell aus den Augen verloren werden, daß offen bleibt, welche Art von Künstler damit gemeint sein könnte. Diese Frage wird aber um so relevanter, vergegenwärtigt man sich, daß die Utopie vom Künstler als Weltenerlöser, die die Schlußeinstellung von *2001* suggeriert, im wahrsten Sinne des Wortes noch eine *in statu nascendi* ist: »Aber das Neue bleibt ebenso wie im letzten Zarathustra-Kapitel ›Zeichen‹ abhängig von den Menschen, es entsteht kein Erlösungsmythos.«[48]

Schon der historische Zarathustra (griechisch: Zoroaster), ein ca. um 600 vor Christus im persischen Raum agierender Religionstifter, hatte eine Umwälzung der damaligen moralischen Vorstellung von einer Welt der guten Gesinnung eingeleitet. Er schuf ein religiös geprägtes Weltbild, das das Prinzip des ewigen Gleichgewichts von Gut und Böse zum Leitgedanken hatte. Nur die Ausgewogenheit dieser Antipoden konnte laut Zarathustra eine einheitliche Balance des Universums garantieren.[49] In Nietzsches Adaption der Zarathustra-Figur wird gerade die Affinität des Schöpfers zur Transmoralität noch deutlicher herausgestellt:

> Erst der Denker *nach* dem Zarathustra formuliert den Willen zur Macht als Lehre für den Übermenschen der Zukunft. Nie aber im Sinne mechanistischer Denkungsart und zur Rechtfertigung professioneller Tempelschänder, sondern stets im Sinne dieser Zarathustra-Rede von der Selbstüberwindung: Und wer ein Schöpfer sein muß im Guten und Bösen: wahrlich der muß ein Vernichter erst sein und Werte zerbrechen. Also gehört das höchste Böse zur höchsten Güte: diese aber ist die schöpferische.[50]

Diese Konfiguration des ästhetischen Schöpfers als Übermensch läßt sich allerdings nicht mehr umstandslos harmonisieren mit den erwähnten utopischen Lesarten; es sei denn, daß man für diesen Erlösungsmythos den Preis der Transmoralität zu zahlen bereit ist. So bewegt sich die Schlußeinstellung von *2001* im Spannungsfeld zwischen reiner Medienreflexivität (Sternenkind als Film-Bild), symbolistisch-spätromantisch eingefärbter Utopie (Sternenkind als Erlöser in Gestalt des Künstlers/des Kunstwerkes) und deren Dekadenz (Sternenkind als nietzscheanischer Übermensch). Gemeinsames Bindeglied aber bleibt die Konzeption des Absoluten!

Betrachtet man *2001* isoliert, so läßt sich die Mehrdeutigkeit des Schlußbildes nicht auflösen. Dies ist aber nur folgerichtig, definiert man den Diskurs des Filmes als einen ideengeschichtlichen – oder noch präziser: als Diskurs über die historische

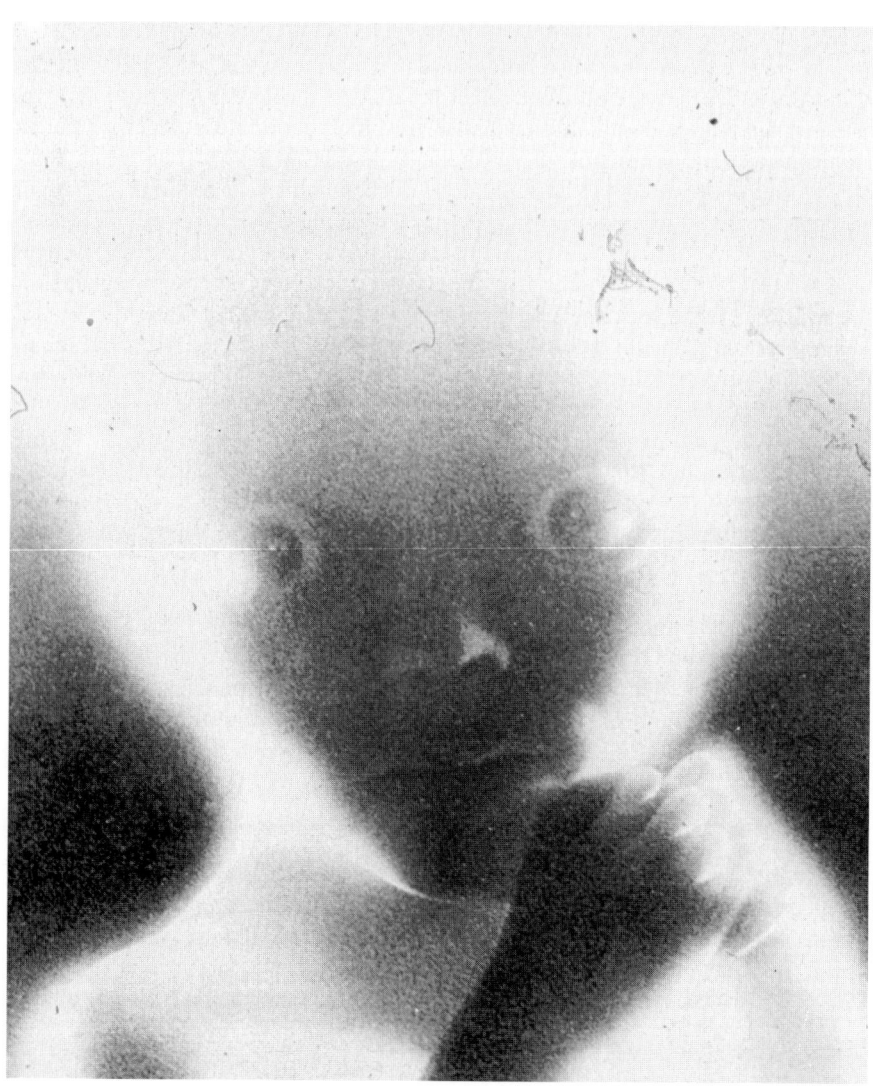

Genese des Ästhetizismus. Dann benennt die Unentschiedenheit des Bildes zwischen hermetischer Selbstreflexivität, utopischer Potenz und Transmoralität exakt den kulturgeschichtlichen Punkt des *Symbolismus*: ein letztmaliges und zugleich uneindeutiges Beschwören der utopischen Qualitäten einer absolut gesetzten Kunst. Es ist die Mehrdeutigkeit dieser historischen Geisteshaltung selbst, die Kubrick dem Schlußbild eingeschrieben hat. Und er tut dies aus der historischen Distanz und damit im Wissen darum, daß der Absolutheitsanspruch der Kunst in der kulturhistorischen Entwicklung erst seine immanenten Ambivalenzen zum Vorschein gebracht hat. Sollte Kubrick tatsächlich mit der utopischen Dimension der absoluten Kunst sympathisieren, so ist der letzten Einstellung dennoch unübersehbar bereits der Zweifel des nachgeborenen Künstlers abzulesen.

Die Utopie des ästhetischen Mythos und seine Denunziation durch die Dekadenz: Die letzte Einstellung von *2001* (Bild linke Seite) wird durch die erste Einstellung von *A Clockwork Orange* konterkariert.

Es ist durchaus legitim, das Sternenkind als ästhetizistische Ikone, als Bild einer Utopie zu lesen. Doch es ist eine Utopie des Augenblicks, nicht mehr. Kubrick weiß, daß die in der Spätromantik entworfene und im Symbolismus nochmals aufgenommene Utopie einer absoluten Kunst nur für den Augenblick (als idealisierte kürzestmögliche Zeitspanne) Gültigkeit beanspruchen konnte. Sie hat sich historisch als eine fragile Utopie erwiesen, und so erscheint sie auch in *2001*: als ein Übergangsstadium. Und exakt diesen Status repräsentiert der Astralfötus: etwas, was nur *in statu nascendi* den kurzfristigen Glauben an eine utopische Dimension für sich reklamieren darf, dessen Relevanz sich aber erst nach der Geburt erweisen wird. Wie weiter oben zitiert, hat Kubrick selbst die Rückkehr des Sternenkindes zur Erde in Aussicht ausgestellt, wo es den nächsten Evolutionsschritt vollziehen wird. Auch die Romanadaption des Stoffes thematisiert diesen nächsten Schritt, wobei das Sternenkind hier allerdings im Gegensatz zum Film bereits starke Affinität zur Konzeption des transmoralischen Übermenschen erkennen läßt. Es löst unmittelbar nach seiner Rückkehr zur Erde erst einmal eine Detonation des vorhandenen Atomwaffenpotentials aus (nebenbei eine interessante, wenn auch von Kubrick nicht realisierte Konjunktion zu *Dr. Strangelove*):

Doch er bevorzugte einen klaren Himmel. Durch die Kraft seines Willens entfesselte er eine lautlose Explosion der kreisenden Megatonnen, und eine kurze trügerische Dämmerung fiel über die schlafende Erdkugel. Dann hing er unschlüssig seinen Gedanken nach und grübelte über seine noch unerprobte Macht. Obwohl zum Herrn der Welt geworden, war er sich nicht im klaren darüber, was er jetzt unternehmen sollte. Doch eines stand fest: Er würde auch den nächsten Schritt tun.[51]

Demgegenüber hält Kubrick die immanente Spannung des Schlußbildes aufrecht, läßt ein weiteres Mal die Zuschauer das Schweigen der Bilder ertragen. Erst vier Jahre später erfahren wir, in welcher Gestalt der Astralfötus auf die Erde gekommen ist: in der allerersten Einstellung von *A Clockwork Orange*, die sich, wie schon besprochen, eindeutig als Konjunktion zum Ende von *2001* zu erkennen gibt. Die Trennlinie zwischen beiden Filmen kennzeichnet den Übergang vom Fötus zum Übermenschen Alex, von der Utopie des Augenblickes zu deren endgültiger Nivellierung – und ideengeschichtlich den Übergang vom Symbolismus zur Dekadenz: »Wenn *2001* das Versprechen einer Hoffnung war – wenn es das war –, ist *A Clockwork Orange* nur noch deren Denunziation.«[52] Dies allerdings dem Regisseur Kubrick zum Vorwurf zu machen, wäre geradezu absurd. Die Denunziation der Hoffnung ist eine historische, keine von Kubrick erdachte. Es ist die Denunziation der Utopie einer absoluten Kunst durch ihre totalitäre Nachfolgerin, die *Dekadenz*. Es ist, um im Bild zu bleiben, die Denunziation des Erlösers Zarathustra durch den oben zitierten »Denker nach Zarathustra«.

Erst wenn man *2001* im Kontext von *A Clockwork Orange* liest, wird eindeutig erkenntlich, daß die Utopie des Schlußbildes von *2001* nicht die Kubricks war, sondern jene des ideengeschichtlichen Zeitpunktes, mit dessen Formulierung der Film abbricht. Die historische Genese des Ästhetizismus, die diese beiden Filme reflektieren, bedingt zwangsläufig, daß der »nächste Schritt«, jener mit dem dann *A Clockwork Orange* beginnt, der Schritt in die Dekadenz, in die Ästhetik des Bösen, in den denkbaren Endpunkt aller ästhetischen Programme ist. An die Stelle der Mehrdeutigkeit des Blickes, der *2001* beschließt, tritt die Eindeutigkeit eines anderen Blickes: jenes von Alex, der Blick des transmoralischen Künstlers, des Übermenschen. Kein Zweifel, daß dies im mythisch-ästhetischen Blick des Sternenkindes schon angelegt war. Doch offenbart sich dies nur dem, der zum Zeitpunkt der Rezeption von *2001 A Clockwork Orange* schon kennt oder um die historische Entwicklung des Ästhetizismus weiß.

4.5. Exkurs: Geschichte und Theorie einer Ästhetik des Bösen

Daß *A Clockwork Orange* das Böse verhandelt, steht außer Frage. Dies erklärt allerdings in keiner Weise das Skandalon, das dieser Film darstellt. Etwas an der Organisation des filmischen wie narrativen Materials scheint *A Clockwork Orange* fundamental zu unterscheiden von der Masse der Kunstwerke, die sich einer böser Thematik verschrieben haben, so daß Kubricks Film derart ablehnende Reaktionen hervorrufen konnte. Kurz gesagt, liegt das Skandalträchtige nicht in dem Was, sondern dem Wie der Darstellung einerseits und in der Destruktion sämtlicher Sinnbezüge normativer Ästhetiken andererseits begründet. Dies reflektiert, wie schon angedeutet, eine ästhetische Haltung, wie sie im Zeitalter der Dekadenz, des ästhetischen Nihilismus vorformuliert wurde. Wie so oft in Kubricks Werk, so erfordert auch die Auseinandersetzung mit dem Bösen in *A Clockwork Orange* eine vorherige historische Vergegenwärtigung, ein Bewußtmachen der ideen- und ästhetikgeschichtlichen Positionen, auf denen Kubricks Arbeit fußt und aus denen er seine künstlerischen Modi ableitet. Das heißt in diesem Fall: Welchen historischen Modifikationen ist die Darstellung des Bösen in der Neuzeit unterworfen gewesen? Welchen normativen Ästhetiken war die Darstellung des Bösen im Kunstwerk verschrieben, bis diese in einer eben als Dekadenz titulierten Epoche/Geisteshaltung des späten 19. Jahrhunderts nivelliert wurden?

> Wer nach den geistigen Wurzeln jener Umwertung aller Werte sucht, welche zur Faszination des Bösen und seinen literarischen Manifestationen beigetragen hat, [...] darf nicht bei Nietzsche beginnen, sondern muß ins 18. Jahrhundert zurückgehen, in dem die Vernunft einerseits als Instrument radikaler Entmythologisierung benutzt, andererseits zur Legitimation der bürgerlichen Ordnung in Anspruch genommen werden konnte.[53]

Die Geschichte des Bösen in der bürgerlichen Ästhetik der Neuzeit entspricht der Entwicklung im gesamtgesellschaftlichen Diskurs. Es ist der Versuch einer theoretisch begründeten Ausgrenzung des Bösen als Modus des Ästhetischen. Am Beginn dieser Entwicklung steht Hegel, der in seinen »Vorlesungen über die Ästhetik« das Böse als das »wesenlos Negative« definierte und aus dem Kanon des künstlerisch Zulässigen zu verbannen versuchte: »Der Teufel für sich ist eine schlechte, ästhetisch unbrauchbare Figur. [...] Das Böse ist im allgemeinen in sich kahl und gehaltlos, weil aus demselben nichts als selber nur Negatives, Zerstörung und Unglück herauskommt, während uns die echte Kunst den Anblick einer Harmonie in sich anbieten soll.«[54]

Diese Kunstauffassung ist einem harmonisch-klassizistischen Ideal verpflichtet, in dem die Sprache der Dichter nur als äußere Erscheinung einer Idee des Guten verstanden wird. (Hegels Bestimmung der Geschichtsphilosophie als Theodizee impliziert, daß in ihr das Negative als etwas Untergeordnetes und Überwundenes verschwinden muß.) Der ästhetische Idealismus setzt sich in den Werken der Hegelianer Karl Rosenkranz (»Ästhetik des Häßlichen«, 1853) und Arnold Ruge (»Neue Vorschule der Ästhetik«, 1837) fort. Auch hier wird die Darstellung des »Wahren, Guten, Schönen« als eigentlicher und einziger Bereich des Ästhetischen reklamiert. Das darzustellende Gute, »das ist das moralisch Engagierte, Humane in einem generalisierten Sinne«.[55] Die Aufgabe der »moralischen Anstalt« Kunst wird reduziert auf eine permanente Sinnstiftung im Rahmen des gesellschaftlich legitimierten Diskurses. Wo alle gesellschaftlichen Erscheinungen dem Primat der Vernunft, der Moral und der Besserung des Menschen untergeordnet werden, ist kein Raum vorhanden für eine Kunst, die gerade das thematisiert, was endgültig überwunden werden soll: das Böse, genauer gesagt das, was die bürgerliche Philosophie darunter versteht.

Erst in der Mitte des 19. Jahrhunderts setzt sich im angelsächsischen und romanischen Sprachraum das Böse als möglicher Gegenstand eines ästhetischen Werkes durch. Im Gegensatz dazu bleibt die deutsche Ästhetik von Hegel bis zur Gegenwart, also vom Idealismus bis zur heutigen ideologiekritischen Schule, einer »permanenten Theodizee«[56] verhaftet. Die dadurch bewirkte Ausgrenzung des Bösen aus dem ästhetisch-philosophischen Diskurs hat zur Folge, daß das Böse in der deutschen Kunstproduktion bis heute keinen anerkannten Stellenwert innehat. Zu den wenigen deutschen Beispielen für Kunstwerke des Bösen zählen die Erzählungen und Romane E. T. A. Hoffmanns. Hoffmann, der »Erfinder des romantischen Bösen in Deutschland«[57], verfiel nach dem Verdikt Hegels hierzulande für lange Zeit der literarischen wie theoretischen Tabuisierung, während sein Werk in Amerika und Frankreich dank der Rezeption durch Poe und Baudelaire großen Einfluß auf die weitere Entwicklung einer Literatur des Bösen gewann.

> Entscheidende Folge der permanenten deutschen Theodizee ist gewesen, daß die romantischen Versuche in Deutschland keine Schule machen konnten, wohingegen sie in Frankreich mächtig wirkte, während die deutsche literarische Tradition [...] von anti-romantischen ästhetischen Konzepten besetzt wurde. Das Klima der literarischen Debatte seit den dreißiger Jahren des 19. Jahrhunderts [...] hat eine Ästhetik des Bösen, wie sie innerhalb der romantischen Schule halb unbewußt begann, als Literatur und als Theorie ausgeschlossen. Und nunmehr schon deutlicher unter ideologischen Vorzeichen: das Gute hatte Konjunktur, sei es das gesellschaftlich Gute, [...] sei es das moralisch Gute.[58]

Trotz des (zu dieser Zeit noch gesamteuropäischen) philosophischen Verdikts entwickelt sich schon in der ersten Hälfte des 19. Jahrhunderts, ausgehend von den Schriften de Sades, eine Tendenz, die der literarischen Darstellung und Aufwertung des Bösen verpflichtet ist. Sie findet ihren ersten Höhepunkt in der »schwarzen Romantik«[59], als deren Vorbilder einerseits Miltons »Paradise Lost« (1667–74) und andererseits die Gothic Novels anzusehen sind, die gegen Ende des 18. Jahrhunderts in England entstanden. Die »schwarze Romantik« stellt die negativ-nihilistische Seite der europäischen Romantik dar und markiert eine extreme Gegenposition zu den Werten der bürgerlichen Gesellschaft und ihrer klassisch-idealistischen Kunstauffassung. Wie schon ausgeführt nehmen sich die »schwarzen Romantiker« der Themen an, die sowohl im gesellschaftlichen wie auch im ästhetischen Diskurs bis dahin durch das tabuisierende Etikett des Bösen negiert worden sind.

Während Praz die Literatur des Symbolismus und Ästhetizismus gegen Ende des 19. Jahrhunderts nur als eine der Entwicklungsformen der »schwarzen Romantik« ansieht,[60] trennt der Philologe Karl-Heinz Bohrer, dem die bislang fundierteste Theorie einer Ästhetik des Bösen zu verdanken ist, scharf zwischen der Romantik und der ästhetischen Moderne. Für Bohrer kommt selbst die »schwarze Romantik« nicht über eine affirmative Darstellung des Bösen hinaus:

> In diesen als eigentlichen Repräsentanten der bösen Kunst immer angeführten Beispielen erscheint das Böse vornehmlich als eine Rhetorik des Bösen als des Schönen. Für sie gilt der Schrei von Miltons Satan: »Böses, sei Du mein Gutes!« – d. h. hier ist noch die frenetische Umkehrung des als Verlust beklagten alten Wertsystems zu erkennen.[61]

Dadurch, daß das Böse in diesen literarischen Werken nur auf einer thematisch-inhaltlichen Ebene abgehandelt wird, lassen diese ersten Entwürfe einer bösen Kunst sich doch wieder dem herrschenden philosophisch-pragmatischen Normensystem unterordnen. Da die Produktion böser Texte nicht länger auszugrenzen und zu verhindern ist, wird ihrer Rezeption nunmehr eine therapeutische und damit Normen stabilisierende Funktion zugeschrieben. Die Rezeption des dargestellten Bösen soll entweder abschreckend wirken oder aber ein emotionales Surrogat liefern für die Triebkräfte, die in der Realität nicht ausgelebt werden dürfen. Durch diese Sichtweise läßt sich den bösen Kunstwerken doch noch gesellschaftlicher Sinn einschreiben und sich das ästhetische Konstrukt rückübersetzen in die moralisch-diskursive Rede von der fortschreitenden Verbesserung des Menschen.[62] Diese Kunstauffassung läßt außerdem die Affinität bestimmter Autoren zur Thematik des Bösen »bloß als Reflexe eines Leidens an der Wirklichkeit sehen, eines Leidens, dem die ideologiekritische, aufklärerische Deutungsanweisung im Sinne des späten Sartre schon eingeschrieben ist: daß nämlich der in der entfremdeten Gesellschaft neurotisch erkrankte Schriftsteller noch im ästhetischen Grauen den Vorschein einer besseren Wirklichkeit zeige.«[63]

Wie Bohrer vor allem in seinem Aufsatz »Das Böse – eine ästhetische Kategorie?«[64] aufzeigt, kann das Böse als *ästhetische Kategorie* daher nicht auf einer rein inhaltlich-thematischen Ebene verortet werden, sondern setzt vielmehr am Autonomieanspruch der ästhetischen Moderne und der damit verbundenen Sinnverweigerung an. Daß der Gegenstand einer Darstellung des Bösen dabei in unserer aufgeklärt-bürgerlichen Gesellschaft zwangsläufig das durch Vernunft nicht mehr Faßbare sein muß, ist in Kapitel 2.3 dieses Buches schon hinreichend ausgeführt worden. Daß allein die Tatsache, daß das Böse in einem Kunstwerk überhaupt thematisiert wird, nicht konstitutiv für ein böses Kunstwerk sein kann, dürfte gleichfalls evident sein. (Sonst müßten z. B. Goethes »Faust« und Baudelaires »Les Fleurs du Mal« gleichrangig als böse Kunstwerke angesehen werden, obwohl beide Dichter das Böse ästhetisch anders darstellen und mit der Thematisierung des Bösen erkennbar andere Intentionen verbinden.) Die entscheidende Frage muß daher lauten: »Hat das Kunstwerk – sofern es denn das Böse darstellt – selbst Anteil an dem von ihm dargestellten Bösen? [...] Verständlich ausgedrückt: Gibt es das böse Kunstwerk? Und wie wäre es begrifflich zu fassen?«[65]

Als historischen Ausgangspunkt einer Ästhetik des Bösen setzt Bohrer das sogenannte Imaginationstheorem: »Das Theorem von der Imagination des Bösen als der eigentlichen Produktivkraft des Künstlers: Hier erst vollzieht sich der beunruhigende Schritt in das Namenlose unbegrenzter Vorstellungskraft, die durch keinen der bekannten Diskurse mehr kontrolliert wird.«[66] Das Imaginationstheorem der Moderne geht zurück auf poetologische Äußerungen von Charles Baudelaire und Edgar Allan Poe. Es besagt, »daß die kreative, unendliche Imagination des Künstlers eine unauslotbare Potentialität enthält, böser noch als alle anderen Laster.«[67] Durch diesen Autonomieanspruch des modernen Künstlers wird eine Verweigerung gegenüber dem Mimesisprinzip bisheriger Ästhetiken formuliert: Der Künstler bildet nicht mehr ab, sondern imaginiert. Für den Bereich des Bösen bedeutet das: Das Böse im Kunstwerk spiegelt nicht länger das Böse der Realität wider und kann somit nicht mehr therapeutisch auf diese zurückwirken.

Das dargestellte Böse entspringt vielmehr der unendlichen Fantasie des Künstlers, dessen – nach Poe perverser[68] – Geist das Obszöne oder Böse in der Entgrenzung des Traumes oder des Rauschzustandes erfährt.

Die von Poe konstatierte menschliche Affinität zum Bösen kann nur noch durch die poetische, aber nicht mehr durch die philosophische Rede dargestellt werden. Dadurch wird das Böse allein zum ästhetischen und nicht länger zum moralisch-diskursiven Gegenstand; die Darstellung des Bösen im Kunstwerk erfolgt allein um des ästhetischen Genusses willen und nicht unter der Maßgabe von Sinnkategorien. Poe hat das Primat des »poetischen Prinzips« gegenüber der – wie er es nennt – »Häresie des Didaktischen« programmatisch formuliert:

> Man hat implizit und explizit, direkt und indirekt, vorausgesetzt, Wahrheit sei das letzte Ziel aller Dichtung. Jedes Gedicht, heißt es, müsse eine Moral einschärfen; und nach dieser Moral sei der dichterische Wert eines Werkes zu beurteilen [...] Dagegen steht fest, daß auf Erden kein würdigeres Werk existiert, noch existieren kann [...] als eben dieses Gedicht per se – dieses Gedicht, das nur Gedicht ist und sonst nichts, das allein um seiner selbst willen geschrieben ist.[69]

Dies ist selbstredend eine dezidiert ästhetizistische Position, allerdings eine von besonderer Radikalität; sie kennt die Rückbindung an das klassisch-idealistische Ideal des Schönen nicht mehr, wie sie etwa noch für den Ästhetizismus eines Oscar Wilde konstitutiv ist. Vielmehr wird gerade das, was als Opposition zum Schönen, Wahren, Guten definiert und somit als Böses tabuisiert ist, zum eigentlichen Bereich dieser spezifischen Form des *l'art pour l'art* erkoren. Gerade die Lust am Bösen um seiner selbst willen, gerade die Hingabe an die ästhetischen wie emotionalen Erregungen macht diese Form der ästhetischen Moderne nicht mehr in rationale, moralische oder soziologische Sinnentwürfe integrierbar. Insofern formuliert das Imaginationstheorem eine radikale Absage an das Programm der rationalistischen Moderne und »das macht den Skandal aus, den die ästhetische Moderne für das aufgeklärte Bewußtsein bedeutet.«[70]

> Das Imaginationstheorem vom Bösen verbietet inhaltsästhetische Affirmationen. [...] Die soziologisch-historischen Funktionsbegründungen aber halten die ästhetische Problematik völlig ausgeblendet unter der Annahme des nicht mehr revidierbaren Diskurses der rationalistisch-wissenschaftlich geprägten Moderne. Diesem aber ist seit Beginn des 19. Jahrhunderts in der Imagination des Bösen widersprochen worden. [...] Die historische Überlegenheit des Diskurses aufklärerischer Moderne ist bloß eine der Institutionen und der pragmatischen Vernunft. Die Dichter der Moderne aber haben [...] diesem Diskurs nicht irrationalistisch, sondern im Namen der Imagination des Bösen aufgekündigt.[71]

Ein böses Kunstwerk in diesem Sinne wird somit gleich in zweifacher Weise zum Skandal für das Kunstverständnis einer aufgeklärt-bürgerlichen Gesellschaft: Zum einen thematisiert es auf der inhaltlichen Ebene das gesellschaftlich Ausgegrenzte – zum anderen entzieht es sich durch die Art der Darstellung dem Anspruch der rationalistischen Moderne an Sinnstiftung im ästhetischen Werk. Das eigentliche böse Kunstwerk muß also über die reine Darstellung des Bösen hinaus ästhetisch so organisiert sein, daß eine Zuordnung in Sinnkategorien unmöglich wird, d. h., daß seine »metaphorisch-stilistischen Mittel in der Darstellung des Bösen dieses nicht mehr allegorisch-symbolisch reflektieren, positiv oder negativ repräsentieren. [...] Die wahrnehmbare Welt ist in dieser semantischen Form reduziert auf sinnliche Vorgänge ohne Sinn außer dem einen, daß sie die ästhetisch-emotionale Imagination evozieren.«[72]

Bohrer sieht die semantische Organisation des von Poe und Baudelaire erdachten Imaginationstheorems in den Werken Gustave Flauberts realisiert, vor allem in dessen Roman »Salammbô« (1862). Anhand von Flauberts distanziert-kühler Darstellung des Kriegsgrauens konstatiert Bohrer erzähltechnische Kategorien, deren Verwendung verhindert, daß die dargestellten bösen Ereignisse »eine Vermittlung von Sinn enthalten, und sei es den der Klage oder der Aggression angesichts des geschilderten Grauens.«[73] Diese Kategorien beziehen sich auf das diesem Kunstwerk zugrundeliegende Zeichensystem, also Sprache. Sie sind aber nicht medienspezifisch, d. h., es lassen sich für sie durchaus Äquivalente z. B. in der Filmsprache finden. Ein Arrangement ästhetisch geschlossener böser Bilder wird laut Bohrer in »Salammbô« erreicht durch:

– Verzicht auf jegliche Wertung durch den Erzähler (Neutralität)
– distanzierte, reportagehafte Erzählhaltung (Objektivität)
– Verschwinden des Erzählers hinter dem Erzählten (Unpersönlichkeit)
– detaillierte, akribisch genaue Schilderung selbst grauenhafter Szenen (Fotorealismus)
– emotionsloser Tonfall der Schilderung (Indifferenz/Impassibilité)
– Verzicht auf metaphorisch-allegorische Überhöhung des Dargestellten
– Schockwirkungen durch abrupte Gegenüberstellung zweier getrennter Seinsbereiche (Attraktionsmontage)
– Darstellung des Geschehens als unabwendbares Ereignis bzw. Fehlen eines utopischen Gegenentwurfs (Nihilismus)
– Weigerung, dem Rezipienten auf der Ebene der vorgestellten Protagonisten Identifikationsangebote zu unterbreiten
– Darstellung des psychologisch und moralisch nicht mehr Integrierbaren und Erträglichen, ohne daß der Erzähler selbst emotional involviert erscheint (»zynische Kälte«)
– Dominanz der Beschreibung, völliges Verschwinden des Kommentars (Bildhaftigkeit/Erzählgestus des Zeigens statt des Erklärens)
– Verzicht darauf, das dargestellte Geschehen zu begründen oder zu motivieren (Dekausalität)
– Verwendung von Ironie und schwarzem Humor
– Präzision und Knappheit des Stils (Ökonomie).[74]

Die Nähe einiger Elemente dieser spezifischen literarischen Technik zu den Ausdrucksmitteln des Films im Generellen und zu Kubricks spezifischem Stil im besonderen dürfte unübersehbar sein. Die aufgelisteten Kategorien sind optional; d. h., sie müssen nicht vollständig in einem Werk erscheinen, das sich einer Ästhetik des Bösen bedient. Entscheidend ist, daß diese von Flaubert entwickelte Erzähltechnik darin kulminiert, daß eine spezifische neutrale Bildlichkeit, »ein Schweigen der bösen Bilder« erzielt wird, worin Bohrer den künstlerischen Ausdruck einer »Strategie kontinuierlicher Sinnverweigerung«[75] erkennt. Er verweist in diesem Zusammenhang auf Kierkegaard, der in »Begriff der Angst« (1844) das Böse als das Schweigen definiert hat.[76] Durch das Schweigen der bösen Bilder als ästhetischer Form völliger Sinn-Negation wird »Salammbô« in die Nähe des Rätsels, des Undeutbaren gerückt, was eben »der entgrenzten Imagination, dem ›Traum‹ des Bösen als Theorem eines ästhetischen Akts [entspricht], wie es Poe und Baudelaire erfanden.«[77]

Man ist versucht, Bohrers These von der Sinnverweigerung in einem ästhetischen Produkt mit dem Hinweis zu widerlegen, daß nicht auszuschließen ist, daß der einzelne Rezipient einem solchen Werk dennoch Sinn einschreiben kann. Entscheidendes Kriterium für diesen Ansatz ist aber allein, ob eine solche Sinnstiftung im Werk selbst angelegt ist. Wenn eine Analyse des betreffenden Werkes ergibt, daß es in seiner Struktur vom Autor auf Sinnverweigerung hin angelegt ist, ist dies das einzig relevante Erkennungsmerkmal für eine Ästhetik des Bösen. Das schließt allerdings nicht aus, daß einzelne Rezipienten doch einen Sinn, eine moralische Aussage in diesem Werk finden werden (wollen). Wahrscheinlich bedingt sogar das Fehlen moralischer Deutungsvorgaben in einem so strukturierten ästhetischen Produkt, daß von Seiten der Rezipienten beliebige und divergierende Sinneinschreibungen an das Werk herangetragen werden können. »Das Phänomen, daß ein- und derselbe Film der Rechtfertigung unterschiedlicher Ansichten dienen kann, gründet [...] in der selektiven Wahrnehmung der Zuschauer; diese nehmen oft nur das wahr, was sie wahrnehmen wollen.«[78]

Eine Ästhetik des Bösen als spezifische Variante des Ästhetizismus, wie sie auf den letzten Seiten entwickelt worden ist, erhält zusätzliche Relevanz und Brisanz an einem ideengeschichtlichen Punkt, da das Ästhetische als der eigentliche Seinsbereich reklamiert wird. Verbindet man Dostojewskijs oder Nietzsches Konzept des Künstlers als Übermensch, als Überwinder der Moralität mit einer Flaubertschen Ästhetik des Bösen, so folgert daraus: Der End- und Höhepunkt einer Ästhetik des Bösen, die vollendete Dekadenz müßte darin bestehen, die Darstellung dieses transmoralischen Künstlers in Form des skizzierten »Schweigens der bösen Bilder« ästhetisch zu organisieren. Ein Ästhetizismus dieser radikalen Ausprägung müßte über Flauberts Ästhetik des Bösen noch hinausgehen. Wo dieser noch das außerästhetische Feld des Krieges zum Ästhetikum stilisiert, müßte der »nächste Schritt« (s.o.!) dahin führen, die böse Ästhetik selbst zum Gegenstand einer Ästhetik des Bösen zu machen. Dies wäre der vollendete (negativ-nihilistische) Ästhetizismus, und dies ist in der Tat der Schritt, den Kubrick in *A Clockwork Orange* vollzieht.

4.6. Die Negation von Sinn in *A Clockwork Orange*

Eine Ästhetik des Bösen ist nach Bohrer dann gegeben, wenn die Darstellung des Bösen »in einem Arrangement ästhetisch verschlossener böser Vorstellungen verharrt, ohne daß ein Sinn, welcher auch immer, vermittelt«[79] wird. Eine Ästhetik des Bösen würde also dann vorliegen, wenn die filmische Darstellung des Bösen allein um des ästhetischen Genusses willen geschieht. Es ist mithin zu untersuchen, ob auf irgendeiner Ebene von *A Clockwork Orange* die filmische Präsentation des Bösen einem anderen als einem ästhetischen Sinn gehorcht. Ferner ist zu fragen, ob Kubrick Bohrers Forderung nach auktorialer Neutralität, Mitleidlosigkeit und Unparteilichkeit bei der Darstellung des Bösen erfüllt oder ob innerhalb des Films eine persönliche Haltung, ein wertender Standpunkt des Autors zum Bösen erkennbar wird. Ganz allgemein gefragt: Gibt es in *A Clockwork Orange* irgendein Indiz dafür, daß die Darstellung des Bösen über die Ebene der ästhetischen Imagination hinaus noch einen Sinn, eine Aussage, eine Moral vermittelt? Die Fragestellung impliziert eine negative Beweisführung, d. h. ich werde im folgenden zunächst jeweils ausführen, wodurch eine ästhetische Präsentation des Bösen gewöhnlich Sinnstiftung gewährleistet, und dann untersuchen, inwieweit Kubrick in *A Clockwork Orange* anders vorgeht, so daß m.E. hier von einer ästhetischen Strategie der völligen Sinn-Negation und -verweigerung gesprochen werden muß.

Dies wird in Kubricks Film vor allem durch die spezifische Dramaturgie der Filmerzählung geleistet: *A Clockwork Orange* beschreibt das Leben des Jugendlichen Alex Delarge im London des frühen 21. Jahrhunderts. Alex ist ein Totschläger, Vergewaltiger und Räuber, der mit seiner Bande, den Droogs, *ohne erkennbare Motivation* gewalttätige Raubzüge unternimmt und dabei ganz offensichtlich großes Vergnügen empfindet. Nach einer zunächst erfolgreichen Konditionierung läßt er (gezwungenermaßen) von seinem bösen Tun ab, wird dadurch aber zum Opfer seiner vormaligen Opfer. Schließlich muß die Konditionierung rückgängig gemacht, Alex also in seinen vorherigen, gewalttätigen Zustand zurückversetzt werden, wobei das Filmende keinen Zweifel daran läßt, daß er seinen früheren Tätigkeiten nunmehr mit unvermittelter Lust wieder nachgehen wird. Bereits diese kurze Paraphrase läßt erkennen, wie sehr sich die Konzeption der Figur vom üblichen Schicksal böser Filmhelden und dem dadurch vermittelten gesellschaftlichen Sinn unterscheidet:

> Gewissermaßen an unserer, der Zuschauer Stelle, darf sich der Filmbösewicht mit nachgerade infantiler Bedenkenlosigkeit egoistisch austoben, seine einengende Sozialisation abstreifen und kurzfristig als wahrhaft autonomes Individuum handeln. [...] Schließlich aber muß er den höchsten Preis für die kurze Spanne absoluter Freiheit bezahlen – die eigene Vernichtung. [...] So zynisch, gewalttätig, individualistisch kann der Kinoschurke gar nicht sein, als daß ihn das Kollektiv durch seinen Handlanger, den Helden, am Ende nicht doch einholte. Und physisch beseitigt. [80]

Die »Crime doesn't pay«-Strategie, die uns aus unzähligen Filmen und Fernsehspielen verschiedenster Machart hinlänglich bekannt ist, dient der affirmativen

Einübung in gesellschaftliches Normverhalten. In der Identifikation mit dem bösen Protagonisten lebt der Kinozuschauer sublimativ seine eigenen, gesellschaftlich tabuisierten Triebregungen aus (Affektmodulation). Das schlimme Ende des bösen Protagonisten lehrt den Zuschauer, seine Triebansprüche nicht in aktives Handeln umzusetzen, da ihm sonst ein ähnliches Schicksal droht. Eine solche Darstellung des Bösen vermittelt und bekräftigt also ausschließlich bürgerliche Ideologie, die böse Thematik dient nur dazu, das gesellschaftlich Gute hervorzubringen. Auch die anderen Filme Kubricks operieren mit dieser dramaturgischen Konstante. In aller Regel wird der böse Protagonist am Ende des jeweiligen Filmes physisch beseitigt. Quilty und Humbert, HAL, Jack Torrance und nahezu die gesamte Verbrecherbande in *The Killing* müssen ihre bösen Taten mit dem Leben bezahlen. Auch Johnny Clay und Barry Lyndon werden schließlich »beseitigt«: Johnny wird verhaftet und Barry muß, nachdem Bullingdon ihm ein Bein weggeschossen hat, das Land verlassen. In diesen Filmen läßt also auch Kubrick den bösen Protagonisten den gesellschaftlichen Preis (Tod, Gefängnis oder Exil) für die kurzfristige Autonomie der bösen Tat zahlen.

Ganz anders hingegen die Schlußwendung von *A Clockwork Orange*: Der böse Protagonist wird nicht nur nicht beseitigt, sondern obendrein in seinen ursprünglichen, gewalttätigen Zustand versetzt (wobei ihm der Innenminister sogar weitgehende Verschonung vor künftiger Strafverfolgung signalisiert). Daß Alex nach wie vor böse ist und entsprechend handeln wird, macht Kubrick deutlich, indem er Alex, entsprechenden Reizbildern ausgesetzt, genauso aggressiv und sexistisch wie vor seiner Behandlung reagieren läßt. Alex' abschließender Kommentar (»Ich war wieder geheilt!«) erinnert stark an die Schlußworte des Dr. Strangelove (»Mein Führer, ich kann wieder gehen!«), eine Analogie, die Kubrick selbst ausdrücklich bestätigt hat.[81] Dieses Ende des Films stellt eine beträchtliche Abweichung von Burgess' Romanvorlage dar: Bei Burgess entscheidet sich Alex schließlich, dem bösen Lebenswandel zu entsagen, sich in die bürgerliche Ordnung einzugliedern und eine Familie zu gründen. Diesen, den Roman beschließenden Triumph der bürgerlichen Wertvorstellungen über das Böse hat Kubrick m.E. zu Recht als »aufgesetzt und nicht überzeugend«[82] abgelehnt. Kubricks neuformuliertes Ende des Films verweigert sich hingegen den Wertmaßstäben bürgerlicher Ideologie und ihrer affirmativen »Crime doesn't pay«-Strategie.

Wie aber gelingt es Kubrick, im Verlauf der Filmerzählung jene Standpunktlosigkeit zu erzielen, die an *A Clockwork Orange* so scharf kritisiert worden ist?[83] Kubrick verlagert durch die Dramaturgie der filmischen Erzählung die Verantwortung, zum dargestellten Bösen eine moralische Haltung einzunehmen, vom Autor auf den Rezipienten. Ich habe bereits darauf hingewiesen, daß der Film in drei Teile gegliedert ist. Teil eins schildert Alex' böse Taten bis zum Zeitpunkt seiner Verhaftung, Teil zwei zeigt Alex' Aufenthalt im Gefängnis, seine Konditionierung durch die »Ludovico«-Therapie und seine Entlassung als vom Bösen »Geheilter«. Im dritten Teil, der spiegelsymmetrisch zum ersten aufgebaut ist, wird Alex zum Opfer all jener, die im ersten Teil Opfer seiner Gewalttaten wurden. Seine Eltern, der Stadtstreicher, die mittlerweile zu Polizisten konvertierten Ex-Droogs George und Dim, und Mr. Alexander quälen Alex jetzt genauso brutal, wie er sie im ersten Teil des Filmes behandelt hat.

Das schockierende Moment der Rezeptionserfahrung von *A Clockwork Orange* besteht darin, daß sich dank dieser Dramaturgie die Haltung des Zuschauers zu Alex im Verlauf des Films verändert. Anfangs stößt einen seine unmotivierte Gewalt ab, flößt Angst oder bestenfalls eine Mischung aus Faszination und Abscheu ein. Diese negative Einstellung kulminiert in dem bewußten oder unbewußten Wunsch, Alex' mörderischem Treiben möge Einhalt geboten werden. Ich habe bereits ausgeführt, daß die ambivalente Haltung zum Bösen (Angst, Abscheu, Faszination und Aggression zugleich) darin begründet ist, daß wir unsere innere Affinität zum dargestellten Bösen aufgrund angelernter sozialer Verhaltensmuster nicht zulassen können und daher in die aufgeführten Emotionen umlenken. Kubrick scheint sich dieser zwangsläufig zwiespältigen Haltung der Rezipienten zu Alex sehr wohl bewußt gewesen zu sein: »Unser Unbewußtes findet in Alex ein Ventil, genauso, wie es in den Träumen ein Ventil findet. Es will nicht wahrhaben, daß Alex von autoritären Instanzen geknebelt und unterdrückt wird, so sehr auch unser rationales Bewußtsein die Notwendigkeit dazu erkennt.«[84]

Je mehr aber Alex zur willenlosen Marionette und zum wehrlosen Opfer erst der räderwerkhaften Staatsideologie und ihrer Konditionierungsmechanismen, danach der Gewalttaten anderer Individuen wird, um so mehr verändert sich unsere Einstellung ihm gegenüber, wechselt sie von Ablehnung zu Mitleid oder gar Sympathie. Der Zuschauer identifiziert sich mehr und mehr mit einer Figur, die ihm zu Beginn des Films als Mörder und Vergewaltiger vorgeführt worden ist. Man wünscht sich geradezu, daß Alex wieder im Besitz jener Gewalttätigkeit wäre, die man zuvor so verurteilt hat, damit er sich gegen seine Peiniger wehren kann. Es findet ein radikaler Umschwung in unserer Haltung zum bösen Protagonisten und seinen bösen Handlungen statt.

> Die Frage lautet, wie Kubrick es filmisch organisiert hat, daß sich überraschend schnell (gegen die wirkenden Gewaltszenen des ersten Filmteils) ein Mitgefühl für Alex einstellt [...]. Das hat natürlich etwas damit zu tun, daß Kubrick den Mythos des bürgerlichen Individuums in eine vollständig technisierte, verwaltete Welt transportiert und uns so bei unserer eigenen Mythengläubigkeit packt; unsere Sympathie ist auf Seiten des geschlagenen Helden. Trotzdem bleibt der Widerspruch (Mitgefühl mit dem Bösen schlechthin) bestehen [...].[85]

Dieser Widerspruch, der den Zuschauern im zweiten und dritten Teil des Films vielleicht nicht einmal bewußt wird, tritt erst durch die Schlußwendung offen zutage. Jetzt ist Alex als Gewalttäter wiederhergestellt, wir erinnern uns seines Verhaltens zu Beginn des Films und fallen automatisch in unsere anfängliche Rezeptionshaltung zurück. Die Sympathie verwandelt sich zurück in Ablehnung und Furcht, wobei den Zuschauern radikal verdeutlicht wird, daß sie gerade dem personifizierten Bösen über weite Strecken des Films ihr Mitgefühl geschenkt haben. Ich möchte die Hypothese aufstellen, daß ein Großteil der aggressiven Reaktionen auf *A Clockwork Orange* daher rührt, daß uns Kubrick durch das dramaturgische Spiel mit unseren (durch entsprechende Rezeptionsmuster geprägten) Emotionen die Instabilität und Fragwürdigkeit der scheinbar soliden bürgerlichen – und damit unser aller – Moralvorstellungen vor Augen führt. Es wird hieran noch einmal deutlich, wie wichtig der veränderte Schluß des Films ist. Ohne diese erneute Wendung im Handlungsverlauf würde die Ambivalenz der Rezeptionshaltung nicht derart transparent, eine Ambivalenz, die offenzulegen erkennbare Funktion der dramaturgischen Struktur von *A Clockwork Orange* ist.

Die Dichotomien von Opfer/Täter, Gesellschaft/Individuum, gut/böse, auf denen die künstlerische Darstellung des Bösen gewöhnlich beruht, werden von Kubrick als irrelevant entlarvt und zerstört. Jede Figur in *A Clockwork Orange* ist Opfer und Täter zugleich, jeder Mensch der Wolf aller anderen Menschen. Die scheinbar hilflosen Opfer des ersten Teils (Stadtstreicher, Mr. Alexander, George und Dim, Alex' Eltern) werden plötzlich selbst zu brutalen Tätern. Kubrick unterstreicht, wie schon ausgeführt, durch identische Kameraführung und Einstellungsgrößenwahl in den entsprechenden Szenen des ersten und dritten Teils »die heimliche Identität und spiegelbildliche Entsprechung«[86] von Tätern und Opfern. Daß die vormaligen Opfer in dieser Brutalität die im ersten Teil des Films entstandenen Rachegelüste der Zuschauer unmittelbar ausleben und jenen dadurch in aller Konsequenz vor Augen führen, verstärkt das Unbehagen an der moralisch hochgradig ambivalenten Rezeptionssituation noch zusätzlich.

Die Relativierung des Täter/Opfer-Verhältnisses hat Auswirkungen auf den Identifikationsgehalt der Figuren: Keiner der Protagonisten bietet sich über die ganze Dauer des Films als positive Identifikationsfigur an, alle sind gleichermaßen böse, brutal und egoistisch. Das Mitleid mit den Opfern währt nur so lange, bis der Zuschauer sieht, wie die Opfer selbst zu Tätern werden. Ciment weist zu Recht darauf hin, »wie sehr der Stil von *A Clockwork Orange* darauf bedacht ist, die Identifizierung zu erschweren.«[87] Dies zeigt sich über die Gestaltung der einzelnen Figuren hinaus auch an der Art und Weise, wie Staat und Gesellschaft in diesem Film dargestellt werden: Die Institutionen – personifiziert in der Figur des Innenministers – sind allein darauf bedacht, ihr Machtgefüge zu erhalten, das durch Alex gefährdet erscheint.

> Das Ausgegrenzte, Isolierte ist in Alex personifiziert, er ist das Produkt und die Negation der herrschenden Rationalität. Sein unkontrolliertes Ausleben von Affekten bedroht den Bestand der übrigen Gesellschaft und wird deshalb sanktioniert. [...] In den Augenblicken affektiven Losgelassenseins wird er zur Gefahr für die Architektur des Systems, und deren Macht der Rationalität läßt nichts unversucht, ihn wieder einzuholen. [88]

Die Methoden, derer sich der Staat dabei bedient, sind nicht weniger brutal, menschenverachtend und böse als die von Alex. Weder das Kollektiv noch die Institution unterscheiden sich in *A Clockwork Orange* auf moralischer Ebene vom bösen Individuum. Durch diese nivellierende Darstellungsweise verweigert sich Kubrick jeder Sinneinschreibung des dargestellten Bösen auch auf dieser Ebene seines Films. Gewöhnlich liefert jede künstlerische Darstellung des Bösen explizit oder implizit eine Antwort auf die Frage, wie das Verhältnis von Individuum und Gesellschaft beschaffen sein muß, um die größtmögliche Freiheit aller Mitglieder einer Gesellschaft zu gewährleisten. Gerade das Phänomen des bösen Individuums rückt bei dieser Fragestellung in den Mittelpunkt: Muß die Gesellschaft das Böse akzeptieren, da in der bösen Tat die Autonomie des Einzelnen aufscheint, oder muß die Gesellschaft die böse Tat unterbinden, um sich selbst und ihre anderen Mitglieder zu schützen? Wenn die Gesellschaft – gedacht als das institutionalisierte Gute – das Böse unterbindet, wie kann sie das tun, ohne selbst böse zu werden? Je nach Intention und ideologischem Standpunkt des Autors werden in der ästhetischen Darstellung des Bösen eine Argumentation für den Freiheitsanspruch des Einzelnen (z. B. durch die Figur des »erhabenen Verbrechers«) oder die Sicherheitsbedürfnisse des Kollektivs sichtbar.

Ein solcher Standpunkt ist aber in *A Clockwork Orange* gerade nicht zu erkennen, da Kubrick den Antagonismus von Opfer/Täter, Individuum/Gesellschaft, gut/böse aufhebt. Die Gesellschaft, so wie sie in diesem Film gezeigt wird, bedient sich selbst des Bösen, das sie angeblich verhindern will. Die Freiheit der Einzelnen – eben nicht nur Alex', sondern auch aller anderen Figuren – schlägt automatisch ins Böse um. Die Möglichkeit der freien Entscheidung zum Guten wird somit auf gesellschaftlicher wie individueller Ebene verneint. Kubrick negiert in diesem Film alle geläufigen Modelle zur Überwindung des Bösen, ohne selbst einen Lösungsvorschlag anzubieten, nimmt eine Haltung der absoluten Negation und Standpunktlosigkeit ein. Wenn man Kubricks Äußerungen in Interviews ernstnehmen kann, so hat er wohl selbst keinen festen Standpunkt zur Frage nach dem Verhältnis von Individuum und Gesellschaft im Hinblick auf das Böse. Seine diesbezüglichen Aussagen sind zumindest widersprüchlich: »Die Geschichte zeigt uns immer wieder, was geschieht, wenn man versucht, eine übermäßig zivilisierte Gesellschaft zu schaffen oder allzu erfolgreich bei der Beseitigung unerwünschter Elemente zu sein.«[89] Und: »Der Mensch ist kein edler Wilder. Er ist irrational, brutal, schwach, zur Objektivität unfähig, sobald es um seine eigenen Interessen geht; jeder Versuch, ausgehend von einer falschen Sicht des menschlichen Wesens Institutionen zu schaffen, ist vermutlich zum Scheitern verdammt.«[90]

Der immanente Widerspruch dieser Äußerungen Kubricks ist bezeichnend für die scheinbare Unentschiedenheit, mit der diese Problematik in *A Clockwork Orange* aufgegriffen wird: Es ist nicht zu erkennen, ob Kubrick die autonome Willensentscheidung des Individuums, selbst wenn sie zum Bösen hin ausfällt, befürwortet, oder ob er für ein mehr oder weniger restriktives Gesellschaftsmodell eintritt, das versucht, die Autonomie des Einzelnen einzugrenzen, um das Überleben des Kollektivs zu garantieren. Beide Lösungsmöglichkeiten werden in dem Film nur in ihren negativen Konsequenzen dargestellt: Anarchie oder Totalitarismus. Eine sinnstiftende Aussage über das Verhältnis Individuum – Gesellschaft, wie sie üblicherweise mit einer Darstellung des Bösen verbunden ist, läßt sich aber aus *A Clockwork Orange* nicht ablesen. Zwar inszeniert Kubrick, wie in seinen anderen Filmen auch, ein dialektisches Verhältnis zwischen den individuellen Triebregungen und der gesellschaftlichen Rationalität, doch mehr denn je zuvor verweigert er jeglichen Hinweis auf eine denkbare Überwindung dieser Dialektik.

Ganz abgesehen davon, daß es geradezu absurd ist, vom Künstler Antworten auf Fragen zu erwarten, an denen die gesamte abendländische Kultur- und Zivilisationsgeschichte bislang gescheitert ist, muß betont werden, daß gerade die skizzierte *Unentschiedenheit* Kubricks kein Manko seines Films, sondern genuiner Bestandteil (s)einer Ästhetik des Bösen, also *ein Qualitätsmerkmal* ist. Die Unentschiedenheit des Regisseurs ist vielmehr als bewußte Verweigerung zu lesen, als Ablehnung des funktionalen Zwanges, Eindeutigkeit suggerieren zu sollen, wo schlechterdings keine Eindeutigkeit gegeben sein kann, oder anders ausgedrückt: In *A Clockwork Orange* schweigt Kubrick zu den zentralen Fragen nach dem Bösen und der Gewalt deshalb, weil jede Antwort auf diese Fragen sich historisch schon als Lüge entlarvt hat, vielleicht auch deshalb, weil diese Fragen zumindest in den herkömmlichen Diskursen auch gar nicht zu beantworten sind. Zumindest daran, an der Inadäquanz der konventionellen Diskurse, läßt Kubrick keinen Zweifel, indem er deren Lösungsvorschläge, die sich in den angeführten Dichotomien von Opfer/Täter, Individuum/ Gesellschaft, Freiheit/Repression manifestieren, wie gezeigt, nachdrücklich desavouiert.

Das Unbehagen, das *A Clockwork Orange* auslöst, ist darin begründet, daß eben jene Weigerung Kubricks, moralisch eindeutige Antworten zu geben, die Offenheit, wenn nicht gar Unlösbarkeit der diesbezüglichen Fragen voll und ganz an die Rezipienten zurückgibt. Gerade dieses Fehlen einer sinnstiftenden, d. h. Lösungsoptionen unterbreitenden Ebene in *A Clockwork Orange* aber ist Kubrick von seinen Kritikern immer wieder zum Vorwurf gemacht worden, wie die nachfolgenden Zitate verdeutlichen werden:

> Als wirkliches symphonisches Gedicht in Bildern bezieht *A Clockwork Orange* offensichtlich keine Distanz zu der Gewalt, die gezeigt wird, verurteilt sie nicht ausdrücklich. Das ist kein moralischer Film.[91]
>
> Stanley Kubrick hat mit *A Clockwork Orange* einen Beitrag zur Gewalttätigkeit abgeliefert, der viel zu kunstvoll ist, als daß er sich auf eine eindeutige »Aussage« festlegen ließe.[92]
>
> Aber es bleibt ein Mangel seines [Kubricks, d.V.] Films, daß er durch Verzicht auf Analyse […] sich nicht deutlich genug von manchen vorgefaßten Meinungen distanziert.[93]

Ausgesprochen oder unausgesprochen klingt in diesen und nahezu allen Veröffentlichungen zu *A Clockwork Orange* ein Unbehagen an, das mit der Frage verknüpft ist, welchen Sinn eine Darstellung des Bösen haben soll, die das Böse weder verurteilt, noch Möglichkeiten der Überwindung des Bösen aufzeigt, sondern das Böse allein als ästhetischen Gegenstand sieht. Versteht man unter dem Sinn eines ästhetischen Produktes eine gesellschaftsrelevante Aussage, so ist Kubricks Film tatsächlich völlig sinnlos und ein »entbehrlicher Alptraum«.[94] Einer funktionalistischen Kunstauffassung, die der Kunst gesellschaftliche (meist affirmative) Aufgaben zuschreibt, kann eine Darstellung des Bösen nicht genügen, die lediglich auf sich selbst und ihre Ästhetik zurückverweist. Daß wir solche Kriterien aber überhaupt an eine ästhetische Darstellung des Bösen anlegen, ist keineswegs logisch oder selbstverständlich, sondern zeigt nur, wie sehr die weiter oben skizzierte idealistische Ästhetik selbst das zeitgenössische Verständnis von Kunst geprägt hat.

Eine moralische Ebene ist bei der Darstellung des Bösen in *A Clockwork Orange* ebensowenig auszumachen wie eine ideologische oder philosophische Aussage oder Haltung zum dargestellten Bösen. Kubrick greift zwar auf diese geläufigen Muster von Sinneinschreibung zurück, führt sie aber durch die spezifische Dramaturgie des Films ad absurdum. Als affirmatives Surrogat oder als Mittel zur Affektmodulation ist *A Clockwork Orange* aus den genannten Gründen höchst ungeeignet. Durch die Negation aller sinnstiftenden Elemente rückt zugleich die Ästhetik der bösen Taten als einziger erkennbarer Bezugspunkt in das Zentrum des Filmes. Kubricks Weigerung, einen sinnstiftenden Standpunkt einzunehmen, ist ein Akt ästhetischer Sinnverweigerung und somit konstitutiv für eine Ästhetik des Bösen, so wie Bohrer sie definiert hat. Die Darstellung des Bösen ist so sinnlos wie das dargestellte Böse selbst. Die Darstellung des Bösen geschieht allein um ihrer selbst, um ihrer immanenten Schönheit willen. Selbst die weiter oben besprochene allegorische Bezugsebene des Films, sein Spiel mit der christlichen Passion und Ikonographie, eignet nicht zur Sinnebene. Leidensweg und »Wiederauferstehung« von Alex ironisieren allenfalls vorgängige dramaturgische Klischees, die im Sinne der oben angesprochenen Rhetorik des Bösen im Diabolos noch den besseren Christus aufscheinen lassen wollen, somit eine Rückbindung an das Ideal des Guten erkennen lassen. Nichts davon in *A Clockwork Orange*: Die gezeigte Passion ist lediglich eine ästhetische, wie sich weiter unten noch zeigen wird. Hätte damit tatsächlich eine außerästhetische Sinnebene evoziert werden sollen (etwa als metaphorische Passion des freien Individuums), so wird dies durch das Schlußbild des Films nachhaltig ausgeschlossen. Auch auf dieser Ebene also greift Kubrick konventionelle Muster der Sinneinschreibung nur auf, um sie letztlich ad absurdum zu führen. Daher muß auch hinsichtlich potentieller allegorischer Sinnstiftung für *A Clockwork Orange* konstatiert werden: »Eine allegorische Lösung ist nicht in Sicht; sie zu erzwingen wäre eine Fehldeutung. Es handelt sich um ein Schweigen der bösen Bilder: um die Strategie kontinuierlicher Sinnverweigerung.«[95]

Angesichts der institutionellen Dominanz der idealistischen Ästhetik im bürgerlichen Kunstbetrieb ist es nicht verwunderlich, daß immer wieder versucht worden ist, in *A Clockwork Orange* doch noch sinnstiftende Elemente, positive, d. h. gesellschaftlich relevante Aussagen aufzuspüren. Dabei ist häufig auf die Figur des Gefängnispfarrers verwiesen worden, der im Mittelteil des Filmes ein Plädoyer für die Unantastbarkeit der freien menschlichen Willensentscheidung hält; dieser Geistliche ist dann »als Sprecher des Regisseurs«[96] und der Film dementsprechend als Anklage gegen die Kontrollmechanismen der Gesellschaft interpretiert worden. Zwar gewährleistet eine solche Sichtweise Möglichkeiten der Sinnstiftung in *A Clockwork Orange*, sie unterschlägt dabei aber in unzulässiger Art und Weise die Ironie und den Sarkasmus, mit dem Kubrick gerade die Figur des Geistlichen als anachronistischen Idealisten gekennzeichnet hat. Wenn auch ohne Zweifel die Unterdrückungs- und Konditionierungsmechanismen des staatlichen Regimes negativ dargestellt werden, so kann daraus dennoch kein Plädoyer für die Autonomie des Einzelnen abgeleitet werden. Es erscheint mir nicht einleuchtend, wieso sich Kubrick in *A Clockwork Orange* für die individuelle Willensautonomie ausgesprochen haben soll, wenn diese im Film durchgehend negativ, als Wille zum Bösen, gezeigt wird. Andere Interpreten haben Kubricks Film mit den Werken Hobbes' und Stirners[97] in Verbindung gebracht, ohne daß diese Bezüge am Werk selbst überzeugend belegt werden könnten. In diesen, manchmal verzweifelt anmutenden Versuchen, *A Clockwork Orange* doch noch in bestehende Kunst- und Gesellschaftskonzepte zu integrieren, ist die Forderung der idealistischen Ästhetik, wonach der Autor eines Kunstwerkes gerade bei der Darstellung des Bösen einen erkennbaren Standpunkt einnehmen solle, nachhaltig wirksam. Ein solcher Standpunkt Kubricks ist in seinem Film aber nicht zu erkennen; der Autor zeigt sich nur als Organisator des filmischen Materials, verhält sich indes neutral und mitleidlos zum dargestellten Bösen.

Auf der Suche nach einer erkennbaren Haltung des Autors zum Bösen ist unzulässigerweise auch Alex' Off-Kommentar als übergeordnete Erzählperspektive des Filmes angesehen und dies als Deutungshinweis benutzt worden. Dagegen führt Jansen in seiner Analyse des Films an, daß die Bildebene durch die Selbständigkeit der Kameraführung konträr zur Ebene des Kommentars angelegt ist.[98] Auch Nelson stellt eine »Differenzierung zwischen Alex' Erzählperspektive und Kubricks auktorialer Allwissenheit«[99] fest und führt verschiedene Szenen an, die er als »auktoriale Täuschungsmanöver« interpretiert und die seiner Meinung nach zeigen, »wie Alex das Opfer von Kubricks Ironie wird.«[100] Ich möchte das an dieser Stelle nicht weiter vertiefen. Entscheidend für unseren Argumentationszusammenhang ist, daß die Erzählperspektive von *A Clockwork Orange* eine auktoriale und nicht die persönliche von Alex ist, was letztlich bekräftigt, daß im Gegensatz zu Alex' Standpunkthaftigkeit, die auktoriale (als die ästhetisch entscheidende) Perspektive des Films eine dezidiert standpunktlose, d. h. nicht wertende ist.

Die oben skizzierten Interpretationsansätze verraten eine tiefgreifende Unsicherheit und ein Unverständnis der Rezensenten »gegenüber dieser neuen Qualität von filmischer Sprache.«[101] Erst wenn man *A Clockwork Orange* unter rein ästhetischen Gesichtspunkten betrachtet, also akzeptiert, daß Kubricks Film nichts weiter für sich in Anspruch nimmt, als ein Kunstwerk und nichts sonst zu sein; erst dann verfügt man über einen Maßstab, an dem der Film auch gemessen werden kann und sollte – nicht trotz, sondern gerade wegen seiner gewagten Thematik. Mit den ästhetischen Verdikten des idealistischen Diskurses und seiner Nachfolger kommt man Kubricks Film und seinen spezifischen Qualitäten überhaupt nicht nahe, sondern muß ihn von seiner ganzen Programmatik her ablehnen. Erst wenn man bereit ist, Mitleidlosigkeit, Unparteilichkeit, Sinn- und Morallosigkeit bei einer ästhetischen Darstellung des Bösen als eine genuin künstlerische Position, als »eine Perspektive auf die Welt«[102] anzuerkennen, ist die heuristische Basis zur wissenschaftlichen Beschäftigung mit einer Ästhetik des Bösen gegeben, wie sie im Fall von *A Clockwork Orange* vorliegt.

Gerade wenn man, wie von mir vorgeschlagen, *A Clockwork Orange* quasi als Fortsetzung von *2001* liest, ist einleuchtend, daß Kubrick hier nicht hinter die ästhetischen Positionen zurückgehen konnte, die er dort schon formuliert hatte. Wenn er in *2001* bereits thematisiert hatte, daß sich die Dualismen und Widersprüche der Moderne im außerästhetischen Feld nicht mehr überwinden lassen, so leuchtet ein, daß jede auktoriale Parteinahme in *A Clockwork Orange* eben doch wieder eine Möglichkeit zur Vereinheitlichung und damit zur Auflösung der Dualismen suggeriert hätte. Insofern ist es nur folgerichtig, daß Kubrick ein weiteres Mal mit dem Schweigen der Bilder operiert. Skandalös daran ist nur, daß es sich, wie zitiert, diesmal obendrein um ein Schweigen der *bösen* Bilder handelt, daß Kubrick Antworten und Sinnstiftung angesichts einer Thematik verweigert, die nach Maßgabe der bürgerlichen Ideologie gerade solches zwingend voraussetzt.

Die Negation von Sinn angesichts der Darstellung des Bösen ist nur die letztendliche Konsequenz jener ästhetizistischen Programmatik, die Kubrick in den beiden genannten Filmen diskursiv (und historisch) entwickelt hat.

Ließe es Kubrick bei dieser Programmatik bewenden, so müßte *A Clockwork Orange* – was immerhin künstlerische Leistung genug wäre – sozusagen als filmisches Pendant zu Flauberts »Salammbô«, der ersten literarischen Realisation einer Ästhetik des Bösen angesehen werden. Doch ließe eine solche ästhetische Position immerhin noch einen Mythos (und damit eine Ebene von Sinn) bestehen: den Mythos des Ästhetischen selbst. Bezeichnenderweise ist dies ja auch die Position, die – bei aller Ambivalenz des Schlußbildes – *2001* beschließt. Wenn Kubrick, wie angesprochen, den »nächsten Schritt tun will«, so wäre dies nur unzureichend dadurch geleistet, daß er den Mythos des Ästhetischen am, vordergründig besehen, denkbar unästhetischen Gegenstand demonstriert (und damit erst recht affirmiert). Also macht sich Kubrick in *A Clockwork Orange* daran, auch diesen letzten Mythos, auch noch die letzte Sinnebene der Kunst, nämlich die rein selbstbezügliche, konsequent zu zerstören.

4.7. Der Mord als schöne Kunst betrachtet

Die Kapitelüberschrift zitiert das gleichnamige Buch Thomas de Quinceys aus dem Jahre 1827[103], das mit *A Clockwork Orange* die gleiche Perspektive auf die böse Tat teilt: eine Perspektive, die zugunsten einer ästhetischen Betrachtung auf eine moralische Bewertung des dargestellten Bösen verzichtet. Beiden Werken ist gemeinsam, daß in ihnen die böse Tat als Kunstwerk, der böse Täter als Künstler verstanden wird.

Es handelt sich in *A Clockwork Orange* zunächst um einen Plot, der sich nicht wesentlich von denen anderer Filme unterscheidet, die das Anwachsen jugendlicher Gewalt in den Großstädten thematisieren. Was Kubricks Film aber davon unterscheidet und wesentlich zum skandalträchtigen Ruf des Werks beigetragen haben dürfte, ist die Tatsache, daß die gezeigten Greueltaten durch die filmische Erzählung weder motiviert noch erklärt werden. Wir sind durch eine Vielzahl anderer Kunstwerke daran gewöhnt, daß die Darstellung der bösen Taten eingebunden ist in soziologische oder psychologische Funktionsbegründungen. Der böse Täter erscheint in ästhetischen Produkten dieser Art als Opfer eines psychologischen Defektes oder sozialer Mißstände (wodurch der Darstellung des Bösen gesellschaftlicher Sinn verliehen wird, indem das Böse als das fehlgeleitete Gute interpretiert wird). In *A Clockwork Orange* hingegen werden diese geläufigen Erklärungsmuster ausdrücklich negiert bzw. karikiert.

Alex tötet nicht aufgrund finanzieller Sorgen – das wird deutlich, als er das geraubte Geld sorglos in seinen Schreibtisch wirft, wo sich bereits Unsummen von Geld befinden. Alex vergewaltigt nicht aus sexuellen Zwängen heraus – der Film zeigt ihn beim vergnügten Geschlechtsverkehr mit zwei Mädchen, der völlig gewaltlos verläuft. Alex verfügt zweifelsohne über eine ausgeprägte, aber nicht über eine zwanghaft-neurotische Libido. Alex' Untaten entstehen nicht aus einem

Die böse Tat als Performance: Die Vergewaltigung von Mrs. Alexander wird von Alex und seinen Droogs zum ästhetischen Spektakel stilisiert.

klassenkämpferischen Impetus heraus – er verprügelt den mittellosen Stadtstreicher genauso wie ihm selbst gleichgestellte Jugendliche oder das begüterte Schriftsteller-Ehepaar. Alex' soziale Herkunft wird unter Verwendung aller üblichen Klischees gezeigt (Wohnsilogegend, schwache Eltern, verständnisloser Bewährungshelfer), aber die Darstellung verharrt auf der Ebene der Karikatur. Alex' Eltern und sein Bewährungshelfer sind nichts weiter als Witzfiguren, über die sich Alex und mit ihm der Film lustig macht. Eine Motivierung von Alex' Handlungen durch die sozialen Mißstände seiner Umgebung leistet der Film nicht. Alex hat »kein Interesse an Geld, gesellschaftlicher Stellung oder wirksamer Planung [...], sondern sucht die ekstatische Augenblickserfahrung«. [104] Seine bösen Taten geschehen intuitiv, sinn-, zweck- und ziellos und völlig willkürlich. Die bösen Taten und ihre Opfer sind austauschbar und werden meist vom Zufall bestimmt (zufällig geraten die Droogs in die Schlägerei mit Billyboys Bande; zufällig wird Mr. Alexanders Haus das Ziel der nächtlichen Reise). Gerade im Konflikt mit den aufbegehrenden anderen Droogs wird nochmals betont, daß die gängigen Motivationsmuster böser Taten für die Figur Alex vollkommen irrelevant sind: Während die anderen Droogs darauf drängen, aus den gemeinsamen Raubzügen höheren ökonomischen Profit zu schlagen (damit ihre heimliche Affinität zur bürgerlichen Maxime der Werteakkumulation verratend), reagiert Alex auf solch profane Motivationen gelangweilt und angeekelt. »Habt ihr denn nicht alles, was ihr braucht?«, hält er den ökonomischen Argumenten seiner Mittäter entgegen, wodurch nochmals unterstrichen wird, daß Alex' Hang zum Bösen definitiv nicht in den gängigen Funktionalismen begründet ist.

Etwas anderes rückt statt dessen in den Mittelpunkt der bösen Taten: der Spaß und der ästhetische Genuß, den Mord und Vergewaltigung Alex bieten. Alex wird

Die zweite Option des Ästhetischen: Alex lauscht der Sängerin in der Korova-Bar –
»Freude, schöner Götterfunken...«.

als Figur mit einer ausgeprägten »Liebe zum Schönen«[105] gezeigt. Er verehrt die
Musik Beethovens (»der göttliche Ludwig van« – man beachte die phonetische
Identität mit dem englischen »fun« = Spaß), die ihm Inspirationsquelle und uner-
reichbares ästhetisches Vorbild zugleich ist: Als seine Droogs die Sängerin in der
Korova-Bar belästigen wollen, bringt Alex ihnen »Manieren« bei, entschuldigt sich
förmlich bei der Sängerin und bittet sie, ihr Lied zu beenden. Es ist das Finale aus
Beethovens 9. Sinfonie, das dem Ästheten Alex eine solch huldvolle Haltung
abverlangt – auch dies wieder eine Szene, in der die Differenzen zwischen dem
Kunstkenner und Künstler Alex und seinen vergleichsweise primitiven Kampfgefährten überdeutlich zutage treten. Die Verehrung des Schönen findet ihr Pendant
in Alex' Ekel vor dem Häßlichen und Niedrigen des Alltags. Bereits die erste böse
Tat, die der Film zeigt – das Zusammenschlagen des betrunkenen Stadtstreichers
– wird durch Alex' Kommentar als Tat gegen das Häßliche gekennzeichnet: »Einen
solchen alten, stinkenden Suffkopf zu sehen, ging mir schon immer gegen den
Strich. Diese Typen waren mir schon immer eklig.«
  Gegen die ekelerregende Banalität seiner Umgebung setzt Alex seine Auffassung des Schönen: hauptsächlich in der Form realitätsentrückter, absolut gesetzter
Kunst (Beethoven), wobei die Wahl des Komponisten Beethoven zugleich als
Kommentar Kubricks zur immanenten Gewalttätigkeit und zum latenten Totalitarismus einer hermetischen Kunst, mithin als Ebene der Selbstreflexion zu deuten
ist. Vor dem in *A Clockwork Orange* ein weiteres Mal entfalteten Hintergrund der
Dialektik von Kultur und Gewalt klingt die Musik Beethovens »unauflöslich
zweideutig als Manifestation von Macht und als Ausdruck von Zivilisation«.[106]
(Daß Kubrick sich der scheinbar näherliegenden Option Wagner entsagt hat,
dürfte darin begründet sein, daß in Wagners Rückbindung an das Konzept des

Mythos eine Verpflichtung seiner Musik an außerästhetische Sinnbezüge enthalten ist. Dies hätte in der Tat den in *A Clockwork Orange* reflektierten Themenkanon der solipsistischen Kunstausübung gesprengt.)

Alex' zweite Option des Schönen ist im Gegensatz zur kontemplativen Note seiner Beethoven-Rezeption eindeutig mit der Tat assoziiert, eben mit der »ultrabrutalen Horrorshow«, wobei das Wort »Horrorshow« bereits auf den Zusammenhang von Schrecken (Horror) und ästhetischer Performance (Show) verweist. Die Themen des Schauspiels sind in *A Clockwork Orange* auf vielfältige Weise präsent: Alex schminkt, maskiert und verkleidet sich zu seinen bösen Taten wie ein Schauspieler (Maske, Kostüm, falsche Wimpern). Künstliche blutige Augäpfel, die Alex als Manschettenknöpfe dienen, symbolisieren dabei noch einmal den oben umrissenen aggressiv-destruktiven Impuls des Sehens/Zusehens. Die Vergewaltigung von Mrs. Alexander stilisiert Alex zum ästhetischen Spektakel, das er singend und tanzend vorführt (mit Mr. Alexander als Zuschauer). Auch bei seinen anderen bösen Taten bewegt sich Alex grazil wie ein Tänzer oder mit der einstudierten Motorik eines »Actors« – eine Ästhetisierung der Gewalt, die durch Kamera und Schnitt noch verstärkt wird. Auch die Handlungsorte suggerieren eine Nähe zur Schauspiel- und Filmkunst: Der Bandenkampf findet auf der Guckkastenbühne eines alten Casinos statt; Alex' Behandlung wird in einem Kinosaal vorgenommen; seine »Bekehrung« wird vor Publikum auf einer kleinen Bühne inszeniert.

Nelson sieht in Alex den »Aktionskünstler«[107], der die »Körperaktion als Selbstdarstellung«[108] inszeniert. Alex stellt seine Kunst der »bürgerlichen Endzeit und deren Rationalität, der auch die Kunst verfallen ist«,[109] entgegen. In der in *A Clockwork Orange* gezeigten Welt ist Kunst zum reinen Dekor entartet. Die Plastiken, Skulpturen und Gemälde in der Korova-Bar, im Haus der Cat-Lady und in Alex' Elternhaus dienen vor allem dem gesellschaftlichen Ziel der Sublimation erotischer Bedürfnisse, der »Verlagerung sexueller Phantasien und Funktionen auf unbelebte Objekte«.[110] Wenn die Cat-Lady die Phallus-Plastik als »bedeutendes Kunstwerk» tituliert, so zeigt dies, daß der plakative Sexismus solcher Kunst-Objekte als Surrogat für eine verlorengegangene Sinnlichkeit des Alltagslebens dient. Dementsprechend muß der Kampf zwischen Alex und der Cat-Lady als symbolisches Duell dieser divergierenden Kunstauffassungen gelesen werden, wobei deren jeweiligen Ikonen – Phallus-Plastik versus Beethoven-Büste – zur tödlichen Waffe instrumentalisiert und gegen den Repräsentanten der jeweils anderen Programmatik gerichtet werden.

Außer Alex werden alle Figuren des Films und ihre Beziehungen von Kubrick konsequent als steril, emotionslos und völlig unerotisch inszeniert, was Alex' ungezügelter Libido zusätzliche Dynamik verleiht. Alex lebt allein dem Lustprinzip gehorchend, während die ihn umgebende Gesellschaft und deren Kunstwerke den Prinzipien der Affektmodulation und der Funktionalisierung folgen (worin unschwer eine weitere Verpflichtung von Kubricks Ästhetik gegenüber nietzscheanischem Gedankengut zu erkennen ist: hier in der Opposition von dionysischem und appollonischem Prinzip). Funktionalisiert erscheint die Kunst auch in den Filmen, die Alex während seiner Therapie sieht (Film als Propaganda und als Therapie). Die Instrumentalisierung von Kunst zu Propogandazwecken wird ferner personifiziert in der Figur des Schriftstellers Alexander, der die Literatur nur

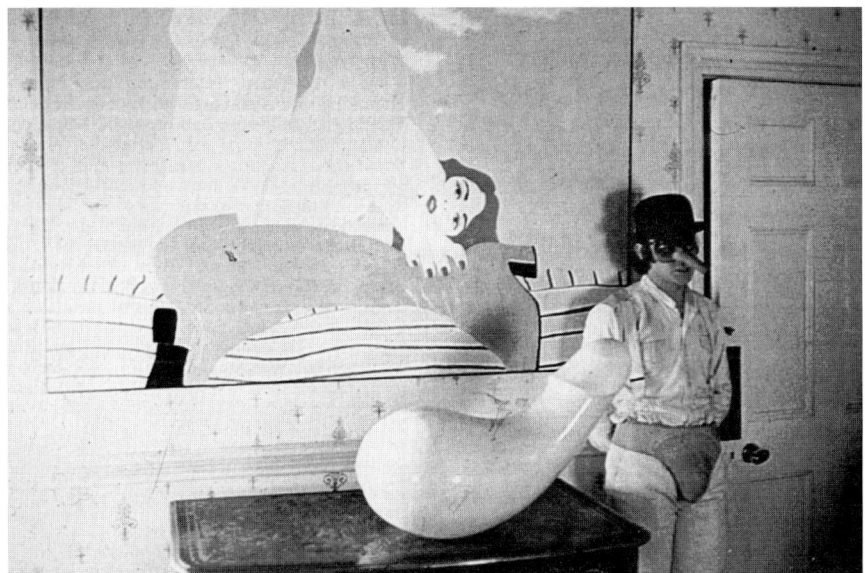

Die Externalisierung der Erotik in die Dekor-Kunst: Alex und das »bedeutende Kunstwerk« der Cat-Lady.

als Vehikel seiner politischen Intentionen benutzt (was ihn als genuinen Vertreter des Prinzips der *art utile* charakterisiert). Dieser sterilen Gebrauchskunst setzt Alex seine Aktionskunst, seine »kreative Vitalität des Bösen«[111] entgegen; und dies ist die einzige im Film erkennbare Motivation seines bösen Handelns. So verkörpert Alex letzten Endes die Figuration des ästhetischen Schöpfers als Übermensch, den die Tonspur des Schlußbildes von *2001* bereits annoncierte. Ganz im Sinne der oben zitierten Zarathustra-Rede »Von der Selbstüberwindung« muß Alex »ein Vernichter erst sein und Werte zerbrechen. Also gehört das höchste Böse zur höchsten Güte: diese aber ist die schöpferische.«[112]

So ist Alex' Leidensweg tatsächlich die Passion des Künstlers, der seine transmoralische Aktionskunst gegen die pharisäerhafte Moralität seiner Umwelt setzt (ohne dabei allerdings jemals in einen messianischen Duktus zu verfallen). Alex' »Kreuzigung« im Kinosaal stellt gleich in zweifacher Weise den denkbaren Höhepunkt seiner Passion dar; zum einen, da er somit (wie auch im Anschluß an die Kur) vom aktiven Künstler in die Rolle des passiven Zuschauers gezwungen wird, zum anderen, da er ertragen muß, seinen Künstler-Heros Beethoven zum Soundtrack-Lieferanten von Nazi-Filmen degradiert zu sehen. Sein empört-leidendes Aufbegehren (»Was kann denn Ludwig van dafür? Der arme Ludwig van! Der hat doch keinem was getan!«) ist zu diesem Zeitpunkt der Therapie wohl weniger in dem Wissen begründet, daß auch Beethoven-Musik fortan den Konditionierungsmechanismen unterliegt und Alex somit seiner Inspirationsquelle beraubt sein wird. Vielmehr dürfte Alex ahnen, daß es sich bei dieser Therapie in profundem Sinne tatsächlich um eine »Ludovico«-Kur (= Ludwig-Kur) handelt, er also letzten Endes vom Ästhetischen selbst geheilt, seiner Identität als Künstler beraubt werden soll. Wenn der behandelnde Arzt in der unumgänglichen Tatsache, daß Alex fortan keine Beethoven-Musik mehr wird hören können, eine »Art gerechte Strafe Gottes« sieht, dabei aber diesen Effekt als zufälliges Beiprodukt der Behandlung bagatellisiert, so ist dies lediglich als eines der oben zitierten auktorialen Täuschungsmanöver Kubricks zu verstehen. Tatsächlich ist genau dieser Sachverhalt, die Austreibung des Ästhetischen, eigentlicher Gegenstand der Therapie. Konsequenterweise kann auch erst in dem Moment, da das ankonditionierte Zuschauer-Verhalten *und* die Aversion gegen Beethoven rückgängig gemacht werden, Alex als »Künstler wiederhergestellt« [113] werden. So zielt auch diese Passion nicht auf eine Sinn-evozierende metaphysische Ebene ab, sondern allein und ausschließlich auf die ästhetische.

Wären bereits diese weiteren Verstöße gegen die Maximen der idealistischen Ästhetik Skandalon genug, so verstärkt Kubrick das Unbehagen der Zuschauer zusätzlich dadurch, daß er deren ambivalente Rezeptionshaltung ein weiteres Mal zum Gegenstand des Films selbst macht: Wie schon weiter oben ausgeführt, repräsentiert Mr. Alexander in der Vergewaltigungssequenz die Kinozuschauer. Wie Mr. Alexander verschließen diese die Augen vor dem Grauen der Szene eben deswegen nicht, weil sie sich andererseits der Faszination der ästhetischen Performance nicht entziehen können, somit Ästhetik vor Ethik setzen. Es sind also wiederum nicht vorgängige psychologische Motivationsmuster, die sich zur Erklärung dieser filminternen wie -externen Rezeptionssituation eignen, sondern ausschließlich ästhetische. Damit wird zudem aufgezeigt, daß sich Kunst eben nicht zur *art utile* funktionalisieren läßt, also als Instrument und Vehikel zur moralischen Verbesserung taugt, sondern ausschließlich ihrer Eigendynamik und -relevanz gehorcht. Kurz gesagt: Gerade diese Szene ist quasi die endgültige und vollständige Destruktion sämtlicher Funktionszuschreibungen der idealistischen Ästhetik. Keinen Sinn mehr vermag die Produktion und Rezeption von Kunst zu gewährleisten, außer der lustvollen Hingabe an die ästhetische Imagination. (Dabei muß gerade in diesem Zusammenhang nochmals darauf verwiesen werden, daß Kubrick »nur« die Vorbereitungen zur Vergewaltigung, nicht aber deren Durchführung zeigt. Diese findet ausschließlich in den Köpfen der Zuschauer statt!)

Da Kubrick seine ästhetische Programmatik stets aus einer tiefgreifenden Kenntnis des ideen- und ästhetikgeschichtlichen Diskurses ableitet und diesen zugleich in seinen Filmen reflektiert, ist es nicht verwunderlich, daß der ideengeschichtliche Ausgangspunkt einer Ästhetik des Bösen, das Imaginationstheorem, Eingang in *A Clockwork Orange* findet. Toffetti[114] und Nelson[115] haben darauf hingewiesen, daß Alex' böse Handlungen ihren Ursprung im Traum, in der Imagination haben. Alex imaginiert nach eigener Aussage »so liebliche Bilder« bei der Lektüre der Bibel oder beim Anhören von Beethovens Musik, wobei die Bildebene das »Liebliche« als Aneinanderreihung blutrünstiger Gewalttaten entlarvt. Zuweilen bessert Alex seine Einbildungskraft mit Rauschmitteln (»Milch Plus« oder »Smokey«) auf. Beim Spaziergang mit den aufbegehrenden Droogs formuliert Alex programmatisch die Relevanz von Inspiration/Imagination für sein Handeln: Während er noch überlegt, wie er seine Führungsposition wiederherstellen kann, kommt ihm Beethoven-Musik, die aus einem geöffneten Fenster dringt, zu Hilfe. Alex erkennt, daß »Denken nur etwas für die Dummen ist«, während Künstler wie er sich »auf Inspiration verlassen oder das, was Smokey ihnen eingibt«. Flugs ist seine Handlungsfähigkeit zurückgewonnen, und er schreitet zur nächsten Gewalttätigkeit/Performance.

Rausch, Traum, Imagination – dies sind die Sphären, in denen sowohl Poe als auch Baudelaire den Sitz der bösen Kreativität angesiedelt haben, wobei die »kreative, unendliche Imagination des Künstlers eine unauslotbare Potentialität enthält, böser noch […] als alle anderen Laster.«[116] Dies trifft ohne Zweifel auf die Phantasien von Alex zu, der als einzige Figur des Films überhaupt zu Imaginationen fähig ist. Einen wesentlichen Bestandteil des Imaginationstheorems stellt Baudelaires Theorie des *Ennui* dar: Diese besagt, daß aus »der Passivität des nicht mehr sozial Integrierten, des an den Tagtraum Hingegebenen in radikaler Gegenwehr zur bürgerlichen Langeweile der ›Traum von Blutgerüsten‹ entsteht«;[117] mit anderen Worten: der Traum von der bösen Tat. Auch in *A Clockwork Orange* besteht eine deutliche Polarität zwischen Alex' blutrünstigen Tagträumen und der sterilen Langeweile der ihn umgebenden Welt. Im Unterschied zu Baudelaires Modell vom bösen Künstler, der seine Imaginationen in ein literarisches Kunstwerk einfließen läßt, vollzieht Alex den Schritt zur Aktionskunst, den Schritt vom bösen Traum zur bösen Tat. Diese Abweichung vom historischen Imaginationsmodell stellt dessen konsequente Weiterentwicklung dar, wenn man die verschiedenen kulturgeschichtlichen Rahmenbedingungen mitbedenkt. In der in Kubricks Film gezeigten bürgerlichen Endzeitgesellschaft und ihrer funktionalisierten Gebrauchskunst würde selbst ein Kunstwerk des Bösen zum reinen Dekor degenerieren. Folgerichtig wählt Alex den Schritt in die Aktion als letzte Möglichkeit, gegen den bürgerlichen *Ennui* die Vitalität einer bösen Kunst zu setzen, die in der Imagination ihren Ausgangspunkt hat. Die Transformation von Schriftkunst in Aktionskunst trägt den Veränderungen Rechnung, die sich zwischen Bürgertum und Kunst zu Zeiten Baudelaires und zur Zeit der fiktiven Zukunftswelt von *A Clockwork Orange* ergeben haben.

In diesem Zusammenhang ist interessant, daß Ciment in Kubricks künstlerischer Phantasie »vielleicht das einzige Mittel, um der ihn umgebenden Leere, der Langeweile zu entfliehen«[118] sieht. Diese Äußerung suggeriert hinsichtlich des *Ennui* als künstlerischer Motivation eine Affinität, wenn nicht Identität zwischen dem bösen Ästheten Alex und dem bösen Ästheten Kubrick, die als simple psychologische Entsprechung mißverstanden werden könnte. Die Identität, die *A Clockwork Orange* zweifellos nahelegt, ist jedoch nicht positivistisch im Sinne eines auktorial-biographischen Psychogramms zu (miß-)deuten, sondern als Konsequenz der dem Film zugrundeliegenden Programmatik. Wenn ideengeschichtlich »das Theorem von der Imagination des Bösen den künstlerischen Akt selbst, nicht etwa bloß seine Vorstellungsinhalte, mit dem Bösen verbindet«,[119] so ist dies zunächst nur auf die Ebene des Autors des betreffenden Kunstwerkes bezogen. Durch die semantische Organisation dessen, was die Imagination gebiert, wird der künstlerische Akt des Malers, Schriftstellers, Filmemachers etc. selbst zur bösen Tat – dies stellt gewissermaßen die einzige Ebene dar, auf der ein Künstler überhaupt »Böses tun kann«. In *A Clockwork Orange* ist die Assoziation der ästhetischen Schöpfung mit dem Bösen einmal innerhalb und einmal außerhalb des Filmkontextes präsent: Zum einen in der Figuration des bösen Aktionskünstlers Alex; zum anderen in der filmischen Organisation des Materials, die wiederum Kubrick als bösen Ästheten auszeichnet. Wie im letzten Kapitel ausgeführt, zeigt sich dies primär auf der Ebene der Dramaturgie, die sich der geforderten Sinneinschreibung verweigert. Doch zeigt sich Kubrick auch und gerade in der filmsprachlichen Organisation der Darstellung des Bösen einer Ästhetik des Bösen verpflichtet. Das ästhetische Böse ist somit gleich auf mehreren Ebenen Gegenstand des Films: als Dargestelltes, als ästhetische Reflexion und als visueller wie narrativer Inszenierungsmodus.

4.8. Die Ästhetisierung des Bösen

Kann Alex als Projektion des Künstlers im 21. Jahrhundert die Assoziation der ästhetischen Schöpfung mit dem Bösen nur noch in der Aktionskunst vollziehen, also jenseits der klassischen Medien-Dispositive, so agiert Kubrick als Künstler des 20. Jahrhunderts bei identischer Motivation zwangsläufig innerhalb des Dispositivs Film. D.h., will sich Kubrick einer Ästhetik des Bösen verpflichtet zeigen, so muß er dies im Rahmen *seiner* künstlerischen Gestaltungsmittel tun. Folgerichtig bestimmt das Ästhetische des Bösen in *A Clockwork Orange* nicht nur den Inhalt, sondern auch die formale Gestaltung des Films, so daß die Ästhetisierung der bösen Taten im wesentlichen durch ihre *filmische* Stilisierung geschieht. Kubrick hat sich zu den Beweggründen und Methoden dieser Stilisierung folgendermaßen geäußert:

> Ich würde sagen, daß es bei *A Clockwork Orange* meine Absicht war, [...] zu versuchen, die Gewalttätigkeit von Alex' Standpunkt aus zu sehen – also als Spaß, als das einzige im Leben, was ihm wirklich Freude machte, als eine Art großes Handlungsballett. Es mußte eine Möglichkeit gefunden werden, die Gewalt zu stilisieren, wie es bei Burgess durch die Sprache geschieht. Sicher war die ironische Kontrapunktierung durch Musik eine der Möglichkeiten, das zu erreichen.[120]

Die Auswahl der Musik, mit der die einzelnen Gewaltszenen unterlegt sind (u. a. Rossinis »Diebische Elster«, Beethovens 9. Symphonie, Gene Kellys »Singing in the Rain«), steht im krassen Gegensatz zur Brutalität des Dargestellten. Kubrick, für den »die besten Filmszenen in der Hauptsache aus Bild und Musik bestehen«,[121] gelingt es aber, die scheinbaren Gegensätze zwischen Tonebene und Bildinhalt zu einer Einheit zu synthetisieren, indem er Bewegung, Rhythmus, Kameraführung und Musik zu einer Choreographie verbindet. Alex' böse Taten werden durch Inszenierung und Bildgestaltung zu den von Kubrick angesprochenen »Handlungsballetten«, zu Tanznummern: »Bewegung, Rhythmus und Musik bewirken eine radikale Veränderung bei der erzählten Handlung, indem sie ihr die stilisierten Ausdrucksformen des Tanzes zuweisen.«[122]

Tanz ist das zentrale Stilisierungsmittel der Gewalt in *A Clockwork Orange*. Bei der Vergewaltigungsszene zitiert Alex singend und tanzend Gene Kelly, und bei der Ermordung der Cat-Lady, die selbst ein Ballettkostüm trägt, kreist er tänzelnd um sein Opfer herum. Auch Kameraführung und Montage stilisieren die gezeigten

Gewalttaten zu einer filmischen Choreographie. Die Prügelei zwischen den Droogs und Billyboys Bande hat Kubrick mit Rossinis Ouvertüre zur »Diebischen Elster« unterlegt und die Sequenz nach dem Rhythmus der Musik geschnitten. Die einzelnen Taktschwerpunkte liegen synchron zu den Faustschlägen oder dem Zertrümmern von Gegenständen auf menschlichen Körpern. Die Schnitte folgen in raschem Wechsel, immer der Dynamik und dem Tempo der Musik angepaßt. Einzelne Bewegungsabläufe werden durch den Schnitt unterbrochen, Kameraperspektive und -achse wechseln mit jeder Einstellung. Durch diese Montageform, die an die Machart heutiger Musik-Videos erinnert, erhält die Prügelszene zusätzliche Dynamik, Komik und eine ästhetische, weil durchkomponierte Form. Ein weiteres Beispiel für die Stilisierung des Bösen durch die Ausdrucksmittel des Tanzes findet sich in einer von Alex' Imaginationsszenen. Zu den Klängen Beethovens montiert Kubrick kurze, verschieden angeschnittene Nahaufnahmen einer Statue, die aus vier blutenden Jesusfiguren besteht, zusammen. Das Tempo der Montage erweckt den Eindruck, als begännen die unbelebten Figuren zu tanzen, als würde sich »die Kreuzigung in eine Tanznummer verwandeln.« [123] Der Effekt dieser und anderer »Choreographien« liegt vor allem darin, daß die dadurch erzielte Ästhetisierung der Gewalt gleichzeitig jede ethische Position zum Gezeigten aus dem filmischen Material gleichsam austreibt:

> Exzessive Gewalt wird choreographisch verpackt vorgeführt, ohne jedoch entweder der dargestellten Aggression moralisch den Verweis zu erteilen, oder sie als eine vermeintlich gute zu beschönigen. Ihre Darstellung rollt vor den Augen des Zuschauers mit der Präzision eines Uhrwerkes ab; das vielfach kalte Licht steht für die kühle Perfektion, mit der der Exzeß organisiert ist. Auch ihm [dem Zuschauer, d.V.] bleibt nur die Ambivalenz von Faszination und Abscheu. [124]

Neben den choreographischen Elementen macht sich Kubrick noch eine Vielzahl anderer, eher filmspezifischer Stilisierungsmittel zunutze: die Verwendung von Gegenlicht (bei der Verprügelung des Stadtstreichers und bei der Show, die Alex' »Genesung« demonstrieren soll); Zeitlupe bei extremer Untersicht (bei der Schlägerei zwischen Alex und Dim); Zeitraffer (bei Alex' Orgie mit den beiden Mädchen); kurze, schnelle Zooms (bei Alex' Imaginationsszene); Verwendung von Weitwinkelobjektiven für Großaufnahmen (bei der Vergewaltigungsszene). Auch Dialog und Off-Kommentar stehen in gleichem Maße im Dienste einer Stilisierung und damit einer Ästhetisierung der Gewalt: Die Sprache in *A Clockwork Orange* ist direkt aus Burgess' Romanvorlage übernommen worden. Es handelt sich um eine Kunstsprache namens »Nadsat«, einen extrem stilisierten Argot mit Anleihen bei verschiedenen europäischen Sprachfamilien. In diesem Jargon wird aus einer Vergewaltigung das »alte Rein-Raus-Spiel«, aus einem Totschlag ein »Tolschock«. So leistet auch die Sprachebene in Kubricks Film ihren Beitrag zur Ästhetisierung des Bösen.

Das Böse bleibt in *A Clockwork Orange* daher nicht auf die Ebene der Darstellung beschränkt, sondern durch die filmische Ästhetisierung des Bösen wird der Film selbst zum bösen Kunstwerk, das keine moralische Position zum Dargestellten bezieht, sondern nur dessen immanente Ästhetik filmisch organisiert. Der künstlerische Akt (hier: des Filmemachens) selbst partizipiert an dem von ihm darge-stellten Bösen (hier: der bösen Aktionskunst).

Die ästhetische Kälte und Präzision, mit der Kubrick die Darstellung der Grausamkeit inszeniert, ist ihm in jenen Rezensionen vorgeworfen worden, die vor allem kritisierten, daß der Film »uns nicht vollständig auf einer emotionalen Ebene anspricht«[125], daß er »nicht unser Herz berührt« [126] und ihm eine »Portion Humanität«[127] fehle. Doch gerade in der Mitleid- und Emotionslosigkeit der Darstellung sehen wir weitere programmatische Forderungen an eine Ästhetik des Bösen erfüllt. »Der indifferente Tonfall in der Darstellung des schlechthin nicht mehr psychologisch und moralisch Integrierbaren«[128] geht in *A Clockwork Orange* einher mit einer gleichzeitigen Ästhetisierung des Dargestellten. Nur noch im ästhetischen Diskurs ist das Böse integrierbar, und allein in der Stilisie-rung des Bösen, allein in der ästhetischen Organisation des filmischen Materials gibt sich Kubrick als (allerdings allmächtiger) Schöpfer seines Werkes zu erken-nen. Hinsichtlich aller anderen denkbaren Ebenen auktorialer Stellungnahme gibt er sich dagegen strikt unpersönlich und unparteiisch, verbirgt er sich als unsichtbarer und unbeteiligter Schöpfer hinter der Filmerzählung und seinen Figuren.

Einer zeitgenössischen Formulierung zufolge ist der Stil der Dekadenz, die ja die ästhetikgeschichtliche Bezugsgröße von *A Clockwork Orange* ausmacht, ein Stil, der »vortreffliche Muster reproduziert, selbst aber nichts weiter als deren Degenerationsstufe darstellt.«[129] Wie stets das historische Programm zur Quelle seiner eigenen Ästhetik transformierend, macht Kubrick in *A Clockwork Orange* den Eklektizismus konsequent zum alles beherrschenden Stilprinzip. Die Elabo-riertheit und Exaltiertheit der filmischen Codes, die manieristische Demonstration virtuoser Beherrschung aller denkbaren Filmstile, der penetrante und übermäßige Einsatz von filmischen Verfremdungstechniken, das extrem Synthetische des De-kors, der Kostüme, des Lichts und der häufig elektronisch verfremdeten Musik – all das ist wohl kalkuliert (und nur scheinbar paradox) gerade Ausdruck eines kohärenten Stilprinzips; eines Stilprinzips allerdings, welches unzweideutig das endgültige Aus über den klassischen Stilbegriff spricht. Nicht umsonst stellt Pop-art in so auffälliger Art und Weise einen wesentlichen Bestandteil des Dekors. Mit der Pop-art teilt Kubrick (wenn auch nur in diesem Film!) das Wissen darum, daß jenseits des klassischen Stilbegriffs nur die beliebige Reproduzierbarkeit und Synthetisierbarkeit aller bisherigen Stile allein noch einen neuen Begriff von Stil herzustellen vermögen.

Der Eklektizismus, der *A Clockwork Orange* durchzieht, stellt so nicht nur eine konsequente Erfüllung bzw. Neuformulierung des ästhetischen Programms der Dekadenz dar, sondern teilt mit dieser Geistesepoche auch die ästhetische End-zeitstimmung, die ja gerade konstitutiv für den eklektizistischen Stil des Fin de siècle war. Daher ist die Wahl dieses Stils dramaturgisch absolut stimmig angesichts einer Filmhandlung, die unbarmherzig das Ende aller ästhetischen Utopien ver-kündet. Wenn die Kunst der Zukunft nur als Transformation der historischen Dekadenz-Programmatik in einen Bereich jenseits der Kunst denkbar ist, wenn eine Figur wie Alex den einzig denkbaren Künstlertypus des nächsten Jahrhun-derts repräsentiert – dann ist auch hinsichtlich der Stilfrage jedes Sinnpotential von Kunst reiner Anachronismus. Ebendies sinnfällig zu machen, ist dramaturgische Funktion des Eklektizismus. Auch auf der Ebene des filmischen Stils also verweigert sich Kubrick den Maximen bürgerlicher Ästhetik, auch hier zerstört er jegliches Sinnpotential.

So ist gerade der eklektizistische Stil Bestandteil der spezifischen Ästhetik des Bösen in *A Clockwork Orange*. Ein einheitlicher Stil hätte unweigerlich die Kategorie des Schönen (im klassisch-idealistischen Sinne des Homogen-Harmonischen) in den Filmkontext eingebracht. Damit hätte aber zumindest hinsichtlich des künstlerischen Aktes Kubricks eine Rückbindung an das Ideal des Schönen vorgelegen, die *A Clockwork Orange* in die Nähe einer reinen Rhetorik des Bösen (»Böses, sei Du mein Gutes«) gerückt hätte. Insofern trägt gerade der Eklektizismus zur Zerstörung des idealistischen Begriffs des Schönen und damit zu einer konsequenten und kohärenten Ästhetik des Bösen bei. (Zudem entsteht der interessante Nebeneffekt, daß »obwohl der Film einen Großteil seiner Wirkung dem virtuosen Einsatz der verschiedensten Verfremdungstechniken verdankt, [...] er paradoxerweise ›realistischer‹ [...] als Burgess' Roman«[130] und auch als die anderen Kubrick-Filme mit einheitlichem Stil wirkt.)

Die Destruktion von Sinn gerade nach Maßgabe vorgängiger Ästhetikmodelle ist damit total: Nicht einmal der Mythos des ästhetischen Schöpfers als Residuum des Schönen bleibt in *A Clockwork Orange* unangetastet. Insofern geht Kubricks spezifische Konfiguration einer Ästhetik des Bösen den entscheidenden Schritt über das historische Modell Flauberts hinaus. In dessen Roman blieb das Ästhetische selbst in zweifacher Hinsicht von der Sinndestruktion ausgenommen. Zum einen, da die Kunst thematisch-inhaltlich nicht mit dem Bösen assoziiert wurde; zum anderen, weil in der stilistisch geschlossenen Ästhetisierung des Bösen Flaubert selbst noch als Garant einer sinnstiftenden, Einheitlichkeit suggerierenden Potenz des ästhetischen Schöpfers aufschien. Diese Ästhetik hatte sich zwar aller außerästhetischen Sinnbezüge entkleidet, hielt aber unverändert am Mythos des Ästhetischen als letzter (rein selbstbezüglichen) Instanz von Sinn- und Schönheitskreation fest. Demgegenüber zerstört Kubrick in *A Clockwork Orange* auch diesen letzten Mythos: Sowohl der dargestellte Künstler Alex wie auch der ihn darstellende Künstler Kubrick lassen sich in den (Erlösungs-)Mythos des ästhetischen Schöpfers nicht mehr widerspruchslos integrieren.

Zwar bleibt ein immanenter Widerspruch bestehen, doch dieser ist zwangsläufig; denn es ist nicht zu vermeiden, daß dem ästhetischen Akt generell immer eine Potenz von Sinn und von Schönheit anhaftet. Es ist die reine Tatsache der ästhetischen Kreation selbst, die dies unweigerlich mit sich bringt. So lassen sich sowohl die künstlerischen Akte Alex' wie Kubricks noch in (allerdings neu zu definierenden) Kategorien von Schönheit und (rein ästhetischer) Sinnstiftung integrieren. Um dies zu gewährleisten, müßten aber die bisherigen Kategorien derart ausgeweitet werden, daß ihnen letztlich keine differenzierenden und damit kategorisierenden Qualitäten mehr eignen würden. Daher muß die Grenze ästhetischer Negation, die Kubrick mit *A Clockwork Orange* erreicht, als eine grundsätzliche, eher erkenntnistheoretische aufgefaßt werden. Das einzige Kunstwerk, dem tatsächlich in keinem Diskurs mehr Sinn eingeschrieben werden könnte; das einzige Kunstwerk, das *unwiderruflich* den Mythos des Ästhetischen zerstören könnte –

Erst der eklektizistische Stil von *A Clockwork Orange...*

das wäre das Kunstwerk, das gar nicht erst kreiert würde. Ein logischer Widerspruch, der sich schlechterdings nicht auflösen läßt.

So muß Kubrick bescheinigt werden, mit einer Radikalität und Konsequenz, die ihn weit über das Modell Flauberts hinausgehen läßt, mit *A Clockwork Orange* an den Endpunkt jeglicher ästhetischen Programmatik vorgestoßen zu sein. Der Ästhetizismus ist in diesem Film derart totalitär, daß er selbst die ästhetizistische Programmatik wiederum aufhebt. Damit hat Kubrick zugleich eine Grenze der Möglichkeiten ästhetischer Negation erreicht, hinter der, wie gezeigt, nur noch der Verzicht auf die künstlerische Tätigkeit liegt. Er ist an einem Punkt angelangt, an dem vor ihm schon Arthur Rimbaud oder Marcel Duchamps gestanden haben. Doch im Gegensatz zu diesen geht Kubrick weder als Großwildjäger nach Afrika, noch widmet er sich fortan ausschließlich dem Schachspiel (obwohl letztere Option biographisch sicher nahegelegen hätte). Kubrick überschreitet diese Grenze nicht, er macht weiter Filme. Und da er über das in und mit *A Clockwork Orange* Gesagte nicht hinausgehen kann, kehrt er mit seinem nächsten Film sehr betont noch einmal

... macht die Schönheit der Bilder von *Barry Lyndon* wieder möglich.

(und in dieser Deutlichkeit auch erstmals) an den historischen Ausgangspunkt
bürgerlicher Ästhetik zurück: ins 18. Jahrhundert. Mit *Barry Lyndon* schließt
Kubrick den Kreis seiner filmischen Reflexion des ästhetischen Diskurses der
Neuzeit, offensichtlich um ihn ein weiteres Mal, diesmal vielleicht noch durchdachter, noch verfeinerter zu durchlaufen. Bei genauerer Betrachtung zeigt sich denn
auch, daß *Barry Lyndon, The Shining* und *Full Metal Jacket* nur noch einmal
thematisieren, was in den vorherigen Kubrick-Filmen schon gesagt wurde; dies
allerdings mit größerer artistischer Perfektion, subtiler, präziser. Dabei steht gerade die auffällige Schönheit der Bilder in *Barry Lyndon* in denkbar krassem
Widerspruch zur Zerstörung des Schönen, die Kubrick in *A Clockwork Orange*
vorgenommen hat. Daher muß man vermuten, daß er erst den Mythos des Schönen
zerstören mußte, um sich im nächsten Film erstmals in dieser Hingabe von der
Schönheit (hier: der Gemälde Watteaus, Turners und Hogarths, den ikonographischen Paten der Bildebene von *Barry Lyndon*) künstlerisch leiten und inspirieren
lassen zu können. – Nach *A Clockwork Orange* hätte Kubrick keine Filme mehr
machen müssen, da er eigentlich schon alles gesagt hatte. Was nun folgt, ist nichts
existentiell Notwendiges mehr, es sind Stilübungen, Korrekturen, Verbesserungen,
aber auf höchstem Niveau. Es sind – so besehen – entbehrliche Filme, aber dennoch
solche, die man höchst ungerne missen möchte.

4.9. Glanz und Elend des Ästhetizismus

Fassen wir den komplexen Diskurs des Ästhetizismus, den Kubrick in *2001* und *A Clockwork Orange* ästhetisch reflektiert, noch einmal zusammen: *2001* thematisiert den Konflikt zwischen Mythos und Logos, zwischen romantischen und aufgeklärten Weltentwürfen als konstitutiven Konflikt der Menschheits- und Zivilisationsgeschichte. Der ideengeschichtliche Konflikt wird historisch korrekt als dualistischer, nicht mehr synthetisierbarer gesetzt und wiederum historisch korrekt als ein zu einem ästhetikgeschichtlichen Konflikt transformierter aufgegriffen. Bürgerliche Ästhetik hat seit jeher postuliert, das Kunstwerk sei zur Parteinahme in dem angeführten Konflikt verpflichtet und müsse gerade darin seine gesellschaftliche Nützlichkeit erweisen. Der ursprüngliche, naive Anspruch an die *art utile*, Kunst müsse sich zwangsläufig auf Seiten des aufklärerischen Diskurses schlagen bzw. diesem zuarbeiten, ließ sich historisch nicht lange aufrechterhalten (auch wenn, dieser polemische Seitenhieb sei gestattet, die Mehrzahl gerade der deutschen Kunstkritiker und -wissenschaftler unverändert diesem längst anachronistischen Postulat folgt). *Art utile* im Sinne der zweiten Hälfte des 19. Jahrhunderts meint vielmehr, im ästhetischen Diskurs Überwindungsmöglichkeiten des gesamtgesellschaftlichen Dualismus aufzuzeigen. Ästhetizismus setzt an diesem geistesgeschichtlichen Punkt ein und ist daher eben nicht, wie gern behauptet wird, ein einseitiges Plädoyer für romantische Weltentwürfe. Von der Romantik hat sich der Ästhetizismus in erster Linie den Autonomiegedanken des Kunstwerkes entlehnt und diesen dann zum konstitutiven Punkt seiner Programmatik ausgebaut. Ästhetizismus behauptet also das Recht der Kunst, sich selbst zu genügen und keine Lösungsoptionen zur Überwindung außerästhetischer Dualismen unterbreiten zu müssen. Da das Kunstwerk aber immer einem gesellschaftlichen Kontext entwächst und sich somit dessen Dualismen auch dem Kunstwerk (und sei es unterschwellig) einschreiben, ist diese ästhetizistische Forderung leichter erhoben denn eingelöst.

Der evolutionäre Sprung, der allein die dualistischen Strukturen aufbrechen kann, ist jener, den Kubrick in *2001* als Sprung in den »Lichttunnel« figuriert: der Sprung hin zu einer neuen Intelligenz, zu einem neuen Sehen, das die zuvor thematisierten Polaritäten in einem neuen Mythos auflöst. Dieser Mythos ist ideengeschichtlich wie auch in Kubricks Film unmißverständlich als ein ästhetischer formuliert. Insofern stellt er bereits eine Emanzipation von den funktionalen Determinationen vorheriger Ästhetiken dar. Nichtsdestotrotz bleibt der Mythos des Ästhetizismus ein in vielfacher Hinsicht ambivalenter: Zum einen bekennt er in seiner Rückbindung an das Ideal des Schönen wie des Absoluten sich noch zu zentralen Aspekten idealistischer Ästhetik; zum anderen ist ihm noch die Utopie zu eigen, gerade im Rückzug auf das absolute Kunstwerk einen rein ästhetischen Gegenentwurf kreieren zu können, der eventuellen Modellcharakter auch außerhalb des ästhetischen Diskurses gewinnen könnte. Diese Ambivalenzen kennzeichnen die ästhetischen Positionen, die Kubrick im letzten Teil von *2001* zitiert und im Bild des Sternenkindes kulminieren läßt: den Symbolismus Mallarmés, die verschiedenen Schulen der frühen Moderne, den Suprematismus Malewitschs. Es ist unverkennbar, daß diese ästhetischen Programme Kubrick eigentlich fremd sind

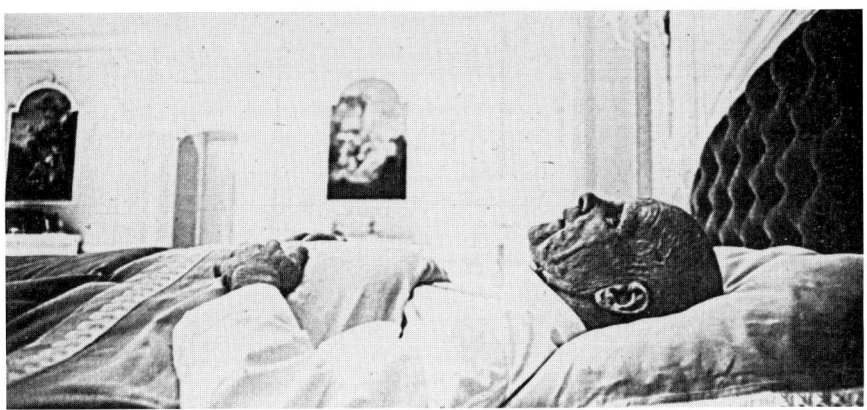

Die Metamorphosen Bowmans (Keir Dullea) am Ende von *2001* können auch als symbolische Repräsentation der (Ver-)Wandlungen des Ästhetizisten Kubrick gelesen werden.

und bleiben. Er zitiert sie nur um der korrekten Wiedergabe des ästhetizistischen Diskurses willen. Doch ihre stark formalistische Note, die bei Mallarmé schon vorformuliert ist, scheint Kubrick kein Modell für seine persönliche Ästhetik bieten zu können. Die »Lichttunnel«-Sequenz bleibt eine einmalige Ausnahme in Kubricks Œuvre.

Dem Schlußbild des Sternenkindes ist Kubricks Wissen schon eingeschrieben, daß die symbolistischen wie frühmodernen Utopien nur für kurze Zeit Relevanz beanspruchen konnten und daß ihr immanenter Ästhetik-Totalitarismus schon hohe Affinität zur Konzeption einer transmoralischen Kunst und zu Nietzsches Figuration des Künstlers als Übermenschen aufwies. Der ideengeschichtliche Schritt in die Dekadenz stellt bei Kubrick die Schnittstelle zwischen *2001* und *A Clockwork Orange* dar, durch filmsprachliche Konjunktionen als Menschwerdung des Astralfötus in der Gestalt des ästhetischen Übermenschen Alex konnotiert.

In der Aufnahme und Fortschreibung einer Ästhetik des Bösen verweigert sich Kubrick in *A Clockwork Orange* nicht nur endgültig sämtlichen normativen Forderungen der *art utile*, sondern zerstört zusätzlich noch den letzten Mythos: den der ästhetischen Schöpfung und damit auch das letzte Sinnpotential von Kunst, das der Ästhetizismus bislang als einzig verbleibende, wenn auch rein selbstreferentielle Sinnebene von Kunst reklamierte. Folgt man Kubricks Vorgabe, so eignet sich Kunst letzten Endes zu nichts mehr: Sie kann weder gesellschaftlich relevant sein, noch kann sie im autarken Gegenentwurf rein ästhetischer Welten auf Gesellschaft zurückwirken. Ihr bleibt nicht einmal mehr der Rückzug auf die isolierten Konzepte des Schönen und der ästhetischen Schöpfung. Auch in der Negation des Schönen und der Verweigerung eines positiven künstlerischen Aktes, wie sie eine Ästhetik des Bösen vornimmt, liegt noch eine Ebene, die selbst dieser schon radikalen Ausformung des Ästhetizismus noch mythisch-ästhetische Potenz zuspricht. Dies als letzten Mythos des Ästhetizismus und zugleich der Kunst generell erkannt und zerstört zu haben, darin liegt die künstlerische Leistung von *A Clockwork Orange*;

eine Leistung, die über den konkreten Film hinaus Relevanz beanspruchen kann. Kunst, so suggeriert *A Clockwork Orange*, ist – einmal von ihrem letzten Mythos befreit – überflüssig und tatsächlich sinnlos. Ihre einzig noch denkbare Funktion besteht theoretisch darin, genau diesen Sachverhalt darzustellen.

In *2001* und *A Clockwork Orange* formuliert Kubrick die historische Genese und die immanente Widersprüchlichkeit des ästhetizistischen Diskurses. Von daher liegt die Radikalität, mit der Kubricks Ästhetizismus jeglichen Ästhetizismus wiederum aufhebt, genau besehen, nur in der Konsequenz des historischen Prozesses, den er reflektiert: Ein ästhetisches Programm, das sämtliche Sinnbezüge eliminieren will, muß dies konsequenterweise gleichfalls auf sich selbst anwenden und damit sich selbst wie alle anderen ästhetischen Programme auch eliminieren. Daß Kubrick trotz dieser Erkenntnis noch weiterhin Filme macht, spricht dafür, daß er diese deprimierende Tatsache zwar anerkennt, sich ihr aber nicht beugen will. Wie Ciment wohl ganz richtig erkannt hat, will Kubrick sich auch nach und trotz *A Clockwork Orange* weiterhin der Spannung divergierender Konzepte stellen – offensichtlich in der ohnmächtigen Hoffnung, in der Ausübung seiner Kunst doch noch eine Antwort darauf zu finden, ob und wie der Dualismus zwischen romantischem und aufgeklärtem Diskurs zu bewältigen sei:

> Auch hier scheint Kubrick im Konflikt zwischen der Annahme einer rationellen Ordnung, einer stabilen Gesellschaft zur besseren Kontrolle der Fehler und Eigensüchteleien der Menschen und der nicht zu unterdrückenden Sehnsucht nach Freiheit, der Überhöhung von Leidenschaft und Energie hin- und hergerissen zu sein, den klassischen Konflikt zwischen Hegel und Nietzsche auszutragen. Die gleiche Spannung herrscht zwischen seiner romantischen Ironie, für die alles eitel ist, alle Werte sinnentleert sind, und der Vergötterung des Ich, der Suche nach dem Greifbaren und Wesentlichen, das nur die künstlerische Schöpfung vermitteln kann. [...] Nietzsche [...] macht sich die Vorstellung vom Künstler als Übermenschen zu eigen. In der Utopie nach Nietzsche ist der Schöpfer die Verkörperung der Macht, in der sich Leidenschaft und Ratio vereinigt. Wir stehen hier vor einer romantischen, heldischen Sicht des Künstlers, die Nietzsche in die Nähe Balzacs oder jenes Beethoven stellt, den Alex so schätzt. Kubrick befindet sich hier in der unglücklichen Lage des Skeptikers, dem das Nichts bewußt ist und der sich dennoch mit aller schöpferischen Leidenschaft für ein Werk einsetzt, das auf Dauer bestehen soll.[131]

Dies unterscheidet Kubricks Ästhetizismus z. B. von dem eines Josef von Sternberg. Wo jener sich mit der Kreation absolut künstlicher Gegenwelten und Kunstfiguren à la Dietrich begnügt, ist Kubricks Ästhetizismus eben kein Rückzug in den sprichwörtlichen Elfenbeinturm. Kubricks Ästhetizismus ist ein vielfacher und hochgradig *reflektierter*; zum einen deshalb, weil es ein historisch reflektierter ist, der sehr genau die Modalitäten und Konditionen seiner historischen Genese kennt und stets mitbedenkt; zum anderen ist es ein reflektierter, weil sowohl historische Genese wie theoretische Reflexion darüber wiederum Bestandteile des ästhetischen Produktes selbst sind. Und schließlich ist Kubricks Ästhetizismus kein naiver, weil er stets Glanz wie Elend, Möglichkeiten wie Grenzen oder gar Gefahren einer sich selbst genügenden Kunst überdenkt und in seinen Filmen thematisiert.

Neben dem bislang Gesagten wird dies in *A Clockwork Orange* vor allem an einer Sequenz aus der »Ludovico-Kur« deutlich, als Alex Nazi-Propagandafilme, die mit Beethoven-Musik unterlegt sind, zu sehen und zu hören bekommt. Kubrick zeigt hier auf, daß der immanente Totalitarismus einer absolut gesetzten Kunst gefährliche Affinitäten zu politischem Totalitarismus aufweist. Und Alex' Protest (»Der arme Ludwig van hat doch keinem etwas getan!«) wirkt aufgesetzt und naiv, gerade angesichts der historischen Erfahrung, daß vor allem die absolute Kunst in sehr hohem Maße politisch mißbraucht werden konnte. Gerade in einem Filmkontext, der so sehr nietzscheanisches (und auch wagnerianisches) Gedankengut beinhaltet, zeigt diese Szene, daß sich Kubrick der Problematik ebendieses Gedankengutes zugleich sehr bewußt ist.

So ist Kubricks Ästhetizismus auch kein leichtfertig gewähltes, sondern ein aus der künstlerischen Reflexion gewonnenes ästhetisches Programm. Trotz aller immanenten Widersprüche und Ambivalenzen einer ästhetizistischen Programmatik, die er in *2001* und *A Clockwork Orange* so präzise erkannt und formuliert hat, scheint Ästhetizismus für Kubrick das einzige ästhetische Programm zu sein, das ihm überhaupt den Rahmen bieten kann, seine, unser aller, die Widersprüche der Kunst und des Lebens generell wenn auch nicht überwinden, so doch wenigstens noch ansprechen zu können:

> Jener Widerspruch, aus dem heraus er seine Werke schafft – Eingeständnis der Bedeutung und Berechtigung der Instinkte und des Unbewußten und, im gleichen Atemzug, Zuflucht zur Vernunft als dem einzigen Ausweg für Mensch und Menschheit –, zählt zu jenen, denen sich niemand entziehen kann. Kubrick kennt die Antwort nicht, selbst wenn der Künstler in ihm sie gefunden zu haben scheint, aber in der souveränen Handhabung einer Kunst, die stets neue Formen annimmt, stellt er diese Frage immer wieder neu.[132]

Wer in Kubricks Ästhetizismus trotz allem bislang Gesagten eine leichtfertige Rückzugsstrategie sehen will, der sollte sich zuerst fragen, ob er sich die entscheidenden Fragen nach dem Sein und der Rolle der Kunst darin in der gleichen Schärfe und Radikalität gestellt hat, wie Kubrick dies getan hat und wie dies in und an seinen Filmen nachweisbar ist. Ich wage zu bezweifeln, ob Kubricks Kritiker sich in allen Fällen dieser Problematik mit ihrer ganzen, durchaus schmerzhaften Tiefe und Konsequenz tatsächlich gestellt haben. Denn dann müßte auch von ihnen Kubricks Ästhetizismus als das gesehen und akzeptiert werden, was er letztlich ist: Reflex eines Leidens an der Unveränderbarkeit von Welt (erst recht durch Kunst); ein Leiden, das Kubrick veranlaßt, zwar seine Bilder schweigen zu lassen, aber trotzdem nicht den Künstler in ihm zum selbstgewählten Schweigen zu verurteilen. Erinnern wir uns zudem zurück an *Paths of Glory* und der darin thematisierten Wandlung des Künstlers Kubrick vom Beteiligten zum Distanzierten: Erst diese Entwicklung ermöglichte ihm, weiterhin Filme zu machen/zu überleben, wenn auch um den Preis des Zynismus und der Mitleidlosigkeit (als ästhetische, nicht zwangsläufig auch als menschliche Befindlichkeit gedacht!). Auch diese Position findet sich bei Nietzsche im »Zarathustra« vorformuliert und reflektiert:

Ach, wo in der Welt geschehen größere Torheiten als bei den Mitleidigen? Und was in der Welt stiftete mehr Leid als die Torheiten der Mitleidigen? Wehe allen Liebenden, die nicht noch eine Höhe haben, welche über ihrem Mitleiden ist! Also sprach der Teufel einst zu mir: »Auch Gott hat seine Hölle: das ist seine Liebe zu den Menschen.« Und jüngst hörte ich ihn dies Wort sagen: »Gott ist tot, an seinem Mitleiden mit den Menschen ist Gott gestorben.« So seid mir gewarnt vor dem Mitleiden.[133]

Mitleidlosigkeit wird somit zur notwendigen und einzig verbleibenden künstlerischen Haltung des ästhetischen Schöpfers, will er nicht das von Nietzsche postulierte Schicksal des Weltenschöpfers teilen. Man sollte dies nicht als simple metaphorische Analogie fehldeuten: Was im »Zarathustra« angesprochen wird, dürfte für Nietzsche wie für Kubrick gleichermaßen existentielle Relevanz gehabt und schließlich beiden erst ermöglicht haben, ihre Arbeit in dieser Konsequenz ausüben zu können. Mitleidlosigkeit als ästhetisches Prinzip und der daraus resultierende Stil der *impassibilité* verbinden Kubrick mit den wohl berühmtesten Vertretern des Ästhetizismus: den französischen Erzählern der zweiten Hälfte des 19. Jahrhunderts und hier vor allem mit Gustave Flaubert. Wie sich im folgenden Kapitel zeigen wird, muß Kubricks Stil sozusagen als filmästhetische Variante der Flaubertschen Erzähltechnik angesehen werden.

Dies gilt allerdings gerade für die beiden Filme, deren Analyse dieses Oberkapitel galt, in dieser expliziten Form nicht. Wenn *2001* und *A Clockwork Orange* auch als programmatischer Kern des Kubrickschen Œuvres gelten müssen, so sind sie dies aus allerdings einleuchtenden Gründen nicht hinsichtlich des Kubrickschen Stils: Die Stilfrage ist in *2001* und in *A Clockwork Orange* zu sehr eingebunden in die (auch stilistische) Reflexion des ästhetizistischen Diskurses, als daß sie als konstitutiv für Kubricks Stil angesehen werden könnten. Der eher symbolistisch geprägte Stil der »Lichttunnel«-Sequenz ergab sich, wie schon angedeutet, allein aus der Konsequenz der inhaltlich-diskursiven Vorgaben. Ähnliches gilt für den eklektizistisch-dekadenten Stil in *A Clockwork Orange*: Auch er setzt dramaturgisch folgerichtig inhaltliche Vorgaben in einen adäquaten Stil um (wenngleich hier die eindeutige Nähe zu Flauberts Ästhetik ja gerade an ihrer konsequenten Fortschreibung festzumachen ist). Für alle anderen Filme Kubricks, auch für *2001* bis zum Beginn der »Lichttunnel«-Sequenz, kann Flauberts Stil der *impassibilité* als ungebrochene ästhetische Bezugsgröße angesetzt werden. Und wenn Kubrick mit *A Clockwork Orange* auch hinsichtlich des Stils den Schritt über Flaubert hinausgeht, dann nur, um mit *Barry Lyndon* umso entschiedener wieder genau dorthin zurückzukehren.

5. Der Böse Blick des Autors: Flaubert und Kubrick – ein Vergleich

5.1. Analogien im Schaffen Gustave Flauberts und Stanley Kubricks

Es mag zunächst gewagt erscheinen, das Werk eines französischen Romanciers aus dem 19. Jahrhunderts mit dem eines angloamerikanischen Filmregisseurs aus dem 20. Jahrhunderts zu vergleichen. Doch stößt man über die Grenzen des Mediums, der Nationalität und der Zeit hinweg immer wieder auf Parallelen und Entsprechungen im Werk Flauberts und Kubricks, die Ausfluß eines identischen Stils, einer identischen künstlerischen Grundüberzeugung sind. Wie sich noch zeigen wird, ist diese stilistische Nähe beider Autoren auch darin begründet, daß es sich bei Flauberts Prosa quasi um eine Vorwegnahme genuin filmischer Gestaltungsmittel handelt, während umgekehrt Kubricks Filme stark narrativ-literarische Züge aufweisen. Ob Kubrick Flauberts Werke und ästhetische Reflexionen kennt, war nicht zu eruieren. Kubricks offenkundige Belesenheit in der europäischen Literatur legt diese Vermutung allerdings nahe. Auch andere Interpreten Kubricks wie Ciment[1] und Jansen[2] verweisen in ihren Analysen gelegentlich kurz auf Flaubert, ohne diese stilistische Verwandtschaft als ein konstitutives Moment der Ästhetik Kubricks zu verstehen und sinnvoll auszuwerten. Bevor ich dies abschließend zu leisten versuche, möchte ich auf einige auffällige Übereinstimmungen im künstlerischen Schaffensprozeß der beiden Autoren eingehen:

Wie Kubrick wechselt Flaubert von Werk zu Werk das Genre und die Epoche, in der seine Romane spielen. Auf »Madame Bovary« (1857) folgt mit »Salammbô« (1862) ein Werk, das den Aufstand eines Söldnerheers gegen Karthago schildert. In »L'Éducation sentimentale« (1869) beschreibt Flaubert den Lebensweg eines jungen Franzosen zur Zeit der Revolution von 1848, während in »La Tentation de Saint Antoine« (1874) metaphysische Fragestellungen um die biblische Figur des Heiligen Antonius kreisen. Mit »Hérodias« und »La Légende de Saint Julien l'Hospitalier« (beide 1877) wählt Flaubert Themen aus der Antike und dem Mittelalter, während »Un Coeur Simple« (1877) und »Bouvard et Pécuchet« (1881 posthum veröffentlicht) wieder in der Gegenwart des 19. Jahrhunderts spielen. Ähnlich wie bei Kubrick hat die scheinbar disparate Themen- und Stoffwahl Flauberts dazu geführt, daß die zeitgenössische Kritik lange Zeit der Auffassung war, »Flauberts Persönlichkeit und Werk seien von einem Dualismus beherrscht, der ihnen die Geschlossenheit und Einheit versage und mithin dem Werk den obersten künstlerischen Rang«.[3] Dieser angesprochene Dualismus Flauberts wurde als der zwischen Romantik und Realismus[4], als Kluft zwischen »romantischer Seele und analytischem Denken«[5] gedeutet – Kategorisierungen, die auch auf Kubrick angewandt wurden[6]. Dabei wäre zu fragen, ob in der Weigerung beider Autoren, sich auf ein bestimmtes Genre festzulegen, nicht weniger ein Unvermögen zur Einheitlichkeit als vielmehr ein bewußter Verweigerungsakt gegenüber den Gesetzen sowohl des Literatur- bzw. Filmmarktes als auch der *art utile* zu sehen ist.

Als weiteres Indiz für diese Sichtweise läßt sich anführen, daß sich beide Autoren durch ihre Arbeitsweise gegen die Produktionsanforderungen des Kunstmarktes (wie etwa Effektivität, Schnelligkeit, Ökonomie) verwehrt haben. Wie Kubrick hat Flaubert ungewöhnlich viel Zeit für die Erstellung seiner Kunstwerke gebraucht: fünf Jahre für »Madame Bovary«, fünf Jahre für »Salammbô«, sechs Jahre für »L'Éducation sentimentale«, fünf Jahre für das unvollendet gebliebene Werk »Bouvard et Pécuchet« und fünfundzwanzig Jahre für die endgültige Fassung der »Tentation de Saint Antoine«[7]. Der Grund dafür liegt – wieder analog zu Kubrick – zum einen im Perfektionismus und in der Detailverliebtheit Flauberts, der oft tagelang um einen einzigen Satz rang,[8] zum anderen in der wissenschaftlichen Akribie, mit der er die Themen seiner Romane vorbereitet und recherchiert hatte. Flaubert machte »Vorarbeiten wie ein Spezialgelehrter, auch zu Gegenwartsstoffen, Forschungsreisen, um das Lokal zu studieren, durchstöberte Witzblätter, Gerichtsakten, Stiche, Modejournale, Waschzettel, Adreßbücher, Straßenpläne.«[9] Für »L'Éducation sentimentale« las er rund dreißig verschiedene Darstellungen der Februar-Revolution, für »Bouvard et Pécuchet« exzerpierte er circa fünfzehnhundert wissenschaftliche Werke.[10] Kritikern, die ihm bei der Darstellung Karthagos in »Salammbô« historische Ungenauigkeit vorwarfen, konnte er nachweisen, daß jedes Detail seiner Beschreibung renommierten Geschichtswerken entnommen war.[11] Wie Kubrick legte Flaubert also großen Wert auf Authentizität und Überprüfbarkeit der (fiktiven) Realität des jeweiligen Werkes und nahm dafür auch ausgiebige Recherchenarbeit in Kauf.

Diese ungewöhnliche Kongruenz in der Arbeitsweise Kubricks und Flauberts führt in letzter Konsequenz auch zu einer Übereinstimmung, was den Realismusgehalt ihrer Werke angeht. Obwohl Flaubert von der Literaturgeschichtsschreibung gewöhnlich dem Realismus zugeordnet wird, hat er – wie Kubrick – seiner Abneigung gegen eine realistische Schreibweise wiederholt Ausdruck verliehen.[12] Kubrick und Flaubert lehnen die Kategorien von Realismus und Naturalismus als für ihr Werk irrelevant ab. Bei beiden Autoren führt die historische Exaktheit der im Kunstwerk wiedergegebenen Wirklichkeit nicht zu einem dokumentarischen oder naturalistischen Stil, vielmehr zeichnen sich die Werke beider Autoren durch eine »Verbindung von Präzision und Fantasie«[13] aus. Flauberts Schüler Maupassant hat im Nachlaß zum unvollendeten »Bouvard et Pécuchet« folgende programmatische Äußerung Flauberts über das Verhältnis von Fantastischem und Realem gefunden: »Möglichst ineinander übergehend, man darf das Fantastische vom Wirklichen nicht unterscheiden können.«[14] Für Flaubert wie für Kubrick gilt, daß sich aus der streng realistischen Darstellungsweise eine »systematisch betriebene Verwischung der Grenzen zwischen der Traumerfahrung, den Bildern der imaginären Innenwelt und der Wahrnehmung realistischer Phänomene der Außenwelt«[15] ergibt und entwickelt. Die Präzision der Schilderung in »Salammbô«, »La Tentation de Saint Antoine«, *The Shining* oder *Full Metal Jacket* verleiht den dargestellten grauenhaften oder fantastischen Ereignissen erst ihre besondere Dynamik. Diese Mischung von Präzision und Fantasie innerhalb ihrer Werke ist bei beiden Autoren das Resultat der Verbindung von Suggestionskraft und analytischem Vorgehen im künstlerischen Schaffensprozeß. Michel Foucault hat in seinem Essay zu »La Tentation de Saint Antoine« Flauberts Arbeitsprinzip treffend charakterisiert. Da sich diese Äußerungen zugleich als gültige Beschreibung von Kubricks Arbeitsprozeß lesen lassen, zitiere ich einen längeren Abschnitt aus diesem Aufsatz:

> Es mag verwundern, daß soviel gelehrte Gründlichkeit einen so starken Eindruck von Phantasmagorie hinterläßt, und mehr noch, daß Flaubert selbst als sprudelnde Einbildungskraft empfunden hat, was doch so offenkundig der Geduld des Wissens angehörte. [...] Es sei denn, Flaubert hätte hier die Erfahrung einer merkwürdig modernen Phantastik gemacht, die vor ihm wenig bekannt war. Das 19. Jahrhundert hat eine Region der Einbildungskraft entdeckt, deren Kraft frühere Zeitalter nicht einmal geahnt haben. Diese Phantasmen haben ihren Sitz nicht mehr in der Nacht, dem Schlaf der Vernunft, [...] sondern im Wachzustand, in der unermüdlichen Aufmerksamkeit, im gelehrten Fleiß, im wachsamen Ausspähen. [...] Man schöpft es [das Imaginäre, d.V.], aus der Genauigkeit des Wissens; im Dokument harrt sein Reichtum. [...] In diesem Werk, das sich auf den ersten Blick wie eine etwas zusammenhanglose Folge von Phantasmen ausnimmt, ist die einzige erfundene, aber mit gründlichster Sorgfalt erfundene Dimension – die Ordnung. Was nach Phantasmen aussieht, sind nichts anderes als umgeschriebene Dokumente: Abbildungen oder Bücher, Gestalten oder Texte. Aber die Reihenfolge, die sie verbindet, ist vorgezeichnet durch eine vielschichtige Komposition, die jedem Element einen bestimmten Platz zuweist.[16]

Bei Flauberts wie bei Kubricks Werken fällt eine Vorliebe für Themen auf, die einer bürgerlichen Moral als böse, grauenhaft und amoralisch erscheinen. Die »Schilderung des Häßlichen, Rohen, Trivialen [...] und die Entdeckung des Häßlichen und Banalen als beflissen Vertuschtes, in Wahrheit aber Herrschendes«[17] nimmt einen breiten Raum auch im Œuvre Flauberts ein. Entsprechend gehören Ironie und schwarzer Humor zu den bevorzugten Stilmitteln beider Autoren. Den schwarzen Humor Kubricks etwa in *Dr. Strangelove* kann man kaum präziser beschreiben, als durch La Varendes Anmerkung über Flauberts Ironie: »Seine Bücher atmen die Luft der Skepsis, sind buchstäblich vollgepackt mit Ironie. [...] Die Ironie ist die einzige Form des Humors, die sich bei Flaubert findet, eine etwas unheimliche, immer verzerrende Ironie.«[18]

Die Dominanz des Negativen, Bösen und Amoralischen in Flauberts Werk und die dadurch eingenommene Verweigerungshaltung gegenüber bürgerlich-idealistischen Ästhetiken dürfte einer der Gründe für die überwiegend negative Rezeption seiner Romane in der zeitgenössischen Literaturkritik gewesen sein. In ihrer Struktur entspricht diese Rezeption Flauberts der heutigen Kubricks: Flaubert wurde zu seiner Zeit von Kollegen (Sand, Gautier, Zola, Maupassant) als herausragende Künstlerpersönlichkeit angesehen und bewundert, während sich die Literaturkritik bei seiner Bewertung in zwei kontroverse Lager spaltete, wobei seine Kritiker ihm zuweilen mit offener Feindschaft begegneten.[19] Das allein besagt noch nicht viel, wohl aber die Tatsache, daß die gegen Flaubert erhobenen Vorwürfe exakt denen entsprechen, die heute gegen Kubrick angeführt werden: Kälte, Zynismus, Nihilismus, Brutalität, Amoralität, Unmenschlichkeit.[20] Wie noch zu zeigen sein wird, ist in beiden Fällen der Kanon der Negativurteile Ausdruck des

Unverständnisses gegenüber einem neuartigen Stil und einer »neuen Moral des Künstlertums«[21]: »Ein Buch, das weder zu rühren noch zu gefallen versuchte, das an kein Publikum dachte, aus dem sich keine Moral entnehmen ließ, sondern das fast zwecklos, in sich selbst ruhend, für sich bestand, galt diesen Kritikern keineswegs als lobenswert.«[22]

Bislang ist Kubrick Flauberts Schicksal (»Bovary«-Prozeß von 1857) erspart geblieben, wegen eines seiner Werke vor Gericht zitiert zu werden, doch ist *A Clockwork Orange* immerhin auch in einigen Ländern auf den Index gesetzt worden. Bürgerliche Moral und idealistische Ästhetik reiben sich an Flauberts wie Kubricks Ästhetizismus gleichermaßen und mit den gleichen Argumenten. Wenn Enno Patalas Kubrick vorwirft, in seinen Werken keinen »hoffnungsvollen Ausblick auf die Emanzipation des Menschen«[23] zu bieten, so verweist das auf die gleiche Auffassung von *art utile*, die schon dem »Bovary«-Urteilsspruch zugrundelag (»Die Mission der Literatur muß es sein, den Geist durch Reinigung der Sitten zu erneuern«[24]). Dagegen haben sich beide Autoren durch ihre Werke, aber auch durch ihre programmatischen Aussagen zur Wehr gesetzt. Kubrick verweist ausdrücklich »auf das Unvermögen der Kultur, die Gesellschaft moralisch zu bessern«[25] Flaubert war der Auffassung, daß »sich alle großen Schriftsteller mit ihren Werken gegen diese ohnmächtigen Ratschläge aufgelehnt«[26] haben.

Nicht zuletzt aufgrund ihrer unverkennbar ästhetizistischen Grundhaltung wird beiden Autoren eine konservative politische Einstellung nachgesagt, die sich im Nihilismus ihrer Werke niederschlage. Wenn Flaubert eine »Haltung, der jede Utopie, auch die der Volksbeglücker und Fortschrittsfanatiker fremd ist«,[27] bescheinigt wird, so entspricht das der Einschätzung, daß Kubricks »Pessimismus [...] jede Marx'sche Dialektik in Richtung auf den Fortschritt ausschließt«.[28] Verdikte dieser Art sind letzten Endes bestens geeignet, durch die voreilige Gleichsetzung von ästhetischer Programmatik und politischer Grundübersetzung Künstler, die sich normativen Ästhetiken verweigern, generell, d. h. auch politisch zu diskreditieren. Es bleibt die Frage, ob man es sich mit solchen Kurzschlüssen derart leicht machen sollte und darf. Dabei soll nicht bestritten werden, daß beide Autoren ein skeptisches Menschenbild und ein – allerdings aus der Reflexion gewonnener – Zweifel an sozialen Veränderungsmöglichkeiten durch Kunst verbindet.

Daß sich zwei Autoren aus verschiedenen Jahrhunderten, Nationen und Kunstgattungen in ihrer Produktionsweise, ihrer Stoffwahl und in der Art und Weise ihrer Rezeption durch die zeitgenössische Kritik derart ähnlich sind, kann wohl kaum als Aneinanderreihung von Zufällen angesehen werden; vielmehr ist zu vermuten, daß diese Analogien wiederum Ausfluß einer übergeordneten Analogie, nämlich einer identischen Ästhetik und eines identischen Stils sind. Wenn auch Sartre in seiner Analyse von Flauberts Stil anmerkt, »daß der Stil eines Autors stets unmittelbar mit einer Weltanschauung verbunden ist«,[29] so bleibt offen, welcher Zusammenhang zwischen ästhetischem Stil und Weltanschauung eines Künstlers zu denken ist. Versteht man aber den Glauben an Sinn und Nutzen der *art utile* als Manifestation eines übergeordneten Fortschrittsoptimismus im ästhetischen Diskurs, so ist entsprechend *l'art pour l'art* als das pessimistische Gegenbild zu deuten. Wenn auf weltanschaulicher Ebene (der Kubrick und Flaubert attestierte) Pessimismus als »Nicht-Zustimmung« zum herrschenden Diskurs verstanden werden kann, so entspricht dem im ästhetischen Diskurs eine ästhetizistische Programmatik, vor allem in ihrer radikalen Ausformulierung als Ästhetik des Bösen. Diese ist nämlich zu verstehen als Ausdrucksform einer künstlerischen Verweigerung gegenüber den gesellschaftlichen Normen, wie sie sich auch in der Erwartungshaltung an ein Kunstwerk widerspiegeln. So wie ein konsequent durchkonzipierter Ästhetizismus als künstlerischer Akt der Sinnverweigerung angesehen werden kann, so liegt auch im Pessimismus das Potential einer Verweigerungsstrategie gegenüber der gesellschaftlichen Norm des Optimismus, wie er durch den Fortschrittsglauben der Aufklärung eingefordert wird. Unter diesem Aspekt betrachtet, ist die Stilwahl eines Autors, wie oben zitiert, in der Tat die logische Folge und zugleich der Ausdruck seines Weltbildes, und insofern scheint Kubricks und Flauberts Affinität zu einem radikalen Ästhetizismus tatsächlich aus dem gleichen Impetus herzurühren wie ihr pessimistisches Weltbild. Es handelt sich hierbei im ästhetischen wie im weltanschaulichen Diskurs um eine Haltung der Verweigerung als anti-gesellschaftlicher Strategie. Ästhetischer Modus der Verweigerungshaltung aber ist der an beiden Autoren so oft kritisierte »kalte« Stil der *impassibilité*.

5.2. Der »kalte« Stil

Es widerstrebt mir unsäglich, etwas von meinem Herzen zu Papier zu bringen. Ich finde sogar, daß ein Romancier nicht das Recht hat, über was immer seine Meinung zu äußern. Die große Kunst ist, glaube ich, unpersönlich wie die Wissenschaft.[30]

Dieses künstlerische Credo Flauberts suggeriert bereits, daß seine Perspektive auf das Kunstwerk dem des Wissenschaftlers auf seinen Untersuchungsgegenstand ähnelt. In der Konsequenz seines Werkes leitet Flaubert daraus folgendes ästhetisches Programm ab:

> Strikte Enthaltung von Schlüsseziehen, und *impassibilité*, d. h. die Unempfindlichkeit, die Teilnahmslosigkeit des Künstlers. Schlüsse ziehen *(conclure)* ist zugleich auch Urteil, Urteil aber beim Künstler Vorurteil, Parteinahme. Unparteilichkeit *(impartialité)* ist die Grundtugend der Wissenschaft; für den Schriftsteller besagt sie: darstellen unter Verzicht auf jede moralisierende Absicht, auf jede persönliche Stellungnahme. [...] Der Autor hat sich völlig herauszuhalten, seinem Werke muß Unpersönlichkeit *(impersonalité)* eignen.[31]

Dieses Programm hat Flaubert in seinen Romanen und Erzählungen realisiert, indem der Erzähler die fiktive Realität minutiös wiedergibt, ohne sie an irgendeiner Stelle zu kommentieren. Während in der sonstigen Literatur des 19. Jahrhunderts die Erzählmodi »Bericht« und »Kommentar« dominieren, beschränkt sich Flaubert allein auf den Erzählmodus »Beschreibung«[32] und nimmt damit eine Erzählhaltung vorweg, die eigentlich erst für die literarische Moderne des 20. Jahrhunderts konstitutiv wird. »Wie jedermann weiß, herrscht bei Flaubert die Beschreibung vor. Man könnte sagen, daß sein ganzes Werk nur eine ungeheure Folge von beschreibenden Stücken ist. In der Beschreibung verwirklicht sich seine berühmte Objektivität und seine formale Schönheit.«[33] Bis ins kleinste Detail und mit großer Genauigkeit beschreibt Flaubert das Geschehen, die Personen, das Dekor. Auch die schrecklichsten und grauenhaftesten Ereignisse werden dem Leser mit größtmöglicher Objektivität vor Augen geführt, ohne daß der Erzähler jemals die neutrale Ebene der sachlichen Schilderung verließe, sich mit einer subjektiven Äußerung ins Geschehen einschalten oder es gar kommentieren oder interpretieren würde. Der Erzähler ist als solcher in Flauberts Texten nicht mehr präsent. Er hält sich strikt hinter den Figuren und dem Geschehen, das sich scheinbar autonom entwickelt, verborgen.

> In der Literatur der ästhetischen Moderne kann oft kein fester Erzähler mehr ausgemacht werden, sondern der Leser wird über die Konstruktion der Sätze in ein Geschehen hineingetragen, das scheinbar gar keine feste Erzählperspektive mehr hat. [...] So beschreibt z. B. Flaubert mit scheinbarer Neutralität die grausamsten Dinge und genau in dieser Neutralität liegt die Verführung für den Leser, sich diese Dinge zeigen zu lassen. [34]

Der Erzähler, der in Flauberts Texten nicht mehr ausgemacht werden kann, ist aber zugleich durch diese Texte allgegenwärtig. Das Hermetische dieser Texte verweist auf eine übergeordnete Instanz jenseits des Textes, einen Erzählstandpunkt, von dem heraus das Geschehen geschildert wird. Der Erzähler ist nicht länger Vermittlungsinstanz zwischen Leser und Darstellung – der Leser wird mit den geschilderten Ereignissen allein gelassen, muß sich selbst eine durch den Autor nicht vorgeformte Meinung zu den Geschehnissen bilden. Der Erzähler existiert nur noch als Schöpfungsinstanz, als derjenige, der die Erzählung erdacht und organisiert hat. Scheinbar paradox formuliert: Gerade das Nicht-auffindbar-Sein des Erzählers im Text weist auf seine Existenz hin. Durch diese Handhabung der Erzählerinstanz hat Flaubert eine weitere seiner theoretischen Forderungen realisiert:»Der Autor muß in seinem Werk sein wie Gott im Weltall – überall gegenwärtig und nirgends sichtbar.«[35]

Daß Kubrick in seinen Filmen die analoge Erzählperspektive einnimmt, ist von mir schon mehrfach dargelegt worden. (Wenngleich es im Film ungleich problematischer ist, eindeutig eine Erzählperspektive auszumachen, löst sich dieses methodologische Problem auf, wenn man die Erzählperspektive als das auffaßt, was sie letztlich ist: eine immanente Organisationsinstanz des ästhetischen Materials.) Toffettis Einschätzung, daß Kubrick »sich äußerst geschickt im Handlungsgeflecht zu verbergen weiß, bei ihm jeder Stil ganz und gar der Erzählfunktion untergeordnet wird«,[36] und sein Verweis auf die »innere Notwendigkeit von Kubricks Werk, gegen die Personen die Allgegenwart des Schöpfers zu setzen, welche in deren Niederlage ihre endgültige Sanktion findet«,[37] weisen auch Kubrick als einen Autor aus, der in seinem Werk zugleich allgegenwärtig und nirgends sichtbar ist. Auf diese Konzeption des Autors und/oder Erzählers bei Kubrick scheint auch Nelson hinweisen zu wollen, wenn er feststellt: »Obwohl Kubricks Präsenz in jeder Szene und jedem Bild [...] spürbar ist, wirkt seine auktoriale Allwissenheit dennoch seltsam zurückgenommen, mehr ein Appell an das Vorstellungsvermögen des Zuschauers als eine verläßliche Autorität.«[38]

Teilnahmslosigkeit, Unparteilichkeit, Unpersönlichkeit – diese Zentralbegriffe der Flaubertschen Ästhetik kulminieren in den Kategorien der Distanz und der Kälte, mit der der Autor scheinbar ungerührt selbst die grauenhaftesten Ereignisse beschreibt. Das gleiche gilt auch für Kubricks Erzählhaltung: »Die Kategorie, die Kubrick als Schlüsselbegriff für sein Verhältnis zum Kino angesehen haben möchte, ist die Kategorie der Distanz, […] vor allem als moralische Einstellung in Bezug auf die Materie der Erzählung.«[39] Wie bei Kubrick führt auch bei Flaubert die distanzierte Erzählhaltung zu einer Reduzierung seiner Figuren zu Marionetten bei gleichzeitiger Aufwertung der sie beherrschenden Objektwelt. Die Menschen sind passiv, sind Gehandelte, während die Dingwelt zum Träger eines – freilich völlig losgelösten und dem Menschen fremden – autonomen Geschehens geworden ist. Bei beiden Autoren bieten sich die Figuren nicht zur Identifikation an, da dies der von den Autoren angestrebten Teilnahmslosigkeit auch der Rezipienten widersprechen würde, und entsprechend prägt auch die Kälte und Distanziertheit, mit der beide Autoren ihre Figuren schildern, die Haltung des Rezipienten zu diesen. Die Personen werden uns als Figuren vorgeführt, deren illusionäres Anrennen gegen eine prästabilisierte Disharmonie zwischen Subjekt und Objektwelt von vornherein zum Scheitern verurteilt ist. Dieser radikale Zweifel an der Veränderbarkeit von Wirklichkeit, der auf der Inhaltsebene deutlich wird, ist zugleich auch mitverantwortlich für die Stilwahl der Autoren: »Die Realität durchschauen und sezierend bloßlegen ist die einzige Möglichkeit, ihr zu begegnen, denn zu ändern ist sie nicht.«[40] Man könnte hinzufügen: und letzteres ist auch nicht Aufgabe des Künstlers, so wie ihn Flaubert und Kubrick definieren. Ich zitiere aus Guy de Maupassants Aufsatz über Flauberts Ästhetik:

> Jeder, der Romane schreibt, […] hat nicht die Aufgabe, zu predigen, zu strafen oder zu lehren. Sobald ein Buch eine Tendenz hat, ist es nicht mehr das Buch eines Künstlers. […] Jede Handlung, einerlei, ob gut oder schlecht, ist für den Schriftsteller nur insofern von Bedeutung, als sie ohne Rücksicht auf Gut oder Böse ein Gegenstand der Beschreibung ist. Außer der ehrlich gesehenen und mit Talent dargestellten Wahrheit gibt es nichts als ohnmächtige Anstrengungen von Schulmeistern. Die großen Schriftsteller kümmern sich weder um Moral noch um Keuschheit.[41]

Und damit stellt diese Form des Ästhetizismus das radikale Gegenstück zur *art utile*, bzw. einer idealistischen Ästhetik dar. Der von Flaubert entwickelte Stil der Teilnahmslosigkeit, der Unparteilichkeit und Unpersönlichkeit ist der konsequente Ausdruck seiner Programmatik. Wenn sich der Autor aber aus dem Erzählgeschehen zurückzieht, auf Kommentierung und Bewertung des Dargestellten verzichtet, wird die Erzählung zwangsläufig zur reinen Beschreibung, mithin zum Bild. Diese Bilder als »kalte«, weil »schweigende« Bilder wahrzunehmen, liegt nahe angesichts unser aller Prägung durch Ästhetiken, denen das Bild nur als »sprechendes«, d. h. als kommentierendes, als wertendes Bild überhaupt als ein ästhetisch relevantes gilt.

5.3. Der Autor als Auge

Mit dem Begriff des Bildes sind wir an dem Punkt angelangt, in dem der oben skizzierte Stil Flauberts (und entsprechend meiner Ausgangsthese auch der Kubricks) kulminiert: der reinen Bildlichkeit. Eine Erzählhaltung, die auf Kommentar und sonstige Eingriffe in den Text verzichtet und nur noch beschreibt, reduziert Literatur zwangsläufig und bewußt auf ihre Bildlichkeit. Ich möchte in diesem Zusammenhang einige Kritiken zu Werken Flauberts zitieren, deren Metaphorik mir sehr aufschlußreich erscheint (Hervorhebungen von mir, mit Ausnahme des ersten Zitats):

> M. Gustave Flaubert beweist eine allerhöchste retrospektive Objektivität. Er *sieht* (wir unterstreichen dieses Wort absichtlich, um seine ganze Sinnesbedeutung herauszustellen) die Dinge, die nicht mehr im Bereich des menschlichen Auges liegen, so klar, als seien sie gegenwärtig.[42]
>
> Nichts war leichter für ihn, als dieser Sammlung einige *Fotografien* von nicht weniger schonungsloser Genauigkeit beizulegen.[43]
>
> Die Empörung, die er erregte, läßt sich nur aus der Neuheit seiner *Optik* erklären. Hierin und hierin allein bestand Flauberts »Unsittlichkeit«.[44]
>
> Das Gedruckte soll nur der unaufdringliche Träger des *Sichtbaren* sein; ein heimlicher *Zuschauer* tritt an die Stelle des Lesers, und der Akt des Lesens geht im Triumph eines anderen *Blicks* auf.[45]

Diesen Zitaten ist gemein, daß sie jenseits aller Metaphorik auf den hohen Grad der Bildlichkeit, des Optischen verweisen, der Flauberts Stil zu eigen ist. Die Präzision und Ausführlichkeit seiner Beschreibungen bringt den Leser in die Lage, die geschilderten Szenen plastisch vor sich zu sehen. Zwar ist in der Literatur grundsätzlich eine virtuelle Bildlichkeit auszumachen, die dem Leser ermöglicht, das Geschriebene assoziativ in imaginäre Bilder umzusetzen. Bei Flauberts Texten aber hat der Leser nicht länger die freie Wahl der Assoziation und Imagination: Der Leseakt vollzieht und erschöpft sich in der Realisierung der vom Text exakt vorgegebenen Bildlichkeit. (Auch hierin, in der bewußten und totalen Steuerung der Rezipienten-Imagination, zeigt sich der Autor wieder als allgegenwärtig, wenn auch nirgends sichtbar.)

Auffallend an Flauberts Bildern ist ihre immanente Schönheit. Selbst die Schilderung von Massakern und Greueltaten gerät Flaubert zu Tableaus, deren visuelle Komponente von bestechender und damit verführerischer Schönheit ist. »Unsere heutigen Augen sind wenig an solche Pracht gewöhnt. Daher hat man M. Gustave Flaubert vorgeworfen, er habe zu viel Farbe, Blend- und Flitterwerk verwendet«,[46] notierte Gautier 1862. Auch das verbindet Flaubert mit Kubrick, dessen Filme von hohem ästhetischen Reiz sind und dem gerade das zum Vorwurf gemacht wurde. Das eigentlich Skandalöse an Flauberts und Kubricks Bildern aber liegt darin, daß sie ihre Schönheit gerade am häßlichen Gegenstand entwickeln und vor allem, daß diese Schönheit nur auf sich selbst zurückverweist. Flaubert scheint sich der Bildlichkeit seiner Prosa bewußt gewesen zu sein, denn er lehnte jede Illustration seiner Werke ab. Eine Bebilderung seiner Sprache wäre auch reine Redundanz gewesen.

Durch die foto-realistische Exaktheit seiner Beschreibungen, durch die Dominanz des Szenisch-Visuellen in seinen Werken und durch die Etablierung des Auges als erzähltechnisches Instrument, wird Flauberts Prosa in die Nähe filmischer Ausdrucksformen gerückt. Zu Flauberts Lebzeiten, als der Film noch nicht erfunden war, wurden die Analogien seines Werkes zur Malerei und zur Fotografie betont.[47] Heutige Analysen sehen in Flauberts Schreibweise einen Vorläufer filmischer Gestaltungsmittel: Darunter fallen z. B. die Überwindung der Einheiten von Raum und Zeit z. T. innerhalb eines Satzes (Montage), die Aneinanderreihung von Beschreibungen von Details (Großaufnahme) und panoramatischen Tableaus (Totale) in unmittelbarer Folge (Wechsel der Einstellungsgröße), sowie die bereits angesprochene Exaktheit der Beschreibung (Abbildrealismus). Ich kann an dieser Stelle nicht tiefer auf diese komplexe Thematik eingehen, verweise aber auf die entsprechenden Ergebnisse der Flaubert-Forschung[48] und darauf, daß die Flaubertsche Erzählperspektive in der Narrativik die Bezeichnung »Camera-Eye« erhalten hat.[49]

Geht man davon aus, daß sich Flaubert eines Stils und einer Perspektivik bedient, die den späteren filmischen Gestaltungsmitteln sehr nahe kommt, so läßt sich, thesenhaft verkürzt, sagen, daß sich Kubrick und Flaubert bei der Handhabung ihres jeweiligen Mediums gewissermaßen in einer Grauzone zwischen Film und Literatur treffen. Der Literat Flaubert bedient sich stilistischer und erzähltechnischer Mittel, die seine Romane in die Nähe des Films rücken. Umgekehrt sieht Kubrick, darauf habe ich schon hingewiesen, im Film in erster Linie ein Erzählmedium. Tertium comparationis beider Phänomene scheint mir die Kategorie des Epischen zu sein: *Full Metal Jacket* trägt den Untertitel »Eine epische Geschichte des Vietnam-Krieges«. Lehmann führt zur kritisierten Kälte von *2001* aus: »Es scheint mir allerdings unzulässig, diese Kälte auf den Filmautor zu beziehen, statt auf die Gesetze seiner Ästhetik: es ist eine konsequent epische.«[50] Greift man wiederum die These auf, daß *2001* eine filmische Variante zur »Dialektik der Aufklärung« darstellt, so wird das dort über Homers Epos Gesagte (neben dem offenkundigen Verweis auf Flauberts Ästhetizismus) erst recht als gültige Beschreibung auch von Kubricks Stil erkenntlich:

> Mit ungerührter Gelassenheit, unmenschlich wie nur die impassibilité der größten Erzähler des neunzehnten Jahrhunderts, wird das Los der Gehenkten dargestellt und ausdruckslos dem Tod von Vögeln in der Schlinge verglichen, mit jenem Schweigen, dessen Erstarrung der wahre Rest der Rede ist. [...] Die Genauigkeit des Beschreibers, die schon die Kälte von Anatomie und Vivisektion ausstrahlt, führt romanmäßig Protokoll [...].[51]

Episches erscheint hier als Assoziation von Sprache und Bild, oder anders formuliert: als Mischform von Literatur und Film. Gerade diese Mischform ermöglicht erst den distanziert-mitleidlosen Stil. Hinsichtlich Flauberts und Kubricks läßt sich sagen: Von verschiedenen Punkten ausgehend, nähern sich beide einer Synthese-Form, die die Gattungsgrenzen von Literatur und Film zwar nie verläßt, wohl aber die Gemeinsamkeiten beider Kunstgattungen zu einer neuen, eigenständigen Qualität verschmilzt, und die mit einer transmedialen Kategorie des Epischen bestens bezeichnet werden kann. Diese Mischform erzählerischer Strukturen mit einer filmähnlichen Bildlichkeit ist das Resultat eines Ästhetizismus, der den Autor die von ihm dargestellte Welt nur noch vorführen, nur noch zeigen, aber nicht mehr erklären oder interpretieren läßt. Erst der daraus resultierende Stil der Neutralität und Mitleidlosigkeit erzielt das angestrebte Schweigen der Bilder.

Das Zitat aus der »Dialektik der Aufklärung« ist auch deshalb aufschlußreich, weil es die ästhetisch-epische Kälte mit Unmenschlichkeit assoziiert. In der Tat darf gefragt werden, welches Konzept des Künstlers, welches Selbstverständnis des ästhetischen Schöpfers es Kubrick wie Flaubert erlaubt, einen derart dem Menschlichen entrückten Standpunkt einzunehmen. Diesbezüglich kann Flauberts Äußerung über Shakespeare als programmatisch für seine eigene (und damit auch Kubricks) ästhetische Position angesehen werden:

> Wenn ich den Gipfel eines seiner Werke erreiche, kommt es mir vor, als sei ich auf einem hohen Gebirge: alles verschwindet und alles erscheint. Man ist nicht mehr Mensch, man ist Auge; neue Horizonte tauchen auf, die Ausblicke weiten sich ins Unendliche; man denkt nicht mehr daran, daß man auch in den Hütten gewohnt hat, die man kaum noch erkennt, daß man aus den Flüssen getrunken hat, daß man sich in jenem Ameisenhaufen erregt hat und daß man dazu gehört.[52]

In dieser Passage sind alle Attribute vorhanden, die die ästhetische Position Flauberts kennzeichnen: Distanz; überhöhte Perspektive des Autors bei gleichzeitiger Reduzierung seiner Figuren zu »Ameisen«; Gleichsetzung des Autors mit dem Auge. Implizit ist in diesen Äußerungen ein Bild des Autors als Schöpfer enthalten, der von einem übergeordneten Standpunkt aus kalt und teilnahmslos auf seine Schöpfung herabblickt. Der Autor wird zum Gott (allgegenwärtig und nirgends sichtbar), der sich auf die Funktion des Sehens beschränkt, zum Auge wird. Dies scheint mir die Perspektive des Autors Flaubert treffend wiederzugeben, und in der Tat wird in der Flaubert-Forschung oft auf dieses Bild zurückgegriffen: »Sartre nennt das die Perspektive des Demiurgen, desjenigen, der von oben die Welt beurteilt und schafft.«[53] Diese Perspektive und die Reduzierung des Autors auf den Augensinn sind konstitutiv für Flauberts »kalten« Stil, und insofern ist es nicht verwunderlich, daß die Kubrick-Forschung die gleiche Perspektive in dessen Werk ausgemacht hat. Toffetti sieht in Kubricks Filmen das »beherrschende Auge einer Gottheit«[54] am Werk, und Jansen führt zu *Barry Lyndon* aus: »Das kalte Auge der Weltraumlinse ist auf den Film gerichtet, [...] ein Blick voller flaubertscher impassibilité auf Menschen, die Marionetten ihres Designs sind.«[55] Gerade so, als wolle er die Analogie zu Flaubert ein weiteres Mal nachdrücklich aufzeigen, läßt Kubrick Flauberts Metapher vom »Ameisenhaufen« Menschheit in *Paths of Glory* wieder auftauchen: Der Hügel, dessen gescheiterte Erstürmung durch seine Soldaten General Mireau durch sein Fernglas beobachtet, heißt in der amerikanischen Originalfassung »Ant Hill«(= Ameisenhügel), und in der Tat erinnern die Bewegungen der Soldaten, die den Berg emporkriechen, an die Motorik von Ameisen. Kubricks Faszination für die Konzeption des Künstlers als Auge ist so überraschend nicht, bedenkt man, wie nachhaltig er in seinen Filmen das Emblem des göttlichen Auges zerstört hat – nur um es, wie sich jetzt zeigt, durch

Filmisch-epische *impassibilité*: Mit »ungerührter Gelassenheit wird das Los der Ge-
henkten« (Horkheimer/Adorno) von Kubrick gezeigt, wobei »die Genauigkeit des
Beschreibers schon die Kälte von Anatomie und Vivisektion« ausstrahlt (*Full Metal
Jacket*).

das »göttliche Auge« des ästhetischen Schöpfers zu ersetzen: Für zwei Gottheiten
ist in Kubricks filmischen Kosmos ganz eindeutig kein Platz.

Bezeichnenderweise findet sich eine auffällige Parallele zu der oben zitierten
Allegorie Flauberts im Zarathustra-Kapitel »Vom Lesen und Schreiben«. Auch
hier ermöglicht erst der Aufstieg auf den Gipfel den emotionslos-distanzierten
Blick:

> Ich empfinde nicht mehr mit euch: diese Wolke, die ich unter mir sehe, diese Schwärze
> und Schwere, über die ich lache – gerade das ist eure Gewitterwolke. Ihr seht nach
> oben, wenn ihr nach Erhebung verlangt. Und ich sehe hinab, weil ich erhoben bin.
> Wer von euch kann zugleich lachen und erhoben sein. Wer auf den höchsten Bergen
> steigt, der lacht über alle Trauer-Spiele und Trauer-Ernste.[56]

Was in *Paths of Glory* schon angelegt war, in *A Clockwork Orange* dann in
vollendeter Form erschien, muß somit gleichermaßen als Grundvoraussetzung wie
als adäquater Ausdruck von Kubricks Ästhetik angesehen werden: Distanz und
Kälte erst ermöglichen einen radikalen, letztlich epischen Ästhetizismus und sind
zugleich die konstitutiven Momente des daraus abgeleiteten Stils der *impassibilité*.
Der Künstler/Philosoph, der an der Aufgabe, selbst das Grauenhafte schlechthin
zu schildern, nicht zugrundegehen will, darf nicht Beteiligter sein. Er muß Distanz

zum Geschilderten gewinnen, muß, um die Metapher aufzugreifen, auf den Gipfel klettern, um von dort aus auf das Menschliche herabzublicken. Wie Flaubert und Nietzsche weiß auch Kubrick, daß dies die Reduktion des Autors auf den Augensinn impliziert, daß der Ästhetizist als gottgleicher Schöpfer nur noch schweigen, nur noch sehen und zeigen kann und darf. Was Kubrick Flaubert und Nietzsche voraus hat, ist die Tatsache, daß zu seinen Lebzeiten ein Medium existiert, das wie kein anderes geeignet ist, die reine Bildlichkeit, das Schweigen der Bilder zu realisieren: der Film.

Wer demgegenüber das Primat der sprechenden Bilder, lies: der *art utile* behaupten will, muß sich fragen lassen, ob ein derartiges Kino »der guten Absichten« in seiner Geschichte tatsächlich jemals soziale Veränderungen bewirkt hat. Ob nicht vielmehr gerade dieses Kino, so aufgeklärt auch immer es sich zu gebärden versucht, längst affirmativer Bestandteil unserer Kulturindustrie geworden ist. Selbst ein des Ästhetizismus gewiß unverdächtiger Regisseur wie Truffaut scheint (zumindest zu seinen Zeiten als Filmkritiker) die Gefahren eines solchen Kinos geahnt zu haben. Und seine Mahnung kann im gleichen Atemzug als Plädoyer für eine Filmkunst gelten, die sich statt dessen dem *l'art pour l'art* verschreibt:

> In *Achteinhalb* macht sich ein Typ an Guido heran, um ihm ein Drehbuch gegen die Atomrüstung einzureden. Wie Fellini glaube ich, daß das Kino der guten Absichten die schlimmste aller Fallen ist, die tückischste aller Betrügereien in unserer Industrie. Für einen wirklichen Filmautor ist nichts langweiliger [...].[57]

Und:

> Das nämlich ist die erste Aufgabe eines Künstlers: die Schönheit dessen zu beweisen, das für häßlich gilt und umgekehrt.[58]

Es kann kein Zweifel daran bestehen, daß Stanley Kubrick sich dieser Aufgabe in seinen Filmen gestellt hat.

Anmerkungen

Zu Kapitel 1.

1 Vgl. dazu Agel, Jerome (Ed.): The Making of Kubrick's *2001*. New York 1970.
2 S. Kubrick, zit. nach Nelson, Thomas Allen: Stanley Kubrick. München 1982, S. 45.
3 Vgl. dazu Jansen, Peter W./Schütte, Wolfgang (Hrsg.): Stanley Kubrick. München/Wien (Hanser, Reihe Film 18) 1984, S. 219 f.
4 Ebd., S. 286 f. Vgl. dazu auch Ciment, Michel: Kubrick. München 1982, S. 146.
5 Vgl. dazu Nelson: Kubrick, S. 11.
6 Vgl. dazu Jansen: Kubrick, S. 90.
7 Vgl. dazu Ciment: Kubrick, S. 175.
8 Vgl. dazu Horx, Matthias: *2001* – Als das All noch ein Geheimnis war. In: ZEIT-Magazin, Jg. 1988, Heft 20, S. 48–61.
9 Vgl. dazu Nelson: Kubrick, S. 314.
10 Einen guten Einblick in die Kubrick-Rezeption bietet: Schäfer, Horst (Hrsg.): Materialien zu den Filmen Stanley Kubricks. Duisburg 1975.
11 S. Kubrick, zit. nach Ciment: Kubrick, S. 177.
12 Wie Anm. 10.
13 O. Welles, zit. nach Ciment: Kubrick, S. 43.
14 Ebd., S. 162 und 194.
15 Lehmann, Hans-Thies: Die Raumfabrik – Mythos im Kino und Kinomythos. In: Bohrer, Karl-Heinz (Hrsg.): Mythos und Moderne. Begriff und Bild einer Rekonstruktion. Frankfurt am Main 1983, S. 605.
16 Vgl. dazu Ciment: Kubrick, S. 43.
17 Toffetti, Sergio: Stanley Kubrick. Berlin/West 1978.
18 Schlenke, Gernod/Stüwe, Armin: Schau-Lust und Seh-Zwang. Zum Verhältnis von Distanz und Identifikation in Stanley Kubricks *A Clockwork Orange*. In: Schnell, Ralf (Hrsg.): Gewalt im Film, Bielefeld 1987, S. 17.
19 Wie Anm. 3.
20 Schlenke/Stüwe: Schau-Lust und Seh-Zwang, S. 36 f.
21 J. L. Godard, zit. nach Schlenke/Stüwe: Schau-Lust und Seh-Zwang, S. 17 f.
22 Ciment: Kubrick, S. 43.
23 S. Kubrick, zit. nach Jansen: Kubrick, S. 235 f.
24 Vgl. dazu Ciment: Kubrick, S. 34 und Toffetti: Kubrick, S. 9.
25 Vgl. dazu Nelson: Kubrick, S. 9 und 17.
26 Vgl. dazu Jansen: Kubrick, S. 207.
27 Vgl. dazu Ciment: Kubrick, S. 92 und Nelson: Kubrick, S. 35 ff.
28 Nelson: Kubrick, S. 15. Siehe auch Jansen: Kubrick, S. 215.
29 Vgl. dazu Ciment: Kubrick, S. 67 und Jansen: Kubrick, S. 90.
30 Vgl. dazu Ciment: Kubrick, S. 187, Nelson: Kubrick, S. 102 und 271 sowie Lehmann: Raumfabrik, S. 603.
31 Vgl. dazu Ciment: Kubrick, S. 152.
32 S. Kubrick, zit. nach Nelson: Kubrick, S. 120, vgl. auch ebd., S. 24.
33 Vgl. dazu Ciment, S. 74.
34 Nelson: Kubrick, S. 30.
35 Freud, Sigmund: Das Unheimliche. In: ders.: Ges. Werke. 18 Bde. Hrsg. von Anna Freud et al., London/Frankfurt am Main 1948 ff., Bd. 12, S. 254.

36 Toffetti: Kubrick, S. 40.
37 Ciment: Kubrick, S. 146.
38 Nelson: Kubrick, S. 12.
39 Ebd.
40 Vgl. dazu Ciment: Kubrick, S. 61.
41 Jansen: Kubrick, S. 131.
42 Vgl. dazu Walker, Alexander: Stanley Kubrick Directs. New York 1971.
43 Jansen: Kubrick, S. 33.
44 Nelson: Kubrick, S. 37, 41 f. und 43.
45 Ebd., S. 50 f.
46 Jansen: Kubrick, S. 44.
47 Nelson: Kubrick, S. 48.
48 Jansen: Kubrick, S. 46.
49 Nelson: Kubrick, S. 76.
50 Ebd.
51 Ebd., S. 45.
52 Jansen: Kubrick, S. 70.

Zu Kapitel 2.

 1 S. Kubrick, zit. nach Schäfer: Materialien, S. 127.
 2 Vgl. dazu Ciment: Kubrick; und Toffetti: Kubrick.
 3 Starke, Manfred (Hrsg.): Der Untergang der romantischen Sonne. Ästhetische Texte von
    Baudelaire bis Mallarmé. Leipzig/Weimar 1980, S. 25 f.
 4 Ebd., S. 15
 5 C. Baudelaire, zit. nach Starke: Romantische Sonne, S. 15.
 6 Praz, Mario: Liebe, Tod und Teufel. Die schwarze Romantik. München/Wien 1981.
 7 Vgl. dazu Hoffmeister, Gerhart: Deutsche und Europäische Romantik. Stuttgart 1978.
 8 T. Gautier, zit. nach Starke: Romantische Sonne, S. 16.
 9 Vgl. dazu Pochat, Götz (Hrsg.): Geschichte der Ästhetik und Kunsttheorie. Von der
    Antike bis zum 19. Jahrhundert. Köln 1986, S. 478 und 514–516.
10 Sternberg, Josef von: Der Weg zur absoluten Filmkunst (Gespräch mit Vitus B. Drö-
    scher). Abgedruckt in der Frankfurter Rundschau vom 17.12.1960.
11 Jansen: Kubrick, S. 157.
12 Ebd.
13 Ebd., S. 158
14 Poe, Edgar Allan: Maelzel's Schachspieler. In: ders.: Gesammelte Werke, Hrsg. von Hans
    Wollschläger et al., Freiburg im Breisgau 1967, Bd. 4, S. 251–289.
15 Jansen: Kubrick, S. 159.
16 Lehmann: Raumfabrik, S. 596.
17 Toffetti: Kubrick, S. 54.
18 Nelson: Kubrick, S. 143.
19 Ciment: Kubrick, S. 66.
20 Vgl dazu Ciment: Kubrick, S. 135 f. und 188; Nelson: Kubrick, S. 154, 228 und 244.
21 Ciment: Kubrick, S. 121 f.
22 Ebd., S. 120.
23 Lehmann: Raumfabrik, S. 590.
24 Toffetti: Kubrick, S. 54.
25 Schlenke/Stüwe: Schau-Lust und Seh-Zwang, S. 36 f.
26 Ebd.

27 Ebd.

28 Toffetti: Kubrick, S. 69.

29 Vgl. dazu Freud, Sigmund: Das Unbehagen in der Kultur. In: ders.: Ges. Werke, Bd. 14; sowie Ariès, Philippe: Die Geschichte des Todes. München 1985; Elias, Norbert: Über den Prozeß der Zivilisation. 2 Bde. Frankfurt am Main 1987; sowie Horkheimer, Max/ Adorno, Theodor W.: Dialektik der Aufklärung. Philosophische Fragmente. Amsterdam 1947; Nachdruck: Frankfurt am Main 1984.

30 Böhme, Hartmut/Böhme, Gernot: Das Andere der Vernunft. Zur Entwicklung von Rationalitätsstrukturen am Beispiel Kants. Frankfurt am Main 1985, S. 13.

31 Ebd., S. 13 f.

32 Ebd., S. 327 f.

33 Busch, Werner: Zu Verständnis und Interpretation romantischer Kunst. In: Fischer, Ludger (Hrsg.): Artefakten. Kunsthistorische Schriften. Band: Romantik. Annweiler 1987, S. 39 f.

34 Böhme/Böhme: Das Andere der Vernunft, S. 11; siehe auch allgemein Horkheimer/ Adorno: Dialektik der Aufklärung.

35 Böhme/Böhme: Das Andere der Vernunft, S. 329; siehe auch Elias: Zivilisation, Bd. 2, S. 317 f.

36 Josuttis, Manfred: Die Unerkennbarkeit des Bösen. In: Joos, Rudolf (Red.): Die Ästhetik des Bösen im Film (Reihe Arnoldshainer Filmgespräche, Band 4). Hrsg. vom Gemeinschaftwerk der Evang. Publizistik. Frankfurt am Main 1987, S. 7.

37 Kiesel, Doron/Rabius, Martin: Die Ästhetik des Bösen im Film. In: Joos: Die Ästhetik des Bösen im Film, S. 1.

38 Josuttis: Unerkennbarkeit des Bösen, S. 14.

39 Schneider, Werner: Das Böse als unwirkliches Labyrinth. In: Joos: Die Ästhetik des Bösen im Film, S. 87.

40 Böhme/Böhme: Das Andere der Vernunft, S. 341.

41 Busch/Fischer: Artefakten, S. 40.

42 Jansen: Kubrick, S. 42.

43 S. Kubrick, zit. nach Ciment: Kubrick, S. 152.

44 Ebd.

45 J. L. Godard, zit. nach Jansen: Kubrick, S. 7.

46 S. Kubrick, zit. nach Toffeti: Kubrick, S. 70.

47 Jansen: Kubrick, S. 56.

48 S. Kubrick, zit. nach Gelmis, Joseph: The Film Director as Superstar. New York/Hammondsworth 1970, S. 387.

49 Vgl. dazu Lehmann: Raumfabrik, S. 600.

50 Vgl. dazu Starobinski, Jean: Die Erfindung der Freiheit. Genf 1964; sowie Lippe, Rudolf zur: Naturbeherrschung am Menschen. 2 Bde., Frankfurt am Main 1974.

51 Oechslin, Werner: More Geometrico – Die universale Bedeutung der Geometrie für die Künste. In: Du. Die Zeitschrift der Kultur, Heft Nr. 10, Oktober 1988 zum Thema: Die Liebe zur Geometrie. Acht Porträts. S. 16 f.

52 Husserl, Edmund: Die Krisis der europäischen Wissenschaften und die transzendentale Phänomenologie. In: Husserliana VI, Haag 1962, S. 51.

53 Ciment: Kubrick, S. 105 f.

54 Ebd., S. 107.

55 Toffetti: Kubrick, S. 71.

56 Ebd., S. 70.

57 Nelson: Kubrick, S. 234.

58 Ebd., S. 235.

59 Vgl. dazu Bourget, Jean-Loup: *A Clockwork Orange*. In: Positif, Nr. 136, 3/1972, (o. S.).

60 Nelson: Kubrick, S. 235.
61 Toffetti: Kubrick, S. 78.
62 Ciment: Kubrick, S. 102.
63 Nelson: Kubrick, S. 189 f.
64 Ciment: Kubrick, S. 78.
65 Nelson: Kubrick, S. 191.
66 Vgl. dazu Jansen: Kubrick, S. 40 f.
67 Ciment: Kubrick, S. 70.
68 Ebd., S. 171.
69 Ebd., S. 120.
70 Böhme/Böhme: Das Andere der Vernunft, S. 21.
71 Ebd., S. 34.
72 Jansen: Kubrick, S. 79.
73 Vgl. dazu Nelson: Kubrick, S. 299.
74 Ebd., S. 300.
75 Ciment: Kubrick, S. 74.
76 Moskowitz, Ken: A Clockwork Violence. In: The Velvet Light Trap, Jg. 1976, Volume 16, S. 23.
77 Neumann, Hans-Joachim: Das Böse im Kino. Frankfurt am Main/Berlin 1986, S. 47.
78 Vgl. dazu Freud, Sigmund: Das Ich und das Es. In: ders.: Ges. Werke, Bd. 13; Brown, Norman O.: Eros et Thanatos. Paris 1960; sowie Zagermann, P.: Eros und Thanatos. Psychoanalytische Untersuchungen zu einer Objektbeziehung der Triebe. Mit einem einführenden Aufsatz von J. Chasseguet-Smirgel. Darmstadt 1988.
79 Freud, Sigmund: Drei Abhandlungen zur Sexualtheorie. Frankfurt am Main 1961, S. 35.
80 Elias: Zivilisation, Bd. 1, S. 263–283.
81 Wie Anm. 29 (Ariès).
82 Ariès: Geschichte des Todes, S. 501.
83 Ebd., S. 515.
84 Ebd., S. 517.
85 Ebd., S. 500.
86 Hoffmeister: Romantik, S. 166.
87 Ariès: Geschichte des Todes, S. 477–484.
88 Ebd., S. 782.
89 Josuttis: Unerkennbarkeit des Bösen, S. 14 f.
90 Bazin, André: Le cinéma français de la libèration à la Nouvelle Vague. Paris 1983, S. 253 ff.
91 Toffetti: Kubrick, S. 68.
92 Vgl. dazu Jansen: Kubrick, S. 79.
93 Toffetti: Kubrick, S. 74.
94 S. Kubrick, zit. nach Jansen: Kubrick, S. 106.
95 Nelson: Kubrick, S. 204 f.
96 Riepe, Manfred: Die Inflation der Blicke. Wirklichkeit und Schaulust der Vietnamfilme. In: Stadtrevue Köln, Jg. 1988, Heft 3, S. 21.
97 Ebd.
98 Ebd.
99 Vgl. dazu Hammerstein, Rudolf: Tanz und Musik des Todes. Die mittelalterlichen Todestänze und ihr Nachleben. Bern/München 1980; sowie Nelson: Kubrick, S. 204–210 und Walker: Kubrick Directs, S. 143.
100 Vgl. dazu Ciment: Kubrick, S. 66 f.; Nelson: Kubrick, S. 124 ff.; Toffetti: Kubrick, S. 40 und Macklin, F. Anthony: Sex and *Dr. Strangelove*. In: Film Comment, Summer 1966, S. 55–57.

101 Jansen: Kubrick, S. 106.
102 Toffetti: Kubrick, S. 74.
103 Mast, Gerald: A Short History of the Movies. Indianapolis 1976, S. 492.
104 Nelson: Kubrick, S. 313.
105 Ebd., S. 283.
106 Bauer, Wolfgang/Dümotz, Irmtraud (Hrsg.): Lexikon der Symbole. Gütersloh o. J., S. 172.
107 Ebd., S. 173.
108 Nelson: Kubrick, S. 312.
109 Neumann: Das Böse im Kino, S. 53.
110 Vgl. dazu Ciment: Kubrick, S. 114.
111 Riepe: Inflation der Blicke, S. 21.
112 Bohrer, Karl-Heinz: Das Böse – eine ästhetische Kategorie? In: Merkur, 39. Jg., 1985, Heft 6, S. 469.
113 Toffetti: Kubrick, S. 78.
114 Jansen: Kubrick, S. 131.
115 Nelson: Kubrick, S. 346.
116 Ciment: Kubrick, S. 136.
117 Schlenke/Stüwe: Schau-Lust und Seh-Zwang, S. 36.
118 Vgl. dazu Gendolla, Peter: Die lebenden Maschinen. Zur Geschichte der Maschinenmenschen bei Jean Paul, E. T. A. Hoffmann und Villiers de l'Isle Adam. Marburg/Lahn 1980, S. 13 ff.; sowie Drux, Rudolf: Marionette Mensch. Ein Metaphernkomplex von E. T. A. Hoffmann bis Georg Büchner. München 1986.
119 Toffetti: Kubrick, S. 78 f.
120 Reß, Elmar: Horrormotive im Film. In: Stock, Walter (Hrsg.): Faszination des Grauens. Frankfurt am Main 1987, S. 44.
121 Nelson: Kubrick, S. 193.
122 Freud: Das Unheimliche, S. 246.
123 Toffetti: Kubrick, S. 68.
124 Ebd., S. 34.
125 Vgl. dazu ebd., S. 68 ff.; Ciment: Kubrick, S. 85 ff.; sowie Nelson: Kubrick, S. 35 f., 95 f., 170 ff., 222 und 260 ff.
126 Rank, Otto: Der Doppelgänger. In: Fischer, Jens-Malte (Hrsg.): Psychoanalytische Literaturinterpretation. Aufsätze aus »Imago«. Tübingen 1980, S. 118.
127 Ebd., S. 123.
128 Freud: Das Unheimliche, S. 247.
129 Nelson: Kubrick, S. 107.
130 Toffetti: Kubrick, S. 82.
131 Pfleger, Helmut/Metzig, Horst (Hrsg.): Schach. Hamburg 1984, S. 16
132 Vgl. dazu Jansen: Kubrick, S. 68 und Nelson: Kubrick, S. 66.
133 Ciment: Kubrick, S. 81
134 Vgl. dazu Walker: Kubrick Directs, S. 62; Ciment: Kubrick, S. 81; Jansen: Kubrick, S. 25, 56 und 91; sowie Nelson: Kubrick, S. 66 und 107.
135 Jansen: Kubrick, S. 91
136 Nelson: Kubrick, S. 66.
137 Ebd.
138 Ebd., S. 108 f.
139 Baudrillard, Jean: Kool Killer, oder Der Aufstand der Zeichen. Berlin/West 1978, S. 53 f.

Zu Kapitel 3.

1 Ciment: Kubrick, S. 145 f.; vgl. zu diesem Thema auch Kirchmann, Kay: Der tödliche Augen-Blick in den Filmen Stanley Kubricks. In: Engell, Lorenz/Vogelsang, Bernd (Hrsg.): Der tödliche Augenblick. Wie Hören und Sehen vergeht. Köln 1989, S. 165–192.

2 Barthes: Sade, Fourier, Loyola. Frankfurt am Main 1974, S. 76 f.

3 Stock, Alex: Der göttliche Augenblick. In: Thomsen, Christian W./Holländer, Hans (Hrsg.): Augenblick und Zeitpunkt. Studien zur Zeitstruktur und Zeitmetaphorik in Kunst und Wissenschaft. Darmstadt 1984, S. 217.

4 Nicolaus von Cues, zit. nach Stock: Der göttliche Augenblick, S. 217.

5 Metzner, Joachim: Geschichte und Ästhetik des therapeutischen Augenblicks. In: Thomsen/Holländer: Augenblick und Zeitpunkt. S. 96 f.

6 Foucault, Michel: Die Geburt der Klinik. Eine Archäologie des ärztlichen Blicks. Frankfurt am Main 1976, S. 155.

7 Kamper, Dietmar: Filmfaustgespräch. Das Auge. In: Filmfaust, Heft 74, 10/11 1989, S. 21.

8 Mattenklott, Gerd: Das gefräßige Auge. In: Merkur, 35. Jg., 1981, Heft 12, S. 1252.

9 Metzner: Der therapeutische Augenblick, S. 109.

10 Ebd.

11 Elias: Zivilisation, S. 281.

12 La Salle, zit. nach Elias: Zivilisation, S. 280.

13 Ebd.

14 Paul, Jean: Blumen-, Frucht- und Dornenstücke oder Ehestand, Tod und Hochzeit des Armenadvokaten F. St. Siebenkäs. Stuttgart 1983, S. 298.

15 Metzner: Der therapeutische Augenblick, S. 100.

16 Lehmann, Raumfabrik, S. 593.

17 Toffetti: Kubrick, S. 48.

18 Vgl. dazu Manthey, Jürgen: Wenn Blicke zeugen könnten. Eine psychohistorische Studie über das Sehen in Literatur und Philosophie. München 1983.

19 Vgl. dazu Morin, Edgar: Der Mensch und das Kino. Eine anthropologische Untersuchung. Stuttgart 1958, S. 28 ff.; sowie Rank: Der Doppelgänger, S. 114 ff.

20 Virilio, Paul: Krieg und Kino. Logistik der Wahrnehmung. München/Wien 1986.

21 Ebd., S. 35 und 89.

22 G. Appollinaire, zit. nach Virilio: Krieg und Kino, S. 89.

23 Metzner: Der therapeutische Augenblick, S. 98.

24 Virilio: Krieg und Kino, S. 39 f.

25 Wie Anm. 5.

26 Lehmann: Raumfabrik, S. 596 ff.; vgl. dazu auch Krumme, Peter: Augenblicke – Erzählungen Edgar Allan Poes. Stuttgart 1978.

27 Nelson: Kubrick, S. 302.

28 Morin: Der Mensch und das Kino, S. 32 ff.

29 Ebd., S. 30 f.

30 Freud: Das Unheimliche, S. 254.

31 Wie Anm. 26.

32 Nelson: Kubrick, S. 301.

33 Vgl. die angegebenen Werke von Morin und Rank sowie Balàzs, Bela: Doppelgängerfilme. In: ders.: Schriften, Bd. 1. München 1982, S. 212 f.; und Kittler, Friedrich: Romantik – Psychoanalyse – Film. Eine Doppelgängergeschichte. In: Hörisch, Jochen (Hrsg.): Eingebildete Texte. Affairen zwischen Psychoanalyse und Literaturwissenschaft. München 1985, S. 118–135.

34 Toffetti: Kubrick, S. 65.

35 Elias, Zivilisation, S. 280 f.

36 Nelson: Kubrick, S. 208.
37 Elias: Zivilisation, S. 282.
38 Ebd., S. 282 f.
39 Truffaut, François: Mr. Hitchcock, wie haben Sie das gemacht? Hrsg. von Robert Fischer. München 1979, S. 212.
40 Ebd.
41 Lehmann: Raumfabrik, S. 582.
42 Morrison, Jim: Notes on Vision. In: ders.: The Lords and the New Creatures. Frankfurt am Main 1976, S. 22.
43 Lehmann: Raumfabrik, S. 583.
44 Morrison: Notes on Vision, S. 66.
45 Toffetti: Kubrick, S. 65.
46 Diesen Hinweis entnahm ich Rutschky, Michael: Erfahrungshunger. Ein Essay über die siebziger Jahre. Frankfurt am Main 1982, S. 167.

Zu Kapitel 4.

1 S. Kubrick, zit. nach Jansen: Kubrick, S. 116.
2 Nelson: Kubrick, S. 166.
3 Geduld, Carolyn: Filmguide to *2001: A Space Odyssey*. Bloomington/London 1973.
4 Nelson: Kubrick, S. 176.
5 Wie Anm. 1.
6 Nelson: Kubrick, S. 149.
7 Biedermann, Hans (Hrsg.): Knaurs Lexikon der Symbole. München 1989, S. 353.
8 Nelson: Kubrick, S. 143.
9 Lehmann: Raumfabrik, S. 590.
10 Horkheimer/Adorno: Dialektik der Aufklärung, S. 44.
11 Ebd., S. 5.
12 Lehmann: Raumfabrik, S. 591.
13 Horkheimer/Adorno: Dialektik der Aufklärung, S. 26.
14 Ebd., S. 9.
15 Lehmann: Raumfabrik, S. 589 f.
16 S. Kubrick, zit. nach Walker: Kubrick Directs, S. 39.
17 Vgl. dazu Jung, Carl Gustav/von Franz, Marie-Louise (Hrsg.): Der Mensch und seine Symbole. Freiburg im Breisgau 1985.
18 Geduld: Filmguide, S. 34.
19 Biedermann: Lexikon der Symbole, S. 246 f.
20 Lehmann: Raumfabrik, S. 586.
21 Nelson: Kubrick, S. 178.
22 Ebd., S. 146.
23 Horkheimer/Adorno: Dialektik der Aufklärung, S. 46.
24 Lehmann: Raumfabrik, S. 594.
25 Ebd., S. 580 f.
26 Ebd., S. 591 f.
27 Nelson: Kubrick, S. 179. Zum Motivkomplex der unendlichen Fahrt vgl. auch Frank, Manfred: Kaltes Herz – Unendliche Fahrt – Neue Mythologie. Motiv-Untersuchungen zur Pathogenese der Moderne. Frankfurt am Main 1989.
28 Lehmann: Raumfabrik, S. 593.
29 Nelson: Kubrick, S. 179.
30 Ebd.

31 Lehmann: Raumfabrik, S. 592.
32 Ebd.
33 Ebd., S. 592 f.
34 S. Kubrick, zit. nach Gelmis: Film Director as Superstar, S. 397.
35 Nelson: Kubrick, S. 180.
36 Ebd., S. 140.
37 S. Kubrick, zit. nach Gelmis: Film Director as Superstar, S. 304. Zum Motiv des Sternenkindes vgl. auch Dumont, Jean Paul/Monod, Jean: Le Foetus astral. Paris 1970; engl. auszugsweise nachgedr. in: Quarterly Review of Film Studies, Volume 3, Nr. 3, Summer 1978.
38 Nelson: Kubrick, S. 184.
39 Lehmann: Raumfabrik, S. 592.
40 Ebd., S. 593.
41 Starke: Romantische Sonne, S. 83. Vgl. zu diesem Themenkomplex auch Haftmann, Werner: Geschichte der modernen Malerei. München 1954; Hein, Birgit/Herzogenrath, Wulf (Hrsg.): Film als Film 1910 bis heute. Stuttgart 1977; sowie Kirchmann, Kay: Ciné-Dance. Der Tanz der Objekte in den Filmen der Klassischen Avantgarde. In: Tanzdrama Magazin, Heft 10, 1. Quartal 1990, S. 4–7.
42 György Ligeti, zit. nach Dibelius, Ulrich: Moderne Musik 1945–1965. München 1966, S. 190.
43 K. Malewitsch, zit. nach Stock: Der göttliche Augenblick, S. 221.
44 Kambartel, Walter: Konstruktivismus in Osteuropa. In: Argan, Giulio Carla (Hrsg.): Die Kunst des 20. Jahrhunderts. 1880–1940 (Reihe Propyläen Kunstgeschichte, Band 12). Berlin 1990, S. 205 ff.
45 Lehmann: Raumfabrik, S. 594.
46 Ebd.
47 R. Strauß, zit. nach Schuh, Willy: Richard Strauß. Jugend und frühe Meisterwerke, Lebenschronik 1984 bis 1898. Zürich/Freiburg im Breisgau 1976, S. 430.
48 Lehmann: Raumfabrik, S. 594.
49 Vgl. dazu Frey-Rohn, Liliane: Jenseits der Werte seiner Zeit. Friedrich Nietzsche im Spiegel seiner Werke. Zürich 1984, S. 106.
50 Stenzel, Gerhard: Leben und Werk. Zur Gegenwartsbedeutung Nietzsches. In: Nietzsche, Friedrich: Werke in vier Bänden. Hrsg. und eingeleitet von Gerhard Stenzel. München 1985, Bd. 1, S. 106.
51 Clarke, Arthur C.: 2001 – Odyssee im Weltraum. Düsseldorf/Wien 1969, S. 203 f.
52 Jansen: Kubrick, S. 150.
53 Kohl, Norbert: Einleitung zu: De Quincey, Thomas: Der Mord als schöne Kunst betrachtet. Hrsg. und eingeleitet von Norbert Kohl. Frankfurt am Main 1977, S. 9.
54 Hegel, Georg Friedrich Wilhelm: Vorlesungen über die Ästhetik. In: ders.: Werke, Bd. 13, Frankfurt am Main 1986, S. 317 f.
55 Bohrer, Karl-Heinz: Die permanente Theodizee. Über das verfehlte Böse im deutschen Bewußtsein. In: Merkur, 41. Jg., Heft 4, S. 282.
56 Ebd., S. 272 f.
57 Ebd., S. 273.
58 Ebd., S. 274.
59 Vgl. dazu Praz: Die schwarze Romantik.
60 Ebd., S. 13.
61 Bohrer: Das Böse, S. 463.
62 Ebd., S. 459.
63 Ebd., S. 463.
64 Ebd. Vgl. dazu auch Bohrer, Karl-Heinz: Plötzlichkeit. Zum Augenblick des ästhetischen

Scheins. Frankfurt am Main 1981; sowie ders.: Nach der Natur. Über Politik und Ästhetik. München/Wien 1988.

65 Bohrer: Theodizee, S. 267.
66 Bohrer: Das Böse, S. 472.
67 Ebd., S. 465.
68 Ebd., S. 466 f.
69 Poe, Edgar Allan: Das poetische Prinzip. In: ders.: Gesammelte Werke, Bd. IV, S. 679. Vgl. dazu auch Lennig, Walter: Edgar Allan Poe. Reinbek bei Hamburg 1959.
70 Visarius, Karsten: Ist das Böse noch zu retten? In: Joos: Die Ästhetik des Bösen im Film, S. 7.
71 Bohrer: Das Böse, S. 473.
72 Ebd., S. 470 ff.
73 Ebd., S. 468.
74 Paraphrasiert nach Bohrer: Das Böse, S. 468–472. Siehe vergleichend auch De La Varende, Jean: Gustave Flaubert. Reinbek bei Hamburg 1958, S. 98–109.
75 Bohrer: Das Böse, S. 471.
76 Ebd., S. 462.
77 Ebd., S. 472.
78 Stock: Faszination des Grauens, S. 111.
79 Bohrer: Das Böse, S. 468.
80 Neumann: Das Böse im Kino, S. 8 f.
81 Vgl. dazu Ciment: Kubrick, S. 149.
82 S. Kubrick, zit. nach Nelson: Kubrick, S. 188.
83 Vgl. dazu Jansen: Kubrick, S. 143.
84 S. Kubrick, zit. nach Nelson: Kubrick, S. 195.
85 Schlenke/Stüwe: Schau-Lust und Seh-Zwang, S. 23.
86 Vgl. dazu Nelson: Kubrick, S. 223.
87 Ciment: Kubrick, S. 75.
88 Schlenke/Stüwe: Schau-Lust und Seh-Zwang, S. 36.
89 S. Kubrick, zit. nach Ciment: Kubrick, S. 163.
90 S. Kubrick, zit. nach Ciment: Kubrick, S. 120.
91 Schäfer: Materialien, S. 146.
92 Ebd., S. 151.
93 Ebd., S. 147.
94 Ebd., S. 151.
95 Bohrer: Das Böse, S. 471.
96 Ciment: Kubrick, S. 122.
97 Nelson: Kubrick, S. 88 f.
98 Jansen: Kubrick, S. 138.
99 Nelson: Kubrick, S. 212.
100 Ebd., S. 217.
101 Wie Anm. 88.
102 Bohrer: Das Böse, S. 468.
103 Wie Anm. 53.
104 Nelson: Kubrick, S. 194.
105 Ebd., S. 218.
106 Lehmann: Raumfabrik, S. 596.
107 Nelson: Kubrick, S. 223.
108 Ebd., S. 195.
109 Schlenke/Stüwe: Schau-Lust und Seh-Zwang, S. 39.
110 Nelson: Kubrick, S. 202.

111 Ebd., S. 222.
112 Wie Anm. 50.
113 Nelson: Kubrick, S. 224.
114 Toffetti: Kubrick, S. 76.
115 Nelson: Kubrick, S. 219.
116 Bohrer: Das Böse, S. 465.
117 Ebd., S. 464.
118 Ciment: Kubrick, S. 122.
119 Bohrer: Das Böse, S. 467.
120 S. Kubrick, zit. nach Nelson: Kubrick, S. 187.
121 S. Kubrick, zit. nach Ciment: Kubrick, S. 160.
122 Toffetti: Kubrick, S. 51.
123 Nelson: Kubrick, S. 209.
124 Schlenke/Stüwe: Schau-Lust und Seh-Zwang, S. 20.
125 Jansen: Kubrick, S. 143.
126 Ebd.
127 Ebd.
128 Bohrer: Das Böse, S. 470.
129 Henri de Régnier, zit. nach Starke: Romantische Sonne, S. 219. Zur Dekadenz allgemein vergleiche auch Milner, John: Symbolists and Decadents. London 1971.
130 Nelson: Kubrick, S. 196.
131 Ciment: Kubrick, S. 122.
132 Ebd., S. 146.
133 Nietzsche, Friedrich: Also sprach Zarathustra. In: ders.: Werke in vier Bänden. Bd. 1, S. 364.

Zu Kapitel 5.

1 Ciment: Kubrick, S. 82.
2 Jansen: Kubrick, S. 170.
3 Köhler, Erich: Nachwort zu: Flaubert, Gustave: Lehrjahre des Gefühls. Übersetzt von Paul Wiegler; mit einem Nachwort von Erich Köhler. Frankfurt am Main 1977, S. 481.
4 De la Varende: Flaubert, S. 103. Vgl. dazu auch Hauser, Arnold: Gustave Flaubert oder Der ästhetische Nihilismus. In: Haffmanns, Gerd/Cavigelli, Franz (Hrsg.): Über Gustave Flaubert. Essays und Zeugnisse von Guy de Maupassant bis Heinrich Mann. Zürich 1980, S. 257.
5 Köhler: Nachwort, S. 489.
6 Vgl. dazu Ciment: Kubrick, S. 146.
7 Vgl. dazu Köhler, Nachwort, S. 489.
8 Vgl. dazu Friedell, Egon: Gustave Flaubert. In: Haffmanns/Cavigelli: Über Gustave Flaubert, S. 250.
9 Ebd.
10 Vgl. dazu Köhler: Nachwort, S. 489; de la Varende: Flaubert, S. 35 und 106.
11 Vgl. dazu die Rezensionen im Anhang zu Flaubert, Gustave: Salammbô. Übersetzt von Friedrich von Oppeln-Bronikowski; mit Rezensionen von Gautier, Berlioz, Sand sowie Briefen Flauberts im Anhang. Zürich 1979.
12 De Maupassant, Guy: Gustave Flaubert. In: Haffmanns/Cavigelli: Über Gustave Flaubert, S. 113 f.; vgl. auch Sartre, Jean-Paul: Flaubert-Analyse I-V. In: Haffmanns/Cavigelli: Über Gustave Flaubert, S. 287.
13 De la Varende: Flaubert, S. 126.
14 G. Flaubert, zit. nach de Maupassant: Flaubert, S. 137.

15 Von Kleffens, Cora/Stoll, André: Das perverse Ideal. Stationen der Pathologie des modernen Heiligen. In: Flaubert, Gustave: Drei Erzählungen – Trois Contes. Zweisprachige Ausgabe; übers., hrsg. und mit einem Nachwort versehen von Cora von Kleffens und André Stoll. Frankfurt am Main 1982, S. 251.

16 Foucault, Michel: Un fantastique de bibliothèque. Nachwort zu Gustave Flauberts »Die Versuchung des heiligen Antonius«. In: ders.: Schriften zur Literatur. Frankfurt am Main/Berlin/Wien 1979, S. 160 f.; siehe auch Flaubert, Gustave: Die Versuchung des heiligen Antonius. Übersetzt von Barbara und Robert Picht; mit einem Nachwort von Michel Foucault. Frankfurt am Main 1966.

17 Köhler: Nachwort, S. 496.

18 De la Varende: Flaubert, S. 83. Zum schwarzen Humor allgemein siehe Nusser, Peter (Hrsg.): Schwarzer Humor. Stuttgart 1987.

19 Vgl. dazu Köhler: Nachwort, S. 501; sowie Sarraute, Natalie: Flaubert – der Vorläufer. In: Haffmanns/Cavigelli: Über Gustave Flaubert, S. 308.

20 Vgl. dazu Köhler: Nachwort, S. 489 f.; sowie Hauser: Flaubert, S. 264.

21 Hauser: Flaubert, S. 259.

22 De la Varende: Flaubert, S. 83.

23 E. Patalas, zit. nach Jansen: Kubrick, S. 83.

24 Urteilsspruch im »Bovary«-Prozeß, zit. nach Haffmanns/Cavigelli: Über Gustave Flaubert, S. 375.

25 S. Kubrick, zit. nach Ciment: Kubrick, S. 112.

26 G. Flaubert, zit. nach de Maupassant: Flaubert, S. 112.

27 Hauser: Flaubert, S. 256.

28 Ciment: Kubrick, S. 105.

29 Sartre: Flaubert-Analysen, S. 278.

30 G. Flaubert, zit. nach Mann, Heinrich: Flaubert und die Kritik. In: Haffmanns/Cavigelli: Über Gustave Flaubert, S. 205.

31 Köhler: Nachwort, S. 490.

32 Vgl. dazu Bonheim, Helmut: The Narrative Modes. Cambridge 1982.

33 Sarraute: Flaubert, S. 306.

34 Koch, Gertrud: Der böse Blick der Kamera. In: Joos: Die Ästhetik des Bösen im Film, S. 99.

35 G. Flaubert, zit. nach Friedell: Flaubert, S. 249.

36 Toffetti: Kubrick, S. 15.

37 Ebd.

38 Nelson: Kubrick, S. 180.

39 Toffetti: Kubrick, S. 23.

40 Köhler: Nachwort, S. 495.

41 G. Flaubert, zit. nach de Maupassant: Flaubert, S. 112 f.

42 T. Gautier, zit. nach Anhang zu Flaubert: Salammbô, S. 358.

43 Ebd., S. 356.

44 Friedell: Flaubert, S. 251.

45 Foucault: Fantastique de bibliothèque, S. 163.

46 Gautier, in Anhang zu: Flaubert: Salammbô, S. 361.

47 Ebd., S. 355 ff.

48 Vgl. dazu De la Varende: Flaubert, S. 43 und 72.

49 Vgl. dazu Spiegel, Allan: Fiction and the Camera Eye. Visual Consciousness in: Film and Modern Novel. Charlottesville 1976, S. 3–38; sowie Stanzel, Franz K.: Theorie des Erzählens. Göttingen 1985, S. 165 ff., 186 ff. und 294 ff.

50 Lehmann: Raumfabrik, S. 590.

51 Horkheimer/Adorno: Dialektik der Aufklärung, S. 72.

52 Flaubert, Gustave: Briefe. Hrsg. von Helmut Scheffel. Zürich 1977, S. 82.
53 Koch: Der böse Blick der Kamera, S. 99.
54 Toffetti: Kubrick, S. 30.
55 Jansen: Kubrick, S. 170.
56 Nietzsche: Also sprach Zarathustra, S. 320.
57 Truffaut, François: Die Filme meines Lebens. Aufsätze und Kritiken. München/Wien 1979, S. 94.
58 Ebd., S. 73.

Auswahlbibliographie

a) Literatur zu Stanley Kubrick und seinen Filmen

Agel, Jerome (Ed.): The Making of Kubrick's *2001*. New York 1970.

Appel, Alfred: Nabokov's Dark Cinema. New York 1974.

Bourget, Jean-Loup: *A Clockwork Orange*. In: Positif, Nr. 136, 3/1972, (o. S.).

Boyers, P.: Kubrick's *A Clockwork Orange*: Some Observations. In: Film Heritage, Summer 1972, p. 1–6.

Burgess, Anthony: Author Has His Say on Clockwork–Film. In: Los Angeles Times vom 13.2.1972.

Ciment, Michel: Kubrick. München 1982.

Coyle, Wallace: Stanley Kubrick – A Guide to References and Resources. Boston 1980.

Deleuze, Gilles: Kino. Bd. 2: Das Zeit-Bild. Frankfurt am Main 1991, S. 265–277.

De Vries, Daniel: The Films of Stanley Kubrick. Grand Rapids 1973.

Dumont, Jean Paul/Monod, Jean: Le Foetus astral. Paris 1970; engl. auszugsweise nachgedr. in: Quarterly Review of Film Studies, Volume 3, Nr. 3, Summer 1978.

Feldman, Hans: Kubrick and His Discontents. In: Film Quarterly, Fall 1976, p. 12–19.

Geduld, Carolyn: Filmguide to *2001: A Space Odyssey*. Bloomington/London 1973.

Gelmis, Joseph: The Film Director as Superstar. New York/Hammondsworth 1970, p. 381–411.

Ghezzi, Enrico: Stanley Kubrick. Firenze 1977.

Gilbert, Basil: Kubrick's Marmelade: The Art of Violence. In: Meanjin Quarterly, Winter 1974, p. 157–162.

Hahn, Roland M./Jansen, Volker: Kultfilme. München 1985, S. 293–314.

Horx, Matthias: *2001* – Als das All noch ein Geheimnis war. In: ZEIT-Magazin, Jg. 1988, Heft 20, S. 48–61.

Jansen, Peter W./Schütte, Wolfgang (Hrsg.): Stanley Kubrick. München/Wien (Hanser, Reihe Film 18) 1984.

Kagan, Norman: The Cinema of Stanley Kubrick. New York 1972; zweite, erweiterte Auflage: New York 1991.

Karasek, Hellmuth: Der Krieg als höchste Männerphantasie. Über Stanley Kubricks Vietnam-Film. In: Der Spiegel, Jg. 1987, Heft 41, S. 222–240.

Kirchmann, Kay: Der tödliche Augen-Blick in den Filmen Stanley Kubricks. In: Engell, Lorenz/Vogelsang, Bernd (Hrsg.): Der tödliche Augenblick. Wie Hören und Sehen vergeht. Köln 1989, S. 165–192.

Kolker, Robert P.: A Cinema of Loneliness. New York 1980, p. 69–138.

Krohn, Bill: Le film-cerveau. In: Cahiérs du Cinéma, 10/1987, p. 9–11.

Kubrick, Stanley: How I Learned to Stop Worrying and Love Cinema. In: Films and Filming, Volume 9/1963, p. 12–14.

Kuchenbuch, Thomas: Aggression und Verbrechen: *Uhrwerk Orange*. In: Fischer Filmgeschichte, Bd. 4: Zwischen Tradition und Neuorientierung 1961–1976. Hrsg. von Werner Faulstich und Helmut Korte. Frankfurt am Main 1992, S. 203–221.

Lehmann, Hans-Thies: Die Raumfabrik – Mythos im Kino und Kinomythos. In: Bohrer, Karl-Heinz (Hrsg.): Mythos und Moderne. Begriff und Bild einer Rekonstruktion. Frankfurt am Main 1983, S. 572–609.

Macklin, F. Anthony: Sex and *Dr. Strangelove*. In: Film Comment, Summer 1966, p. 55–57.

Mast, Gerald: A Short History of the Movies. Indianapolis 1976, S. 492–495.

Moskowitz, Ken: A Clockwork Violence. In: The Velvet Light Trap, Jg. 1976, Volume 16, p. 22–44.

Nelson, Thomas Allen: Stanley Kubrick. München 1982.

Pfletschinger, Bernhard: Das Schöne und die Bestien. Zur Erotik und Sexualität im Science-Fiction-Film. In: Gramann, Karola et al. (Hrsg.): Lust und Elend. Das erotische Kino. München/Luzern 1981, S. 114–133.

Riepe, Manfred: Die Inflation der Blicke. Wirklichkeit und Schaulust der Vietnamfilme. In: Stadtrevue Köln, Jg. 1988, Heft 3, S. 20–21.

Rother, Rainer: Das Kunstwerk als Konstruktionsaufgabe. Zur Modernität der Filme Stanley Kubricks. In: Merkur, Jg. 43, 1989, Heft 5, S. 384–396.

Schäfer, Horst (Hrsg.): Materialien zu den Filmen Stanley Kubricks. Duisburg 1975.

Schlenke, Gernod/Stüwe, Armin: Schau-Lust und Seh-Zwang. Zum Verhältnis von Distanz und Identifikation in Stanley Kubricks A Clockwork Orange. In: Schnell, Ralf (Hrsg.): Gewalt im Film, Bielefeld 1987, S. 16–40.

Seeßlen, Georg: Kino des Utopischen. Geschichte und Mythologie des Science-Fiction-Films (Reihe Grundlagen des populären Films, Band 4). Reinbek bei Hamburg 1980, S. 204–211.

Toffetti, Sergio: Stanley Kubrick. Berlin/West 1978.

Virilio, Paul: Abrißgenehmigung. Meditation über Kubricks Full Metal Jacket. In: Die Tageszeitung (taz) vom 24.10.1987.

Walker, Alexander: Stanley Kubrick Directs. New York 1971.

Wiegang, Wilfried: Der Europäer aus Amerika. Zum 60. Geburtstag des Filmregisseurs Stanley Kubrick. In: Frankfurter Allgemeine Zeitung vom 26.7. 1988.

Wood, Robin: Return of the Repressed. In: Film Comment, July/August 1978, p. 25–32.

b) Literarische Vorlagen zu Kubricks Filmen

Burgess, Anthony: A Clockwork Orange. London 1962; deutsch (übersetzt von Walter Brumm): Uhrwerk Orange. München 1972; (neu übersetzt von Wolfgang Krege): Die Uhrwerk-Orange. Stuttgart 1993.

Clarke, Arthur C.: The Sentinel. In: ders.: Ten Stories Fantasy. New York 1951.

Clarke, Arthur C.: 2001 – A Space Odyssey. New York 1968; deutsch (übersetzt von Egon Eis): 2001 – Odyssee im Weltraum. Düsseldorf/Wien 1969.

Cobb, Humphrey: Paths of Glory. New York 1935; deutsch (übersetzt von Margret Haas): Wege zum Ruhm. Bern 1959.

Fast, Howard: Spartacus. New York 1951; deutsch (übersetzt von Liselotte Julius): Spartacus. Wiesbaden 1959.

George, Peter: Red Alert. New York 1958.

George, Peter (unter dem Pseudonym Peter Bryant): Dr. Strangelove, or How I Learned to Stop Worrying and Love the Bomb. New York 1963.

Hasford, Gustav: The Short-Timers. New York 1981; deutsch (übersetzt von Rudolf Schultz): Höllenfeuer. München 1987.

King, Stephen: The Shining. London 1977; deutsch (übersetzt von Harro Christensen): Shining. Bergisch Gladbach 1982.

Nabokov, Vladimir: Lolita. New York 1955; deutsch (übersetzt von Helen Hassel): Lolita. Reinbek bei Hamburg 1959.

Thackeray, William M.: Memoirs of Barry Lyndon. London 1844; deutsch (übersetzt von Otto Schmidt): Barry Lyndon. München 1976.

White, Lionel: Clean Break. New York 1955.

c) Veröffentlichte Drehbücher von Kubricks Filmen

Kubrick, Stanley/Southern, Terry/George, Peter: Dr. Seltsam, oder Wie ich lernte, die Bombe zu lieben (Release-Script, übersetzt von Hans-Dieter Roos). In: Film, Nr. 8, Juni/Juli 1964.

Kubrick, Stanley: Stanley Kubrick's *A Clockwork Orange*. Based on the Novel by A. Burgess (Fotoscript). New York 1972.

Kubrick, Stanley/Hasford, Gustav/Herr, Michael: Full Metal Jacket (Fotoscript). London 1987.

Nabokov, Vladimir: Lolita. A Screenplay. New York 1974.

d) Theoretische und poetologische Texte zu Kulturgeschichte, Ästhetik, Filmtheorie u. ä.

Ariès, Philippe: Die Geschichte des Todes. München 1985.

Balàzs, Bela: Doppelgängerfilme. In: ders.: Schriften, Bd. 1, München 1982, S. 212 f.

Barthes, Roland: Sade, Fourier, Loyola. Frankfurt am Main 1974.

Bataille, Georges: Die Literatur und das Böse. München 1987.

Baudelaire, Charles: Die Blumen des Bösen. Übersetzt von Terese Robinson. Zürich 1982.

Baudrillard, Jean: Kool Killer, oder Der Aufstand der Zeichen. Berlin/West 1978.

Bauer, Wolfgang/Dümotz, Irmtraud (Hrsg.): Lexikon der Symbole. Gütersloh o. J.

Bazin, André: Le cinéma français de la libération à la Nouvelle Vague. Paris 1983.

Benjamin, Walter: Charles Baudelaire. Ein Lyriker im Zeitalter des Hochkapitalismus. Hrsg. von Rolf Tiedemann. Frankfurt am Main 1974.

Biedermann, Hans (Hrsg.): Knaurs Lexikon der Symbole. München 1989.

Böhme, Hartmut/Böhme, Gernot: Das Andere der Vernunft. Zur Entwicklung von Rationalitätsstrukturen am Beispiel Kants. Frankfurt am Main 1985.

Bohrer, Karl-Heinz: Plötzlichkeit. Zum Augenblick des ästhetischen Scheins. Frankfurt am Main 1981.

Bohrer, Karl-Heinz: Das Böse – eine ästhetische Kategorie? In: Merkur, 39. Jg., 1985, Heft 6, S. 459–473.

Bohrer, Karl-Heinz: Die permanente Theodizee. Über das verfehlte Böse im deutschen Bewußtsein. In: Merkur, 41. Jg., 1987, Heft 4, S. 267–286.

Bohrer, Karl-Heinz: Nach der Natur. Über Politik und Ästhetik. München/Wien 1988.

Bonheim, Helmut: The Narrative Modes. Cambridge 1982.

Bonnefoy, Yves: Arthur Rimbaud. Reinbek bei Hamburg 1962.

Brown, Norman O.: Eros et Thanatos. Paris 1960.

Busch, Werner: Zu Verständnis und Interpretation romantischer Kunst. In: Fischer, Ludger (Hrsg.): Artefakten. Kunsthistorische Schriften. Band: Romantik. Annweiler 1987, S. 1–29.

De La Varende, Jean: Gustave Flaubert. Reinbek bei Hamburg 1958.

De Maupassant, Guy: Gustave Flaubert. In: Haffmanns/Cavigelli: Über Gustave Flaubert, S. 104–161.

De Quincey, Thomas: Der Mord als schöne Kunst betrachtet. Hrsg. und eingeleitet von Norbert Kohl. Frankfurt am Main 1977.

Dibelius, Ulrich: Moderne Musik 1945–1965. München 1966.

Drux, Rudolf: Marionette Mensch. Ein Metaphernkomplex von E. T. A. Hoffmann bis Georg Büchner. München 1986.

Elias, Norbert: Über den Prozeß der Zivilisation. 2 Bde. Frankfurt am Main 1987.

Flaubert, Gustave: Briefe. Hrsg. von Helmut Scheffel. Zürich 1977.

Flaubert, Gustave: Die Versuchung des heiligen Antonius. Übersetzt von Barbara und Robert Picht; mit einem Nachwort von Michel Foucault. Frankfurt am Main 1966.

Flaubert, Gustave: Drei Erzählungen – Trois Contes. Zweisprachige Ausgabe; übers., hrsg. und mit einem Nachwort versehen von Cora von Kleffens und André Stoll. Frankfurt am Main 1982.

Flaubert, Gustave: Lehrjahre des Gefühls. Übersetzt von Paul Wiegler; mit einem Nachwort von Erich Köhler. Frankfurt am Main 1977.

Flaubert, Gustave: Madame Bovary. Übersetzt von Walter Widmer. München 1987.

Flaubert, Gustave: Salammbô. Übersetzt von Friedrich von Oppeln-Bronikowski; mit Rezensionen von Gautier, Berlioz, Sand sowie Briefen Flauberts im Anhang. Zürich: 1979.

Foucault, Michel: Un fantastique de bibliothèque. Nachwort zu Gustave Flauberts »Die Versuchung des heiligen Antonius«. In: ders.: Schriften zur Literatur. Frankfurt am Main/Berlin/Wien 1979, S. 157–177.

Foucault, Michel: Die Geburt der Klinik. Eine Archäologie des ärztlichen Blicks. Frankfurt am Main 1976.

Frank, Manfred: Kaltes Herz – Unendliche Fahrt – Neue Mythologie. Motiv-Untersuchungen zur Pathogenese der Moderne. Frankfurt am Main 1989.

Freud, Sigmund: Gesammelte Werke. 18 Bde. Hrsg. von Anna Freud et al. London/Frankfurt am Main 1948 ff.

Freud, Sigmund: Drei Abhandlungen zur Sexualtheorie. Frankfurt am Main 1961.

Frey-Rohn, Liliane: Jenseits der Werte seiner Zeit. Friedrich Nietzsche im Spiegel seiner Werke. Zürich 1984.

Friedell, Egon: Gustave Flaubert. In: Haffmanns/Cavigelli: Über Gustave Flaubert, S. 248–255.

Friedrich, Hugo: Drei Klassiker des französischen Romans. Stendhal, Balzac, Flaubert. Frankfurt am Main 1970.

Gendolla, Peter: Die lebenden Maschinen. Zur Geschichte der Maschinenmenschen bei Jean Paul, E. T. A. Hoffmann und Villiers de l'Isle Adam. Marburg/Lahn 1980; inzwischen als erweiterte Neuauflage erschienen unter dem Titel: Anatomien der Puppe. Heidelberg 1992.

Haffmanns, Gerd/Cavigelli, Franz (Hrsg.): Über Gustave Flaubert. Essays und Zeugnisse von Guy de Maupassant bis Heinrich Mann. Zürich 1980.

Haftmann, Werner: Geschichte der modernen Malerei. München 1954.

Hammerstein, Rudolf: Tanz und Musik des Todes. Die mittelalterlichen Todestänze und ihr Nachleben. Bern/München 1980.

Hauser, Arnold: Gustave Flaubert oder Der ästhetische Nihilismus. In: Haffmanns/Cavigelli: Über Gustave Flaubert, S. 255–270.

Hegel, Georg Friedrich Wilhelm: Vorlesungen über die Ästhetik. In: Werke. Bd. 13. Frankfurt am Main 1986.

Hein, Birgit/Herzogenrath, Wulf (Hrsg.): Film als Film 1910 bis heute. Stuttgart 1977.

Hoffmeister, Gerhart: Deutsche und Europäische Romantik. Stuttgart 1978.

Horkheimer, Max/Adorno, Theodor W.: Dialektik der Aufklärung. Philosophische Fragmente. Amsterdam 1947; Nachdruck: Frankfurt am Main 1984.

Husserl, Edmund: Die Krisis der europäischen Wissenschaften und die transzendentale Phänomenologie. In: Husserliana VI, Haag 1962.

Joos, Rudolf (Red.): Die Ästhetik des Bösen im Film (Reihe Arnoldshainer Filmgespräche, Band 4). Hrsg. vom Gemeinschaftwerk der Evang. Publizistik. Frankfurt am Main 1987.

Josuttis, Manfred: Die Unerkennbarkeit des Bösen. In: Joos: Die Ästhetik des Bösen im Film, S. 10–17.

Jung, Carl Gustav/von Franz, Marie-Louise (Hrsg.): Der Mensch und seine Symbole. Freiburg im Breisgau 1985.

Kambartel, Walter: Konstruktivismus in Osteuropa. In: Argan, Giulio Carla (Hrsg.): Die Kunst des 20. Jahrhunderts. 1880–1940 (Reihe Propyläen Kunstgeschichte, Band 12). Berlin 1990.

Kamper, Dietmar: Filmfaustgespräch. Das Auge. In: Filmfaust, Heft 74, 10/11 1989, S. 21 ff.

Kiesel, Doron/Rabius, Martin: Die Ästhetik des Bösen im Film. In: Joos: Die Ästhetik des Bösen im Film, S. 1–3.

Kirchmann, Kay: Ciné-Dance. Der Tanz der Objekte in den Filmen der Klassischen Avantgarde. In: Tanzdrama Magazin, Heft 10, 1. Quartal 1990, S. 4–7.

Kittler, Friedrich: Romantik – Psychoanalyse – Film. Eine Doppelgängergeschichte. In: Hörisch, Jochen (Hrsg.): Eingebildete Texte. Affairen zwischen Psychoanalyse und Literaturwissenschaft. München 1985, S. 118–135.

Koch, Gertrud: Der böse Blick der Kamera. In: Joos: Die Ästhetik des Bösen im Film, S. 96–100.

Kracauer, Siegfried: Von Caligari zu Hitler. Eine psychologische Geschichte des deutschen Films. Frankfurt am Main 1979.

Krumme, Peter: Augenblicke – Erzählungen Edgar Allan Poes. Stuttgart 1978.

Lehmann, Hans-Thies: Lichtspiele. Die Angst der Kultur vor dem Kino. In: Hörisch, Jochen/Winkels, Hubert (Hrsg.): Das schnelle Altern der neuesten Literatur. Düsseldorf 1985, S. 211–230.

Lennig, Walter: Edgar Allan Poe. Reinbek bei Hamburg 1959.

Lippe, Rudolf zur: Naturbeherrschung am Menschen. 2 Bde., Frankfurt am Main 1974.

Mann, Heinrich: Flaubert und die Kritik. In: Haffmanns/Cavigelli: Über Gustave Flaubert, S. 204–211.

Manthey, Jürgen: Wenn Blicke zeugen könnten. Eine psychohistorische Studie über das Sehen in Literatur und Philosophie. München 1983.

Mattenklott, Gerd: Das gefräßige Auge. In: Merkur, 35. Jg., 1981, Heft 12, S. 1252–1262.

Metzner, Joachim: Geschichte und Ästhetik des therapeutischen Augenblicks. In: Thomsen/Holländer: Augenblick und Zeitpunkt. S. 93–120.

Milner, John: Symbolists and Decadents. London 1971.

Morin, Edgar: Der Mensch und das Kino. Eine anthropologische Untersuchung. Stuttgart 1958.

Morrison, Jim: Eyes. In: ders.: An American Prayer. Berlin/West 1978, S. 78 ff.

Morrison, Jim: Notes on Vision. In: ders.: The Lords and the New Creatures. Frankfurt am Main 1976, S. 22 ff.

Neumann, Hans-Joachim: Das Böse im Kino. Frankfurt am Main/Berlin 1986.

Nietzsche, Friedrich: Werke in vier Bänden. Hrsg. und eingeleitet von Gerhard Stenzel. München 1985.

Nusser, Peter (Hrsg.): Schwarzer Humor. Stuttgart 1987.

Oechslin, Werner: More Geometrico – Die universale Bedeutung der Geometrie für die Künste. In: Du. Die Zeitschrift der Kultur, Heft Nr. 10, Oktober 1988 zum Thema: Die Liebe zur Geometrie. Acht Porträts. S. 16–23.

Paul, Jean: Blumen-, Frucht- und Dornenstücke oder Ehestand, Tod und Hochzeit des Armenadvokaten F. St. Siebenkäs. Stuttgart 1983.

Pfleger, Helmut/Metzig, Horst (Hrsg.): Schach. Hamburg 1984.

Pochat, Götz (Hrsg.): Geschichte der Ästhetik und Kunsttheorie. Von der Antike bis zum 19. Jahrhundert. Köln 1986.

Poe, Edgar Allan: Das poetische Prinzip. In: ders.: Gesammelte Werke, Bd. 4. Hrsg. von Hans Wollschläger et al. Freiburg im Breisgau 1967, S. 673–703.

Poe, Edgar Allan: Maelzel's Schachspieler. In: ders: Gesammelte Werke, Bd. 4, S. 251–289.

Praz, Mario: Liebe, Tod und Teufel. Die schwarze Romantik. München/Wien 1981.

Pudowkin, Wladimir I.: Über die Filmtechnik. Zürich: 1961.

Rank, Otto: Der Doppelgänger. In: Fischer, Jens-Malte (Hrsg.): Psychoanalytische Literatur-interpretation. Aufsätze aus »Imago«. Tübingen 1980.

Reß, Elmar: Horrormotive im Film. In: Stock, Walter: Faszination des Grauens, S. 31–66.

Rosenkranz, Karl: Ästhetik des Häßlichen. Königsberg 1853; Nachdruck: Stuttgart 1968.

Ruge, Arnold: Neue Vorschule der Ästhetik. Halle 1837; Nachdruck: Hildesheim 1975.

Rutschky, Michael: Erfahrungshunger. Ein Essay über die siebziger Jahre. Frankfurt am Main 1982.

Sarraute, Natalie: Flaubert – der Vorläufer. In: Haffmanns/Cavigelli: Über Gustave Flaubert, S. 299–321.

Sartre, Jean-Paul: Flaubert-Analyse I-V. In: Haffmanns/Cavigelli: Über Gustave Flaubert, S. 270–289.

Scheugl, Hans/Schmidt, Ernst: Eine Subgeschichte des Films. Frankfurt am Main 1974.

Schneider, Werner: Das Böse als unwirkliches Labyrinth. In: Joos: Die Ästhetik des Bösen im Film, S. 87–95.

Schuh, Willy: Richard Strauß. Jugend und frühe Meisterwerke, Lebenschronik 1984 bis 1898. Zürich/Freiburg im Breisgau 1976.

Seeßlen, Georg: Kino der Angst. Geschichte und Mythologie des Film-Thrillers (Reihe Grundlagen des populären Films, Band 5). Reinbek bei Hamburg 1980.

Seeßlen, Georg/Weil, Claudius: Kino des Phantastischen. Geschichte und Mythologie des Horror-Films (Reihe Grundlagen des populären Films, Band 2). Reinbek bei Hamburg 1980.

Spiegel, Allan: Fiction and the Camera Eye. Visual Consciousness in: Film and Modern Novel. Charlottesville 1976.

Stanzel, Franz K.: Theorie des Erzählens. Göttingen 1985.

Starke, Manfred (Hrsg.): Der Untergang der romantischen Sonne. Ästhetische Texte von Baudelaire bis Mallarmé. Leipzig/Weimar 1980.

Starobinski, Jean: Die Erfindung der Freiheit. Genf 1964.

Sternberg, Josef von: Der Weg zur absoluten Filmkunst (Gespräch mit Vitus B. Dröscher). Abgedruckt in: Frankfurter Rundschau vom 17.12.1960.

Stock, Alex: Der göttliche Augenblick. In: Thomsen/Holländer, Augenblick und Zeitpunkt. S. 208–221.

Stock, Walter (Hrsg.): Faszination des Grauens. Frankfurt am Main 1987.

Stolpe, Elmar: Wildes Feuer, schöner Schrecken. Die Ästhetisierung des Krieges. In: Die ZEIT vom 9.6.1989.

Thomsen, Christian W. /Holländer, Hans (Hrsg.): Augenblick und Zeitpunkt. Studien zur Zeitstruktur und Zeitmetaphorik in Kunst und Wissenschaft. Darmstadt 1984.

Truffaut, François: Mr. Hitchcock, wie haben Sie das gemacht? Hrsg. von Robert Fischer. München 1979.

Truffaut, François: Die Filme meines Lebens. Aufsätze und Kritiken. München/Wien 1979.

Virilio, Paul: Krieg und Kino. Logistik der Wahrnehmung. München/Wien 1986.

Visarius, Karsten: Ist das Böse noch zu retten? In: Joos: Die Ästhetik des Bösen im Film, S. 3–8.

Weiss, Peter: Avantgarde Film. In: Akzente, 10. Jg., 1963, Heft 2, S. 297–319..

Zagermann, P.: Eros und Thanatos. Psychoanalytische Untersuchungen zu einer Objektbeziehung der Triebe. Mit einem einführenden Aufsatz von J. Chasseguet-Smirgel. Darmstadt 1988.

Filmographie mit Inhaltsangaben der einzelnen Filme

Die Filmographie umfaßt alle Spielfilme, bei denen Stanley Kubrick Regie führte. Auf eine Auflistung seiner dokumentarischen Kurzfilme wurde verzichtet, da sie in dieser Arbeit – mangels Gelegenheit zur Ansicht – nicht berücksichtigt worden sind. Die Angaben zum Produktions- und Darstellerstab wurden auf die wichtigsten Funktionen zusammengekürzt. Die Jahreszahlen beziehen sich auf das Premierenjahr der Originalfassung der Filme, daher sind zeitliche Verschiebungen gegenüber dem Kinostart in der Bundesrepublik möglich. *Fear and Desire* ist nie in Deutschland verliehen worden und gelangte erst 1993 zur deutschen Erstaufführung. Die Angaben zu *The Shining* beziehen sich auf die leicht gekürzte, in Europa verliehene Fassung, die Angaben zu *Spartacus* auf die gekürzte, noch nicht rekonstruierte Version des Films. Die ersten Filme Kubricks entstanden in den USA, alle weiteren ab *Lolita* in Großbritannien.

1953 *Fear and Desire*

Kamera/Schnitt/Buch/Produktion: Stanley Kubrick
Verleih: Joseph Burstyn. (Der Film galt jahrelang als verschollen, nachdem Kubrick scheinbar alle existierenden Kopien aus dem Verkehr gezogen hatte. 1990 wurde aber im Archiv von Eastman Color noch eine Kopie entdeckt, die seitdem mehrfach, auch in Europa, gezeigt wurde. Da dies allerdings ohne Kubricks Zustimmung geschah, sind die Aufführungsrechte, zumindest für den europäischen Raum, offiziell weiterhin ungeklärt.)
Format: 35 mm, schwarzweiß
Dauer: 68 Minuten
Darsteller: Frank Silvera (Mac), Kenneth Harp (Corby), Virginia Leith (das Mädchen), Paul Mazurksky (Sidney), Steve Coit (Fletcher) u. a.

Setting: Ein (moderner) Krieg, der durch den Off-Kommentar ausdrücklich als fiktiv, als zeitlich und räumlich nicht fixierbar bezeichnet wird. Vier Soldaten (Corby, Mac, Fletcher und Sidney) sind hinter den feindlichen Linien bruchgelandet und versuchen, durch eine Waldlandschaft zum Fluß vorzudringen. Dort bauen sie sich ein Floß, das sie aber zurücklassen müssen, als ein feindliches Aufklärungsflugzeug am Himmel erscheint. Zuvor konnten Corby und Mac durch ihr Fernrohr am gegenüberliegenden Ufer ein Landhaus beobachten, in dem feindliche Soldaten ihr Quartier bezogen haben. Irgend etwas am Anblick des feindlichen Generals scheint Mac nachhaltig zu irritieren. Sie ziehen weiter durch den Wald, bis sie auf eine Hütte stoßen, die einer feindlichen Wachmannschaft als Unterkunft dient. Sie brechen in die Hütte ein und schießen die Gegner ohne Vorwarnung nieder. Es wird immer deutlicher, daß der junge Sidney den nervlichen Belastungen des Krieges und dem zunehmenden Spott des väterlichen Mac nicht gewachsen ist – ein Verdacht, der sich bestätigt, als die vier am nächsten Morgen ein junges Mädchen als Geisel nehmen: Während die anderen zum Fluß hinuntergehen, um nach dem Verbleib ihres Floßes zu forschen, soll Sidney die an einen Baum gefesselte Geisel bewachen. Sidney versucht, sich an dem Mädchen zu vergehen (dabei Passagen aus Shakespeares »The Tempest« reklamierend!). Sie nutzt aber die Gelegenheit zu einem Fluchtversuch und wird dabei von Sidney in wilder Panik erschossen.

Von den zurückgekehrten Kampfgefährten zur Rede gestellt, rettet sich Sidney endgültig in seine (Shakespearsche) Wahnwelt und flieht in den Wald. Nachdem sie den Schock überwunden haben, beschließen die anderen drei, sich mit dem noch vorhandenen Floß zum anderen Ufer vorzuwagen. Dort, am Befehlsstand des gegnerischen Generals, haben sie ein Flugzeug entdeckt, mit dem sie zu den eigenen Linien zurückfliegen wollen. Doch Mac besteht darauf, bei dieser Gelegenheit den General zu eliminieren. In der Debatte mit seinem Vorgesetzten Corby wird klar, daß Mac sich lieber in dieser Handlung opfern als in die Banalität seines Alltagslebens zurückkehren will. Nach einigem Zögern stimmt Corby dem Plan zu. Während Mac vom Fluß aus die Aufmerksamkeit (und die Kugeln) der feindlichen Wachmannschaft auf sich zieht, pirschen sich Corby und Fletcher an das Landhaus heran. Sie erschießen den General und seinen Adjutanten und entkommen mit dem Flugzeug. Im Gegensatz zu den Zuschauern bleibt ihnen dabei aber verborgen, daß sie ihre eigenen Spiegelbilder getötet haben. Der schwerverletzt auf dem Floß stromabwärts treibende Mac liest den völlig verwirrten Sidney auf. Corby und Fletcher warten nach ihrer Ankunft im eigenen Lager am Flußufer auf ihre Kameraden: Schließlich schält sich aus dem Nebel das Floß mit dem kindlich singenden Sidney und dem offenbar toten Mac heraus.

1955 *The Killer's Kiss (Der Tiger von New York)*

Kamera/Schnitt/Buch/Produktion: Stanley Kubrick
Verleih: United Artists; war lange Zeit nicht mehr im Verleih, soll aber demnächst neu gestartet werden.
Format: 35 mm, schwarzweiß
Dauer: 64 Minuten
Darsteller: Frank Silvera (Vincent Rapallo), Jamie Smith (Davy Gordon), Irene Kane (Gloria Price), Jerry Jarret (Albert), Ruth Sobotka (Iris) u. a.

Der Boxer Davy Gordon wartet in einer Bahnhofsvorhalle in New York auf seinen Zug und erinnert sich dabei an die zurückliegenden Tage. Rückblende: Am Abend eines wichtigen Kampfes beobachtet Davy von seinem schäbigen Apartment aus eine junge blonde Frau (Gloria) auf der anderen Seite des Hinterhofes. Beide verlassen gleichzeitig das Haus, verfehlen sich aber knapp. Davy fährt zu seinem Kampf, Gloria wird von dem alternden Gangster Rapallo abgeholt, in dessen Tanzbar »Pleasureland« sie arbeitet. Während Rapallo im Hinterzimmer des »Pleasureland« Gloria zu verführen versucht, sieht er im Fernsehen die Übertragung eines Boxkampfes. Es ist der von Davy, den dieser verliert. Wieder zu Hause, beobachtet Davy, wie sich gegenüber die gleichfalls heimgekehrte Gloria auszieht. Ein Telefonanruf seines Onkels aus Seattle unterbricht ihn. Der Onkel tröstet Davy über den verlorenen Kampf und lädt ihn ein, auf seiner Ranch zu leben. Nachts wälzt sich Davy in Alpträumen von einer Fahrt durch Slumstraßen, bis er durch einen Schrei geweckt wird: Gegenüber versucht Rapallo, Gloria zu vergewaltigen. Über die Dächer eilt Davy ihr zu Hilfe und vertreibt Rapallo. Er bleibt bei Gloria und wartet, bis sie eingeschlafen ist. Den nächsten Tag verbringen sie gemeinsam. Sie beschließen, das Angebot von Davys Onkel anzunehmen und zusammen nach Seattle zu gehen. Gloria erzählt Davy von ihrer Schwester Iris, die ihre Karriere als Tänzerin aufgab, um nach dem Tod der Mutter die Familie zu versorgen, weswegen sie auch in die Heirat mit einem reichen, aber ungeliebten Mann einwilligte. Später beging Iris Selbstmord. Für abends verabreden sich Davy und Gloria vor dem »Pleasureland«. Davy will dort seinen Manager Albert treffen, der ihm seine noch ausstehende Gage geben soll. Doch Gloria und Davy verfehlen Albert, der daraufhin von zwei von Rapallo beauftragten Killern für Davy gehalten und ermordet wird. Gloria und Davy kehren fluchtartig auf ihre Zimmer zurück, um für die Reise zu packen. Kaum haben sie sich getrennt, wird Gloria von Rapallos Männern verschleppt, während Davy von der Polizei verfolgt wird, die ihn als mutmaßlichen Mörder Alberts sucht. Davy flieht vor ihnen und heftet sich selbst an die Fersen Rapallos. Schließlich stellt Davy ihn im Lagerraum einer Schaufensterpuppen-fabrik, wo Rapallo Gloria gefangenhält. Davy tötet Rapallo nach hartem Kampf, wobei Glorias Haltung zu den beiden Kontrahenten undurchsichtig bleibt. Davy wird von der Polizei festgenommen, bis es ihm gelingt, Notwehr glaubhaft zu machen. Durch die Verhaf-tung von Gloria getrennt, geht er schließlich allein zum Bahnhof, um nach Seattle abzureisen. Ende der Rückblende. Davy erwartet nicht, Gloria wiederzusehen. Aber sie kommt schließ-lich doch noch.

1956 *The Killing (Die Rechnung ging nicht auf)*

Buch: Stanley Kubrick, nach dem Roman »Clean Break« von Lionel White
Dialoge: Jim Thompson
Kamera: Lucien Ballard
Produzent: James B. Harris, Stanley Kubrick
Verleih: United Artists; war lange Zeit nicht mehr im Verleih, soll aber demnächst neu gestartet werden.
Format: 35 mm, schwarzweiß
Dauer: 83 Minuten
Darsteller: Sterling Hayden (Johnny Clay), Jay C.Flippen (Marvin Unger), Marie Windsor (Sherry Peatty), Elisha Cook jr. (George Peatty), Coleen Gray (Fay), Vince Edwards (Val Cannon), u. a.

Der gerade aus der Haft entlassene Johnny Clay plant seinen größten Coup: einen Überfall auf die Wettbürokasse der Pferderennbahn von Bay Meadows. Johnnys exakt durchdachter Plan sieht vor, durch zwei inszenierte Zwischenfälle für Ablenkung zu sorgen. Ein Scharf-schütze (Nikki Arane) soll das führende Pferd während des Rennens erschießen, und ein Berufsringer (Maurice) soll zusätzlich in der Bar des Rennplatzes eine Massenschlägerei anzetteln. In den Plan sind auch der Barkeeper (Mike O'Reilly) und der Wettbürokassierer George Peatty eingeweiht. Der aber zieht seine notorisch untreue Frau Sherry, der er hörig ist, ins Vertrauen, woraufhin Sherry und ihr junger Liebhaber Val beschließen, nach gelun-genem Ablauf des Überfalls die Beute an sich zu bringen. Am Tag des Rennens wird Nikki nach Vollendung seines Auftrages in eine Schießerei mit der Polizei verwickelt und getötet. Alles in allem aber verläuft der Überfall planmäßig. Die Beteiligten treffen sich in der Wohnung von Johnnys väterlichem Freund Marvin Unger, um dort die Beute zu teilen. Während sie dort auf Johnny und das Geld warten, taucht plötzlich Val auf. Der wilden Schießerei, die sofort beginnt, fallen alle Gangster zum Opfer, außer George, der schwerver-letzt entkommt. Er schafft es gerade noch bis zu seiner Wohnung, erschießt Sherry und stirbt. Johnny, durch die Vorfälle gewarnt, verabredet sich mit seiner Freundin Fay am Flughafen, um zu fliehen. Sein Koffer, in dem die Beute steckt, wird aber nicht als Handgepäck anerkannt. Entsetzt müssen Johnny und Fay mitansehen, wie der Koffer durch ein seiner Herrin entlaufenes Schoßhündchen vom Gepäckkarren gestoßen wird und aufplatzt: Das Geld wirbelt im Propellerwind eines startenden Flugzeuges davon. Resigniert stellt sich Johnny den FBI-Agenten, die ihn in der Flughafenhalle erwarten.

1957 *Paths of Glory (Wege zum Ruhm)*

Buch: Stanley Kubrick, Calder Willingham, Jim Thompson nach dem gleichnamigen Roman von Humphrey Cobb
Kamera: Georg Krause
Produktion: James B. Harris, Stanley Kubrick
Verleih: United Artists
Format: 35 mm, schwarzweiß
Dauer: 86 Minuten
Darsteller: Kirk Douglas (Colonel Dax), Ralph Meeker (Corporal Paris), Adolphe Menjou (General Broulard), George Macready (General Mireau) u. a.

Frankreich 1916: Ein als Stabsquartier dienendes Schloß hinter den französischen Linien des Stellungskrieges. Der Oberkommandierende, General Broulard, deutet dem Abschnittskommandanten, Generalmajor Mireau, Beförderungsaussichten an, falls es dessen Truppe gelänge, eine als uneinnehmbar geltende deutsche Stellung, den »Ameisenhügel«, zu stürmen. (Anmerkung: In der deutschen Synchronfassung wird die betreffende Stellung unsinniger- und unmotivierterweise als »Höhe 19« bezeichnet und dadurch der metaphorische Gehalt der ursprünglichen Namensgebung völlig nivelliert.) Der ehrgeizige Mireau nimmt den Auftrag an und gibt ihn an seinen Colonel Dax weiter. Dax empfindet den Angriffsplan als völlig unsinnig, muß sich aber dem Druck seines Vorgesetzten beugen. Bei einer nächtlichen Geländeaufklärung verschuldet Leutnant Roget den Tod eines seiner Soldaten. Corporal Paris, der einzige Zeuge, droht mit Meldung. Da er jedoch einsehen muß, daß seine Aussage gegen die eines Offiziers keinen Glauben finden würde, nimmt er davon wieder Abstand. Der Angriff am nächsten Morgen scheitert unter schweren Verlusten der ersten Angriffswelle. Die zweite Welle wird gar vom deutschen Sperrfeuer in den Gräben zurückgehalten, woraufhin der erboste Mireau seiner Artillerie befiehlt, die eigenen Linien unter Feuer zu nehmen. Der Artilleriekommandant weigert sich aber, dem Befehl ohne schriftliche Aufforderung Folge zu leisten. Nach dem endgültigen Scheitern des Angriffs will Mireau ein Exempel statuieren und zunächst hundert, nach einem Einspruch Broulards dann je einen Mann aus jeder Kompanie wegen Feigheit vor dem Feind anklagen lassen. Den Kompaniechefs bleibt die Auswahl der Anzuklagenden überlassen, was Roget dazu benutzt, den Mitwisser Paris für den Gang vor das Kriegsgericht zu bestimmen. Der Prozeß gegen die drei Ausgewählten, Paris, Arnaud und Ferol, findet im Prunksaal des Schlosses statt. Es ist ein abgekartetes Spiel, bei dem der als Verteidiger auftretende Dax sogar daran gehindert wird, Entlastungsargumente vorzubringen. Das Urteil lautet erwartungsgemäß: Tod. Bei einem abendlichen Offiziersball im Schloß setzt Dax Broulard von dem verbrecherischen Artilleriebefehl Mireaus in Kenntnis, ohne dadurch etwas zu bewirken. Am nächsten Morgen findet die Exekution statt. Erst beim anschließenden Frühstück konfrontiert Broulard Mireau mit Dax' Aussage und kündigt eine öffentliche Untersuchung an. Daraufhin verläßt Mireau den Raum, um sich zu erschießen. Broulard bietet Dax Mireaus Posten mit der Bemerkung an, darauf habe Dax es doch von Anfang an abgesehen. Dax lehnt empört ab und kehrt mit einem neuen Einsatzbefehl zu seinen Männern zurück. Diese vertreiben sich die Wartezeit in einem Mannschaftskasino, wo sie johlend eine gefangene Deutsche zwingen, ein Lied zu singen. Hilflos und verängstigt singt sie das Lied vom treuen Husaren. Das Johlen verstummt. Dax befiehlt, den Männern noch fünf Minuten Zeit bis zum Abmarsch zu lassen.

1960 *Spartacus (Spartacus)*

Regie: Stanley Kubrick, davor Anthony Mann
Buch: Dalton Trumbo nach dem gleichnamigen Roman von Howard Fast
Kamera: Russell Metty
Produktion: Kirk Douglas, Edward Lewis
Verleih: Universal Pictures
Format: 70 mm, Farbe
Dauer: ursprünglich 196 Minuten, nach der Uraufführung vom Verleih auf 184 Minuten
gekürzt; liegt seit 1992 wieder in einer integralen Fassung vor.
Darsteller: Kirk Douglas (Spartacus), Laurence Olivier (Marcus Crassus), Jean Simmons
(Varinia), Charles Laughton (Gracchus), Peter Ustinov (Batiatus), John Gavin (Julius
Cäsar), Tony Curtis (Antonius) u. a.

Als der Sklave Spartacus in den libyschen Steinbrüchen einem zusammengebrochenen
Leidensgefährten hilft, wird er wegen Aufsässigkeit zum Tode verurteilt. Der römische
Kaufmann Batiatus rettet ihn, indem er ihn für seine Gladiatorenschule kauft, wo Spartacus
ausgebildet wird. Dort verliebt er sich in die Sklavin Varinia, eine Prostituierte für die
Gladiatoren. Als der Patrizier Crassus Varinia kauft, sieht Spartacus, wie sie bei ihrem
Abtransport mißhandelt wird. Er löst daraufhin eine Revolte der Gladiatoren aus, die sich
unter massenhaftem Zulauf zu einem Aufstand entwickelt. Ein von Crassus' Günstling
Glabrus kommandiertes römisches Heer wird von der Sklavenarmee geschlagen. Crassus
beginnt, für seine Ernennung zum Ersten Konsul zu werben, indem er behauptet, nur in
dieser Position könne er Rom von der Bedrohung durch Spartacus befreien. Inzwischen ist
die Sklavenarmee nach Brundusium marschiert, um an Bord von Piratenschiffen Italien zu
verlassen. Spartacus trifft hier Varinia wieder, die entkommen konnte. Sie ist schwanger. Die
von Crassus bestochenen Piraten lassen Spartacus' Heer im Stich, das zudem von zwei
römischen Legionen in die Zange genommen wird. Er befiehlt den Marsch auf Rom. Dort
ist Crassus inzwischen zum Konsul ernannt worden. In der Entscheidungsschlacht haben die
Sklaven das römische Herr unter Crassus schon fast besiegt. Doch dann führen die beiden
aus Brundusium herangeführten Legionen die Wende herbei. Varinia gebärt auf dem
Schlachtfeld einen Sohn. Sie wird von Crassus entdeckt und aufgegriffen. Als Spartacus nach
der Niederlage seines Heeres von den Römern identifiziert werden soll, melden sich alle
Gefangenen mit seinem Namen. Als Varinia die Anträge des Crassus zurückweist, rächt sich
dieser, indem er Spartacus und Crassus' ehemaligen Sklaven Antonius auf Leben und Tod
gegeneinander kämpfen läßt. Da der Sieger gekreuzigt werden soll, tötet Spartacus Antonius,
um ihm diese Qual zu ersparen. An ein Kreuz an der Via Appia genagelt, sieht der sterbende
Spartacus noch einmal die freigekommene Varinia, die mit Batiatus auf dem Weg nach
Aquitanien ist. Sie zeigt Spartacus seinen Sohn, der in Freiheit aufwachsen wird.

1962 *Lolita (Lolita)*

Buch: Vladimir Nabokov, nach seinem gleichnamigen Roman
Kamera: Oswald Morris
Produktion: James B. Harris, Stanley Kubrick
Verleih: MGM; zur Zeit nicht im Verleih.
Format: 35 mm, schwarzweiß
Dauer: 135 Minuten
Darsteller: James Mason (Humbert Humbert), Sue Lyon (Lolita Haze), Shelley Winters
(Charlotte Haze), Peter Sellers (Clare Quilty) u. a.

Ein Mann erschießt den betrunkenen Bewohner (Clare Quilty) eines verwahrlosten Landhauses, nachdem er ihn wegen seines Verhaltens gegenüber einer gewissen Lolita zur Rede gestellt hat. Rückblende – vier Jahre vorher: Der Mann, Humbert Humbert, ein Literat und Literaturwissenschaftler, kommt nach Amerika, um am Beardsley College zu unterrichten. Er quartiert sich im Haus der lebenslustigen Witwe Charlotte Haze in Ramsdale ein, nachdem er deren halbwüchsige Tochter Lolita gesehen hat. Während Humbert der koketten und frühreifen Lolita nachstellt, versucht Charlotte, die seine Neigung zu ihrer Tochter nicht bemerkt, ihn für sich zu gewinnen. Bei einer Party, zu der Charlotte ihn mitschleppt, lernt er den undurchsichtigen Drehbuchautor Clare Quilty kennen. Als Charlotte ihm ihre Liebe schließlich brieflich gesteht, nimmt Humbert den Heiratsantrag an, kühl kalkulierend, daß er dadurch Lolita auf Dauer nahe sein kann. Charlotte schickt ihre Tochter in ein Ferienlager, um mit Humbert alleine zu sein. Doch bei der heimlichen Lektüre seines Tagebuchs muß sie den wahren Grund seines Hierseins erkennen. Entsetzt stürzt sie auf die Straße und wird von einem Auto überfahren. Der »trauernde Witwer« Humbert holt Lolita aus dem Camp ab, erzählt ihr aber nur von einer Krankheit Charlottes. Er übernachtet mit ihr in einem Hotel, in dem wegen eines Polizeikongresses nur ein Zimmer frei ist. Von einem angeblichen Polizisten (tatsächlich Quilty) anzüglich auf seine jugendliche Begleiterin angesprochen, bestellt Humbert demonstrativ ein Klappbett, das aber nachts unter ihm zusammenbricht. Am nächsten Morgen wird er von seiner Stieftochter zielstrebig verführt. Als Lolita auf der Weiterreise darauf besteht, ihre Mutter anzurufen, muß ihr Humbert die Wahrheit gestehen. Beide siedeln nach Beardsley über, wo Humbert seiner Arbeit nachgeht und eifersüchtig über Lolita wacht. Der angebliche Schulpsychologe Dr. Zempf (Quilty) besucht Humbert und läßt durchblicken, daß das Verhältnis zwischen Vater und Stieftochter Gerüchte in Gang gesetzt hat. Erneut begibt sich Humbert mit Lolita auf eine ziellose Reise durch Amerika. Bald fühlen sie sich von einem mysteriösen schwarzen Wagen verfolgt. Als Lolita erkrankt und in ein Krankenhaus kommt, wird Humbert nachts im Hotel von einem Unbekannten (Quilty) angerufen. Dieser kündigt ihm eine polizeiliche Untersuchung seines Verhältnisses zu Lolita an. Humbert eilt sofort ins Krankenhaus zu Lolita. Doch sie ist bereits verschwunden – angeblich von einem Onkel abgeholt. Der randalierende Humbert entgeht nur knapp der Zwangsjacke. Zwei Jahre später erhält er einen Brief von Lolita. Sie ist verheiratet, schwanger, in Geldnot, bittet um Hilfe. Humbert fährt zu ihr und findet sie als verblühte, biedere Ehefrau eines Mr. Schiller vor. Sie gesteht ihm, ihn nie geliebt zu haben und schon vor ihm von Clare Quilty verführt worden zu sein. Auch während ihrer Liaison mit Humbert habe sie sich weiterhin mit Quilty getroffen, der ihr und Humberts Leben die ganze Zeit überwacht habe. Nachdem Quilty sie in der Rolle ihres Onkels aus dem Krankenhaus (und damit von Humbert) befreit hatte, habe sie noch eine Weile mit ihm zusammengelebt. Humbert bricht zusammen und bittet Lolita, zu ihm zurückzukehren. Als sie ablehnt, gibt er ihr unter Tränen all sein Geld, fährt zu Quilty und erschießt ihn. Schlußtitel: »Humbert Humbert starb im Gefängnis an Koronarthrombose, während er seinen Mordprozeß erwartete.«

1964 *Dr. Strangelove, or How I Learned to Stop Worrying and Love the Bomb (Dr. Seltsam, oder Wie ich lernte, die Bombe zu lieben)*

Buch: Stanley Kubrick, Terry Southern, Peter George, nach dem Roman »Red Alert« von Peter George
Kamera: Gilbert Taylor
Produktion: Stanley Kubrick
Verleih: Columbia Pictures
Format: 35 mm, schwarzweiß

Dauer: 94 Minuten; der Film war bis zur Preview in New York ursprünglich 102 Minuten lang, wurde dann aber von Kubrick gekürzt.

Darsteller: Peter Sellers (Group Captain Lionel Mandrake, US-Präsident Muffley, Dr. Strangelove), George C. Scott (General »Buck« Turgidson), Sterling Hayden (General Jack D. Ripper) u. a.

Luftwaffenstützpunkt Burpleson in den USA: General Ripper informiert seinen englischen Austauschoffizier Mandrake, daß er unter Inanspruchnahme einer Notvollmacht (»Plan R«) den Angriff seiner strategischen Bomberstaffel auf die Sowjetunion befohlen habe. Wie sich später herausstellt, will Ripper mit seinem eigenmächtigen Handeln die amerikanischen Politiker unter Zugzwang setzen, auf daß der »kalte« Krieg »endlich« zu einem »heißen« wird. Er gibt Befehl, den Stützpunkt abzuriegeln und jede Kommunikation nach außen zu unterbinden. Befehlsgemäß nehmen die Maschinen, darunter eine B 52 unter dem Kommando von Major Kong, Kurs auf ihre Ziele in der UdSSR und schalten ihre Funkgeräte auf einen Sperrcode um. Luftwaffengeneral Turgidson wird auf der Toilette von dem Angriff informiert und eilt in den Kriegsbunker des Pentagon, wo ein Krisenstab zusammengetreten ist. Eine telefonische Botschaft Rippers wird verlesen, in der dieser US-Präsident Muffley auffordert, den Überraschungseffekt des Angriffes zu nutzen und mit allen Kräften zuzuschlagen. Da Ripper zudem von der Notwendigkeit einer »Reinerhaltung der natürlichen Säfte« spricht, kann Muffley daran unschwer Rippers Geisteszustand erkennen. Turgidson rät dennoch, dem Vorschlag zu folgen, auch, um dem unweigerlich folgenden Vergeltungsschlag der Sowjets zuvorzukommen. Muffley aber weigert sich, läßt statt dessen den Sowjetbotschafter De Sadesky ins Pentagon kommen und informiert telefonisch den Sowjetpremier Kissoff von der drohenden Gefahr. Inzwischen erklärt Ripper in Burpleson Mandrake den tieferen Grund, warum er den Angriff eigenmächtig befohlen hat: um die von den »Roten« gesteuerte Kampagne zur Fluorisierung des Trinkwassers, wodurch die Körpersäfte vergiftet würden, zu stoppen. Als Mandrake – nunmehr auch von Rippers Verrücktheit überzeugt – ihn auffordert, ihm den Rückholcode für die B 52-Staffel zu geben, nimmt Ripper Mandrake in Arrest. Bei seinem Telefonat mit Premier Kissoff erfährt Muffley erstmals von der Existenz einer sowjetischen »Weltvernichtungsmaschine«, die bei einem Angriff auf die UdSSR automatisch ausgelöst wird, nicht zu entschärfen ist und die Erde für 100 Jahre radioaktiv verseucht. Der an den Rollstuhl gefesselte deutschstämmige Rüstungsexperte Dr. Seltsam (der früher Dr. Merkwürdig geheißen haben soll) weist De Sadesky darauf hin, daß der Abschreckungseffekt einer solchen Maschine verpuffe, solange niemand davon wisse. De Sadesky räumt ein, daß die Bekanntgabe dieser Waffe erst für den Parteikongress am Montag geplant gewesen sei. Muffley befiehlt, den Luftwaffenstützpunkt Burpleson zu stürmen und von Ripper den Rückholcode einzufordern. Doch Muffleys Soldaten werden in Burpleson von den eigenen Leuten unter Feuer genommen, da diese glauben, es handele sich um Sowjets in amerikanischen Uniformen. Ripper selbst hat sich und Mandrake in seinem Büro eingeschlossen und verteidigt sich mit einem MG. In den Feuerpausen erklärt er Mandrake, daß ihm die Theorie mit der Fluorisierung aller Elemente im Zusammenhang mit seinen Schwierigkeiten beim Geschlechtsverkehr gekommen sei. Als sich seine Truppen zu seinem Entsetzen schließlich ergeben, erschießt sich Ripper, da er befürchtet, man könne ihm den Rückholcode für die Bomberstaffel unter Folter entlocken. Mandrake realisiert Rippers Selbstmordabsichten zu spät, um noch eingreifen zu können. Unterdessen beginnt die sowjetische Luftabwehr, die amerikanischen Bomber, deren Routen ihr – zu Turgidsons Leidwesen – vom Pentagon mitgeteilt worden sind, abzuschießen. Major Kong kann der auf seine B 52 gerichteten Rakete ausweichen, doch die Maschine wird schwer beschädigt: Funkausfall, Treibstoffverlust. Mandrake ist es derweil gelungen, aus Rippers Notizen den Sperrcode zu enträtseln und will diesen dem Pentagon mitteilen. Zuvor muß er aber noch Colonel Bat Guano, der ihn nach der Eroberung von Burpleson gefangengenommen hat, von der Notwendigkeit eines solchen Telefonats überzeugen. Da Mandrake für ein Gespräch aus einer öffentlichen Telefonzelle heraus Kleingeld braucht, schießt Guano, nach anfänglicher Weigerung, einen Cola-Automaten auf und verschafft Mandrake so das Geld für das Telefonat mit dem Pentagon. Mit Hilfe des Rückholcodes können nun alle Maschinen, die noch nicht abgeschossen worden sind, zurückbeordert werden. Nur die Maschine Kongs kann, aufgrund ihres zerstörten Funkgeräts die Rückholorder nicht empfangen und fliegt weiter Richtung Angriffsziel. Dem tobenden Kissoff empfiehlt Muffley telefonisch, alle militärischen Kräfte auf das vorgeschriebene Angriffsziel dieser Maschine zu konzentrieren und diese so vor Abwurf der Bombe noch abzufangen. Was Muffley nicht weiß: Major Kong wird durch den Treibstoffverlust gezwungen, das nächstbeste Ziel anzufliegen und entwischt so den sowjetischen Abfangjägern endgültig. Am Abwurfziel angekommen, klemmt die Luke des Bombenschachts. Kong repariert sie vor Ort, kann sich aber nicht mehr rechtzeitig in Sicherheit bringen und reitet so, kreischend auf der Bombe sitzend, hinunter zur Erde. Im Kriegsbunker entwickelt Dr. Seltsam derweil einen Plan, einen auserwählten Kern der menschlichen Art (die Führungsschicht von Politik, Wissenschaft, Militär und Wirtschaft) in tiefen Bergwerksschächten über die hundertjährige Strahlungsperiode zu retten. Turgidsons Interesse wird geweckt, als Seltsam referiert, daß aus »zuchthygienischen« Gründen ein Verhältnis von zehn Frauen auf jeden Mann zwingend notwendig sei. Immer erregter werdend, erhebt sich Seltsam aus seinem Rollstuhl und salutiert mit Hitlergruß vor Muffley: »Mein Führer, ich kann wieder gehen!« Zu den Klängen eines Schlagers detoniert die »Weltuntergangsmaschine«. (Anmerkung: Ursprünglich sollte der Film mit einer großen Tortenschlacht im Kriegsbunker enden, doch Kubrick schnitt diese Sequenz noch vor der Premiere des Films heraus.)

1968 *2001: A Space Odyssey (2001: Odyssee im Weltraum)*

Buch: Stanley Kubrick, Arthur C. Clarke, nach der Kurzgeschichte »The Sentinel« von A. C. Clarke
Kamera: Geoffrey Unsworth, John Alcott
Produktion, Konzeption und Leitung der Spezieleffekte: Stanley Kubrick
Verleih: MGM
Format: 70 mm Super-Panavision, Farbe
Dauer: 141 Minuten; bei der Premiere war der Film noch 161 Minuten lang, wurde dann aber von Kubrick gekürzt.
Darsteller: Keir Dullea (David Bowman), Gary Lockwood (Frank Poole), William Sylvester (Dr. Heywood Floyd) u. a.

»Aufbruch der Menschheit«: Ein Rudel Primaten wird in der afrikanischen Trockensteppe von einem Leoparden und einem Nachbarstamm, der ihm die einzige Wasserstelle streitig macht, bedroht und ist daher gezwungen, sich mühselig von Wurzeln und Gräsern zu ernähren. Über Nacht erscheint ein geheimnisvoller schwarzer Monolith, unter dessen Einfluß der Anführer der Primaten, Moon-Viewer, die instrumentelle Handhabung eines Knochens erlernt. Dank dieser neuen Fertigkeit gelingt es dem Rudel, seine Konkurrenten zu vertreiben oder zu erschlagen und Tapire zur Stillung ihres Hungers zu erlegen. Triumphierend schleudert Moon-Viewer den Knochen in die Luft. – Umschnitt vom Knochen auf die knochenförmigen Satelliten im Erdorbit, vier Millionen Jahre später. An Bord der Raumfähre »Orion« fliegt der Raumfahrtoffizielle Dr. Floyd zur Orbitalstation 5 und von dort aus mit dem Raumschiff »Aries« zur Mondbasis Clavius. Vor seinem Weiterflug erzählt Floyd sowjetischen Kollegen von einer Epidemie, die dort ausgebrochen sein soll. Nach seiner Ankunft auf

Clavius enthüllt sich der wahre Grund von Floyds Reise: Im nahegelegenen Krater Tycho ist ein schwarzer Monolith ausgegraben worden, der offensichtlich von außerirdischen Besuchern stammt. Mit einigen Kollegen begibt Floyd sich vor Ort. Während sie sich gegenseitig vor dem Monolithen fotografieren, trifft das Licht der aufgehenden Sonne dessen Spitze, wodurch ein heftiger Strahlungsimpuls ausgelöst wird, der die Kopfhörer der Astronauten mit einem gellenden Geräusch erfüllt. – »Unternehmen Jupiter – 18 Monate später«: Das Raumschiff »Discovery« ist auf dem Weg zum Jupiter. An Bord befinden sich die Astronauten Bowman und Poole, drei Wissenschaftler im Kälteschlaf und als sechstes Besatzungsmitglied ein Computer der Serie HAL 9000, der sprechen und menschliche Gefühle simulieren kann. Als der als unfehlbar geltende HAL einen Defekt meldet, der weder von den Astronauten noch von einem Zwillingscomputer auf der Erde verifiziert werden kann, beginnen Bowman und Poole an HAL zu zweifeln. Um sich HALs Kontrolle zu entziehen, schließen sie sich in einer Raumgondel für Außeneinsätze ein. Sie beraten sich und kommen zu dem Entschluß, HAL bei einer Bestätigung seines Irrtums abzuschalten. Mit einem seiner allgegenwärtigen Fernsehaugen kann HAL das Gespräch durch das Gondelfenster von ihren Lippen ablesen. Als Poole sich dann in den Weltraum hinausbegibt, um ein von HAL als defekt gemeldetes Aggregat einzubauen, kappt HAL mit Hilfe der ferngesteuerten Gondel Pooles Versorgungsleitungen und schleudert ihn ins All hinaus. Bowman verläßt die »Discovery«, um Poole zu bergen. HAL benutzt seine Abwesenheit, um die drei Wissenschaftler in den Kühlkammern zu töten. Als Bowman nach Bergung des toten Poole ins Mutterschiff zurückkehren will, verweigert HAL ihm den Eintritt ins Raumschiff. Über eine Notluftschleuse gelingt es Bowman, gewaltsam in die »Discovery« einzudringen und HAL abzuschalten. Als letztes »Lebenszeichen« spielt HAL eine Magnetaufzeichnung ab, auf der Floyd den bisher geheim gehaltenen Zweck des Unternehmens offenbart: Es geht darum, die Spur der außerirdischen Intelligenzen zu verfolgen, die (offenbar schon vor vier Millionen Jahren) den Monolithen auf dem Mond vergraben haben. Wie sich inzwischen herausgestellt hat, ist die Strahlung des Monolithen auf Jupiter ausgerichtet. – »Jupiter – und dahinter die Unendlichkeit«: Im Jupiterorbit angekommen, verläßt Bowman in einer Raumgondel die »Discovery«. Der Monolith taucht in der Umlaufbahn auf und saugt Bowman in eine Art »Lichttunnel« hinein. Nach einer rasend schnellen Fahrt durch eine Welt aus unwirklichen Farben und Formen scheint Bowman sich wieder der Erde zu nähern. Schließlich findet er sich in einem hell erleuchteten Zimmer wieder, das im Stil des 18. Jahrhunderts eingerichtet ist. In verschiedenen Metamorphosestufen altert Bowman sprunghaft und liegt schließlich als Greis auf dem Sterbebett. Plötzlich steht der schwarze Monolith in dem Raum. Sterbend hebt Bowman seine Hand und scheint erneut von dem Monolithen, der noch leicht seine Farbe verändert, »angezogen« zu werden. Auf der Oberfläche des Monolithen, der sich wie ein Tor öffnet, erscheint ein neues Bild: Bowman, nun in einen leuchtenden Astralfötus verwandelt. Er befindet sich auf einer Umlaufbahn um die Erde, auf die er staunend herabblickt.

1972 A Clockwork Orange (Uhrwerk Orange)

Buch: Stanley Kubrick, nach dem gleichnamigen Roman von Anthony Burgess
Kamera: John Alcott
Produktion: Stanley Kubrick, Bernard Williams
Verleih: Warner Brothers
Format: 35 mm (Breitwand 1 : 1,66), Farbe
Dauer: 137 Minuten
Darsteller: Malcolm McDowell (Alex DeLarge), Patrick Magee (Mr. Alexander), Michael Bates (Gefängnisaufseher) u. a.

London, im 21. Jahrhundert: Alex, der Anführer einer Jugendbande, den Droogs, unternimmt mit seinen Kumpanen Dim, Georgie und Pete einen für sie typischen Abendausflug. Zunächst animieren sie sich mit einem Drogengetränk in der Korova-Milchbar, schlagen dann einen wehrlosen Stadtstreicher zusammen, liefern sich eine Schlacht mit einer konkurrierenden Bande, provozieren mit einem gestohlenen Wagen Unfälle und überfallen dann das willkürlich ausgewählte Haus des Schriftstellers Alexander und vergewaltigen dessen Frau. In die elterliche Wohnung heimgekehrt, beendet der musikliebende Alex den Abend, indem er zu den Klängen von Beethovens 9. Symphonie onaniert und gewalttätige Bilder imaginiert. Am nächsten Morgen kommt es zu einem Konflikt mit Alex' Sozialhelfer Deltoid. Anschließend trifft Alex in einem Plattenladen zwei Teenie-Mädchen und feiert mit ihnen eine Orgie in seinem Bett. Als er seine Droogs wiedertrifft, haben diese ihn von seinem Amt als Anführer enthoben, woraufhin Alex mit brachialer Gewalt die alte Hierarchie wiederherstellt. Gemeinsam überfallen sie das Haus der »Cat-Lady«, die von Alex mit einem riesigen Plastikpenis erschlagen wird. Auf der Flucht vor der heranrückenden Polizei wird Alex von den anderen Droogs zusammengeschlagen und der Polizei überlassen. – Zu 14 Jahren Haft verurteilt, tritt Alex seine Strafe an. Er schmeichelt sich beim Gefängnispfarrer ein und erfährt so von einem Resozialisierungsprogramm namens »Ludovico-Technik«. Bei einem Besuch des Innenministers gelingt es ihm, dessen Aufmerksamkeit zu erregen und als Versuchsperson für das Programm ausgewählt zu werden. Im Rahmen der klinischen »Ludovico-Kur« wird er mittels Injektionen und Filmvorführungen konditioniert, auf gewalttätige und sexistische Impulse mit Übelkeit und Paralyse zu reagieren. Beethovens Neunte fällt, da als Filmmusik verwendet, ebenfalls unter diese Konditionierung. Nach einer erfolgreichen Demonstration seines »Heilerfolges« vor einem ausgewählten Publikum wird Alex vorzeitig aus der Haft entlassen. – Bei seinen Eltern findet er seinen Platz von einem Ersatzsohn, einem neuen Untermieter, besetzt vor. Trauernd und heimatlos irrt er durch London und begegnet einem seiner früheren Opfer, dem Stadtstreicher, der sich an dem nun wehrlosen Alex rächt. Zwei Polizisten, die einschreiten, entpuppen sich als Dim und George, die ebenfalls die Gelegenheit nutzen, ihren ehemaligen Peiniger zu mißhandeln. Alex schleppt sich schwer verletzt weiter und landet, ohne sich dessen zunächst bewußt zu sein, im Haus von Mr. Alexander, der infolge des damaligen Überfalls verwitwet und gelähmt ist. Alexander, ein politischer Fanatiker, will Alex' Schicksal als Waffe gegen die Regierung zu instrumentalisieren. Als er Alex schließlich wiedererkennt, will er sich zudem an ihm rächen: Mit Beethovens Neunter treibt er Alex in einen Selbstmordversuch, der jedoch mißlingt. Alexanders Pressefeldzug und Alex' Suizidversuch haben aber dazu geführt, daß sich die Regierung gezwungen sieht, Alex' Konditionierung während seiner Bewußtlosigkeit rückgängig zu machen. Als Alex erwacht, ist er wieder ganz der alte. Der Innenminister besucht ihn im Krankenhaus und erkauft sich sein Schweigen mit der Zusicherung eines staatlichen Postens, der es Alex erlauben wird, in Zukunft unbehelligt seiner Gewalttätigkeit nachzugehen. Das Schlußbild zeigt Alex beim Geschlechtsverkehr, der von einer im Stil des 18. Jahrhunderts gekleideten Zuschauerschar beklatscht wird.

1975 Barry Lyndon (Barry Lyndon)

Buch: Stanley Kubrick, nach dem gleichnamigen Roman von William M. Thackeray
Kamera: John Alcott
Produktion: Stanley Kubrick
Verleih: Warner Brothers
Format: 35 mm (Breitwand 1 : 1,66), Farbe
Dauer: 185 Minuten

Darsteller: Ryan O'Neal (Redmond Barry, später Barry Lyndon), Marisa Berenson (Lady Lyndon), Patrick Magee (Chevalier de Balibari), Hardy Krüger (Hauptmann Potzdorf), Leon Vitali (Lord Bullingdon) u. a.

Erster Teil: Irland um 1760. Der junge Redmond Barry, dessen Vater im Duell gefallen ist, verliebt sich in seine Cousine Nora. Aus finanziellen Gründen wird diese von ihrer Familie aber dem englischen Offizier Quin versprochen. Barry tötet Quin (scheinbar) im Duell und muß daher fliehen. Er wird von Straßenräubern ausgenommen und tritt in die englische Armee ein. Dort trifft er seinen väterlichen Freund und damaligen Sekundanten Grogan wieder, der ihn aufklärt, daß das Duell nur vorgetäuscht war und Nora Quin inzwischen geheiratet hat. Barrys Regiment wird auf den Kontinent verlegt und nimmt am Siebenjährigen Krieg teil. Bei einem Scharmützel stirbt Grogan. Barry desertiert in einer gestohlenen Offiziersuniform und erlebt eine flüchtige Liaison mit einer jungen Deutschen. Als er auf seiner weiteren Reise auf verbündete preußischen Truppen trifft, wird er von deren Hauptmann Potzdorf enttarnt. Um der Strafe zu entgehen, die auf Fahnenflucht steht, läßt Barry sich in preußische Dienste pressen. Als er später Potzdorf das Leben rettet, übergibt dieser ihn zum Dank in die Dienste seines Onkels, des Polizeiministers von Berlin. Als Barry im Zuge seiner neuen Tätigkeit als Spitzel auf den irischen Glücksspieler Chevalier de Balibari angesetzt wird, gibt er sich diesem als Landsmann zu erkennen. Erneut quittiert Barry heimlich den Dienst und wird Balibaris Gehilfe beim Falschspiel. Nachdem die beiden aus Preußen ausgewiesen wurden, bereisen sie die europäischen Adelssitze und nehmen die Aristokraten beim Glücksspiel aus. In Spa lernt Barry die altadelige englische Familie Lyndon kennen. Es gelingt ihm, Lady Lyndon zu erobern, deren greiser Mann vor Empörung einen Schlaganfall erleidet und stirbt. – Zweiter Teil: England 1773: Lady Lyndon heiratet, gegen den Willen ihres halbwüchsigen Sohnes aus erster Ehe, Lord Bullingdon, und gegen den Rat des intriganten Geistlichen Runt, den Emporkömmling Barry, der es nunmehr zu Reichtum, Haus und Hof gebracht hat. Das Eheleben auf dem Herrensitz Hackton verläuft aber unglücklich: Permanente Seitensprünge Barrys nach der Geburt seines Sohnes Bryan und wachsende Spannungen mit dem Stiefsohn demütigen das alte Adelsgeschlecht Lyndon. Im Versuch, die Pairswürde zu erwerben, stürzt sich Barry in horrende Schulden. Nachdem er seinen Stiefsohn öffentlich verprügelt hat, verfällt er der gesellschaftlichen Ächtung. Als der geliebte Bryan nach einem Sturz vom Pferd stirbt, geben sich Barry dem Alkohol und seine Frau der Depression hin. Bullingdon, der Hackton nach der Prügelei mit Barry verlassen mußte, kehrt als junger Mann zurück. Er fordert Barry zum Duell, um die verletzte Familienwürde wiederherzustellen. Obwohl Barry ihn in dem Duell absichtlich verschont, besteht Bullingdon auf seiner Rache und schießt Barry zum Krüppel. Barry wird gezwungen, England zu verlassen. Lady Lyndon stellt jährliche Bankanweisungen für seinen Unterhalt aus. Der erste dieser Schecks, den Bullingdon seiner Mutter zur Unterschrift vorlegt, trägt das Jahresdatum 1789.

1980 *The Shining (Shining)*

Buch: Stanley Kubrick, Diane Johnson, nach dem gleichnamigen Roman von Stephen King
Kamera: John Alcott, Garrett Brown (Steadycam-Operator)
Produktion: Stanley Kubrick
Verleih: Warner Brothers
Format: 35 mm (Breitwand 1 : 1,66), Farbe
Dauer: Ursprünglich 146 Minuten, wurde von Kubrick auf 144 Minuten (Fassung für die USA) bzw. 119 Minuten (Fassung für Europa) gekürzt.

Darsteller: Jack Nicholson (Jack Torrance), Shelley Duvall (Wendy Torrance), Danny Lloyd (Danny), Scatman Crothers (Hallorann) u. a.
(Der nachstehende Handlungsabriß beruht auf der europäischen, 119minütigen Fassung des Films).

Jack Torrance, ein ehemaliger Lehrer und mittlerweile ein erfolgloser Schriftsteller, bewirbt sich für die Wintersaison, während der es geschlossen ist, als Hausmeister im abgelegenen Overlook-Hotel in den Rocky Mountains. Er will die völlige Zurückgezogenheit zur Arbeit an einem Roman nutzen. Der Hotelmanager Ullman erzählt ihm vom Schicksal seines Vorgängers, Charles Grady, der im Winter 1970 auf die Isolation klaustrophobisch reagiert und seine Frau, seine beiden Töchter und dann sich selbst umgebracht habe. Jack zeigt sich davon unbeeindruckt und erhält den Posten. In der Wohnung der Torrances in Boulder weiß Jacks Sohn Danny im gleichen Augenblick vom Ausgang des Bewerbungsgespräches. Er hat Angst, sieht einen Blutschwall und zwei kleine Mädchen. Am Saisonschlußtag fahren Jack, seine Frau Wendy und Danny ins Overlook. Ullman zeigt Jack die Gebäude, während Wendy und Danny mit dem schwarzen Hotelkoch Hallorann die Küche inspizieren. Hallorann verfügt wie Danny über das zweite Gesicht (Shining). Er warnt Danny vor Zimmer 237 des Hotels. Danny sieht abermals die Mädchen und das Blut. – »Einen Monat später«: Alltag im menschenleeren Hotel. Jack quält sich erfolglos mit der Arbeit an seinem Buch herum. Während Wendy und Danny ein Heckenlabyrinth hinter dem Hotel besichtigen, betrachtet Jack ein Modell dieses Labyrinths in der Hotelhalle und sieht Wendy und Danny darin. – »Dienstag«: Danny fährt mit seinem Dreirad durch die Flure an Zimmer 237 vorbei. Er sieht erneut die beiden Mädchen. Jack hat zu schreiben begonnen, möchte dabei unter keinen Umständen gestört werden und beschimpft seine Frau. Es beginnt zu schneien. – »Samstag«: Das Hotel ist eingeschneit und die Telefonleitungen sind unterbrochen. Wendy hält über Funk Kontakt zur Forstaufsicht. Danny sieht die beiden Mädchen, die ihn auffordern, mit ihnen »für immer und immer« zu spielen – er sieht die beiden zerhackten Leichen der Mädchen. In der Hausmeisterwohnung findet er Jack apathisch auf dem Bett sitzen. Jack sagt, er wolle »für immer und immer« im Hotel bleiben. – »Mittwoch«: Danny spielt auf dem Flur, sieht die Tür von Zimmer 237 offen, geht hinein. Jack stöhnt wie in Trance hinter seiner Schreibmaschine, bis Wendy ihn aufweckt. Er erzählt ihr voller Angst, daß er sie und Danny im Traum ermordet und zerstückelt habe. Danny kommt mit Würgemalen am Hals in die Hotelhalle. Wendy beschuldigt Jack, sich an ihrem Sohn vergriffen zu haben. Jack zieht sich beleidigt an die leere Hotelbar im »Goldenen Salon« zurück. Plötzlich ist ein Barkeeper anwesend, scheinbar ein alter Bekannter, dem Jack sein Leid klagt. Wendy kommt hinzu – die Bar ist wieder leer. Sie berichtet Jack, offenbar habe eine unbekannte Frau in Zimmer 237 Danny gewürgt. Als Jack das Zimmer inspiziert, findet er eine nackte Schönheit in der Badewanne vor. Als Jack die Frau küßt und umarmt, verwandelt sie sich in eine schwärenübersäte Untote. In seiner Winterwohnung im Miami sieht Hallorann gleichzeitig die Vorgänge im Overlook vor sich. Er versucht vergeblich, Kontakt mit dem Hotel aufzunehmen. Dort weigert sich Jack, Wendys Bitte, Danny mit der Pistenraupe des Hotels zurück nach Boulder zu bringen, zu erfüllen. Wieder zieht Jack sich beleidigt in den »Goldenen Salon« zurück, wo gerade eine Party im Stil der zwanziger Jahre läuft. Er kollidiert mit einem Kellner, der sich ihm als Delbert Grady vorstellt. Auf der Herrentoilette fordert Grady Jack auf, seiner Familie »eine Lektion zu erteilen«, so wie er, Grady, das früher auch getan habe. Jack zerstört daraufhin das Funkgerät und die Pistenraupe. Währenddessen macht sich Hallorann von Miami aus auf den Weg zum Overlook-Hotel. Dort hat Wendy inzwischen erstmals Gelegenheit, das Werk ihres Mannes einzusehen: auf Hunderten von Seiten nur Variationen des Satzes »Was Du heute kannst besorgen, das verschiebe nicht auf morgen.« (Anmerkung: Im englischen Original lautet das Zitat »All work and no play makes Jack a dull boy«). Der offensichtlich verrückt gewordene Jack überrascht Wendy und bedroht sie.

Sie kann ihn aber bewußtlos schlagen und in die Speisekammer sperren. – »Vier Uhr nachmittags«: Von außerhalb der Speisekammer meldet sich Gradys Stimme und fordert Jack auf, endlich »durchzugreifen«. Die Tür öffnet sich und Jack ist wieder frei. Auf einer Pistenraupe nähert sich Hallorann dem Hotel. In der Hausmeisterwohnung muß Wendy feststellen, daß Danny in Spiegelschrift »murder« (= Mord) an die Tür geschrieben hat. Jack beginnt, sich mit einer Axt gewaltsam Zugang zur Wohnung zu verschaffen. Danny entkommt durch das Badezimmerfenster, welches für Wendy aber zu eng ist. Sie bewaffnet sich mit einem Küchenmesser und fügt Jack eine Schnittwunde zu, woraufhin er von ihr abläßt. Inzwischen ist Hallorann angekommen, doch Jack lauert ihm in der Lobby auf und erschlägt ihn mit der Axt. Dann verfolgt er seinen Sohn im Heckenlabyrinth, doch durch einen Trick gelingt es Danny, ihn abzuschütteln. Wendy irrt in der Zwischenzeit suchend durch das Hotel und sieht gespenstische Erscheinungen. Vor dem Hotel trifft sie auf Danny und flieht mit ihm in der Raupe, die Hallorann zurückgelassen hatte. Jack findet nicht mehr aus dem Labyrinth heraus und erfriert. Die Schlußeinstellung zeigt Jack auf einem Foto in der Hotelhalle: Jack ist Gast auf einer Party im Overlook-Hotel, die am 4. Juli (dem amerikanischen Unabhängigkeitstag) des Jahres 1921 stattgefunden hat.

1987 *Full Metal Jacket (Full Metal Jacket)*

Buch: Stanley Kubrick, Michael Herr, Gustav Hasford, nach dem Roman »The Short-Timers« von Gustav Hasford
Kamera: Douglas Milsome
Produktion: Stanley Kubrick, Philip Hobbs
Verleih: Warner Brothers
Format: 35 mm (Breitwand 1 : 1,66), Farbe
Dauer: 116 Minuten
Darsteller: Matthew Modine (Private Joker), Adam Baldwin (Animal Mother), Vincent D'Onofrio (Private Pyle), Lee Ermey (Gunnery Sergeant Hartman), Arliss Howard (Private Cowboy), Kevyn M. Howard (Rafterman) u. a.

Ausbildungslager der US-Marines auf Parris Island während des Vietnamkriegs: Den neuen Rekruten werden Kahlköpfe geschoren, sie werden in Uniform gesteckt und von ihrem Ausbilder Sergeant Hartman gemustert. Von ihm erhalten sie neue Namen: Private Joker, Private Cowboy, Private Pyle etc. Hartman unterzieht sie einer physischen und psychischen Tortur, da er meint, daß »nur ein Herz aus Stein« siegen und töten könne. Neben der täglichen Schinderei der Grundausbildung müssen die jungen Männer Hartmans Demütigungen, unflätige Beschimpfungen und obszöne Haßtiraden über sich ergehen lassen. Sie müssen mit ihrem Gewehr zu Bett gehen und beim Marschieren abwechselnd an ihr Geschlecht und ans Gewehr packen (»This is my rifle, this is my gun, this is for killing, this is for fun!«). Sie werden als Tunten, Schwule, Kinderschänder etc. tituliert. Bevorzugte Zielscheibe von Hartmans Schikanen ist der fettleibige und naive Private Pyle, der den Übungen weder geistig noch körperlich gewachsen ist. Ihm wird Private Joker als Aufpasser zur Seite gestellt. Als sich jedoch Pyles Fehler nicht abstellen lassen, muß die ganze Truppe stellvertretend für ihn büßen. Der dadurch entstandene Haß seiner Kameraden auf Pyle entlädt sich in einem nächtlichen Spießrutenlaufen für ihn. Fortan ist Pyle wie umgewandelt und entwickelt sich, wie von Hartman gewünscht, zu einer gefühllosen Kampfmaschine. Wie alle anderen besteht er erfolgreich alle weiteren Prüfungen. Am Abend nach ihrer Ernennung zum Marine entdeckt Joker Pyle nachts auf der Toilette mit einem Gewehr mit scharfer Munition (»Full Metal Jacket«). Als Hartman dazukommt, erschießt Pyle erst ihn, dann sich selbst. –

Ortswechsel: Da Nhang in Vietnam. Joker hat sich als Kriegsberichterstatter beim *Stars and Stripes*-Magazin verpflichtet. Zusammen mit seinem jugendlichen Fotografenkollegen Rafterman wartet er auf den nächsten Fronteinsatz. Sie vertreiben sich die Zeit, indem sie mit vietnamesischen Prostituierten um deren Preis feilschen. Während der Teth-Offensive werden sie Zeugen eines vietnamesischen Angriffs auf ihr Basislager, der aber abgewehrt werden kann. Da sich Joker mit seinem Chefredakteur überworfen hat, werden er und Rafterman zum nächsten Frontabschnitt nach Hué geschickt. Sie werden Zeuge einer Massenbestattung von abgeschlachteten vietnamesischen Zivilisten, wobei Joker wegen eines Peace-Buttons, den er trägt, von einem Oberst gerüffelt wird. Sie stoßen zu einem Zug, der von Jokers altem Freund aus Parris-Island-Tagen, Cowboy, befehligt wird. Im Zug befindet sich der Soldat Animal Mother, eine menschliche Kampfmaschine, der den beiden Neuen mit unverhohlener Antipathie entgegentritt. Unweit von Hué geraten sie in ein Scharmützel, aus dem sie erst eine Nachhut befreien kann. Zwei der Soldaten sind dabei ums Leben gekommen. Unter mehr oder weniger salbungsvollen Abschiedsworten ihrer Kameraden werden die Toten abtransportiert. Ein TV-Team interviewt Cowboys Zug für das amerikanische Fernsehen. Vor den Mikrophonen werden die unterschiedlichen Charaktere Jokers, Raftermans, Cowboys und Animal Mothers noch einmal deutlich. Nachdem sie sich eine Zeitlang mit vietnamesischen Prostituierten vergnügt haben, bricht der Zug zum nächsten Einsatzort auf. Sie kommen vom Weg ab und geraten in einem ausgebombten Straßenzug in den Hinterhalt eines vietnamesischen Scharfschützen, der die von Cowboy vorgeschickten Späher anschießt. Im Zug bricht eine Kontroverse darüber aus, ob man das Versteck verlassen solle, um die schwer getroffenen Kameraden aus der Feuerlinie zu holen. Cowboy, obwohl Kommandant, kann sich nicht gegenüber Animal Mother durchsetzen, der seinen Freunden zu Hilfe kommen und nicht erst Verstärkung abwarten will. Beim Sturm auf das Gebäude wird Cowboy tödlich getroffen, auch die angeschossenen Späher sterben im erneuten Kugelhagel. Animal Mother übernimmt das Kommando und befiehlt die Stürmung des Scharfschützenverstecks. Joker gelingt es als erstem, in das Gebäude einzudringen. Der gefürchtete Scharfschütze entpuppt sich als ein etwa zwölfjähriges vietnamesisches Mädchen. Sie eröffnet sofort das Feuer auf Joker, wird aber ihrerseits vom dazukommenden Rafterman getroffen. Gegen den Willen Animal Mothers gibt Joker dem schwerverletzten Mädchen den Gnadenschuß. Am Abend zieht der Zug singend zum Perfume River hinunter. Ihr Tagwerk ist getan.

Bildnachweis

Für die freundliche Überlassung des Materials für die Bildzitate in diesem Buch danken wir den nachstehend aufgeführten Archiven und Verleihfirmen:

Archiv des Filmforums der Stadt Duisburg: S. 41, 46 unten, 59 beide, 61 oben, 63 oben, 83, 85, 93 unten, 99 unten, 177
Archiv des Filminstitutes der Landeshauptstadt Düsseldorf: S. 93 oben, 133, 150
Sammlung Matthias Dreyer: S. 40
Sammlung Kay Kirchmann: Umschlagfoto, S. 17, 20 beide, 22 beide, 45, 46 oben, 51, 54, 55, 61 unten, 63 unten, 70, 71, 73, 75, 79, 86, 95, 99 oben, 103, 108 beide, 115 beide, 118, 119, 132, 151, 153, 160, 161, 163

S. 22 unten, 40, 79 © Atlas Film Verleih
S. 54, 55, 99 oben © Columbia TriStar Film Verleih, c/o Merchandising München
S. 61 oben, 83, 85, 93 unten © Filmverleih Die Lupe GmbH
S. 22 oben © TaurusFilm GmbH & Co.
S. 17, 45, 61 unten, 63 oben, 115 beide, 118, 132, 163 © UIP Filmverleih GmbH
Umschlagfoto, S. 20 beide, 41, 46 beide, 51, 63 unten, 59 beide, 70, 71, 73, 75, 86, 93 oben, 95, 99 unten, 103, 108 beide, 119, 133, 150, 151, 153, 160, 161, 177 © Warner Bros. Film GmbH

Hollywood goes Vietnam
Der Vietnamkrieg im US-amerikanischen Film

Stefan Reinecke
Hollywood goes Vietnam
*Der Vietnamkrieg im
US-amerikanischen Film*
Mit einem Nachwort
von Georg Seeßlen
1993, 182 Seiten mit 50 Abbildungen.
Broschur. ISBN 3-89398-115-2
(Aufblende. Schriften zum Film, 5)

Der Vietnamfilm reagierte seit Ende der sechziger Jahre als Seismograph politisch-ideologischer Stimmungen auf die wechselnden Bewertungen, die dieser Krieg in der amerikanischen Öffentlichkeit erfahren hat. Nachdem die Invasion anfangs weitgehend tabuisiert war, folgte später eine Welle eher kritisch-ambivalenter Filme wie *Apocalypse Now* und *The Deer Hunter*. Mit Beginn der Ära Reagan mußten diese dann offen gewaltverherrlichenden Filmen wie *Rambo 2* das Feld überlassen. In den späten achtziger Jahren schließlich definierte Oliver Stones *Platoon* einen heilsgeschichtlich unterfütterten Konsens über den Krieg: Amerika mußte danach in Vietnam schuldig werden, um zu sich selbst zurückzufinden.

Stefan Reinecke zeigt auf, wie das »Vietnamtrauma« im amerikanischen Kino verarbeitet wurde und welche »ideologischen Botschaften« in den Filmen übermittelt wurden. Er fragt unter Zuhilfenahme pschoanalytischer Deutungsmuster, welche Bedürfnisse und Wünsche der Zuschauer dem kommerziellen Erfolg dieses Genres zugrunde lagen.

Hollywood goes Vietnam ist eine der wenigen deutschsprachigen Publikationen über den Kriegsfilm. Als Diskussionsbeitrag zum aktuellen Thema Gewalt und Krieg in den Massenmedien richtet sich das Buch nicht nur an Cinéasten, sondern an alle, die sich mit diesem Problem auseinandersetzen.

Woody Allen
Komik und Krise

Jürgen Felix
Woody Allen
Komik und Krise
1992, 256 Seiten mit 59 Abbildungen.
Broschur. ISBN 3-89398-041-5
(Aufblende. Schriften zum Film, 3)

Ausgehend von der US-amerikanischen und bundesdeutschen Rezeption des »Woody-Allen-Phänomens« zeichnet die Studie die Entwicklung dieses Autors, Komikers und Regisseurs nach: von seiner Arbeit als »Stand up-comedian« über die frühen »funny movies« und »New York-Filme« bis hin zu seiner, oft nostalgisch gefärbten, Darstellung der amerikanischen (Medien-)Geschichte. Dabei werden u. a. die »Sinnkrisen« von Allens Film-Egos als Konsequenz einer apolitischen Lebensorientierung und die für sie zentrale Bedeutung der Geschlechterverhältnisse thematisiert. In den Krisen und Sehnsüchten des von Woody Allen verkörperten »kleinen Mannes« artikuliert sich symptomatisch ein Lebensgefühl, das vom Mißtrauen gegenüber der »großen Welt«, dem intellektuellen Zweifel an »ewigen Werten« und der Suche nach dem »privaten Glück« gekennzeichnet ist. Die Studie stellt die Entwicklung dieses Filmemachers - bis hin zu »Crimes and Misdemeanors« (1986) - dar, untersucht die Mechanismen seiner spezifischen Komik und analysiert deren zugrundeliegende pessimistische Ideologie: to believe only in »sex and death. Things which happen once in a lifetime.«

Bilderwelten Weltbilder

Dokumentarfilm und Fernsehen

Drehort Stadt

Das Thema »Großstadt« im deutschen Film

Bilderwelten – Weltbilder
Dokumentarfilm und Fernsehen
Herausgegeben von Heinz-B. Heller und
Peter Zimmermann
1990, 187 Seiten. Broschur
ISBN 3-89398-040-7
(Aufblende, Schriften zum Film, 2)

Hanno Möbius und Guntram Vogt
Drehort Stadt
Das Thema »Großstadt« im deutschen Film
1990, 185 Seiten mit 106 Abbildungen.
Broschur. ISBN 3-89398-039-3
(Aufblende, Schriften zum Film, 1)

Dem Dokumentarfilm kommt im Fernsehen eine besondere Bedeutung zu. Er ist es, der die Illusion erweckt, seine Bilder von der Wirklichkeit seien besonders authentisch und »wahr«. Dargestellt wird die Geschichte des Dokumentarfilms im Fernsehen und seiner institutionellen und gesellschaftlichen Möglichkeiten. Ein zweiter Teil beschreibt das Verhältnis des Dokumentarfilms zu anderen »dokumentarischen« Formen in der Berichterstattung des Fernsehens. Schließlich werden anhand charakteristischer Beispiele unterschiedliche Phasen des Fernsehdokumentarismus präsentiert.

Die Stadt als Schauplatz der Moderne ist ein großes Thema der Künste, besonders der Literatur. Die Stadt im Film dagegen ist bislang nahezu unbeachtet geblieben. *Drehort Stadt* stellt die Entwicklung des Großstadt-Themas im deutschen Film erstmals umfassend und vielseitig vor. Der reich bebilderte Band zeigt an über 80 Filmen von den Anfängen bis zur Gegenwart dieses Mediums das Verhältnis zwischen Stadt und Land. Er befaßt sich weiter mit den Filmen, die sich direkt oder mittelbar auf Alfred Döblins Roman *Berlin Alexanderplatz* beziehen.

Zeitmaschine Kino

Darstellungen von Geschichte im Film

Zeitmaschine Kino

Darstellungen von Geschichte im Film
Herausgegeben von Hans-Arthur
Marsiske
1992, 146 Seiten mit 36 Abbildungen.
Broschur.
ISBN 3-89398-111-X

HITZEROTH

Ist es purer Zufall, daß H.G. Wells seinen Roman *Die Zeitmaschine* im gleichen Jahr veröffentlichte, in dem die Brüder Lumière die ersten öffentlichen Vorführungen ihres Kinematographen veranstalteten? Tatsache ist jedenfalls, daß man dem Erlebnis einer Zeitreise nirgendwo sonst so nahekommen kann wie im Kino. Tatsache ist auch, daß die ungezählten Geschichtsverfilmungen unterschiedlichster Qualität, die in den letzten hundert Jahren über Leinwände und Bildschirme flimmerten, nur selten die Aufmerksamkeit von Historikern fanden. Film und audiovisuelle Medien sind Neuland für die Geschichtswissenschaft. Ein Neuland, das besonders schwer zu bearbeiten ist, da es gänzlich neue Methoden erfordert und nur in der Zusammenarbeit verschiedenster Fachdisziplinen vermessen werden kann. Wer sich als Historiker mit audiovisuellen Medien beschäftigt, leistet Pionierarbeit. Die hier versammelten Beiträge vermitteln anschaulich den Reiz dieser Arbeit und tragen dazu bei, in dieses Forschungsgebiet einzuführen.

Inhalt: Zeitmaschinen – Alptraum oder Hoffnung der Geschichtswissenschaft? Über dieses Buch/ Die Kamera als Forschungsinstrument. Ein Gespräch mit Eberhard Fechner/ R. Dennig, »Iosono una forza del passato«. Stil und Ideologie in Pasolinis *Decameron*/ H.-A. Marsiske, Mozart – Prince im 18. Jhd.? *Amadeus*: Geschichtsschreibung im Gewand eines Spielfilms/ G. Seeßlen, *Sissi* – Ein deutsches Orgasmustrauma/ K. H. Bergmann, Arbeiter und Gesellschaft im Film *Kuhle Wampe oder Wem gehört die Welt*/ W. M. Hamdorf, *Madrid* – oder Das Schweigen der alten Bilder. Basilio Martin Patino und der Kompilationsfilm/ G. Limburg, Fliegen und Abschießen – Ja, was soll ich da anderes denken? *Der Stern von Afrika* und der bundesdeutsche Nachkriegsfilm/ H. Weihsmann, *Things to Come* – Die Welt vor hundert Jahren?